CONVERGENCE ZONE
of
NEWS,

赵建国 著

新闻 文学 历史的交汇地带

LITERATURE

and
HISTORY

社会科学文献出版社
SOCIAL SCIENCES ACADEMIC PRESS (CHINA)

目 录

前　言

本书所说的新闻、文学、历史既包括这些领域的实际业务，诸如新闻报道、文学作品、历史记载，也包括对这些领域的研究，诸如新闻理论、文学理论、历史理论等。本书题目新闻、文学、历史这样的排序并不意味着这三者孰重孰轻，而是依据它们产生的顺序排出——通常首先是新闻对社会中新发生的事实做出反应，而后跟进的是文学，历史多是过了很长时间之后才正式跟进。当然文学与历史的跟进次序也不总是这样绝对的，有时也会颠倒顺序。

在新闻、文学、历史三者中单拿出一个来研究，也是大得不得了的题目，更何况把三者放在一起呢？好在"交汇地带"已把研究的范围相对缩小了；本书写作的目的之一就是"打开通道，竖起篱笆"，这样又把研究的范围限定在这三个领域和学科相通和需要隔离的地方。能够打通的部位都要尽可能打通，以实现它们之间最大可能的、真正的融汇。它们之间必要的隔离带肯定是存在的，在这些地带设置警示标志非常必要，以避免有意无意地越界——而这些越界往往给本领域或本学科带来混乱或危险。

与上述目的相关联，本书另一重要用意在于探讨新闻、文学、历史之间的基本关系。文学和历史学都是老而又老的学科，唯新闻学还算相对年轻一些。但把新闻、文学、历史三者放在一起，系统探讨它们之间的基本关系，探寻它们的结合点，划清它们之间应有的隔离线，类似的课题或书籍在笔者的阅读范围内还没有见到；零星地提及的倒是偶有所见。这里唯一想提及的一本书是《中国现代作家型记者》，作者是吴肇荣。该书在上编"概说"中有两章专门探讨新闻与文学的关系，即第三章"新闻与文学关系的理论探讨"和第四章"作家型记者及文学化新闻写作潮流对我国现代文坛的作用和影响"。尽管这本书还没有涉及"历史"，新闻与文学的关系探讨得也不是很深入，但毕竟已经把新闻与文学的关系作为自己研究的关注点，有启发和开拓的意义。至于谈论到文学与历史的关系的书籍或文章，

1

比谈新闻与文学的关系的要多、要早——这大概与人们经常说的"文史不分家"这样的认识有关系。这一点，本书在后边有关部分将要谈及。而新闻与历史的关系是人们注意最少的，当然，偶尔也有人谈及。

本书算是对这一课题进行全面或系统研究的尝试吧。

"不识庐山真面目，只缘身在此山中。"也许走出新闻、文学、历史各自的圈子来观照它们，可能和单独研究它们相比，收获会有不同，甚至更大一些。本书不仅像通常那样用新闻、文学、历史各自学科的视角观照自身，而且力图要用新闻、文学的视角观照历史，用文学、历史的视角观照新闻，用新闻、历史的视角观照文学。

这里，笔者愿意引用科学巨匠爱因斯坦的一段话，作为本书写作的重要指导思想：

> 科学就是一种历史悠久的努力，力图用系统的思维，把这个世界中可感知的现象尽可能彻底地联系起来。说得大胆一点，它就是这样一种企图：要通过构思过程，后验（从经验事实推出结果或原理，同"先验"相对立——摘者注）地来重建存在。①

用系统的思维，把新闻、文学、历史尽可能密切地联系起来看待和观照，这就是本书的重要的努力方向。

还是让我们开始这次于三个"王国"之间的穿梭旅途吧！也许这次旅途不是那么轻松，但可能魅力正在于此。

---

① 爱因斯坦：《爱因斯坦文集》第 3 卷，商务印书馆，1979，第 181 页。

阅读提示

笔者以为本书的如下观点和提法具有启发或参考价值：

新闻学、文学、历史学兼有人文学科和社会科学的双重属性，相比较而言，新闻学和历史学社会科学的属性更明显一些，文学人文学科的属性更明显一些。可是，一旦把它们完全归为社会科学或人文学科都会带来一些难以解释和解决的问题。

新闻价值、文学价值都要接受历史价值的审阅和检验，经不住历史价值审阅和检验的，只能是一时一地的时尚，不具备真正的价值。

典型报道的完整过程应该包括：发现典型、报道典型、监督（维护）典型。过去存在的一个问题是一旦成为从上到下认可的典型，就难以被新闻监督，结果使典型逐渐丧失了自我发展的能力，从而走向自己的反面。其实，对典型的有效监督（包括新闻监督）正是维护典型的必要条件。

把报告文学划归文学较好。

历史上，参与人们日常生活和社会活动的有三个因素：周围环境、相关人员，有时还有旁观者。进入媒体社会后，除了上述三个因素外，还有第四个因素参与人们的日常生活和社会活动——媒体。

计算机图形图像技术——作家的一只新笔，设想了一个全新的作家创作方式。

本书对下面几组对应概念、术语或习惯说法的组合和比较分析，相信对于新闻、文学、历史三大学科、三大领域的打通和划界是有益的。

这些概念、术语包括：

新闻真实、文学真实、历史真实；

新闻叙事、文学叙事、历史叙事；

新闻价值、文学价值、历史价值；

新闻敏感、创作灵感、历史意识。

这些习惯说法包括：

记者的深入采访、作家的深入生活、史学家的详尽占有材料;

新闻的社会作用、文学的社会作用、史学的社会作用;

"用事实说话""用形象说话""于叙事中寓论断";

新闻自由、创作自由、历史研究无禁区;

"第四权力""人类灵魂的工程师"、历史的"法官";

新闻中的"有闻必录"与文学中的"自然主义";

"新闻五要素""记叙文六要素""五个 W 研究法";

新闻中的典型人物与文学中的典型人物形象;

"抢新闻"与（文学的）"赶任务"。

以上几组对应概念、术语或习惯说法并非全部。把这些分属于不同学科和领域的对应概念、术语或习惯说法联系起来分析研究,就有可能看到它们的统一性和内在联系。比如,将媒介批评、文学批评、史学批评联系起来考察,笔者看到了文学批评的三个标准与媒介批评、史学批评的标准有着对应美:

文学批评标准	媒介批评标准	史学批评标准
真实性标准 ——	真实标准 ——	事实标准
思想性标准 ——	倾向标准 ——	褒贬标准
艺术性标准 ——	表达标准 ——	文采标准

这种对应美也许在某种意义上也表现出爱因斯坦所向往的宇宙的整一、简单美。这种对应之所以能够出现,根本原因在于新闻、文学、历史都来源于社会生活,都以社会生活作为判断它们优劣的最终尺度。

包括以上几组对应概念、术语或习惯说法在内的本书初步勾勒出新闻文学历史三大领域、三大学科基本关系的框架。

本书对下面一些习惯说法或学者的观点作了辨析或提出不同看法,相信有助于对这些问题的认识的深化:

"今日的新闻就是明天的历史";

"政治家办报";

柯林武德的"历史的想象"与"历史的构造";

翟学伟的"想象和虚构不是文史的分野";

史学家的"情节配置"与小说家的"艺术加工"过程"完全一样";

李良荣的新闻选择标准;

李炳银的对报告文学事实真实"也要有文学的能动理解"。

第一章

新闻、文学、历史与社会生活

新闻、文学、历史都来源于社会生活。就其与社会生活的关系，从主要方面来看所不同的是：历史关注过去，新闻面对现在，文学则沟通过去、现在和将来。

第一节　新闻、文学、历史的概念

一　什么是新闻

1943 年 9 月 1 日，陆定一在延安《解放日报》上发表文章《我们对于新闻学的基本观点》中说："新闻的定义，就是新近发生的事实的报道。""新闻的本源是事实，新闻是事实的报道，事实是第一性的，新闻是第二性的，事实在先，新闻（报道）在后，这是唯物论者的观点。"这是目前在中国影响最大、传播最广的对新闻的定义。

江润秋认为，发现"包括了刚刚发生的事实，也包括了早已发生但尚不为人知的事实，还包括了尚未发生但有可能发生的事实"①。陆定一的定义已经包括了发现，对新近发生的事实没有"发现"，怎么报道？然而，陆的定义，对于新近发现的早已发生但尚不为人知的事实这一点似乎涵盖不了。比如，2000 年 12 月 26 日中央电视台午间"新闻 30 分"节目，报道了

① 江润秋：《新闻：新近发现的事实的报道——对一个著名定义的修正意见》，《中华新闻报》1999 年 3 月 11 日。

广西某地至今尚未给村民办身份证的新闻。这则新闻就属于新近发现的早已发生但尚不为公众知晓的这一类。而"尚未发生但有可能发生的事实"，那还不是事实，那只是预测。对预测的报道，报道的只是预测本身这个事实，而不是尚未发生但有可能发生的事实。诸如江润秋所举的例子"美国将于明天 8 时对伊拉克实施军事打击"这样的报道，一般肯定会有这样的前提，即"据白宫发言人称"等字眼，这样的新闻，报道的只是白宫发言人"所言"这样的事实。需要指出，在江润秋此文之前，王洪钧编著于1955 年初版，1997 年第 22 次印行的《新闻采访学》（第 2 页）和 1984 年初版，1998 年第 15 次印刷的蓝鸿文编写的《新闻采访学》（第 94 页）教材都已经采用了"发现"说，可见江润秋之"发现"说，已经不是发现了。

在上面所述基础上，笔者为新闻下的定义是：对新近发生或发现的有社会意义的事实的报道。新闻是什么？是报道。什么报道？对事实的报道。对什么样事实的报道？对新近发生的有社会意义的事实的报道。发生很长时间了，对现实社会已经没有什么意义了，不能叫新闻。但新近发现的已经发生很久，对现实社会依然有意义的事实，仍然可以叫做新闻。笔者加上"有社会意义"这个限制，是为了强调，新闻不是一般的事实，而是有社会意义的事实。在社会生活中每日每时都在发生着无穷无尽的事实，但是能够称得上新闻的只是其中的一部分或一小部分。我们每天都要吃饭，这每天都要发生的事实算不上新闻；报道这样的事实毫无社会意义。但一群绝食 7 天之久的请愿者们开始吃饭了，这算得上一件新闻。《纽约时报》从 1896 年 10 月 25 日起每天报头印有这样一句"社训"，"凡适于刊载之新闻皆刊载之"（All News That Fits For Print）。刊载事实的报道是有前提的，即"适于刊载"。所谓"适于刊载"，笔者以为就应当包含有社会意义这样一个前提。

所谓有社会意义的事实，用新闻学术语说就是有新闻价值的事实。新闻价值就是新闻人用以衡量客观事实是否能构成新闻的标准。一般有时新性、重要性、接近性、显著性、趣味性等标准。符合这样一些标准的事实才可能成为新闻。由于我们是在给新闻下定义，定义不能同义语重复，所以，我们没有使用"新闻价值"这样的字眼，而是采用了"有社会意义"这种说法。

简单地说，新闻就是对新近发生的事实的报道。新近"发现"本身也是一种新近发生的事实，在这个意义上，如果不求特别周延，这种说法依然是最简明扼要的。新近发现的过去发生的事实，一般都与新近发生的"发现"这样的事实相联系。比如：

> ［新华社乌鲁木齐2001年1月5日电］双鸽塔里木河下游科学考察队终于找到了失踪66年的小河遗址5号墓地。
>
> 这里就是瑞典考古学家贝格曼于1934年夏天在新疆罗布泊地区找到的"有一千口棺材"的古墓葬，被世界考古学界认为是楼兰探险史、西域探险史上最神秘难解的古迹。

"双鸽塔里木河下游科学考察队终于找到了失踪66年的小河遗址5号墓地"，就是新近发生的"发现"事实；而那个墓葬古迹却是过去发生的事实。

显然，事实来源于社会生活，也就是说，新闻的本源是社会生活。

新闻作为上层建筑中意识形态的一部分，作为一种特殊的意识形态，是对社会生活的反映；但与历史与文学相比，它是对社会现实生活最迅速、最直接的反映。毛泽东指出："报纸的作用和力量，就在它能使党的纲领路线、方针政策、工作任务和工作方法，最迅速最广泛地同群众见面。"[1] 对社会现实生活的反映，是新闻区别于历史的重要方面。历史是对人类已经过去的社会生活的反映，而新闻则是对现实生活的反映。文学也可以反映现实生活，但一般情况下，文学创作与现实生活在时间上往往要拉开一定距离。更重要的是，文学是对社会生活间接的或曲折的反映，而新闻是对社会现实生活最迅速、最直接的反映。我们马上就要谈到的文学的概念，强调了文学是通过塑造形象来反映社会生活的一门艺术。所谓通过塑造形象反映社会生活，就意味着文学与新闻、与历史反映生活的方式不尽相同。文学通过塑造形象反映社会生活，它不像新闻那样通过对新近发生的事实直接报道，也不像历史那样把已经发生的重要事实记载下来，而是用塑造形象这一特殊方式间接地、有时曲折地反映社会生活。在文学所有的创作方法中，无论是现实主义、自然主义，还是浪漫主义、象征主义，都是对社会生活间接的、曲折的反映。如果这种反映过于"直接"就会丧失文学应有的韵味，就会被读者和评论家指责为"过于直露""缺乏文学性"等。

---

[1]　转引自孟红《毛泽东的报纸情结》，《党史纵览》总第281期。

同时，新闻可以也应该对社会现实生活中发生的所有重要现象进行报道（反映），而文学则很难也没必要对社会现实生活中发生的所有重要现象作出即时反映。

二　什么是文学

文学是用语言塑造形象反映社会生活的一门艺术。文学是语言的艺术。但这种艺术的特征是通过塑造艺术形象来反映社会生活。尽管文学离不开形象，但社会生活是文学创作的唯一源泉，也是文学形象产生的基础。正如毛泽东《在延安文艺座谈会上的讲话》中所说，"作为观念形态的文艺作品，都是一定社会生活在人类头脑中反映的产物"。社会生活是文学艺术的"唯一源泉"。也就是说，文学来源于社会生活。

需要说明，本书涉及有关文学问题时，以上述文学概念的外延为主，但也会兼及艺术；因为文学与其他艺术品种有时是紧密相关的。

语言、艺术、形象是文学区别于新闻的地方。文学与新闻相同的地方是都离不开社会生活。但文学是反映社会生活，而新闻是报道社会生活。文学是对社会生活的形象反映，用形象反映生活是文学的根本特征。诗人艾青在《诗论·形象》中说，"诗人一面形象地理解着世界，一面又通过形象向人解说世界"。

> 按照它的概念（本质），艺术没有别的使命，它的使命只在于把内容充实的东西恰如其分地表现为如在目前的感性形象。①

新闻中的"人物通讯""人物特写"等，虽然也讲究形象性，但总的来说，新闻并不以塑造形象为特征。优秀的历史作品中往往也有栩栩如生的人物形象，但它不能构成历史书的主体，因而，形象性也不是史学的特征。

三　什么是历史

这里所说的历史是指历史学。历史学就是对人类以往社会生活的记录和阐释。也可以说，历史学是对人类社会的发展过程的记述和阐述。人类社会发展过程是由人类社会生活的变迁构成的，因此，人类历史就是对人

---

① 〔德〕黑格尔：《美学》第 2 卷，商务印书馆，1979，第 385 页。

类社会生活变迁过程的记述和阐释。历史学是一门关于人类社会以往运动发展过程的学问。一般来说，它包括对于历史过程的记录、对于历史经验的总结和对于历史规律的探讨。

英国人路易斯·奥·明克说："一方面，历史指的是事件，即人类事件的过程；另一方面，它又是指历史的事实报道，即历史学家所从事的探究和做的记事。"① 他有"历史的事实报道"的说法，也许这位英国人"报道"一词用得不准确（或者翻译得不准确）。许慎《说文解字》说："历，过也，传也。""史，记事者也。从又持中，中，正也。"两个词综合起来意思就是，对过去的事情所做的客观的记录。顾颉刚指出："《二十五史》为中国历史事实之所荟萃。"这是从史学的最基本的和最重要的方面做出的评价。钱锺书认为记事是史学的上品，也是最基本、最原始的阶次，史学的最高目标是通观古今因革沿变之道，史学以历史的真实为基础，即以征实、征信为基础原则。

不难看出，历史就是人类社会过去的生活。法国著名历史哲学家雷蒙·阿隆在其著作《历史哲学》中说："历史是由活着的人和为了活着的人而重建的死者的生活。"② 历史学的对象就是过去的生活。钱穆在《中国历史研究法》一书中说："历史是以往的，社会是现存的。如说社会是一个发光体，那么历史就是这一发光体不断放射出来的光。必待有某样的社会，始能产生某样的历史。一切有字人书，全由此无字天书而写出。因此各位如要研究历史，不该不落实到现实社会。诸位如欲了解此现实社会，也不该不追究到以往历史。"③ 他把当前的社会谓之"无字天书"，而一切史书著作都只是"有字人书"。现实社会是过去社会的一个发展，要理解现实社会，就要了解和理解过去社会。

历史与新闻的相会点表现在，其一，对象都是社会生活，其二，"记述和阐释"与"报道"是大致相同的，报道虽然以客观事实为主，但或多或少会渗透出记者的评价或见解。斯诺20世纪60年代初访华时，周恩来总理曾对他说过这样一句话："我们认为你是一个作家和历史学家，绝不是记者。""那有何分别呢？每一个优良的史学家就必定是一个优良的记者，无

---

① 转引自赵吉惠《历史学概论》，三秦出版社，1986，第2页。

② 见田汝康、金重远选编《现代西方史学流派文选》，上海人民出版社，1982，第95页。

③ 钱穆：《中国历史研究法》，生活·读书·新知三联书店，2001，第53页。

论你从都西第特或司马迁开始，情况也是一样。"① 从记述社会生活角度看，记者和历史学家确有相同之处，在这个意义上斯诺是对的。但记者对当代生活的新闻敏感，历史学家往往不具备或相对逊色一些，在这个意义上记者和历史学家又是有明显区别的。一个优秀的史学家未必能够成为一个优秀的记者。

总之，新闻报道社会生活，文学反映社会生活，历史记载社会生活。新闻用事实说话，历史也用事实说话，而文学则用形象说话。当然，形象本身在相当大的程度上也是由事实构成的。

四　新闻学、文艺学、历史学：人文学科还是社会科学

作为学科的新闻学、文艺学、历史学是人文学科还是社会科学？一直存在不同看法。

文艺学、历史学是人文学科，这是传统的看法。当然也有不同看法，比如法国历史学家布洛赫就认为历史学是一门科学。由于新闻学产生较晚，有学者认为新闻学是兼有人文属性的社会科学。这些看法都有自己的根据。

以笔者之见，新闻学、文艺学、历史学兼有人文学科和社会科学的双重属性，相比较而言，新闻学和历史学社会科学的属性更明显一些，文艺学人文学科的属性更明显一些。可是，一旦把它们完全归为社会科学或人文学科都会带来一些难以解释和解决的问题。即使在新闻学界和新闻业界也存在新闻无学的看法，困扰着新闻学的发展。

就历史学而言，"结构—分析"史学、计量史学，尤其是后者坚定地表明了历史学科学化的努力。"结构—分析"史学让历史学看起来更加科学，计量史学使用数学方法拓展了历史研究的领域，也使得研究成果更加精细。1972 年，拉杜里（Le Roy Ladurie）信心满怀地说：数量的、统计的和结构的历史学已经宣判了叙事史学的死刑。

但是，不要忘记无论是"结构—分析"还是计量史学，都要以事实为依据、为基础。历史学以叙事为本位不会改变。"我们当然可用科学的精神去研究历史，但是我们所有关于人类过去的材料，虽然可以产出真理来，断不能将它们组织成一种纯粹的科学。"② 这个分析是符合历史学实际的。

---

① 〔美〕斯诺：《斯诺文集》第 4 卷，新华出版社，1984，第 67 页。
② 〔美〕鲁滨孙：《新史学》，中国人民大学出版社，2011，第 31 页。

不仅历史学以叙事为本位，新闻学也以叙事为本位，文学也在很大程度上以叙事为本位。显然，叙事是一门艺术，带有强烈的人文色彩。

第二节　新闻、文学、历史反映、 记载社会生活的广度和深度

新闻报道社会生活，文学反映社会生活，历史记载社会生活，但社会生活进入这三个领域的范围或者说广度是不同的，这三个领域报道、反映、记载社会生活在深度上也有差别。

一　新闻、文学、历史报道、反映、记载社会生活的广度

很明显，新闻报道的只是社会生活的一部分，也就是新近发生或发现的有社会意义的那部分；而且在正式的新闻机构产生之前，即使是新近发生的有社会意义的那部分社会生活也以"自在"的状态自生自灭，如果有幸的话，它们当中的一部分可能被史家所记载或被作家所记述。实际上，新闻只能选取很少的事实加以报道，因而它呈现世界全面真实的程度是有限的。即使是最独立、公正的媒体，无论怎样努力展现不同的声音和事实，新闻也只能是"弱水三千我取一瓢饮"，一些事实因为被媒体关注而得到放大，另一些事实没有被关注而销声匿迹。正因为新闻报道的只是社会生活事实的一部分，所以，有新闻学者称"新闻学是一门选择事实的艺术"。李良荣教授著的《新闻学概论》有专门的一章叫做"新闻选择"①。新闻着重写事，文学着重写人；人们往往把文学叫作"人学"，有人又把新闻叫作"事学"。新闻报道事实着力追求新与快，文学描写社会人生努力追求完整、深刻、富于美感。两者在把握生活和反映或表现生活上有明显区别。

可以肯定地讲，进入文学和历史领域的社会生活要比新闻宽广得多。从理论上讲，文学和历史所涉及的可以是人类全部的社会生活，也就是说，所有的社会生活都可以纳入文学和历史的范畴。但实际上，由于人类社会生活的内容无比丰富多彩，庞杂得难以尽述，而文学和历史对社会生活的择取也有自己的内在要求，所以进入文学和历史的社会生活还不能涵盖全

---

① 李良荣：《新闻学概论》，复旦大学出版社，2011，第302～318页。

部的社会生活。文学和历史，对社会生活也有一个选择的问题；只不过，文学和历史对社会生活选择的标准与新闻有所不同。

进入文学领域的社会生活，由于文学的特性，并不是原原本本的社会生活。从文学与社会生活的关系角度讲，有一部分社会生活，作家没有经过加工或虚构，是原原本本的社会生活。这部分社会生活，由于其本身的"含金量"非常高，作家不用加工和虚构就达到了文学作品的要求。我们在读文学作品时，有时会看到这样的字眼，"本作品是根据一个真实的故事写成的"，有的评论家评价这样的作品说，"可以当信史读"。有的作品还特意强调本身有可靠的生活依据。比如清代孔尚任的名剧《桃花扇》，其"凡例"云："朝政得失，文人聚散，皆确考时地，全无假借。至于儿女钟情，宾客解嘲，虽稍有点染，亦非乌有子虚之比。"该剧"先声"出还借老赞礼的口说，"实事实人，有凭有据"。确实，《桃花扇》所写重要人物、事件、均于史有征，忠于真实历史的基本面貌。但即使如此，由于文学的特性，除了记事散文，人们一般也不把这些作品看作真正的历史记载。

与新闻和历史相比，进入文学领域的社会生活很大一部分是人类的内心生活世界，内心生活包括情感起伏和心理变化。这往往是新闻和历史所很少或较少涉及的。若想真实而细腻地了解某一历史时期人们的心灵世界，读描写这一时期的优秀文学作品，是一个很好的途径。巴尔扎克称自己的作品为"心灵秘史"；托尔斯泰的心理描写被车尔尼雪夫斯基称为"心灵的辩证法"。车尔尼雪夫斯基特别指出，"认识人的心灵，乃是托尔斯泰伯爵才华的最基本的力量。作家可以以其他引人的特点使读者为之倾倒，但是只有具备上述的素质，他的才华才能真正有力而且持久"。[1] 至于"意识流小说"更是把心理描写推到了极致，也推到了极端。[2] 许多心理学家，还以文学作品中的人物的行为和心理作为心理学的个案来分析。

文学对社会生活的择取，看重其带有美感的、情感的、个性的、形象的、具体的部分。就具体而言，典型的新闻报道，多限于事实的基本轮廓，最多精选能表现主题的少量细节，"新闻体"以短著称。而同样的事情一旦进入小说或戏剧，只要对刻画人物和表达主题有好处，描写起来就不厌其

---

① 〔俄〕车尔尼雪夫斯基：《列·尼·托尔斯泰伯爵的〈童年〉、〈少年〉和战争小说》，《西方文论选》下卷，上海译文出版社，1979，第428页。

② "意识流小说"将人类大量的潜意识活动作为描写的主要对象，在心理描写方面有突破意义，但这种描写也有心理描写上的自然主义弊病。

详。从平常中挖掘出不平常，也是文学家对生活的一种把握。孙犁说："小说以发掘日常生活为主，越是日常习见的，越有意义，偶然性的东西，可供一噱，是没有多少回味的余地的。"① 此乃真正文学家的识见。

文学与新闻反映与报道生活的角度不同。"优秀的画家从来不画建筑物的正面，而是取仰角或俯角。这条原则对文学反映现实来说也是必须遵守的。正面描写现实的是报纸。小说和特写应该使现实中从前留在阴影中的那一面转向读者（作为出发点），从而赋予现实以一种自然的、必不可少的光彩。"② 这段话对于艺术创作极富参考价值。

刘知几在其《史通·自序》中谈史书时说，"夫其书虽以史为主，而余波所及，上穷王道，下挟人伦，总括万殊，包吞千有……"历史应当包容人类的全部社会生活。尽管历史面对人类的全部社会生活，但由于种种原因，历史所记载的只是人类社会生活的一部分，远非它的全部。历史特别看重对人类社会产生重大影响的事件和人物，而对普通人以及他们的日常生活则较少注意。车尔尼雪夫斯基说得很精辟：

> 艺术对生活的关系完全像历史对生活的关系一样，内容上唯一的不同是历史叙述人类的生活，艺术则叙述人的生活；历史叙述社会生活，艺术则叙述个人生活。③

正因为如此，在丰富多彩的历史社会生活内容中，司马光"专取关国家盛衰，系生民休戚，善可为法，恶可为戒者"而特意详述。④

作家孙犁指出了史家与文学家在处理材料时的一个重要区别：

> 历史家注意的，是和历史有关的大局、大事、人物大节。如《项羽本纪》，写到虞姬的文字极少，最后写了那么一两句，是为了表现英雄末路。如果是文学作品，就会抓住虞姬不放，大事渲染。从她怎样与项羽认识，日常感情如何，写到临别时（《史记》没写她死，也没有

---

① 孙犁：《致天津袁玉兰》，《孙犁文集》续编三，百花文艺出版社，1992，第411页。
② 〔苏联〕康·帕乌斯托夫斯基：《面向秋野》，湖南人民出版社，1985，第43页。
③ 〔俄〕车尔尼雪夫斯基：《艺术与现实的美学关系》，见《西方文论选》下卷，上海译文出版社，1979，第415页。
④ 司马光：《进书表》，见《资治通鉴》第1卷，当代中国出版社，2001，第3页。

写别离）的心理状态，纠缠不清，历史家如果这样去写，那就不成其
为历史名著了。①

孙犁的这个见解，对历史学家和文学家都有参考价值。无论如何，历
史学家最看重的应当是大局、大事、人物大节。这就是依据史学名著改编
的文艺作品，往往需要改编者发挥想象去虚构细节和人物内心活动的原因，
这样做的目的在于使作品血肉丰满。

不过，对于史书所选择的社会生活，现在已有了与以往不同的观念，
学者陈墨指出：

> 传统观念中的历史指的就是二十四史，将历史局限于"官场"和
> "宫廷"；而新历史观认为每个生活在那个历史环境中的人以及他们的
> 身世，都有权力得到历史的关注和青睐，这就是历史学界所称的"新
> 史学"，即人文历史。"新史学"把历史从官场放到民间，普通人的境
> 遇已得到新史学的关注，那么历史剧呢？比如说一个古代的商人，关
> 于这个人物在那个环境和时代中的境遇，他的生意、家庭等等，能成
> 为一部历史剧的题材吗？还有，一般人觉得大的、关系国计民生的事
> 是历史，那么一段历史时期中人们普遍的生活方式和生活习惯呢？这
> 其实也是历史。事件再大，也只有暂时性，而人的生活观念和生活传
> 统等却具有更强的时间传承性，也就具有更大的历史价值。②

中国史学界这种史学观念的转变主要开始于改革开放时期，通过了解
国外史学进展和反思自身，史学家们普遍发现"社会生活"这一本来属于
历史学的内容居然被长期排斥在历史研究之外。《历史研究》杂志 1987 年
第 1 期发表评论员文章提出，"把历史的内容还给历史"。由此开始，史学
研究对象的视野空前宽阔起来。国外有学者也指出："过去中世纪的传统是
研究社会的构造、经济、管理、政治组织，现在首先研究的是各种私人生
活和日常生活现象，特别是与人的行为的情感领域和身体领域有关的现象，
如受虐淫、暴力、利己主义、侮辱、厌恶、愤怒、痛苦、磨难、乱伦、异

---

① 孙犁：《关于报告文学和纪实文学》，《孙犁文集》续编二，百花文艺出版社，1992，第 235 页。
② 单三娅：《影视历史剧离历史有多远》，《光明日报》2001 年 4 月 25 日，B2 版。

性模仿欲等等。"① 应当扩大史学研究视野，但无论如何，大局、大事、人物大节仍应是史学首要的关注点。

二　新闻、文学、历史报道、反映、记载社会生活的深度

新闻由于要求快速及时，在深度上则有先天的不足，这是一方面。另一方面，新闻不像历史有纵的发展线条，可以从众多的历史事件中总结规律性的东西，它虽然可以进行纵的和横的比较，但那不能成为新闻的主体。新闻像一次性用品，用后即扔。正是在这个意义上，西方有人把新闻称作"易碎品"。

当然，新闻也在追求深度，进入 20 世纪，特别是从 20 世纪 30 年代起美国和欧洲的新闻工作者着手探索"深度报道"。对重大新闻事件，注意将其放在一定的社会背景下，在各种事物的相互联系中加以报道。同时强调记者的主体意识，强调预见性，重视经常性的调查研究。西方新闻界在最近 15 年内一个重要的发展，就是在某些新闻报道的材料准备中应用社会科学的研究方法。这种调查研究的一般做法是，提出调研问题和进行实验、搜集信息、分析最终结果，然后用简明易懂的语言表达出来。② 可以说，这是新闻向历史学等人文社会科学学习和借鉴的一种表现，是弥补新闻报道深度不够的一种努力。

然而，不少新闻报道由于新闻价值观念的媚俗化，而流于平庸。现在大量出现的"市民新闻"，使许多新闻媒体的品位下降。其实，国外早就有人批评过这种新闻现象。美国新闻评论家 W. J. 斯蒂尔曼曾指出：

> 在新闻领域中摈弃了主要的文明之果……事实上，美国已经把新闻从它一度作为对时代思潮的定期表达和对当代生活问题及其解答的及时记录改变成收集、浓缩、积累凡人琐事的工具。在这种对日常事务的竞相描写中……我们对那些具有永恒意义因而也就在文化特征方面显得极其重要的东西，也一再表现出忽视和遗忘。③

---

① 转引自陈启能《二战后西方历史学的发展趋势》，《学习与探索》2002 年第 1 期，第 123 页。
② 胡舒立：《美国报海见闻录》，中国广播电视出版社，1991，第 282 页。
③ 〔美〕丹尼尔·切特罗姆：《传播媒介与美国人的思想》，中国广播电视出版社，1991，第 18 页。

大量的"通俗文艺",与"市民新闻"遥相呼应,有愈演愈烈的趋势。通俗文艺与媚俗文艺当然不能画等号,然而现在许多所谓的"通俗文艺"实际上是媚俗文艺。《三国演义》《水浒传》都属于通俗文艺,可它们都表现出思想内容的深刻和艺术水平的卓越。

历史书虽然以记载事实和人物为主,而优秀的史学著作必定是史和论都出色,在事实真实基础之上,总结出历史的规律性。《淮南子·要略》中说:"故言道而不言事,则无以与世浮沉;言事而不言道,则无以与化游息。"《史记》《汉书》等史学名著无不如此。《史记》"究天人之际,通古今之变,成一家之言",其深刻厚重不言而喻。古希腊史学家戴奥尼西说,"历史是一种以事实为训的哲学"。英国史学家卡尔在《历史是什么》中指出:"历史学家和历史事实是相互需要的。没有事实的历史学家是无根之木,是没有用处的;没有历史学家的事实则是一潭死水,毫无意义。"① 真正的历史学家绝不止步于事实本身,车尔尼雪夫斯基说得好:

> 历史的第一个任务是再现生活;第二个任务——那不是所有的历史家都能做到的——是说明生活;如果一个历史家不管第二个任务,那末他只是一个简单的编年史家,他的著作只能为真正的历史家提供材料,或者只是一本满足人们的好奇心的读物;担负起了第二个任务,历史家才成为思想家,他的著作然后才有科学价值。②

正因为如此,人们经常把深刻和厚重与历史联系在一起。

史学家如何处理历史事实与对这种事实的说明、解释呢?"历史学家既不是他的事实的卑贱的奴隶;也不是那些事实的暴虐专制的主人。历史学家跟他的事实之间的关系是平等的、有来有往的关系。任何从事实际工作的历史学家如果在思考和写作的时候停下来仔细想一想,都知道他所从事的只是一个连续不断地把他的事实放进自己的解释的模型中加以塑造,又把他的解释放进自己的事实的模型中加以塑造的过程而已。"③ 没有事实依据的说明和解释就缺乏根基,对事实没有穿透力和统摄力的说明和解释就

---

① 〔英〕爱德华·霍列特·卡尔:《历史是什么》,商务印书馆,1981,第28页。
② 〔俄〕车尔尼雪夫斯基:《艺术与现实的美学关系》,《西方文论选》下卷,上海译文出版社,1979,第415~416页。
③ 〔英〕爱德华·霍列特·卡尔:《历史是什么》,商务印书馆,1981,第28页。

不深刻。

历史的深刻，有时还以人们不愿意看到的事实粉碎某些教科书上的貌似正确的观念。逃亡之中的茨威格在他的最后一部著作中绝望地写道："我学过的历史和自己写过的历史太多了，我不会不知道大批群众总是突然倒向势力大的一边的。"① 这就是社会历史中关键时刻的"雪崩"现象。

但无论把深刻和厚重强调到何种程度，我们始终不要忘记历史的第一要务是事实。没有事实就不能成为历史。英国学者詹·乔·弗雷泽在《金枝》中甚至把事实强调到这样的程度："我确信，一切理论都是暂时的，唯有事实的总汇才具有永久的价值……"从根本上说，这种强调是不错的。当然，在此前提下，也应避免仅把历史看成事实的堆积和罗列。

文学作品不仅要求美，不仅要抒情，也要求有深刻的社会内容，但这种深刻不是靠作家特别指点出来，而是在情节的发展中自然流露出来。这种深刻蕴含在作品的形象中，蕴含在美中。深刻的思想内涵是所有文学名著的共同要素。

第三节　新闻真实、艺术真实、历史真实

综上两节所述，新闻、文学、历史都离不开人类社会生活，它们都是人类社会生活的产物并且以社会生活为对象。

从理论上讲，新闻、文学、历史都属于社会上层建筑中的意识形态。它们都产生于一定的社会经济基础，并为一定的经济基础所决定，随着经济基础的变更而变化。同时它们还有相对独立性，有极大的能动作用，反作用于经济基础。作为社会的意识形态，新闻、文学、历史的源泉都是人类的社会生活。也就是说，它们所报道、反映（或表现）、记录的都是人类的社会生活。这是它们的共性。

由于这一共性，就使新闻、文学、历史都有一个真实性的问题，即新闻真实、艺术真实、历史真实。只要对这三个领域稍加了解就会知道，真实是新闻的生命，真实是文学的生命，真实是历史的生命。离开了真实，新闻、文学、历史就都会失去其生命力。可见真实对于新闻、文学、历史

---

① 转引自筱敏《群众汪洋》，《书摘》2007 年第 9 期，第 15 页。

的极端重要性。特别需要指出，相对来说新闻真实和历史真实多数人容易理解和重视，但对文学真实的重要性却有不少误区。比如，不少人认为文学是"编出来的"，不存在真实不真实的问题。请看写出了长篇小说《白鹿原》的著名作家陈忠实如此说："作家写作应该坚持真实性第一这个基础原则，从生活真实到艺术真实，这也是读者对你的作品和你这位作家建立信任感的基础。哪怕一个情节或细节虚假，他就不信任你了，开始排斥你的作品。这是要害。"① 可惜，现在许多读者没有以这种认识高度来欣赏和评判作品，不少作家也没有从这样的高度来看待作品创作中的文学真实，出现了大量严重违背文学真实的、编造出来的作品。

其实，真实，它不仅是新闻、文学、历史的共同要求，它贯彻在人类社会的所有领域。人类一代接一代地执著地追求着"真、善、美"的理想境界。在这个理想境界中以"真"为首，可见，"真"在人类价值追求中的崇高地位。特别需要点明，这种价值追求，不是某一时代，某一国家或民族的偶然追求，而是整个人类，所有时代的共同追求。"真"具有恒常的全人类的价值意义。所以，有关"真"的话题常谈常新，有一再谈论和探讨的必要。

我们先来看两个例子：

1984 年 6 月上旬，在第 5 届全国好新闻复评中，复评组的同志曾对一篇题为《九米拼搏》的通讯进行了认真讨论。这篇通讯描写了杭州客运站青年驾驶员毛计三在汽车与火车相撞前 9 米内的动作和心理：

> 当特快列车从土坡和茂林背后风驰电掣般窜出时，他浑身震惊了……他绝没有想到，开车十年，铁轨不知越过万千次的他，竟会面对面与列车遭遇。他震惊了，闪电般地手脚并用；猛踩刹车；几乎同时，一手抓住排挡，以迅速准确的动作从前进挡挂入倒挡……
>
> ……焦灼、紧张，懊丧似无数钢针刺着他的心。要是有一米的宽余，或者再有一秒的延宕就好了，他可以避开撞击，可以将客车倒出来。可是，环境对他是那么苛刻和险恶。他一跃而起，大把大把地朝左猛打方向盘……他知道，只有将车头顺着火车前进方向偏转过去，避免垂直方向相撞，才能将撞击烈度减到最小。

① 见马平川《"〈白鹿原〉现象"的当下意义》，《光明日报》2013 年 10 月 22 日，第 14 版。

复评组的同志认为，这篇通讯不符合新闻真实性要求。原因是毛计三本人当场就牺牲了，上述有关毛牺牲前的动作和心理描写没有确凿的第一手材料，而是作者根据事后分析想象出来的。

我们再来看列夫·托尔斯泰在他的名著《安娜·卡列尼娜》中对安娜卧轨时的一段心理和动作描写：

> ……一种仿佛她准备入浴时所体会到的心情袭上了她的心头，于是她画了个十字。这种熟悉的画十字的姿势在她心中唤起了一系列的少女时代和童年时代的回忆，笼罩着一切的黑暗突然破裂了，转瞬间生命以它过去的全部辉煌的欢乐呈现在她面前。但她目不转睛地盯着开过来的第二辆车厢的车轮，车轮与车轮之间的中心点刚一和她对正了，她就抛掉了红色包，缩着脖子，两手扶着地投到车厢下面，她微微地动了一动，好像准备马上又站起身来一样，扑通跪下去了。

这段描写同样"没有第一手确凿的材料"，同样是作者"想象出来的"，而且比上述通讯中的描写更加细致入微，更加绘声绘色；但即使是最苛刻的文学批评家也没有说过这段描写违反了文学的真实性要求。① 可见，新闻真实与艺术真实的内涵不同，它们是两个不同的概念。我们必须严格把握新闻真实与艺术真实的界线。

一　新闻真实

（一）新闻真实的含义

所谓新闻真实，就是新闻本源——事实是真实的，也就是现实生活中确有其事，新闻报道与客观事物的本来面目相一致。既然新闻是对新近发生的事实的报道，那理所当然事实在先，新闻在后，事实是第一性的，新闻是第二性的。中国最早的新闻学专著徐宝璜的《新闻学》（初发表时名为《新闻学大意》）中说："新闻须为事实，此理极明，无待解释，故凡凭空杜撰闭门捏造之消息，均非新闻。"② 美国新闻学者约斯特在其所著《新闻学原理》中也认为一切新闻的主要因素是真实。

---

① 以上两个例子和分析参阅了芮必峰《新闻理论趣谈》，新华出版社，1993，第50～52页。
② 徐宝璜：《新闻学》，中国人民大学出版社，1994，第10页。

（二）反对"客里空"

为了保证新闻的真实性，在中国的解放战争时期，共产党领导的解放区就开展过反对"客里空活动"。客里空本是苏联卫国战争时期上演的一出话剧《前线》（作者为考涅楚克）中的一个特派战地新闻记者的名字。他写报道的特点是，闭门造车，无中生有，添油加醋，弄虚作假。请看他的自白：

> 对于我，重要的是事实，其余一切我会创造的。

再看他和前线总指挥的副官的对话：

> 客里空：唉，多么可惜。过半点钟我就要和莫斯科通电话。我应该把关于总指挥的公子英勇牺牲的文章发出去。
>
> 副官：你发去就是了。
>
> 客里空：是这么回事，我的文章的结尾是这样的。你听听（取出来读）。"我亲眼看见他牺牲了，他，这个杰出的少年，真是有其父必有其子，透过大炮弹隆隆的轰响，我听见了他最后的壮烈的几句话：'转告我父亲，我死去是安心的，我知道，他会向那些血腥的卑鄙者为我报仇的'。"你懂得，假如现在加上他父亲的几行字，那多好。而且我已经拟好了。（读）"老将军知道他的爱子阵亡了，垂下头来，久坐不动。然后抬起头来，他眼睛里没有眼泪。没有，我没有看见！他的眼泪被神圣的复仇的火焰烧干了。他坚决地说：'我的孩子，安眠吧，放心吧。我会报仇的。我用老军人的荣誉发誓。'"你懂得，若是我现在来得及加上这几句，那么多好。你懂得，这篇文章会多么漂亮。这是所有的报纸都要羡慕，也要嫉妒的。怎么办呢？马上就要和莫斯科通电话了，你想怎么样，假如在电话里和总指挥商量商量？
>
> 副官：在电话里你怎么能看得见总指挥的眼睛呢？你却描写得那样逼真。
>
> 客里空：哎哟，我的天呀，假如我只写我所看见的，那我就不能每天写文章了。我就一辈子也休想这样出名了。

最后客里空连电话也没打，当然更谈不到和总指挥"商量商量"了，就匆匆把稿子发走了。

《前线》发表于 1942 年 9 月，曾获斯大林文艺奖金，据说这个剧斯大林看了 7 遍。萧三翻译的这个剧本，是在 1944 年 5 月的延安《解放日报》上分 7 天连载的。客里空在剧本中并不是一个主要人物。但他那不多的两次出场亮相，却具有典型性。剧本为我们塑造了一个吹牛说谎的记者的形象。后来，客里空这个名字就被新闻界借来指新闻报道中的虚构浮夸作风。

从 1947 年 6 月开始，晋绥解放区的《晋绥日报》发表《关于"客里空"的检查》和《不真实的新闻与"客里空"的揭露》等文章，公开检查报纸在土地改革宣传中的失实报道，并对"写作上凭空制造'英雄模范'，采访上的道听途说，捕风捉影，编辑工作中的毫无根据任意删改，译电校对工作中的马马虎虎"等坏作风进行了揭露和批评，且号召群众揭发检举。1947 年 9 月 1 日，新华通讯社发表社论《学习〈晋绥日报〉的自我批评》，号召把"反客里空运动"扩展到全解放区。这个运动对于新闻工作者改进工作作风，坚持新闻真实原则，避免失实报道起了积极作用。

不过，"反客里空运动"也表现出"左"的一面，比如有人小题大做，指责孙犁为"客里空"。孙犁在一个黄昏，从冀中的端村到新安城城墙附近绕了绕，那里地势低洼，有些雾气。他回去仓促写成了《新安游记》，把大街的方向弄错了。因此，土改时被作为"客里空"典型挨了批判。本来，作品中出现这样的枝节问题，根本不需要小题大做，更不应该上纲上线。可是当时的"左"倾做法，竟使孙犁蒙受了不白之冤。

尽管我们一贯反对客里空，但失实报道和虚假新闻一直没有绝迹。

上面提到的《九米拼搏》虚构了当事人的行动和心理，从而使这篇新闻失实。其实，此前虚构当事人心理的情况就出现过。新华社有一篇关于志愿军英雄黄继光的通讯《马特洛索夫式的英雄黄继光》①，曾这样描写黄继光牺牲前的一刹那：

> 一阵阵的冷雨落在黄继光的脖颈上，敌人的机枪仍在嘶叫着，他从极度的疼痛中醒过来了。他每一次轻微的呼吸都会引起胸膛剧烈的疼痛……黄继光又醒来了，这不是敌人的机枪把他吵醒的，而是为了胜利而战斗的强烈意志把他唤醒……后面坑道里营参谋长在望着他，

---

① 新华社记者石峰、王玉章：《马特洛索夫式的英雄黄继光》，《人民日报》1952 年 12 月 21 日。

战友们在望着他，祖国人民在望着他，他的母亲也在望着他，马特洛索夫的英雄行为在鼓舞着他……黄继光用自己的胸膛抵住了正在喷吐着火焰的两挺机关枪……

这篇报道在当时产生了很大的影响。但人们对这一段心理描写也提出了质疑：黄继光当时只身炸碉堡，他扑上枪眼就牺牲了，记者是从哪里得知他的这些心理活动的呢？显然作者做了发挥，从而在一定程度上失真。"合理想象"这个术语，就是在讨论这篇通讯时提出来的。对这段内心独白的描写，新闻界当时有两种意见：一种认为这不符合新闻真实的要求，黄继光在牺牲前的一刹那，谁也无法知道他在想什么。有些人却认为这虽然属于推测，但根据黄继光的平时表现，他有这种想法合乎逻辑，作者的这种想象是合理的。1953 年新闻界关于这篇通讯的讨论，最后也基本上统一认识，否定"合理想象"，认为通讯中黄继光的这段内心活动不符合新闻真实原则。

"合理想象"是以已知的事实去推测记者没有采访到而可能发生的"事实"，并作为事实来报道。而新闻是事实的报道，以已经发生、正在发生的事实为依据，不允许以可能发生、将要发生的事实为"依据"。以已知的事实去推测可能发生的事实，是逻辑推理的任务，而这种推测也只有在得到事实证明后才能成立；用想象来写作，是文学的手法，不能用在新闻上。

更有甚者，有的"新闻"纯属编造。比如，1980 年全国获奖新闻中有一篇《钱被风刮跑以后》，说的是当年 1 月 20 日的长春，北风呼呼，"我"骑车将一位低头数钱的老大爷撞了个趔趄，于是，钱借风势，纷纷扬扬，路人纷纷"抢"钱，当钱最后汇集到老人手中时，竟出现多出一张伍元票子的喜剧镜头。原来，一中年妇女将自己购物的钱当"抢"来的塞给老大爷。事隔 7 年，同样标题的"新闻"又出现在天津。除了地点、钞票的数额有变外，其余都同前者如出一辙。后经查证，前文为面壁虚构，后文为抄袭前文作品。

国外更有不少伪造新闻的事件。例如，1983 年 4 月 25 日，联邦德国《明星》画刊，在汉堡举行记者招待会，宣布该刊经过 3 年调查，终于发现希特勒在 1932 年至 1945 年写的 62 册"日记"。这一宣布轰动了全世界。要求购买"日记"版权用以连载的订单源源不断，几天之内订金总额达 300 万美元。可惜好景不长，5 月 6 日，即"日记"出笼后的第 11 天，联邦德国内政部长宣布，所谓希特勒日记纯属捏造，随后《明星》画刊主编及其助手辞职，"日记"的伪造者和发现"日记"的记者被捕入狱。

我们再来看一个德国记者编造俄军在车臣"暴行"的例子（据《中国青年报》等媒体 2000 年 3 月 2 日报道）。

2000 年 2 月 29 日，德国 N-24 电视公司开除了新闻记者弗兰克·谢夫林，指责他在车臣事件的报道中"编造谎言，蒙骗观众，违背了记者的职业道德"。

2 月 25 日晚间，N-24 电视台播放了由其记者谢夫林在车臣摄下的"俄军暴行"镜头。画面显示，一些俄军士兵正在掩埋几十具尸体。解说词说，这些伤痕累累、肢体不全、用铁丝捆绑的尸体，都是在经过严刑拷打后遭枪杀的车臣人，其中甚至有无辜的平民。节目播放后，欧洲许多国家的电视台都进行了转播，对俄军在车臣的"残暴行径"大加指责。自 2 月 26 日，俄《消息报》连续发表文章，披露谢夫林恶意制造假新闻的恶劣行径。《消息报》记者奥列格·布洛茨基撰文说：事实上，N-24 电视台的电视片是从布洛茨基本人 2 月 14 日在位于车臣首府格罗兹尼西部的乌鲁斯马尔坦和罗会尼丘拍摄的录像带中剪辑拼凑出来的。俄军掩埋的是 2 月初从格罗兹尼突围时被打死的和 2 月 13 日在格希丘交战中被炸死的车臣非法武装分子的尸体，他们根本不是被酷刑折磨致死的。至于尸体绑着铁丝，那完全是在战争条件下为方便运输尸体而采取的措施。谢夫林没有到过现场，更没有亲历过所谓"暴行"涉及的事件。据布洛茨基说，谢夫林对他拍摄的这些镜头很感兴趣，与他达成协议，从他的录像中选取两分钟镜头。作为新闻同行，布洛茨基在 2 月 18 日将录像带拷贝交给谢夫林。但他没料到，谢夫林剽窃了他的作品并且断章取义地加入了解说，完全歪曲了录像片中的原意和死者的真相。

《消息报》记者叶夫根尼·克鲁季科夫撰文说，N-24 电视台播放这一虚假报道之时，恰逢欧洲委员会一位人权委员访问俄罗斯，而他的使命恰恰是考察车臣的人权状况。这种巧合绝非偶然。他指出，这是西方媒体报道车臣战争的又一"杰作"，是企图"败坏俄罗斯在欧洲人心目中的形象"。

新华社莫斯科 2000 年 3 月 10 日电报道，德国 N-24 电视公司终于就有关俄罗斯车臣事态的报道严重失实一事向俄方正式道歉。俄代总统助理亚斯特任布斯基，在一次吹风会上，宣读了 N-24 电视公司经理乌利里赫·恩德致俄罗斯驻德国大使谢尔盖·克雷洛夫的一封信。恩德说，N-24 电视公司对此事深表遗憾，并就该公司记者谢夫林因制造假新闻而给俄方带来的损失表示歉意。

失实报道甚至可能诱发严重的政治事件。1989 年 11 月，捷克斯洛伐克记者乌赫尔、路透社驻捷克记者让多夫斯基炮制共产党政权打死 1 名大学生的假新闻。这条新闻成为捷克首都布拉格 20 万人游行示威的导火索，并迅速导致捷克政府垮台。这条假新闻的出台还有另外的政治背景，不仅仅是出于新闻媒介对新闻报道的追求，更是当时刻意推翻共产党政权的人预谋的结果，但当时一些媒体为了追求新闻性和轰动性，纷纷不加调查就转载了这条消息。在这次事件中，不称职的记者成为政治上的成功者，在共产党政权被推翻，反对派上台以后，炮制这条假新闻的乌赫尔被任命为捷克斯洛伐克通讯社社长，让多夫斯基当上了新总统的新闻发言人。①

当缺乏新闻职业训练时，即使后来成为成功人士，但他们在早期的新闻实践中也可能出现编造新闻的荒唐事。美国著名作家马克·吐温曾谈到他于 1865 年在旧金山《晨呼报》当记者的一段经历：

> 我必须在上午九点赶到警察局，在那里待上一小时，把发生于头天晚上的斗殴事件的来龙去脉简短地做个记录。一般是爱尔兰人打爱尔兰人，或是华侨揍华侨，但这两个种族之间不时也爆发一场恶斗来换换口味。每天的证词都和前一天完全相同，因此这逐日的例行公事真是枯燥得要死。法庭是记者们常跑的地方，因为那是永不枯竭的消息来源。剩下的时间我们就把全镇由东到西篦一遍，能搜集到多少材料就搜集多少，用来填满规定的版面——如果没有火灾可报道，我们就自己编造它一起。
>
> 晚上，我们对镇上的六个戏院逐一拜访，一周六天，一年三百六十五天，夜夜如此。我们在每处只停留五分钟，只是极其随便地瞟上两眼正在上演的歌剧和话剧，弄到一鳞半爪的剧情，过后就像当时行话所说的"绘声绘色"地描写一通。从年初到年底，每天晚上都要搜肠刮肚地找出些话来评论这些早已评论过不下几百次的演出。②

---

① 参见刘华蓉《大众传媒与政治》，北京大学出版社，2001，第 28 页。
② 〔美〕马克·吐温：《马克·吐温自传》，天津人民出版社，1981，第 45～46 页。

从马克·吐温的这段自述中，我们可以看到当时采访的一些情况。马克·吐温写了许多著名小说，但从上面的自述中看，他当记者并不怎么高明，甚至做出"没有火灾可报道，我们就自己编造它一起"的荒唐事来。

失实新闻和虚假新闻一再出现，说明研究新闻真实问题的必要性。对于新闻来说，真实是最低标准，也是最高标准。虚假新闻一再出现，原因是多方面的。追逐各种利益是人的一种本性，有些新闻从业人员在追逐各种利益时往往要以牺牲新闻真实为代价。在各种利益中以经济和政治利益与人的关系最为密切，因而为了经济和政治利益而放弃新闻真实原则的情况也最为多见。有关政治方面的原因我们留待下文述及。

（三）"说了什么"和"不说什么"

新闻真实还有一个报道出的真实与没有报道出的真实问题，也就是说还有一个部分真实和全部真实的问题。从这个角度看，新闻真实与否有两个层次。第一个层次，报道出的新闻本身真实与否。这是一般意义上的真实与失实或虚假。报道的事实与实际发生或存在的情况一样，就是真实的报道；与实际情况有出入，尤其是有较大出入，就是失实报道；根本不存在的事情，编造并报道出去就是虚假报道。第二个层次，报道的是实际存在的一部分事实，没有失实，也没有虚假；但另外的本来按通常的标准也具有新闻价值的事实，由于政治的、经济的、军事的等原因，应该报道而不敢或不允许报道，没有报道出去，也是一种不真实。这种不真实，是对真实事实的回避。正如国外有的学者对媒介的批评那样，考察一个媒介面对严酷世界现实的真正态度，不在于媒介实际上"说了什么"（what is said），更重要的是它"不说什么"（what is not said）。媒介"从不对社会现状提出根本的质疑"。虽然大众媒介上偶尔也会出现少数具有批判色彩的文章或节目，但数量太少，发挥不了太大作用。

卢梭尖锐指出，"最坦率的人所做的，充其量不过是他们所说的话还是真的，但是他们有所保留。这就是在说谎，他们没有说出来的话竟会如此改变他们假意要供认的事，以致当他们说出一部分真事时也等于什么都没有说。"① 他在这里主要是指传记。卢梭的《忏悔录》是以不掩饰自己的错误，哪怕是见不得人的东西也如实写来而闻名于世的。郭沫若的自传也具有类似特点，特别是对自己的错误和缺点，甚至隐私，敢于公之于世。他

---

① 〔法〕卢梭：《忏悔录》第二部，人民文学出版社，1982，第815页。

对堂嫂朦胧的性意识，他在上学期间喝醉酒时甚至曾坐到了一位私娼的怀里等，在《我的童年》里都如实记录了下来。正因为作者的这种严格的写实态度，就使《我的童年》等自传不仅成为不可多得的优秀传记作品，而且还使它具有宝贵的史料价值，甚至为心理学研究也提供了生动而真实的个案材料。刚才谈的是卢梭和郭沫若的自传；但把它移用到新闻报道中，也具有借鉴和批判意义。

（四）媒体与新闻传播的真实性

表面看来传播媒体与新闻的真实性没有必然联系。可是，我们纵向地考察一下媒体的发展历史就会发现，媒体与新闻的真实性之间还是有不容忽视的联系。

信息在人际间或团体间的口头传播是最初的传播方式。这时，人体就是最天然和最有效的传播媒体。由于人的记忆能力有限，不同人的记忆能力也有很大差别，表达能力也会有程度上的不同，所以，这种传播在准确性和容量上受到很大限制，而且它还不能像报刊那样长久保存，传播范围也很有限。

文字和纸的发明使新闻传播媒体进入了一个新的时代，以报刊为主的新闻媒体诞生了。这种媒体弥补了人的记忆方面的缺陷，只要信息真实，在传播过程中信息本身就不会走样；其传播速度和范围也大大提高和扩展了。可是人们从报刊上看到的新闻只是记者眼中看到的、耳中听到的，并且经过取舍和转化成文字的东西。毋庸讳言，这样的新闻，其真实性是要打折扣的。

无线电广播和录音机的出现，不仅使新闻传播的速度和范围进一步提高和扩展，而且使听众第一次有可能听到信息源或新闻源当时、当地、当事人的声音。尽管这种声音经过了编辑、记者的选择，但听众毕竟听到了当时、当地、当事人真正的声音，即使当事人的声音经过了删节，但当事人的语调和情绪却真实地保留着，这是在此之前所未曾有过的。它突破了过去一切都由传播者代言的局限。

电视媒体的出现，则使再现信息源或新闻源的真实情况有了质的飞跃。电视新闻不仅能使观众像广播那样听到新闻源当时、当地、当事人的声音，而且还能让观众看到新闻源当时、当地、当事人的几乎全部情况。在电视新闻从摄录到播出的全过程中，"叙述人"的地位全面下降，有时甚至完全不需要。这大大减少了在此之前"叙述人"对新闻事件的自觉或不自觉的主观干扰。我们这样说，并不是没有考虑到电视摄像记者的选择和编辑的再选择及编排因素，意在强调电视新闻中这种主观干预在各种新闻媒体中是最低的。尤其是在实况转播中，这种主观干预几乎降为零。电视新闻中传达出的这种真实的"隐"信息，是报刊和广播中不能或很难出现的。

电视新闻中记者和编辑的主观干预之所以能够降低，是因为电视媒体具有"全信息"的特征。也就是说，电视较之报刊、广播等媒体，它所载的信息是最全面、最具体，因而在一定意义上也是最真实的。报刊新闻只是把记者的所见所闻用文字记录下来，广播除了能用声音表达文字记录的内容外，还可以再现新闻当事人的声音。而电视新闻则可以用声音和画面，再现新闻事件包括各种细节在内的几乎全部信息。这倒不是电视新闻记者有意这么做；而是电视摄像机所摄录下来的场面与文字记者和广播录音记者所记录下来的场面相比，有一个非常值得注意的不同，那就是文字记者和广播录音记者所记录下来的场面是经过"过滤"后的场面，而电视摄像记者所记录下来的场面尽管也经过了记者和编辑的选择和编排，但只要你保留一个镜头和当时的同期声，这个镜头和同期声就会全面再现当时的所有信息。也许，在这个意义上理解马歇尔·麦克卢汉（Mashall Mkluhan）那个著名的论断"媒介即讯息"（the media is message），我们对它会有更大程度的认同。

例如，同样介绍一个新闻人物，我们从报刊上看到的，只能是记者用文字记录下来的对这个人物的某些印象，从广播中只能听到播音员用声音传达出的记者对这个人物的某些方面的描述，最多也不过能听到这位新闻人物的谈话录音。而从电视上除了可以看到和听到上述东西外，我们还可以看到许多记者和编辑主观上无意要告诉我们的东西，诸如这个人物当时是否打着领带，他的脸上皱纹多少、表情如何，等等。显然电视告诉我们的更全面、更具体，因而也更真实。在这个意义上可以说，电视媒体具有天然的真实性。正因为如此，相比较而言人们更相信电视新闻的真实性。1972年，日本前首相佐藤荣作在表明引退意向的记者招待会上，拒绝会见新闻记者，而要求通过电视发表讲话。他说："我要和电视观众谈话，和国民直接谈话，不想和记者交谈。请记者回去。"他认为，以铅字为表达手段的报纸无法原原本本地传达自己所讲的话，即使传达了，也会掺入记者或编辑的评价，因而也就无法把自己的意图忠实地传达给国民。佐藤确信，通过电视发表讲话才能忠实地传达自己的意图。①

我们可以再举一个例子：2009 年 8 月，普京和梅德韦杰夫在索契亲密会见，并共同观看足球比赛的"和谐"表演，通过电视镜头让俄罗斯人为他们的最高领导层依然关系良好而安心。然而叶卡捷琳堡的一位司机，观看了上述报道后，公开指责梅德韦杰夫违反交通规则，并投书交警部门，要求对梅德韦杰夫开罚单。

原来，在 8 月 12 日电视新闻中，当两位领导人从他们观看球赛电视直播的咖啡馆出来后，梅德韦杰夫径直走向早已等候在外的黑色小汽车，并坐在驾驶员的位置上启动汽车，还潇洒地向一直随行跟拍的记者和路人挥手告别。当观众们都沉醉于总统的微笑和潇洒挥手的画面时，叶卡捷琳堡的这位司机却从画面中发现，总统先生没有系安全带！根据俄罗斯道路交通法规，应被处罚 500 卢布。

就在总统是否系安全带还没结论的时候，又有眼尖的人从这则电视新闻中，再次发现梅德韦杰夫的违章行为：当黑色小汽车扬长而去的时候已经日落西山，路上黑漆漆一片，总统先生没开车灯……②如果不是电视报道，这些问题通常不会出现。

由于电视作为媒体的这种全信息特征，还使它比其他媒体更具有直接感。研究发现，电视可以让人们产生一种直接卷入冲突，直接融入事件的感觉，而在电视产生之前，人们对世界事务的关注远不如今天这样直接，这样富有感性认识。足球世界杯比赛，有电视直播与没有电视直播，对世界球迷的冲击力和使他们产生的参与感是大不相同的。而电视对伊拉克战争进程的部分直播，使这场战争一下子拉近了与全世界电视观众的距离，有的媒体把自己的这种报道叫做"海湾零距离"，全世界对这场战争的关注也是空前的。

电脑因特网的开通使新闻又增加了一种新的媒体。因特网被称为继报纸、广播、电视之后的"第四媒体"。如果因特网的终端是电脑多媒体的话，那么这种媒体不仅全面具备电视的功能，而且还具有交互性。在因特网上几乎每一个人都可以成为信息或新闻的发布者，使信息或新闻的传播

---

① 〔日〕井上宏：《电视社会学》。见〔日〕藤竹晓《电视社会学》，安徽文艺出版社，1987，第 191 页。井上宏的《电视社会学》是该书的附录Ⅰ。

② 苏清：《市民通过电视新闻画面监督领导人：索契街头梅德韦杰夫违章驾驶》，《青年参考》2009 年 8 月 18 日。

渠道比过去不知道多了多少倍。因特网成为新闻传播渠道后，至少为我们提供了如下两个可能。

其一，新闻获得渠道的多样化。因为在因特网上几乎每一个人都可以成为新闻的发布者，所以，过去只有一家或几家新闻单位才能获取的新闻，现在只要是在新闻发生地的目击者或当事人，都可以成为新闻的发布者。这就意味着，有了因特网，独家新闻会越来越少，它的重要意义在于新闻封锁越来越难，要想不让外界知道已经或正在发生的事情会越来越难。也就是说，因特网作为新闻媒体使新闻的透明度空前提高。"人们在这里不必阅读来自一个信息源的信息，不必说一个话题，不必受编辑、新闻出版机构的控制，不必担心自己的言论是否离经叛道。一句话，网络使少数人垄断信息和文化的圣人时代宣告结束了。"① 显然，它有利于人们更真实地了解新闻事件。

其二，由于因特网具有交互性，所以，每一个受众都可能成为进行"采访"的"记者"。当受众从网上获得某个新闻后，他（或她）可以按照网址在网上直接访问新闻发布者或新闻事件的当事人及目击者。也就是说，受众可以直接核查某一新闻事件是否真实。这样，制造假新闻会更加困难。

然而，我们也不能不注意到，因特网作为新闻媒体虽然为新闻传播的更加真实提供了更大可能，但它也是一把双刃剑，网上新闻真假难辨的事实是网友们都承认的。比如，网上的许多新闻我们不知道是谁发布的。当信息源不明时，信息的真实性也就被怀疑，"事实上，发送者是什么人，这本身就是任何信息的一个至关重要的组成部分。它的作用之一就是帮助我们确定对该信息相信到什么程度"。② 因此，网络的虚拟环境在某种意义上是对现实真实性的一定程度的解构和颠覆。高科技在为信息传播更加真实提供了最大可能性的同时，也为某些人制造虚假提供了更加便利的条件。在高科技时代，数字化技术已经在一定程度上颠覆了人们对视觉化信息的信任。当玛丽莲·梦露与林肯总统拥抱在一起，当阿甘的手与肯尼迪总统的手相握时，人们在惊叹数字化技术的鬼斧神工之余，也不禁对真实性本身产生了疑虑。

从以上对新闻传播媒体发展脉络的简要勾画中，我们可以看出，媒体

---

① 李河：《得乐园·失乐园》，中国人民大学出版社，1997，第50页。
② 〔美〕A. 托夫勒：《力量转移——临近21世纪时的知识、财富和暴力》，新华出版社，1996，第304页。

的不断进步为实现新闻的更加真实提供了越来越有利的条件，尽管它也为造假提供了先进技术。当然，不言而喻，新闻的真实与否不是由传播媒体本身单独决定的，决定的因素仍然是记者的素质和传播制度。然而，传播媒体对新闻真实程度的影响也是我们不应忽视的。

二　文学真实

（一）文学真实的含义

关于文学的真实性，问题要复杂一些。文学所讲的真实，主要有两层含义。第一层含义与新闻真实基本一致，即生活真实——社会生活中实际存在的人和事。第二层含义是艺术真实，这是文学艺术独有的。所谓艺术真实，就是以生活真实为基础，通过概括、集中、提炼，包括虚构和想象，创造出来的具体生动的艺术形象世界，表现出社会生活的某些深刻内容和规律性。用西方文论家的话说就是："一件虚构的事能表达普遍的真理（a particular fiction can lead towards a general truth）。"

（二）文学真实与新闻真实的区别之一：文学真实表现在再造的合理性上，新闻真实表现在再现的准确性上

生活中本来就有的人和事，当然属于文学真实。但文学真实还包含着虚构和想象。所以，巴尔扎克把文学艺术称为"庄严的谎话"[①]。有些作品用幻想、夸张、拟人等手法来营造人物和故事，所写的是实际生活中不可能出现的事物，但是，在特定的作品氛围中，这类人物和事件却能给人以真实感，同时表现出合乎历史发展趋势的社会理想，或曲折地表现出对某些社会现状的批判、讽刺。

应当指出，艺术真实可以大胆想象和虚构，但并非胡编乱造。在特定作品中必须写出"逻辑的真实"和人物性格发展的"必然性"。正像大批评家杜勃罗留波夫所指出的那样：

> 在历史性质的作品中，真实的特征当然应当是事实的真实；而在艺术文学中，其中的事件是想象出来的，事实的真实就为逻辑的真实

---

① 〔法〕巴尔扎克：《〈人间喜剧〉前言》，《西方文论选》下卷，上海译文出版社，1979，第173页。

所取而代之，也就是用合理的可能以及和事件主要进程的一致来代替。"①

　　曹禺在谈到自己的剧作《雷雨》时说，"老实说，一部《雷雨》全都是巧合。明明是巧合，是作者编的，又要让人看戏时觉不出是巧合，相信生活本来就是这样，应该是这样。这就要写出生活逻辑的依据以及人物性格、人与人之间关系的必然性来。"② 可见，艺术真实与胡编乱造是不同的。现在，影视剧中以工业生产方式生产出的大量的胡编乱造的情节，与艺术真实是水火不相容的。这些东西亵渎着艺术的尊严，败坏着艺术的名声，为真正的艺术家所不齿。

　　文学真实表现在再造的合理性上，新闻真实则表现在再现的准确性上。如果新闻里出现了虚构和想象，不管这种虚构和想象如何"合理"，具有可能性，也不符合新闻真实的原则。穆青指出：

　　　　作为新闻报道的一个品种的人物通讯，同小说、戏剧、电影等等文学作品是有区别的。文学可以而且必须虚构，而人物通讯却不能有任何虚构，它的每一个细节都必须是真实的。新闻的真实和文学的真实，是两种意义上的真实。文学的真实是艺术的真实，它的人物是根据现实生活中的真人加以概括、集中而塑造出来的，它所写的人物是没有通讯地址的。阿Q就是阿Q，绝不是现实生活中某个实实在在的人。阿Q所在的未庄，是地图上找不到的一个虚构的地址。人物通讯就不然了。它所写的人是现实生活中的真人，他们是有通讯地址的——焦裕禄是兰考的县委书记，吴吉昌在山西闻喜县东镇公社涑阳大队。如果他们还活着——像吴吉昌、"老坚决"，读者可以和他们通信，甚至可以亲自去访问他们，看看他们的业绩，听听他们讲话。③

　　穆青在这里说的是人物通讯，但就真实问题而言，它适用于所有新闻体裁。

---

① 〔俄〕杜勃罗留波夫：《黑暗王国中的一线光明》，见《西方文论选》下卷，上海译文出版社，1979，第451页。
② 王育生：《曹禺谈〈雷雨〉》，《中国戏剧》1979年第3期。
③ 穆青：《新闻散论》，新华出版社，1996，第176～177页。

（三）文学真实与新闻真实的区别之二：文学真实包含作者的主观情志，新闻为了真实、客观应严格控制记者的感情流露

艺术真实除了包含合理的虚构外，还包含着作者的主观情志。所谓观山情满于山，看海情溢于海，说的正是这一点。"暮从碧山下，山月随人归"，李白《下终南山过斛斯山人宿置酒》这两句诗写的是暮色月光下一种特定的真实感受，而"山月随人归"却不是纯客观的景物描写了，山月也具有了与人同行、交流的主观色彩。杜甫《春望》中有两句诗"感时花溅泪，恨别鸟惊心"。花鸟本为娱人之物，但因感时恨别，而使诗人见了反而溅泪惊心。这是移情于物。情感也有真实与虚伪之分。情感的真实与否需要放在具体的作品环境中进行分析。上述李白和杜甫诗中的情感在具体的艺术环境中是真实可信的，因而流传至今。

文学作品中渗透甚至充溢着作者的感情是天经地义的事情，而新闻报道或史书中流露出作者的情感，就需要格外注意了。新闻报道和史书强调客观性，一般要严格控制作者情感的表露。至少，作者的主观情感与所述的客观事实要有明确的界限。"情感功能应该控制到最低的程度，以保证新闻的公正、客观。但是，媒介为了发挥自己的煽情作用，会把情感功能放在支配地位，以控制人们接受的角度和方式。所谓情感功能占支配地位，就是指把关人在传播一条消息之前，已经有了关于此类消息的一种评价或定义，受其控制，消息被处理成符合这种观点的样子。而受众在接受信息时往往是将传播者的方式和传播者的情感一同接受过来的，这种接受方法使受众很难辨别哪些是原本信息，哪些是信息以外的内容。"① 为了最大限度地达到客观、公正，为了减少采写者的情感渗透到所述事实中，美国《全能记者》曾列举若干对照写法，其中一条是：

　　A　发言者认为，我们的城市是经过很好规划的。
　　B　发言者认为，勃兰克维尔是经过很好规划的。

B被推荐为较好的写法。因为它避免了"我们的"这样带有归属感情色彩的词的使用，而勃兰克维尔则是完全客观化的。与新闻的这种要求不同，文学作品往往要突出作者的主观感受或见解。女作家铁凝写过一篇人

---

① 李岩：《大众传播过程的异化现象》，《中国广播电视学刊》1997 年第 10 期。

们并不注意的散文，题目就叫《我的石家庄》。因为当时她生活在这个城市，她强调了自己对这个城市的归属感。

历史记事无疑也应严格控制记述者主观情感的渗透、支配。梁启超以自身为例说："吾二十年前所著《戊戌政变记》，后之作清史者记戊戌事，谁不认为可贵之史料？然谓所记悉为信史，吾已不敢自承。何则？感情作用所支配，不免将真迹放大也。"① 作为当事人，梁启超能够反省自身的感情在其中的支配作用，难能可贵。历史事件当事人由于感情作用而使记述走样的情况比较普遍，即使不是当事人也应严格控制感情的驱使。

三 历史真实

（一）历史真实的含义

历史真实与新闻真实就其基本内涵来说是一致的。所不同的是时间。历史真实就是史书的记载与过去曾经发生的事实相符。古希腊历史学家希罗多德早就说过，要"如实记载"。吴缜在《新唐书纠谬·序》中说得好，"有是事而如是书，斯谓事实。"即如实地记录了历史事实就是历史真实。能够成为史学名著的最基本条件就是达到了历史真实。就整体而言，《史记》就是这样一本史书。《汉书》作者班固在历史见识上与司马迁不尽相同，但班固仍然称赞司马迁写的《史记》"辨而不华，质而不俚，其文直，其事核，不虚美，不隐恶，故谓之实录"。② 这个评价经历了近两千年的历史检验，基本上为中外学者所认可。求真实，贵信史，是中国古代史学名著共同的突出特点。求真是史学最顽强的学科追求。

真实与客观几乎是同义语，客观的就是真实的，真实的也应当是客观存在的。历史学家追求真实、客观，然而完全的真实、客观又是很难实现的。被称为近代德国"历史学之父"的利奥波德·冯·兰克（1795～1886）把追求历史的"客观性"作为一种理想，他在《拉丁与条顿民族史（1492～1535）》一书的前言中说：历史学家只是"表明过去是怎样的"。他曾这样写道："我提出了一种理想，人们会对我说，这种理想无法实现。但现实告诉我们，一个人的思想可以无限，但他所能取得的成就天生有限。"耶尔恩·吕森、斯特凡·约尔丹在为兰克《历史上的各个时代》一书所写的"编者导

① 梁启超：《中国历史研究法》，东方出版社，1996，第110页。

② 《汉书·司马迁传》。

言"中评价说："从这里我们可以看到，兰克是把历史客观性视为一种理想，一种历史学家应该具有的然而又是永远难以实现的理想。"① 这一点与新闻所追求的真实、客观是一致的，就算达不到绝对的客观，但追求客观的理想就像迷雾漫漫新闻航道上的灯塔在引导着新闻人前行。

关于历史真实，与新闻真实一样，无论在理论还是在实践上都存在种种问题，这一话题也是常谈常新。自从人类产生以来，记述历史时在不同程度上的想象与虚构，在实践和理论上一直或隐或显存在着，但从 20 世纪到现在则形成一股思潮。在西方以英国历史哲学家柯林武德等为代表，在中国也有一些学者自发追随。

（二）关于"历史的想象"与"历史的构造"

英国历史哲学家柯林武德（Robin George Collingwood，1889～1943）的著作《历史的观念》（1946 年出版）产生了广泛影响。在这本著作的"后论"中有专门论述"历史的想象"与"历史的构造"的内容。柯林武德关于"历史的想象"和"历史的构造"的理论，得到了中国史学界的响应。一些知名历史学者在关于史学理论与方法的著作中肯定了历史叙事中想象的必要性和合理性。有些年轻学者也追随这种理论，比如，张小忠在《淮北煤炭师范学院学报》（哲学社会科学版）2009 年第 5 期发表论文《试论历史想象与"构造的历史学"——以柯林武德为讨论中心》，认为"柯林武德的历史哲学无疑是一次成功的尝试"。既然如此，我们就有必要对"历史的想象"与"历史的构造"进行认真辨析。

1. 什么是"历史的想象"

什么是"历史的想象"呢？柯林武德用两个例子来让受众理解。

远去的历史，权威的记载往往简单、缺乏必要的链条连接。在柯林武德看来这就需要史学家来"构造"。"这样，我们的权威们告诉我们说，有一天恺撒在罗马，后来又有一天在高卢，而关于他从一个地方到另一个地方的旅行，他们却什么也没告诉我们；但是我们却以完美的良知而插入了这一点。

"这种插入的办法有两个意义深远的特征。首先，它绝不是任意的或纯属幻想的；它是必然的，或用康德的话来说，是先验的。如果我们是用幻

---

① 〔德〕兰克著，〔德〕约尔丹、吕森编《历史上的各个时代：兰克史学文选之一》，北京大学出版社，2010，"编者导言"第 10 页。

想出来的细节（例如，他在路上遇到那些人的名字以及他对他们所说过的话），来填补对恺撒的行动的叙述，那么这种构造就是任意的；事实上它就会是一种由历史小说家所完成的构造了。但是如果我们的构造并不包含有任何不为证据所必需的东西，那么它就是一种合法的历史结构，没有它就根本不可能有历史学。"

这是柯林武德讲的第一个例子。在这个例子中，他认为这种"插入"或"想象""绝不是任意的或纯属幻想的；它是必然的"。而且特别指出，如果用幻想出来的细节，例如，恺撒在路上遇到那些人的名字以及恺撒对他们说过的话，来填补对恺撒的行动的叙述，那么这种构造就是任意的，这种构造就会是一种由历史小说家所完成的构造了。应该说柯林武德在第一个例子中所谈的对"想象"的限定，在面对历史学的底线时没有走多远。尤其是关于属于历史小说家的构造的说明，还是准确的。

但是，在第二个例子中，柯林武德明显超越历史学的底线了。他接着说："其次，以这种方式推论出来的东西，本质上是某种想象出来的东西。如果我们眺望大海，看见有一艘船，五分钟之后再望过去，又看见它在另一个不同的地方；那么当我们不曾眺望的时候，我们就会发觉自己不得不想象它曾经占据过各个中间的位置。这已经是历史思维的一个例子了；而当我们被告知恺撒在这些连续的时间里是在这些不同的地方时，我们就发现自己不得不想象恺撒曾经从罗马旅行到高卢；——这情形并无不同。"只看到了大海上航行的船五分钟之前和五分钟之后的两个位置点，但在这两点之间船是如何航行的我们并没有看到。于是我们就"不得不想象它曾经占据过各个中间的位置"，或者说，这只船是直线航行还是曲线航行；是走一会儿停一会儿，还是一直走下去，我们都可以想象。而且在柯林武德看来，"这已经是历史思维的一个例子了"。接着柯林武德把他对船航行的想象移植到了恺撒："当我们被告知恺撒在这些连续的时间里是在这些不同的地方时，我们就发现自己不得不想象恺撒曾经从罗马旅行到高卢"，尽管他自己也知道这在"本质上是某种想象出来的东西"、是"推论"，但他依然认为这是"历史思维"。的确，只要确知恺撒在罗马，几天之后又出现在高卢，历史学家就可推断他是从罗马出发最后到达了高卢，这不会有什么争议。问题在于是乘车去的还是步行去的，中间又经过了哪些地方，遇到了哪些人、说了什么话，如果没有更多确知的事实，人们只能想象和猜测。即使没有经过史学训练的普通人也知道，这些想象和猜测绝不能等同于历史事实。也正像柯林武德在第一个例子中所说，这种想象性构造属于历史小说家所干的事。这里，我们看到了在柯林武德两个例子之间逻辑上的混乱。

2. 从"历史的想象"到"历史的构造"

"历史的想象"在柯林武德历史哲学中占据重要位置。他认为，对于一个历史学家而言，"不管他的工作结果可能是多么支离破碎和错误，支配它那进程的观念却是清楚的、合理的和普遍的。它乃是历史想象之作为自我—依赖的、自我—决定的和自我—证实的思想形式的一种观念。"① 也就是说，历史想象不仅是普遍的，而且是合理的。在他看来，正是这种历史想象活动"沟通了我们的权威们所告诉我们的东西之间的裂隙，赋给了历史的叙述或描写以它的连续性。"历史学家必须运用他的想象，因为想象不仅使他的叙述动人而又形象化，更重要的是想象是结构性的，历史构造的全部工作依赖它才能完成。② 在柯林武德对历史的构造过程中，"凡是进入其中的任何东西之所以进入其中，都不是因为他的想象消极地接受它，而是因为他的想象积极地需要它。"③ 也就是说，历史学家不是消极地接受历史存在，而是构造历史的想象需要某种东西出现时这种东西才会出现。

我们突然发现，"历史的想象"在"历史的构造"中如此重要！没有想象"就根本不可能有历史学"。然而，真实的历史是由过去的事实构成的，而不是想象构成的。历史想象要想弥补已知和未知"之间的裂隙"，赋予历史的叙述或描写以"连续性"，就必须拿出确凿证据来证明，否则那只能是想象，这种"裂隙"不如不弥补，这种"连续性"不如不要。如果想象在历史叙事中成为合理和普遍，历史由想象来构造，不仅真实和客观的历史的地盘会退缩，而且其可信程度也会大大降低。在这个问题上严肃的历史学家不能退让。

3. 历史学家的想象和小说家的想象

柯林武德对艺术也有研究，他多次谈到小说家的想象和历史学家的想象："我已经谈到过的历史学家和小说家之间的相似性，在这里就达到了它的高峰。他们各自都把构造出一幅图画当作是自己的事业，这幅图画部分

---

① 〔英〕柯林武德：《历史的观念》（增补版），北京大学出版社，2010，第246页。
② 〔英〕柯林武德：《历史的观念》（增补版），北京大学出版社，2010，第237~238页。
③ 〔英〕柯林武德：《历史的观念》（增补版），北京大学出版社，2010，第242页。

地是叙述事件，部分地是描写情境、展示动机、分析人物。他们各自的目的都是要使自己的画面成为一个一贯的整体，在那里面每个人物和每种情境都和其余的是那么紧密地结合在一起，以至于在这种情况下的这个人物就不能不以这种方式而行动，而且我们也不可能想象他是以别的方式而行动。小说和历史学两者都必须是有意义的；除了必然的东西而外，两者都不能容许有任何别的东西，而对这种必然性的判断者在两种情况下都是想象。小说和历史学这二者都是自我—解释的、自我证明为合理的，是一种自律的或自我—授权的活动的产物；在两种情况下这种活动都是 a priori（先验的）想象。

　　"作为想象的作品，历史学家的作品和小说家的作品并没有不同。它们的不同之处是，历史学家的画面要力求真实。小说家只有单纯的一项任务：要构造一幅一贯的画面、一幅有意义的画面。历史学家则有双重的任务：他不仅必须做到这一点，而且还必须构造一幅事物的画面（像是它们实际存在的那样）和事件的画面（像是它们实际发生的那样）。这种更进一步的必要性就迫使他要服从三种方法的规则，而小说家或艺术家一般说来却不受它们的约束。"①

　　在柯林武德看来，历史学家和小说家之间的相似性达到高峰时就是都追求人物行动和事件的必然性。如果说这种看法有其合理性，那么"对这种必然性的判断者在两种情况下都是想象"的说法就有问题了。判断人物行动和事件是否具有必然性要看其是否符合生活逻辑，归根结底要以人类真实生活为判断的依据。把判断者设为"想象"就使这种判断充满了主观性和各种可能性，无论这种想象是如何"自我—解释的、自我证明为合理的"、如何"自律的或自我—授权"，都不可能排除这种主观性和多种可能性，从而大大降解了人物行动和事件的必然性。确实，历史学家和小说家都应当写出人物行动和事件的必然性，但是历史学家写出的是已经发生的必然性，而小说家写出的除了已经发生的必然性外，还有可能发生的必然性。这是它们之间的区别。

　　与柯林武德的看法恰恰相反，历史学家的作品和小说家的作品有本质区别，这就是历史学家的作品不能虚构和想象，小说家的作品可以虚构和想象。当然，我们都要求历史学家的作品和小说家的作品真实，但要求历

---

① 〔英〕柯林武德：《历史的观念》（增补版），北京大学出版社，2010，第242～243页。

史学家的作品达到的是历史真实，要求小说家的作品达到的是艺术真实或文学真实。所以柯林武德的这种说法是文学界所不能接受的："小说家只有单纯的一项任务：要构造一幅一贯的画面、一幅有意义的画面"，历史学家的任务是双重的，除了完成小说家的任务外，还有另外一个任务就是"画面要力求真实"。小说家的作品同样要求达到文学真实，否则的话，小说就可以胡编乱造了。

客观地讲，柯林武德也谈到过文学真实。他说："一个写小说的人写出了一篇由各种人物扮演各种角色的故事。人物和情节全都是想象的；然而小说家的全部目的乃是要表明，人物的行动和情节的发展在某种意义上都是由它们本身的内在必然性所决定的。这个故事，如果它是一个好故事，就不可能不是像它所发展的那样在发展；小说家在想象它时，除了像它那样在发展而外，就不可能想象它的发展。"① 这种人物的行动和情节的发展本身的内在必然性就是文学真实。问题在于他没有在文学想象和历史还原之间画出一条严格的界线，从而把文学真实混同于历史真实。如果说刚才引用过的他讲小说的这段话很在行的话，那么下面这段话就又不在行了："历史学家的想象与小说家的想象确实是同一件事情，但历史学家的想象是一种受过训练的想象，其旨在追求真实性；反之，艺术家则是为想象而想象"②。艺术家怎能为想象而想象，他们的想象也要接受艺术真实的选择。顺便再提几句，你看，他又在混同文学想象和历史还原——"历史学家的想象与小说家的想象确实是同一件事情"，尽管他说"历史学家的想象是一种受过训练的想象"，而且"旨在追求真实性"。想象再训练依然是想象，想象所追求的真实永远不能等同于历史真实。能够证明历史真实的只能是证据，而不是想象。

应该说，柯林武德所讲的历史学家"服从三种方法的规则"自身还是正确的："第一，他的画面必须在空间和时间中定位。""第二，一切历史都必须与它自己相一致。""只有一个历史的世界，而且其中每一件事物都必定和其他每一件事物处于某种关系之中，哪怕这种关系仅仅是地志学上的和年代学上的。""第三，也是最重要的，历史学家的图画与叫做证据的某

---

① 〔英〕柯林武德：《历史的观念》（增补版），北京大学出版社，2010，第239页。

② R. G. Collinwood. *Essays in the philosophy of history* ［M］. William Debbins ed. University of Texas Press, 1965: p48.

种东西处于一种特殊的关系之中。""实际上，我们问一项历史陈述是否真实，也就是指它能否诉之于证据来加以证明。"① 在柯林武德这三种方法的规则中，我们看到了这位历史哲学家应有的理论高度和遵循历史常识的自律。但是，如果用这三个规则来衡量他所说的恺撒在罗马与高卢之间的旅行，正如中国的一位历史学者所说：

> 既然恺撒在罗马与高卢之间的旅行在材料上是空白，那么，我们对它的想象就是推理性的，不能获得证据上的直接支持。就这一类"历史想象"而言，柯林武德的第一条原则——"时间和空间的定位"，只能起到一种间接的制约；第二条原则——"一致性"，只能是逻辑推理上的一致性，以及叙述的似真性、合理性；而第三条原则——"为证据所证明"则是做不到的，因为我们并没有直接的证据。虽然对"恺撒旅行"的想象要受到许多"给定"材料的制约，从而使得想象变得非常"不自由"，也使得它在外表上与文学的虚构拉开了距离，但是，因为缺乏材料的佐证，本质上它仍然属于想象虚构。②

如果用这三个规则来衡量他所说的"历史的想象"，"历史的想象"只有在胡适式的表达中才能有存在的资格，即"大胆想象，小心求证"。想象只有在证据充分的前提下才能进入历史，但想象一旦为证据证实就不是想象了。我们不是一概排斥历史研究中使用想象，而是说不能用想象"构造"历史。

（三）"想象和虚构不是文史的分野"吗

既然历史真实与新闻真实就其基本内涵来说是一致的，历史记载当然就应当像新闻报道一样拒绝想象与虚构。《左传》作为一部历史书，历来被人们称为记事典范之作，可也有"合理想象"的毛病。例如书中晋灵公因为大臣赵盾多次进谏，觉得很讨厌，派了一名刺客去刺杀赵盾。一清早，刺客潜入赵盾之家，只见赵盾已穿得齐齐整整，等候上朝。这个刺客退出来说："这样一个恭敬的人，必是好人，杀他就是不忠；但违反国君之命，是不信。不忠不信，不如死了好。"于是刺客撞槐树自杀了。近代名作家林纾就对这件事提出疑问：这个刺客当场自杀，他的自言自叹自思，谁听到

---

① 〔英〕柯林武德：《历史的观念》（增补版），北京大学出版社，2010，第243～244页。
② 张耕华：《试论历史叙事中的想象问题》，《史学理论研究》2005年第4期，第106页。

了？这确实是《左传》的败笔。①

然而并非所有学者都对历史真实有上述那样清楚的认识。社会学学者翟学伟有两个观点："想象与虚构不是文史的分野"，"文史方法论和立场上没有分野"②。他的依据如下。

钱锺书说："吾国史籍工于记言者，莫先乎《左传》，公言私语，盖无不有。虽云左史记言，右史记事，大事书策，小事书简，亦衹谓君廷公府尔。初未闻私家置左右史，燕居退食，有珥笔者鬼瞰狐听于傍也。上古既无录音之具，又乏速记之方，驷不及舌，而何其口角亲切，如聆謦欬欤？或为密勿之谈，或乃心口相语，属垣烛隐，何所据依？如僖公二十四年介之推与母偕逃前之问答，宣公二年钼麑自杀前之慨叹，皆生无傍证，死无对证者。注家虽曲意弥缝，而读者终不厌心息喙。"③

全知视角不但在《左传》中能看到，在《史记》和其他正史中都能看到。这就在无意中告诉我们，想通过写作方式上是用想象力，还是用一切以客观为依据；在记录方法上是用全知视角，还是用收集多少史料写多少内容的限知视角，在修辞上是具有"硬性"还是"软性"等，并不能判定一份资料或文献是史料记载还是小说写法，我们至多只能说两者之间的偏重是有差异的。④

翟学伟只承认"想象"和"客观"在文学和历史"两者之间的偏重是有差异的"，但认为"想象和虚构不是文史的分野"，"文史方法论和立场上没有分野"。他所依据的是《左传》《史记》中存在的问题。《左传》，尤其是《史记》是优秀的史学作品，但它们所存在的问题（如果真的存在的话），并不能证明想象不是历史史料与小说之间的分野，以及"文史方法论和立场上没有分野"。如果有无想象不是文学与历史学的一个重要分野，那么历史学将会出现混乱，历史学将难以立足。

钱锺书在《管锥编》中的这段话被许多文史学者所引以为据："史家追叙真人真事，每须遥体人情，悬想事势，设身局中，潜心腔内，忖之度之，

---

① 参阅李良荣《新闻学概论》，复旦大学出版社，2011，第257页。
② 翟学伟：《人情、面子与权力的再生产》，北京大学出版社，2005，第62、65页。
③ 钱锺书：《管锥编》第1册，中华书局，1979，第164~165页。
④ 翟学伟：《人情、面子与权力的再生产》，北京大学出版社，2005，第66页。

以揣以摩，庶几入情合理。盖与小说、院本之臆造人物，虚构境地，不尽同而相通"①。不难看出，他所说的就是"合理想象"。史家"遥体人情，悬想事势，设身局中，忖之度之，以揣以摩"对于理解历史人物和历史人物所处环境都是很有益处的。不少史学家的确是如钱锺书所说的那样做的，他们之所以要这么做，是为了弥补已经年代久远的过去史料之不足和为了把历史故事写得连贯完整。但明眼人都能看出那不等同于历史本身。中国史学家吕思勉就认为，早期的历史内容带有神话的性质，其后转为传奇和传说，到汉初，这类传奇和传说性质的材料仍不少，"鸿门宴"就是典型的一例。"鸿门宴"的"种种事迹，无一在情理之中。然则汉高祖与项羽此一会见，真相殆全然不传；今所传者，亦一则想象编造的故事也。"②《史记》中的这些传奇、传说记载还有不少，但并非是严格的历史记事。

比如，《史记·赵世家》所谓"赵氏孤儿"之说，虚构的成分很多。其一，所谓"赵氏遗腹"的史实不足为信。《史记》对赵朔着笔不多，但赵盾死后，赵朔承袭了他的职位。晋景公三年（前597），赵朔以下军统帅的身份与楚国作战，其政治地位仍高于赵同、赵括、赵婴兄弟。此后，史料对赵氏家族的记载中便没有了他的消息，可能是英年早逝吧。而后，这才有赵婴与庄姬通奸的说法。照此时间间隔推理，景公十七年（前583）庄姬不可能怀有赵朔的遗腹。而另据《左传》记载，"六月，晋讨赵同、赵括，武从姬氏畜于公宫"。《国语·晋语九》亦称赵武"从姬氏于公宫"。可见，"下宫之难"时赵武年幼，跟随母亲依舅父（晋景公）而居。如此说来，"搜孤救孤"以及公孙杵臼、程婴的相关记载也就不足为信了。其二，《史记》关于赵氏被灭族的"下宫之难"发生的时间（晋景公三年，即前597）互相矛盾。同出于司马迁之手的《晋世家》《史记·十二诸侯年表》均明确记载，该事件发生在晋景公十七年（前583）。《左传》的相关记载也与此相同。晋景公三年之后的许多历史事件，赵氏多有参与。如晋景公六年（前594），"晋侯使赵同献狄俘于周。"鲁成公五年（前586），赵婴与庄姬通奸，被赵括、赵同兄弟放逐；晋景公十二年（前588），晋始置六卿，赵括、赵旃皆为卿。由此推断，"下宫之难"不可能发生于晋景公三年。③

---

①　钱锺书：《管锥编》第1册，中华书局，1979，第166页。

②　参见吕思勉《吕著史学与史籍》，华东师范大学出版社，2002，第87页。

③　刘继兴：《赵氏孤儿是司马迁演绎出来的》，《新华每日电讯》2013年4月12日，第15版。

被称为西方"史学之父"的希罗多德也有类似问题。由于希罗多德、司马迁在史学界的崇高地位，许多人不愿意直面他们的历史叙事中存在虚构和想象的问题。正如麦考莱的《论历史》所说，希罗多德、司马迁等历史叙事的高手们"虚构的事情是如此之有似事实，而事实又如此有似虚构的事情，以致于我们对许多极其有趣的细节都既不敢相信也不敢怀疑，只得永远不置可否"。①

写到这里，我们看到了新闻界和史学界对待"合理想象"的不同态度。如前所述，新闻界在理论上把"合理想象"坚决地从新闻报道中排斥了出去，史学界则在理论和实际记述中为"合理想象"留下了缝隙，保留了位置。难道历史仅仅由于年代久远、史料不足就可以容忍"合理想象"吗？其实，新闻也时时面对缺乏人物真实心理活动和事件过程第一手材料的困境，但有良知的记者和理论家没有退让，不允许"合理想象"。因为这个口子一开，新闻真实的堤坝就有被冲垮的危险。史学界为"合理想象"留下缝隙和位置就等于在历史真实的堤坝上留下了"蚁穴"，我们遗憾地看到史学界没有把历史真实的原则贯彻到底。

需要指出，历史过程不容许想象，与史学家对历史过程中人物的心理分析中的想象是两码事。法国历史学家吕西安·费弗尔（Lucien Febvre）认为：要进行心理分析，"首先是清查细节，然后就所研究的时代，把关于为这一时代的人所有的心智的材料重新组织起来，以充分的学识、渊博的努力，再加上想象的努力，重建世界，重建形质的、智力的、道德的全部世界"②。对历史人物的心理分析是史学家对历史的认识和评价，不是客观历史本身。并且"由于历史记载中包含心理方面的材料极少，进行心理分析就受到限制，应用的资料不乏猜测和想象的成分，并由此影响到研究结论的可靠性。"③ 即使允许历史人物心理分析中的想象存在，这种想象也会影响研究结论的可靠性。

（四）史学家的"情节配置"与小说家的"艺术加工"过程"完全一样"吗

历史学者池桢有这样一段话④：

---

① 见何兆武主编《历史理论与史学理论》，商务印书馆，1999，第 262～263 页。
② 田汝康、金重远选编《现代西方史学流派文选》，上海人民出版社，1982，第 62 页。
③ 李振宏、刘克辉：《历史学的理论与方法》，河南大学出版社，2008，第 558 页。
④ 池桢：《历史学的文学之翼："现代叙史"》，《史学月刊》2006 年第 11 期，第 11 页。

海登·怀特认为，在历史学家动手以前，历史只是一些"元素"——它们自身不能形成故事，也就根本无法完成历史解释的任务。历史解释的开始和完成取决于历史学家的"情节化"（emplotment）[1]，即，历史学家如何去配置这些元素以形成情节。这样，经过史学家的情节配置，对历史的读者而言，死的历史材料就变成了活动的历史剧，历史的意义就会在舞台上显现出来：历史在这一刻复活。这个过程和小说家搜集素材，然后通过艺术加工形成一个情节曲折动人、包含深刻寓意的故事是完全一样的。在这一点上，历史和文学就没有了区别。不过在当代，大多数历史学者已经忘记了史学与文学的形神兼似，历史学变得愈发丑陋。其原因，正如怀特所说："（历史学）失去了对自己源自文学想象的认识。为了让自己看起来更科学和客观，它压抑自己，甚至否定了本属于自己的力量与更新的伟大源泉。"[2]

这段话有几处值得商榷的内容，有的属于被引述内容的问题，有的则属于引者自身的问题。

第一，其实，事实本身包括情节，而情节本身正是历史事件构成的要素。历史故事是真实的历史人物自己搬演出来的，不是历史学家或文学家编造出来的。说"历史只是一些'元素'——它们自身不能形成故事"，是不准确的。比如，"西安事变"捉蒋、放蒋的曲折情节是中国共产党、国民党、张学良、杨虎城、蒋介石、宋美龄等共同经历的，而不是历史学家"配置"的。因此，高明的历史学家只是还原历史事件的情节。"情节化"有助于可读性，但"情节化"只能是对历史情节事实的还原，而不是任意"配置"或重构。

第二，在池桢看来，"经过史学家的情节配置"，"死的历史材料就变成了活动的历史剧"，"历史的意义就会在舞台上显现出来"，"历史在这一刻复活"。似乎历史的意义能否显现出来，历史能否复活，需要"经过史学家的情节配置"。历史的意义主要依赖于对历史的真实记录，依赖于对历史发展过程内在联系的挖掘；只要能真实记载或还原每一段真实的历史（包括

---

[1] Geoffrey Roberts ed. *The History and Narrative Reader* ［C］. London and New York：Routledge，2001. p. 223.

[2] Geoffrey Roberts ed. *The History and Narrative Reader* ［C］. London and New York：Routledge，2001. p. 235 – 236.

具体情节），就是历史的复活，历史发展的脉络和历史事件的情节（生活逻辑）难道经过"配置"才能复活吗？

第三，下面这个肯定的判断更难以让人接受："史学家的情节配置""这个过程和小说家搜集素材，然后通过艺术加工形成一个情节曲折动人、包含深刻寓意的故事是完全一样的。在这一点上，历史和文学就没有了区别。"稍有文学和历史常识就会知道，小说家"通过艺术加工形成一个情节曲折动人、包含深刻寓意的故事"与历史学家叙述历史事件的情节不可能是"完全一样的"。因为小说家在"艺术加工"过程中可以而且必须动用想象和虚构，如果历史学家也像小说家一样动用想象和虚构，那么历史还有多少真实可言？正是在这一点上历史和文学有着严格的区别，怎么能说"在这一点上，历史和文学就没有了区别"呢？史学可以向文学借鉴叙事艺术，但史学和文学的重要界线不能跨越。

第四，池梽所引述的怀特的话"（历史学）失去了对自己源自文学想象的认识"本身也是有问题的。历史学真的"源自文学想象"吗？历史学只能源自人类历史生活（存在）本身，而不是源自文学想象。如果历史学真的曾经"源自文学想象"，那也只能是它的幼稚和不成熟的表现，那也只能是历史学的歧途。历史学"本属于自己的力量与更新的伟大源泉"恰恰来自历史真实，而不是什么"文学想象"。如果历史学总是依赖于"文学想象"，那才会真正使"历史学变得愈发丑陋"。当然，这样说并不意味着历史著作不应该更有可读性。

以上笔者就关于历史和文学的界限的认识与相关学者进行商榷，因为在学科融汇和交叉过程中难免出现认识偏差。本书写作的目的之一就是要在打通有关学科的融汇通道的同时，也要筑起必要的篱笆，以更有利于这种融会和各学科自身的健康发展。

从"历史的想象"与"历史的构造"到"想象和虚构不是文史的分野"，再到史学家的"情节配置"与小说家的"艺术加工"过程"完全一样"，虽然都有各自的个性表达，但试图把文学式的虚构和想象引入历史领域的欲望是共同的。"文史不分家"自有其道理，但文史毕竟是两家，这两家之间的界碑肯定有，这就是虚构和想象，"史家"不能跨过这块界碑进入"文家"。如果没有这块界碑，"文史不分家"的结果就是文史的各自不成"家"。

（五）直书与曲笔

秉笔直书是中国史学的优良传统。据《左传·襄公二十五年》中载：公元前 548 年齐国君庄公被崔杼所杀。崔杼另立国君，自己为辅相。据此，齐太史书之曰："崔杼弑其君"。崔杼遂怒而杀死了太史。太史两位弟弟愤起嗣书，旋被杀害，其三弟又书，乃舍之。"南史氏闻太史尽死，执简以往，闻既书矣，乃还。"又据《三国志·吴书·韦曜传》载：三国时吴人韦昭，曾以吴太子孙和用事，孙和之子孙皓称帝后，韦昭为侍中，常领左国史，受到崇信。但当孙皓要求在韦昭主持编撰的《吴书》中为其父孙和作《纪》时，韦昭拒之，并曰："执以和不登帝位，宜名为《传》。"又据《资治通鉴·宋纪·文帝元嘉二十七》载，崔浩在北魏任司徒，奉诏主持编撰北魏国史，他在《国书》的《先帝纪》与《今纪》中大胆"直书国恶，不为尊者讳"。并将《国书》刻石公布，以彰直笔。尤其是司马迁继承了中国古代史家的优良传统，写《史记》不隐恶，不扬善，据事直书。特别是在《封禅书》《平准书》《酷吏列传》《匈奴列传》《大宛列传》中，揭露汉武帝的好大喜功、穷奢极欲、横征暴敛等违背民意之事；坚持了善恶并书的良史之风，堪为史家之楷模。直笔的基本要求是忠于历史事实，"不虚美，不隐恶"。"实"与"不实"是检验一个史家或一部史书是否做到直笔的主要尺度。直笔是史家之美德，也是评价"良史"的标准。

与直笔相反，曲笔，正如《史通·曲笔》所说大则"曲笔阿时""谀言媚主"，小则"假人之美，藉为私惠""诬人之恶，持报己仇"。曲笔作史古已有之。"隐恶扬善"的曲笔是《春秋》所开的不好风气。"君子以博闻多识为工，良史以实录直书为贵。而《春秋》记他国之事，以凭来者之辞，而来者所言，多非其实。或兵败而不以败告，君杀而不以杀称……皆承其所悦而书，遂使其真伪莫分，是非相乱。"[①] 孔夫子在这方面有其局限性。《论语·子路篇》中记载：

> 叶公语孔子曰："吾党有直躬者，其父攘羊而子证之。"孔子曰："吾党之直者异于是。父为子隐，子为父隐，直在其中矣。"

这里，孔子把"父为子隐，子为父隐"称为"直"是不合适的。孔子

---

① 刘知几：《史通·惑经》。

的这种说法给后世史家留下了不好的影响。写历史"为尊者讳，为亲者讳，为贤者讳"就不是"直书"而是"曲笔"了。

（六）信史之难得

历史就像一只精致的瓷瓶，发生的瞬间就被打碎了，要想把这只瓷瓶还原难度可想而知。

凡是经过记载的史料，都必然是经过人们选择的，而不同的人总有不同的取舍标准。试看古代埃及或亚述的一些国王的年代记，它们几乎成了国王们出征的大事表。《春秋》僖公二十八年（前632）记"天王狩于河阳"。周襄王到河阳主要不是为去打猎，而是被晋文公请去赴会的。孔子不愿写晋文公以臣召君，就写了这样一句似是而非的话。又如，《春秋》宣公二年（前607）记"晋赵盾弑其君夷皋"。杀晋灵公夷皋的实际是赵穿。赵盾作为正卿，当时逃亡未出境，事后回来又未惩办赵穿。史官认为杀君的罪责在赵盾，孔子也这样认为，所以就写了上面这样的活。历史上被歪曲记载了的事是很多的。①

有人怀疑历史的真实性，认为历史不过像一位任人打扮的小女孩，历史是胜利者的宣传，或者如弗劳德所说历史是"小孩的一匣子字母，我们爱拿它拼成什么字就能拼成什么字"（James Authony Froude：*Short Studies On Great Subjects*）。历史上确实有些事件曾经被歪曲和篡改。有些事件也许永远也无法弄清真相。但有文字记载的历史其发展的基本脉络线条是清晰的，绝大多数历史事实是真实可信。在中国共产党党史中，刘少奇曾经被记载为"叛徒、内奸、工贼"，但正像刘少奇本人所说，"好在历史是人民写的"。现在刘少奇这桩新中国最大的冤案、假案、错案早已经真相大白，历史终于恢复了它的本来面目。

由于人类已经经历了漫长的岁月，所以许多历史问题的真伪很难分辨。它需要艰苦、细致的考证。即使是当代史也很难保证其完全真实。晚年孙犁曾经感叹达到历史真实之难：

> 撰述历史，时代近了，则有诸多干扰，包括政治的，人事的，名誉的，利害的。时代远了，人事的干扰，虽然减少，则又有了传闻失实，情节失落，虚者实，而实者虚，文献不足征，碑传不可信的种种

---

① 参阅白寿彝主编《史学概论》，宁夏人民出版社，1983，第250～251页。

困难。如果是写人物传记，以上情况就更明显，就更严重。①

在孙犁看来撰述信史存在两难：按理说，记述历史，当事人最可信，然而当事人会受到许多干扰，包括政治的、人事的、名誉的、利害的干扰，等等。一般情况下，尽管当事人比后人掌握更多的第一手材料，可是由于他们受到了上述的诸多干扰，使他们很难真实地记录事实。这被历史所反复证明。后人，年代越久远，受到的上述干扰越少，可是他们的第一手材料却越来越少，而且许多材料需要考证真伪。正是在这两难制约中，使我们看到的历史其真实性大打折扣。

感叹历史难保真实的不只是孙犁，唐代史学家刘知几在《史通·直书》中说："如董狐之书法不隐，赵盾之为法受屈。彼我无忤，行之不疑，然后能成其良直，擅名今古。至若齐史之书崔弑，马迁之述汉非，韦昭仗正于吴朝，崔浩犯讳于魏国……足以验世途之多隘，知实录之难遇耳。"元代诗人刘因，也曾写《读史》诗感叹道：

> 纪录纷纷已失真，
> 语言轻重在词臣。
> 若将字字论心术，
> 恐有无边受屈人。

正因为达到历史真实有难度，才更显出历史真实之可贵。

四　关于本质真实论

在谈新闻真实、文学真实、历史真实时，需要涉及这个理论问题。过去在谈论新闻真实、艺术真实、历史真实时，有人提出了本质真实这样一个概念。本质真实是相对于现象真实（即生活真实）而言的。当人们强调要写真实时，有人就说仅有现象真实还不够，还必须写出本质真实。

现在看来，这种说法有不少值得商榷之处。现象真实，必然反映特定的本质真实；因为本质都要通过现象表现出来，尽管有时是曲折的表现。有不反映本质的现象吗？本质真实论者强调要报道、反映、记载社会生活

---

① 孙犁：《谈读书记》，《孙犁文集》续编二，百花文艺出版社，1992，第221～222页。

的本质真实，就必然要把许多真实的社会现象排斥出去，这就限制了记者、作家、历史学家的手脚。其实，本质只有性质的不同，没有真实与虚假之分。任何本质，都是一种存在，而且存在先于本质；存在就是一种真实。没有真实存在，何来本质？在笔者看来，本质真实论不符合新闻报道、文学创作和历史撰述的实际情况，它是某些理论研究者杜撰出来的一个无用而有害的概念。它把本来简单明了的问题弄得复杂和含混了。应当摈弃本质真实这种说法。

除了艺术真实之外，真实与否只有一把尺子来度量，这就是客观存在，尤其是其中的社会生活。社会生活中确有其事其人，就是真实的。至于写这种真实的倾向性，那是另外一个问题。我们可以说如实地写了某些社会现象的某些新闻报道、文学作品、历史记载倾向性不好，但不能说它们不真实。

五 "写真实"与揭露阴暗面

写揭露社会阴暗面作品的新闻记者和作家，由于有较大的风险，他们打出了"写真实"的旗号。而本质真实的提出，主要矛头是指向揭露阴暗面的新闻报道和文学作品。本质真实论者正是以你写的是真实的现象，但那不能反映社会的本质，不符合本质真实，以此来回击"写真实"论者。

（一）文学的"写真实"与揭露阴暗面

"写真实"最初是这样提出的：

> "写真实的事物吧，"斯大林同志对社会主义现实主义实质的问题这样回答道。"让作家们向生活学习吧。如果他在高度的艺术形式中反映生活的真实，他就必然是接近了马克思主义的。"①

既然要"写真实"，真实的社会生活中有光明的一面，也有阴暗的一面。这在任何社会中都是如此，只是比重不同而已。因此，一个正直的作者，"写真实"就必然要歌颂光明和暴露阴暗面。歌颂光明和暴露阴暗面是作者的创作自由，是作者的使命和权力。在文学作品中，歌颂光明与暴露

---

① 〔苏联〕叶米尔洛夫：《社会主义现实主义的几个问题》，见西蒙诺夫等著《社会主义现实主义的几个问题》，文艺翻译出版社，1952，第71～72页。

阴暗面是不能截然分开的；但就具体作品来说，它可以有所侧重，可以以写光明为主，也可以以写阴暗面为主。有一点应当明确，专写阴暗面不等于真实，专写光明面不等于不真实。然而，我们不能不承认，文学史上的名著，以具有忧患意识，揭露社会不合理现象，甚至整个否定某种不合理的社会制度的作品居多；而为某种社会制度唱赞歌，以歌颂为主的作品很少。马雅可夫斯基的《好》等作品曾经风行一时，但时至今日其地位下降是不争的事实。这正应了我国唐代文人韩愈在《荆谭唱和诗序》中所言，"夫和平之音淡薄，而愁思之声要妙；欢愉之辞难工，而穷苦之言易好也。"

一个肌体健康的社会不怕写阴暗面，一个前程远大的社会欢迎揭露阴暗面。而一个神经不正常的社会是害怕写阴暗面的，一个病入膏肓的社会特别忌讳别人指出自己的不治之症。这是对社会制度或统治者而言。

对于作家来说，写阴暗面是为了追求光明，不是为写阴暗面而写阴暗面。

> 不，同志们，不要怕生活，不要怕它的污秽方面。只要规定一个条件就好了；如果你，作者，想说些不中听的话或写些猥亵的作品，只图博得读者一场欢笑，那你是没有一点权利来这样做的。在这种情况下，你可以用最刻薄的、最卑鄙的话去斥责作家。如果那些不中听话同文艺作品的脉络紧密地衔接着，如果这样能特别烘托出被描写的人物的性格，那时作者是很有道理的。
>
> 对于作者的要求，只要求他真实，只要求他不怕生活，只要求他在生活里有什么取什么，可是所取的不是为着博得人们的欢快或片刻的满足，而是为着叫你触着生活的本身，触着它的疮伤和脓溃。①

写"污秽""不中听的"，从艺术角度要求就是它应当成为作品的有机组成部分，尤其要为烘托人物性格服务；从思想内容角度要求，就是要写出生活真实，揭出生活的病处。

毋庸讳言，写真实，讲真话，尤其是揭到痛处的东西，往往不受统治者欢迎。这样的作品问世难，问世之后又容易受到责难。作者一般也不会

---

① 〔俄〕绥拉菲莫维奇：《我怎样写〈铁流〉的》，见《铁流》，人民文学出版社，1958，第226页。

受到当权者的青睐。写这样作品的作者需要胆识，也需要付出很多代价。文学作品是这样，新闻报道也是如此。1943 年 2 月初，《大公报》发表了记者张高峰真实报道河南大灾的通讯《豫灾实录》与总编辑王芸生写的社评《看重庆，念中原！》，触怒了国民党当局，被勒令停刊三天，因为蒋介石"根本不相信河南有灾"①。

（二）新闻真实与揭丑新闻

既然社会中存在着阴暗和丑恶，那么作为真实报道社会生活的新闻作品，就不可避免地要报道这些阴暗和丑恶。

揭丑新闻，或揭露丑行的新闻（muckraking），就是以揭露政治、经济和社会丑行，比如政治活动内幕、公司企业的营私舞弊行为、犯罪集团的活动等为内容的新闻报道。写这类报道的记者曾被美国西奥多·罗斯福称为"掏粪者"，这个名称是从英国小说《天路历程》中借用而来的。

早在 18 世纪 70 年代揭丑新闻就已出现在美国报刊。1905 年底《柯里尔》杂志揭露美国假药和食品掺假的报道，导致美国通过了食品和药物纯洁法，这使此类报道大振声威。20 世纪 60 年代，从事此类报道的记者开始抓住某一丑闻事件，追根溯源，深入调查，搜集大量资料揭露事实真相。1972 年，《华盛顿邮报》记者罗伯特·伍德沃德和卡尔·伯恩斯坦揭露"水门事件"，使此类报道开始风行于美国。1974 年获普利策奖的 6 项报道中，揭丑新闻就占了 4 项。进入 20 世纪 80 年代后，此类报道开始转入风险较小的领域。

新中国成立后的揭丑新闻起步较晚。进入新时期，尤其 90 年代后有了较大的进展，影响最大的，要数中央电视台的"焦点访谈"中的一部分揭露社会阴暗面和弊端的节目。目前，以反腐败为内容的揭丑新闻突破较大。

第四节 关于"今日的新闻就是明天的历史"

真实地报道了当时社会现实的新闻作品，尤其是那些报道重大社会事件和反映民众心声的新闻作品，经过时间的沉淀之后，就可能成为记载或

---

① 参阅金明大《灾荒 1942：是谁揭露了真相》，《瞭望东方周刊》2012 年第 33 期。

了解这段历史的第一手资料。许多记者以时代的忠实记录者和历史的见证人勉励自己。在纪念 1902 年 6 月 17 日创刊的《大公报》出版 100 周年的大会上，著名学者季羡林这样评价它："《大公报》的 100 年可以涵盖中国的 20 世纪，从第一期到现在就是一部百科全书式的中国现代史。"① 新闻界有一种习惯说法：今日的新闻就是明天的历史。这种说法不时见诸报刊或新闻学论著，比如，《光明日报》2001 年 3 月 1 日载文《〈大公报〉保存经过》，文中有一句话："历史是昨天的新闻，新闻是明天的历史"。再比如，楼榕娇编著的《新闻文学概论》，台湾学生书局 1979 年版，第 4 页引文："今日的新闻乃是明日的历史，今日的历史乃是昨日的新闻。"这一习惯说法有一定的哲理性。但细细品味，还有辨析之必要。

一　今日的新闻确实是构成明日历史的重要组成部分

自从新闻业产生后，新闻就成为史料的非常重要的组成部分。中华民族有着悠久的治史传统。也许是由于这种传统的影响，关于新闻与历史的关系，人们早就注意到了。

史量才在《申报六十周年鉴之旨趣》中说"日报负直系通史之任务"，"同人则以史自役"。而章太炎则称史量才为"史家办报"。史量才认为报纸同历史记录一样，是将历史事件如实地记录下来，传诸后人，他把报纸称为"史家之别载，编年之一体"②，"此戋戋报纸，或将为修史者所取材乎？"③ 他不仅认为报纸要记录历史，而且认为报纸评论和剖析历史，又高于历史记录。史量才说，"日报者，属于史部，而更为超于史部之刊物也。历史记载往事，日报则与时推迁，非徒事记载而已也，又必评论之，剖析之，俾读者惩前以毖后，择益而相从。"④

谭嗣同对报纸与历史的论述也有独到之处。他说，"报纸即民史也。彼夫二十四家之撰述，宁不烂焉，极其指归，要不过一姓之谱谍焉耳。于民之生业，靡得而详也；于民之教法，靡得而纪也；于民通商惠工务材训农之章程，靡得而毕录也，而徒专笔削于一己之私，滥褒诛于兴亡之后，直

①　见朱华颖《〈大公报〉创刊一百周年纪念会在京举行》，《光明日报》2002 年 6 月 18 日，A2 版。
②　黄炎培：《史量才先生生平》。
③　史量才：《申报发行二万号纪念》。
④　史量才：《申报六十周年发行年鉴之旨趣》。

笔既压累而无以伸，旧闻遂放失而莫之恤谥之曰官书，官书良可悼也。不有报纸以彰民史，其将长此汶汶阍阍以穷天，而终古为暗哑之民乎!"① 谭嗣同认为报纸应不同于以往历朝历代的官书，应刊登民生民事，成为"民史"。它反映了谭嗣同的平民办报的思想。

国外学者也谈过对新闻与历史的看法。马丁·沃克说"一家报纸的历史是出版这家报纸的国家的历史"，"一家报纸就是一个国家的文化的一部日记"。②

在上述前人有关论述中，史量才所言"此戋戋报纸，或将为修史者所取材乎?"更准确地点出了新闻与历史的关系——它为历史提供史料。社会越发达，新闻活动越活跃，新闻的史料价值就越重要。

比如，世界史上著名的海难泰坦尼克号失事。记载这个历史事件的《纽约时报》的报道是必读的史料。英国的泰坦尼克号客轮，是当时海上最大、最豪华的客轮，有 11 层，面积相当于 8 个足球场那么大，船有双层底，分成 16 个水密舱，被认为是永不沉没之船。1912 年 4 月 14 日午夜，载有 2200 多人的这艘客轮以 41 公里的时速行驶在纽芬兰大浅滩以南 150 公里处，与 4.6 万吨重的大浮冰相撞，导致 5 个水密舱破裂，1513 人丧生。

在报道这次海难过程中，《纽约时报》充分显示了客观、准确、迅速报道独家新闻的能力。4 月 15 日凌晨 1 时 20 分，该报收到了美联社的简短电文："从英国驶往美国作处女航行的豪华客轮泰坦尼克号，在纽芬兰湾与冰山相撞发出 SOS 信号。"报社立即请人同纽芬兰的无线电台联系。当获悉第一次呼救后再无音讯时，报社断定"不沉之船"已经沉没。于是，立即着手准备报道。报社安排人分别去查找乘客名册、调用以往重大海难材料……清晨 3 点半以前，在两个多小时的时间内，报社将一切准备就绪。第二天，该报作了较其他任何一家报纸都明确、详细的报道。但是，在文字表现上却十分客观:

> 新试航邮船泰坦尼克号与冰山相撞，深夜自船头开始下沉。妇女已乘救生艇避难。零时 27 分无线电联系中断。

---

① 谭嗣同:《湘报后叙》，见方汉奇、张之华主编《中国新闻事业史文选》，中国人民大学出版社，1995，第 97 页。

② 〔英〕马丁·沃克:《报纸的力量》，新华出版社，1987，第 33 页。

为了及时采访部分幸存者，报社在卡帕夏号邮船抵达纽约港之前，在码头附近租了一层楼，架了4条直通时报本市编辑室的专用电话线。并且说服无线电发明者马可尼到船上访问卡帕夏号无线电报务员。当生还者到达纽约港时，各报采访竞争激烈，警察封锁严密，不准记者上船。报社则安排记者充当马可尼的助手，一同进入卡帕夏号，采访到了独家新闻。在卡帕夏号进港3小时后，时报第一批报纸即同读者见面。24页报纸中有15页是对泰坦尼克号的报道，其中包括各种背景材料，以及泰坦尼克号的照片。内容之翔实，行动之迅速，是其他报纸无法相比的。由于这次报道翔实、准确，它理所当然成为史家记载这一历史事件的重要依据。

新闻史上那些著名的新闻报道，诸如范长江的《中国的西北角》《塞上行》，埃德加·斯诺的《红星照耀中国》等，都成为人们了解那个时代历史的重要史料。《中国的西北角》"第一次真实、公正、客观地报道了红军长征的行踪和影响，比较正确地反映了红军发展和成长的过程"。《塞上行》"出色地向全国公开报道了西安事变的真相，传播了中共和平解决西安事变的正确方针以及抗日民族统一战线的伟大政策，反映了陕北根据地红军和人民的生活，描绘了共产党领导人物的风貌"。《红星照耀中国》的问世，被评价为"标志着西方了解中国的新纪元"，"这本通讯报告，内容丰富，文笔优美，并附有大量照片，不仅被人们赞誉为报告文学的典范，而且被看作是灿烂的历史篇章。"[1]

上述那些著名的新闻报道为人们了解当时的历史提供了重要的资料，但它们本身还不能构成完整的历史文本，史家还要通过对包括这些新闻报道在内的所有史料进行整理、分析、考证后，才能形成较为完善的历史文本。后人在了解某段历史时，会感谢那些为这段历史留下真实记录的新闻记者。没有这些新闻记者的出色工作，历史可能会出现某些空白。

二 今日的新闻还不能构成明日完整的历史

明日的历史，除了由今日的新闻构成之外，还有许多今日的新闻所不能包容的内容。如果明日的历史全部由今日的新闻构成，那明日的历史也就太简单了，明日的历史学家也就太容易当了。构成今日之新闻的是由今日的新闻价值观所择取的社会新近发生的事实。历史表明，每一历史时期

---

[1] 方汉奇、张之华主编《中国新闻事业简史》，中国人民大学出版社，1995，第285～289页。

成为时尚的价值观都会随着历史的发展而变化，真正能在历史上留下深重痕迹或具有相对稳定性的仅是其中的一部分或一小部分。

以当今的新闻看，新闻报道中大量的从中央到地方的官员的活动占据了广播、电视"新闻联播"和各大报纸的重要位置和相当篇幅，再加上政治时尚所要求的诸如"满负荷工作法"经验之类的大量报道，成了新闻的主体。明天的历史在筛选材料时，肯定会不留情面地将其中的大部分舍弃。

再比如，我国"文化大革命"中的许多新闻报道，其史料价值就极低。研究"文革"史时，当时的许多新闻报道除了留下一些重大事件的粗浅线条外，除了让人们感受当时的社会氛围外，真正有史料价值的新闻报道并不多。许多真正具有新闻价值的事实，被新闻"拒之门外"。比如，当时像吴晗这样一些重要历史人物的生活轨迹，新闻报道绝少涉及。我们能指望从这些"新闻"中得到当时丰富的历史资料吗？因此李辉在引述了一个当年的红卫兵关于揪斗吴晗的回忆《吴晗同志，我向您道歉!》后写道：

> 在疯狂和冷酷的历史场景面前，似乎所有能想到的描述和议论，在对"文革"浩劫的揭示上，几乎都无法与当事人的真实回忆相比。①

有关"文革"的新闻报道，远远不能再现当时历史的实际场景，人们只好以当事人的回忆来弥补了。

相反，也许今日的新闻并没有触及的有些事情，反倒成为历史学家关心的话题。比如，当新闻电影纪录片被史学工作者用来做历史研究时，有研究者认为：

> 最具意趣的常常是电影记录"不知不觉的证据"这一方面，那些摄影师无意识拍摄、"溜入"摄影机的现实生活的偶然画面。这种"意外的佐证"对史学工作者也许才是最有价值的。

没有记录到被历史学家认为应该记录的事实是一方面。另一方面即使那些已经记录的部分也不能保证其真实可靠。因为就电影、电视而言，

---

① 李辉：《碑石——关于吴晗的随想》，《收获》1996 年第 1 期。

　　许多人往往认为摄影机的作用只是被动的，即所拍摄的事件不受摄影机的影响。然而情况往往相反；如果摄影机不是隐藏起来的话，多少总会对它前面所发生的一切产生影响（特别是近距离拍摄时）。由于意识到自己成为拍摄的对象，人们总会有意识或无意识地、至少在一定程度上改变或控制自己的行为。所以，事件的"内部根本"与"外部表现"互为依存。可见，摄影机不仅记录历史，而且影响历史。①

　　我们看到的电视新闻里记者现场采访的画面，被采访者的回答，说的都是真心话吗？尤其是那些涉及政治敏感问题的问话，被采访者不可能像他（她）私下里与自己的亲朋好友们无拘无束、没有心理戒备的谈话一样。何况，就是这些不能真实反映被采访者内心的镜头和声音还要经过编辑的筛选和剪辑。

　　如果以上情况属于有意或无意的个人行为的话，那么下面的情况就属于有意的集体或政府行为。1973 年初，伊文斯和夫人罗丽丹来到中国开始了《愚公移山》的拍摄。他们到新疆后，地方负责人总是把摄制组置于既成事实中，告诉他们哪儿能拍，哪儿不能拍，哪些场面绝对要拍。在喀什，一切都被安排得井井有条，以至曾在好莱坞工作过的伊文斯都不相信哪怕华纳或环球公司能为他提供如此出色的排演场面：早晨 7 点，十字路口与整条街上拥入了成百上千的男女，他们服装鲜艳，笑容可掬，小学生们穿戴一新。第二天也是如此，第三天仍旧如此……在一个商店里的排演场面更是达到顶峰，安居乐业的居民们围着琳琅满目的柜台来回走动，自由自在地挑选商品。②

　　另外，在战争期间，战争双方都利用新闻为自己服务；这时的新闻水分很多。每当战争来临时，首先受到伤害的就是新闻真实。最近的伊拉克战争，利比亚、叙利亚战争期间的新闻报道就很明显。如果仅仅根据当时的新闻报道来描述这段历史，显然是不真实、不准确、不全面的。

　　由此看来，新闻不仅纪录历史、影响历史，有时也扭曲历史。这种影响和扭曲有时并非出于新闻工作者的主观愿望。为了使某些当事人在摄像

---

①　以上两段引文均见〔丹麦〕卡斯滕·弗莱德琉斯（Kersten Fledelius）《视听媒体与历史研究：发展一种新的探索领域》，《东南学术》2000 年第 3 期。

②　参阅《"愚公"的奇遇》，见单万里主编《纪录电影文献》，中国广播电视出版社，2001。

机面前"一如既往",保持真相,中央电视台"焦点访谈"等栏目,采取了"暗访"(新闻学中把这种采访方式叫做"隐性采访")的方式,把摄像机隐藏起来,不暴露自己的记者身份,才使有些不敢在大众媒体面前公开的"隐蔽"的真实得以"曝光"。这从反面证明,许多情况下,人们面对记者,面对摄像机镜头时,所作所为并非真实的自己。新闻记者如果不深入采访,明察秋毫,你的所见所闻,很可能不是真实的存在。新闻受众,面对纷至沓来的新闻,也应有"存疑"意识,善于辨别真伪。

从社会发展的角度看,真正意义上的新闻出现之前,史学就已经出现了,而且相当成熟。那么,在新闻事业出现之前的历史当然就不是由"今日的新闻"构成的了。作为具有古老文明的中国,史学相当发达,在很早以前就有专门治史的机构。而新闻机构在中国产生那是很久以后的事了。当然,有一点可以相信,随着社会的发展,随着新闻事业的日益发达,"今日的新闻"会在明天的历史中占的比重越来越大。今天的新闻事业已经为历史留下了难以计数的资料,这些资料不仅有文字记载,还有声音(录音)、照片和影视画面,为后人研究历史提供了极大的便利。

但是从理论上讲,我们不能要求新闻报道包容史书所要求的所有内容,因为新闻有自己的内在要求,史书也有自己的规范。新闻有自己特殊的取材范围,历史也有自己的取舍视角。新闻要求快,历史需要沉淀。要求新闻把历史的全部内容记录下来的想法是不符合新闻规律的,历史也拒绝把自己变成新闻史。

三　关于"今日的历史乃是昨日的新闻"

由上面谈到的观点推理,"今日的历史乃是昨日的新闻"这种说法漏洞就更大了。我们今天看到的昨日的历史,并不全是由"昨日的新闻"构成。这是上述论述已经解决了的问题。如果我们按照字面的意思去理解,今日的历史乃是由昨日的新闻构成,就更有辨析的必要了。

"今日的历史乃是昨日的新闻"之说,意在强调昨日之新闻对今日历史之影响。固然,昨日之新闻对今天的历史是有影响的。新闻不仅记录历史,也在一定程度上影响历史。在美国,《华盛顿邮报》于 1972 年 6 月 18 日开始,历时 22 个月的关于"水门事件"的调查性报道,最后导致尼克松总统辞职。这是新闻影响历史进程的一个明显例证。在我国,我们经常看到,许多久拖解决不了的问题,经新闻媒体一曝光,就很快解决了。这也是新闻影响了历史。新闻确实能影响历史，但其影响再大也不能成为今日之历史的全部。我们承认"昨日的新闻"即过去一部分历史对今天的影响，但今天的历史还是由今天的多方面的社会事件和事实所构成的。

四 今日的新闻还可以转化成以后的文学作品

"今日的新闻就是明天的历史"，这是由新闻到历史。我们可以接着说，今日的新闻还可以成为或转化为以后的文学作品。这是由新闻到文学。

我们先说优秀的新闻作品可以成为文学作品。孙犁说：

> 当然，通讯、特写，其优秀者，也必然会成为文学作品、文学读物。有人把通讯、特写，看成是外来的样式，新兴的东西。其实在中国古典散文中，是常见的，占很大的比重。例如在古文选本上常见的，王禹偁的《唐河店妪传》，就可以称为"战地通讯"，至于柳宗元的《捕蛇者说》等篇，就更可以说是"人物特写"了。①

有些优秀的新闻作品，尤其是其中带有文学色彩的新闻作品，在它们作为新闻作品存在的同时，由于自身同时具有较高的文学价值，经过时间筛选和历史检验之后，人们也把它们作为文学作品来看待。中国著名记者穆青等人的通讯《县委书记的榜样——焦裕禄》，魏巍的通讯《谁是最可爱的人?》，美国著名记者 A·M. 罗森塔尔的印象性报道《奥斯威辛没有新闻可写》，美国记者尼尔·夏恩的人物特写《"老报童"罗伊去世了》等，都可以被当作文学作品来读。史沫特莱的著名通讯《中国的战歌》（1943）记述了中国人民抗日战争前后的艰苦岁月，暴露了帝国主义的对华阴谋，揭露了国民党反动派的腐败，同时热情记述了八路军坚持抗战的英雄业绩。这本书成为美国的畅销书，被誉为第二次世界大战中最好的战地报道之一。其中关于"红小鬼"的动人故事，曾被美国作家海明威收录在名为《最后的胜利之后》的战争文学选集中。不言自明，这些作品首先是作为新闻作品而存在的，它们之所以也被人们看作文学作品，首先是它们的新闻属性，然后才是它们兼有的文学属性。

我们再来说今日的新闻转化为文学作品，历史上这样的例子太多了。

---

① 孙犁：《田流散文特写集》序，《孙犁文集》续编二，百花文艺出版社，1992，第192页。

还以泰坦尼克号失事为例，当以《纽约时报》为代表的新闻报道成为历史时，以泰坦尼克号失事为题材的文学作品出现了，仅著名的电影故事片就有《冰海沉船》和《泰坦尼克号》，这两部电影都是相当出色的艺术作品。我们不用考证，这些文学作品的创作，离不开以《纽约时报》为代表的那些新闻报道。同样，谁又能否认长篇通讯《县委书记的榜样——焦裕禄》，对于电影故事片《焦裕禄》从创作冲动到材料积累再到主题形成的巨大作用呢？

我们甚至可以这样说，如果一篇新闻报道成为重要的历史文献，又成为文学创作不断取材的对象，那么这篇新闻报道肯定是新闻精品。有价值的新闻报道如果进入不了历史，如果不能引发文学创作并且让这种创作成为优秀文艺作品，那么它的大范围的传播只能是一时的，最多只能在专业的新闻史书中留下一笔。只有进入史书，或转化成优秀文艺作品的新闻报道，才能传之久远。当然，进入史书或转化成优秀文艺作品的新闻报道，已经成为历史或文艺作品的一部分，普通受众知道的往往只是史书著作或文艺作品的作者，而对首先纪录此人物或事件的新闻记者则很少有人知道。不过，既然新闻记者的报道已经融入历史和艺术，他们可以以此而自豪。

五　优秀文学作品的史学价值

作为真实记述事实的新闻报道其历史文献价值是毋庸置疑的。那么，可以想象和虚构的文学作品对于研究历史有没有帮助呢？答案是十分肯定的。

（一）史诗、传说、歌谣的史学价值

许多民族没有文字记载的历史，我们了解这个民族的过去，往往只能从口头流传下来的史诗中去考察。丹纳在其名著《艺术哲学》中认为，伟大的文学作品"是历史的摘要"，他还以古代印度为例指出，"古代的印度几乎完全没有可靠的历史和年表，但留下英雄的和宗教的诗歌，使我们看到印度人的心灵，就是说看到他们的幻想的种类和境界，看到他们梦境的范围和关系，参悟哲理的深度和由此引起的迷惑，宗教与制度的根源。"[①]

在文字产生之前，历史是靠口头文学来传载的。如今在很多少数民族中，还流传着远古时代传下来的史诗、传说和歌谣。他们没有文字，民间

---

① 〔法〕丹纳：《艺术哲学》，人民文学出版社，1963，第362～363页。

歌手就是老师，民间文学几乎是传授历史知识的唯一媒介。如苗族古歌共有 20 多首，从开天辟地唱到人类起源，又讲到"跋山涉水"的民族迁徙，内容十分丰富。白族的"打歌"、彝族的一支阿细人的《阿细的先基》、彝族史诗《梅葛》等，都是远古流传至今的"口头历史课本"。①

历史上有些重大事件，由于政治的原因，官方修史机构不敢记载，或不掌握第一手资料无法记载，或出于政治偏见有意片面记载。这就需要民间文艺来补充了。关于义和团运动，在书面的历史记载中不但很难找到正面的记述，即使有记述的也多是"平乱"的经过，甚至无中生有地编造义和团杀人放火的"暴行"。然而在民间却广泛流传着义和团英勇杀敌的斗争故事，真实而全面地记载着义和团反帝斗争的历史过程。历史学家吴晗在评论《义和团故事》一书时，以《论历史的真实性》为题目发表文章说："《义和团故事》一书是对那些封建统治阶级所写的歪书的最好的反驳，从人民的立场，严肃地记录了义和团运动这一段英勇斗争的历史。"② 他还说："这本书搜集了 43 个故事，都是人民当中的口头传说，其中有些讲述者还是当年曾经参加过这一伟大斗争的老战士。他们根据自己的目见耳闻提供了生动鲜明的史料，这是第一手的史料，没有经过歪曲篡改的真实的史料，是来自人民中间的最可靠的史料。当然，其中有些神话，并不是现实生活中可能的现象，但是，从这些神话中，也透露出当时人民的爱和恨，所赞成的和反对的，和善良的真诚的愿望，因此，也就确当地反映了历史的真实性。"③ 正是在这个意义上，郭沫若指出："民间文艺给历史家提供了最正确的社会史料，过去的读书人只读一部二十四史，只读一些官家或准官家的史料。但我们知道民间文艺才是研究历史的最真实、最可靠的第一把手的材料。因此要站在研究社会发展史、研究历史的立场来加以好好利用。"④

（二）文学作品对史料的补足作用

卓别林说："艺术作品比史书包含了更可靠的事实和更详尽的记述。"⑤ 这个见解虽不是那么经典，也并非完全准确，但其基本思想却是很值得认真记取和思考的。因为，"凡是从前的笔记，宪法和外交文件的缺漏，我们

---

① 段宝林：《民间文学的社会价值》，《北京大学学报》1964 年第 2 期。

② 北京市历史学会主编《吴晗史学论著选集》第 3 卷，人民出版社，1988，第 240 页。

③ 北京市历史学会主编《吴晗史学论著选集》第 3 卷，人民出版社，1988，第 237 页。

④ 郭沫若：《我们研究民间文艺的目的》，《雄鸡集》，北京出版社，1959，第 73 页。

⑤ 见《卓别林自传》，中国戏剧出版社，1980，第 394 页。

都用文学作品补足。"① 正好，巴尔扎克为丹纳的这段话提供了一个例证，他在《人间喜剧·导言》中写道："法国社会将成历史家，我不过是这位历史家的书记而已。开列恶癖与德行的清单，搜集激情的主要事实，描绘各种性格，选择社会上重要事件，结合若干相同的性格上的特点而组成典型，在这样做的时候，我也许能够写出一部史学家们忘记写的历史，即风俗史。"文学作品，尤其是长篇小说，讲究描写的具体、生动，讲究细节描写的逼真，新闻报道和历史记载很少涉及的许多生活细节、风俗习惯都可以在文学作品中得到真实、详细的再现。

梁启超较早注意到了小说的史料价值，他说：

> 中古及近代之小说，在作者本明告人以所纪之非事实；然善为史者，偏能于非事实中觅出事实。例如《水浒传》中"鲁智深醉打山门"，固非事实也。然元明间犯罪之人得一度牒即可以借佛门作遁薮，此却为一事实。《儒林外史》中"胡屠户奉承新举人女婿"，固非事实也。然明清间乡曲之人一登科第，便成为社会上特别阶级，此却为一事实。此类事实，往往在他书中不能得，而于小说中得之。须知作小说者无论骋其冥想至何程度，而一涉笔叙事，总不能脱离其所处之环境，不知不觉，遂将当时社会背景写出一部分以供后世史家之取材。②

文史皆精的学者，会从文学作品中挖掘出有历史价值的材料。文学作品中的材料，在他们手中可以为史书补缺、订谬或佐证。陈寅恪在这方面曾开拓了历史考据的一条新途径。他曾著有《顺宗实录与续玄怪录》，指出了《续玄怪录》"假道家'兵解'之词，以纪宪宗被杀之实"，从而揭示唐宪宗和宦官间始终隐秘的关系。③ 他又在笺证白居易《新乐府·阴山道》时指出，《旧唐书·回纥传》所说回纥以马换取缯帛，贪得无厌，固是事实，但如诗中所咏："缫丝不足女工苦，疏织短截充匹数，藕丝蛛网三丈余，回鹘诉称无用处"，则唐廷用不合规格的劣品以偿马价，也是进行欺

---

① 〔法〕丹纳：《艺术哲学》，人民文学出版社，1963，第 362~363 页。
② 梁启超：《中国历史研究法》，东方出版社，1996，第 60~61 页。
③ 陈寅恪：《金明馆丛稿二编》，上海古籍出版社，1980，第 74~81 页。

诈。① 这类相当重要的史事，史书记载不明，是经过利用文学作品而得到新解的。②

陈寅恪用一些历史记载去笺证诗文，反过来又用诗文引出探讨史事的新线索，从而扩大研究的视野，得到不少的新解。他的《秦妇吟校笺》《元白诗笺证稿》是在这方面很成功的名著。他晚年写《柳如是别传》，用了十多年的时间写成 80 万字的巨著。这书以钱谦益和柳如是的故事为主线，引用了大量的诗文，考订了明末清初一些重大事件，有许多情况是史书里没有的。其他如《桃花源记旁证》，从这篇寓言文字里联系到西晋末年的屯聚堡坞，《读东城老父传》注意到这篇小说中所写长安少年有胡心和长安风俗服装之渐染胡化，读《莺莺传》通过这篇小说来看当时有关婚姻和男女关系间的礼俗，都是很有新意的成功之作。③

钱锺书说：

> 司马光《传家集》卷六三《答范梦得》谓"实录正史未必皆可据，野史小说未必皆无凭"，故其撰《通鉴》，采及"野史小说"。夫稗史小说、野语街谈，即未可凭以考信人事，亦每足据以觇人情而征人心，又光未申之义。④

文学作品还可以提供某一历史时期社会生活的具体细节。中国社会学家翟学伟指出："如果我们的历史研究是想弄清楚历史上的哪个人在什么时候什么地方说没说过什么话或做没做过什么事？那么文学中的描写是不可信的……如果我们的历史研究是想知道那个时候的社会是什么样子，人们都说些什么，做些什么，打扮成什么样子，有什么礼节、习俗和社会风气等，那么文学中的描写就是可信的。"⑤ 他从文学作品中寻找社会学所需要的某些社会生活内容的通行的具体细节。

总之，仅就中国历史而言，

---

① 陈寅恪：《元白诗笺证稿》，上海古典文学出版社，1958，第 259 页。
② 参阅白寿彝主编《史学概论》，宁夏人民出版社，1983，第 197～198 页。
③ 参阅白寿彝主编《史学概论》，宁夏人民出版社，1983，第 317～318 页。
④ 钱锺书：《管锥编》第 1 册，中华书局，1996，第 271 页。
⑤ 翟学伟：《人情、面子与权力的再生产》，北京大学出版社，2005，第 69～70 页。

不要说研究西周到春秋的历史离不开《诗》三百篇，研究楚史不能离开《楚辞》，就是研究史料典籍汗牛充栋的近古历史，譬如明代的历史，也不能不注重当时的文学作品。无论是研究明代的资本主义萌芽，还是研究明代人们思想观念、风俗礼仪的历史变化，不论是研究明代城乡的经济状况，还是研究明代市民阶层的政治面貌，都可以在当时的小说集"三言""二拍"中找到大量的旁证。①

严肃的历史学家并不拒绝从文学作品中寻找史料不能提供的东西或者文史互证。

（三）通过阅读优秀文学作品来认识和体验其所描写的时代

艺术作品不能当作信史来看待，这没有疑问。但那些优秀的艺术作品，尤其是那些现实主义大师们的杰作，却为我们了解作品所描写的那段历史提供了难得的参考资料。毛泽东曾说《红楼梦》是封建社会的百科全书。马克梦（Keith McMahon）在研究了中国人情小说后认为：

小说事实上比儒、道、释的"道"和二十四史更能反映中国文化。②

恩格斯在谈到巴尔扎克时曾说道：

他在《人间喜剧》里给我们提供了一部法国"社会"特别是巴黎"上流社会"的卓越的现实主义历史，他用编年史的方式几乎逐年地把上升的资产阶级在 1816 年至 1848 年这一时期对贵族社会日甚一日的冲击描写出来，这一贵族社会在 1815 年以后又重整旗鼓，尽力重新恢复旧日法国生活方式的标准。他描写了这个在他看来是模范社会的最后残余怎样在庸俗的、满身铜臭的暴发户的逼攻之下逐渐灭亡，或者被这一暴发户所腐化；他描写了贵妇人（她们对丈夫的不忠只不过是维护自己的一种方式，这和她们在婚姻上听人摆布的方式是完全适应的）

---

① 李振宏、刘克辉：《历史学的理论与方法》，河南大学出版社，2008，第 82 页。
② 〔美〕马克梦：《吝啬鬼·泼妇·一夫多妻者：十八世纪中国小说中的性与男女关系》，人民文学出版社，2001，中译本序。

怎样让位给专为金钱或衣着而不忠于丈夫的资产阶级妇女。在这幅中心图画的四周，他汇集了法国社会的全部历史，我从这里，甚至在经济细节方面（如革命以后动产和不动产的重新分配）所学到的东西，也要比从当时所有职业的历史学家、经济学家和统计学家那里学到的全部东西还要多。①

确实，文学作品在描写某一历史时期的社会现状和人情世态时，比史书要详尽得多。若想具体地感受那个时代人们的生存环境和人情世态，读文学作品（尤其是现实主义长篇小说），要比读史书强得多。"文学作品以非常清楚非常明确的方式，给我们指出各个时代的思想感情，各个种族的本能与资质，以及必须保持平衡才能维持社会秩序，否则就会引起革命的一切隐蔽的力量。"② 正因为如此，赫尔岑才说，读歌德和莎士比亚那样的大作家的作品，"通过阅读体验了时代"。③

（四）文学作品还可以构成一个民族或国家的心灵史

优秀的文学作品对于历史还有一个重要的补足作用。一般史书较少记述人们的内心活动，即使有记述，其描述也不及文学作品。

> ……一个国家的文学，只要它是完整的，便可以表现这个国家的思想和感情的一般历史。如英国或法国那样伟大的文学，便保存了无数的证据，可以用来推断这个国家在各个历史的时期里如何思想和如何感觉。④

可以说，某一民族或国家每一时代的优秀文学作品综合起来，就构成了这一民族或国家的一部心灵史。

---

① 恩格斯：《致玛·哈克奈斯》，《马克思恩格斯选集》第 4 卷，人民出版社，1972，第 463 页。

② 〔法〕丹纳：《艺术哲学》，人民文学出版社，1963，第 362~363 页。

③ 〔俄〕赫尔岑：《给儿子的信》，《赫尔岑论文学》，上海文艺出版社，1962，第 35 页。

④ 〔丹麦〕勃兰兑斯：《十九世纪文学主潮·序言》，见《西方文论选》下卷，上海译文出版社，1979，第 472 页。

第五节　记者的深入采访、作家的深入生活、 史学家的详尽占有材料

为了追求和达到真实和深刻，用新闻界、文学界和史学界的行话说，记者需要深入采访，作家需要深入生活，史学家需要详尽地占有材料。说法不尽相同，但有一点是相同的，这就是真正熟悉自己所面对的那一部分社会生活。

一　记者的深入采访

（一）采访的含义和采访的重要性

采访，又称新闻采访，它是记者为获取新闻事实对客体所进行的观察、询问、倾听、思索和纪录等活动。可以说，采访是一种特殊的调查研究。采访是新闻记者获取新闻素材、新闻资料的主要手段和基本方法，是记者最基本、最经常的业务活动之一。采访是记者的一项基本功。采访是一门学问，也是一门艺术。

新闻记者深入采访与作家深入生活有共同点，也有不同点。共同点是都要接触和了解自己的采访对象或生活对象，与对象交朋友甚至"共事"。中国著名记者范长江是这样说的：

> 一个记者应该在群众中生根，应该到处都有朋友。现在有些记者去访问有点类似办官差，采访的方式也比较生硬，而不是朋友相处。记者一定要善于交朋友。交朋友要讲求方式方法，要作大量的工作，要生活在他们中间，很熟，有感情，彼此有交流，互相给予方便，互相服务。不单是要朋友帮你的忙，你也可以给对方提供消息、情况，互通有无。做到这一步，你随时都可以找人交谈，人家非但不觉得麻烦，日久不见，他还想你哩！①

"在群众中生根""应该到处有朋友""生活在他们中间，很熟，有感

---

① 范长江：《通讯与论文》，新华出版社，1981，第317页。

情"，这是一个优秀记者应该具备的条件。冯英子在回忆范长江时说道：

> 长江同志所交的朋友，如果给他排一排名单，分一分等级，那正是洋洋盛哉，蔚为大观，三教九流，无所不有。从政府的部长，军队的司令，以至土司、活佛、喇嘛、教师、学生、纤夫、水手等等。在《中国的西北角》中，我们可以看到，他不仅与普通人交朋友，而且与当地的土司等交朋友；他与他们之间，都能平等相处。如他在《路过中卫》的这段通讯中写道："水手们知道记者要离开筏子的消息，他们一齐似乎堕入了冷寂的空气中。"又如在《杨土司与西道堂》的通讯中说："杨氏晚间更对记者谈其处境之困难，请记者为之代办数事。"土司是明代在西南、西北少数民族地区所设的土官：武的有宣慰使、宣抚使、安抚使等，文的有土知府、土知县等，清代改土归流，始渐淘汰，但仍有少数地区保持过去的习惯。长江同志这里所讲的杨土司，当年受甘肃省政府管辖，其名为洮岷路保安司令。可见长江同志每到一处，见其采访对象，都可以成为朋友，有的依依惜别，有的托他办事。他常对我说，我们去采访新闻，不光是伸手向人家要什么，更重要的是也要给人家一些什么，这样人家才可以把知心话告诉你，保证你所得材料的确实可靠。①

深入采访是记者新闻写作的前提，没有新闻采访就没有新闻写作。采访的深度和广度决定着新闻写作的深度和广度，采访的成败关系到写作的成败。新闻界有"采访决定写作"的说法，据说较早提出这个观点的是陈克寒。抗日战争时期，陈克寒在《献给敌后青年记者》一文中，提醒记者"采访确实重要于写作"。他写道：

> 几年以来，大家都在怨恨一件事，便是我们新闻通讯的一般化，并在写作上挖尽心机来加以补救。这种努力是真诚的，可敬的，然而这真仅仅是写作上的问题吗？从一般原理说来是内容决定形式，那么从新闻观点上出发，便应该是采访决定写作。②

---

① 见王知伊等编辑《编辑记者一百人》，学林出版社，1985，第 52~53 页。
② 参见蓝鸿文《新闻采访学》，中国人民大学出版社，1984，第 97 页。

此乃行家之见。

著名记者穆青也说过："写作固然是个重要问题，但同采访比起来，后者是个更为重要的问题。手里没有好的素材，文字再考究，也弄不出好东西的。"老报人、《新民晚报》前社长林放在阐述采访与写作的关系时也说：

> 多年从事新闻工作的同志，都有这样一点体会：如果采访的时间是一，而写作的时间是十，就颠倒了新闻采访和写作的常规。应该是采访的时间是十，写作的时间是一，在写作之前，必须深入采访，下大功夫。[①]

十比一说的是采访与写作各占时间的比例。新闻界还有"七分采，三分写"的说法。这个"七分"则不仅是指采访时间用得长，还包括采访在新闻采写中比写作更重要的意思。无论是十比一，还是七比三，都是强调采访的极端重要性。

最近几年提倡的新闻工作者"走基层、转作风、改文风"（简称"走转改"）活动，也体现了记者深入采访的深意。走基层就是深入基层采访，走基层是转作风、改文风的前提和基础。其实，所谓深入采访，主要是指深入基层采访；走基层是深入采访的应有之义，一个"走"字体现了记者采访的特征。浮在上层、泡在会上的记者不会有大的出息。

在这一点上，新闻写作与作家创作是非常相似的。深入生活是作家文学创作的前提，能否深入生活关系到创作的成败。表面看来，新闻写作与文学创作是笔杆子的功夫，深刻体会了个中三昧的行家里手们，却点出笔杆子之外的功夫更重要。宋代著名诗人陆游在"示儿诗"中，劝自己的幼子说："汝果欲学诗，功夫在诗外。""诗外"的功夫，主要就是社会实践，在社会实践中，达到对生活的深入了解、体验和理解。对于记者来说，"诗外"的功夫就是长期、深入的社会生活实践，在实践中磨炼出在采访中深入调查的精神，见微知著迅速捕捉有价值新闻的敏感等素质。

（二）采访的特点

采访要服从新闻报道的需要，因而，它具有相应的四个方面的特点。

第一，"快速出击"。新闻报道讲究时效，要争分夺秒。反映到采访上

---

① 转引自陈果安编著《现代实用新闻写作》，中南工业大学出版社，1997，第34页。

来，采访也要快速敏捷。不能迈着四方步，慢慢吞吞，不能跟在人家的后面拾人牙慧，不能把采访的过程拉得过长。要时时刻刻跑在别人的前头，争分夺秒，反应迅速敏捷。作家在深入生活时，很少有"快速出击"的情况。他们对生活素材的积累，是在日常的接触中，一点一滴完成的。

第二，对象广泛复杂。新闻采访的领域涉及方方面面。政治、经济、科技、体育、教育、文化，城市、农村，都有可能涉及。新闻采访的对象更是复杂，不同年龄、不同职业、不同性别、不同经历、不同信仰、不同心理的采访对象都可能遇到，这就要求记者具有广博的知识，具有广泛的触觉，因时因地地开展采访。

第三，着眼于新闻事实。采访面对纷繁复杂的生活现象，并不是巨细无遗地一一收罗。它所关注的、捕捉的，是新闻事实，以及与新闻事实有关的背景材料。对于采访来说，重要的是事实。如果说思想家、政论家、哲学家靠理论说话，文学家靠形象说话，那么，新闻记者靠事实说话。采访的任务，就是把公众欲知的、应知的、具有报道价值的新闻事实，迅速及时地找出来，并迅速及时地报道给公众。记者的采访，就是跟事实打交道。当然，他也会碰到理论，接触到形象，但这一切，都必须归入到事实中来。因此记者的全部工作，就是通过采访去发现事实，了解事实，选择事实，核对事实，体验事实，追踪事实，最后是报道事实。正是在这个意义上，有人把新闻叫作"事学"。作家在深入生活中也面对事实，然而，他更加关注事实背后的人，尤其是人的心灵、人的命运。因此，有人把文学叫做"人学"。

第四，灵活机动。今天采访学校、市场，明天说不定就要去机关、机场。这次，采访个把小时、几十分钟，为的是写一篇几百字的短新闻。下次，说不定为了采写一篇长通讯，花上十天半个月。因为采写的文体不同，采访的深入程度就有所区别。采写消息，只要把基本的新闻事实弄清楚就行了。而通讯、调查报告之类的采访，就要尽可能深入、细致。因及时报道的需要，有的新闻可以等全部材料都采访到手后再写，有的则可随着采访的不断深入而分段报道、跟踪报道。至于具体的采访，则更需要记者采用灵活机动的方法。

在以上四个特点中，"快速出击"和着眼于新闻事实这两点是和作家的深入生活有明显区别的。

二 作家的深入生活

深入生活，对于作家来说是一个基本功。因为深入生活有两个重要作用，一是在生活中体验和观察生活从而形成对生活的认识，形成作品的主题。二是在生活中积累素材，为创作做准备。

著名作家赵树理在深入生活方面有自己的一套做法，形成了自己的"共事"说。可以说，从事创作后，"共事"是他深入生活的主要途径，也是他积累素材的主要手段。赵树理多次谈过他的"共事"主张：

> 在工作中认识很多人，我很喜欢和他们共事。共事多了就熟悉人了。工作时，不要专门注意如何写这个人，而是和他们认真地工作。共一回事，知一回心，日久天长，人物自然而然地在你的脑子里出现了，那时，你想离开他们也离不开了。
>
> 我和别人共事，别人也和我共事。比如《三里湾》中的糊涂涂，和他共事中间，他也把我搞"糊涂"了。如果他会写作，他一定把我写得很坏；他会写小说，一定把王金生一家写成坏人。常有理也是这样，我也和她共事，她常常爱在家里评论别人。有些人物不是我去找他，而是他找上我，我非和他共事不成。①

所谓"共事"就是与特定的群体一起生活和工作，尤其是一起工作，作为生活和工作中的一个成员真正参与到生活和工作中，不能仅仅是生活或工作的旁观者或局外人。自然在"共事"中就会与一起"共事"的人们发生利害关系，产生喜爱、厌恶等情感感受，产生是与非的判断。像赵树理在上边提到的糊涂涂、王金生等就是这样。

与"共事"说类似，中国新闻界也有"又做工作，又当记者"的做法。1949 年 10 月，中央人民政府刚成立不久，新闻总署就在要求报道城乡实际工作、反映和指导劳动人民生活和斗争的指示中，要求新闻单位分遣一些得力记者，参加县委、分区委工作，或随工作队活动，并不要他们天天写新闻，但应限定他们每一个月写出一篇在思想上经过整理的典型报道。这

---

① 赵树理：《生活·主题·人物·语言》，《赵树理全集》第 4 卷，北岳文艺出版社，2000，第 532 页。

以后，不少记者还用一定时间在工厂、农村、学校、商店等基层单位，担任一定职务，以加深对实际工作的了解，增长做实际工作的能力。① 这种做法对那些缺乏实际工作经验的记者是有好处的。但与作家到基层担任一定职务，从而达到深入生活目的的做法相比，记者这样做的时间不能过长，人数也不能太多，否则不利于记者的成长，也影响新闻单位的正常工作。

对于作家来说，并非只有通过"共事"才能达到深入生活的目的。曾经有文学理论家提出：处处有生活。这是有道理的。只要你在自己的生活圈子内认真观察和体验，处处留心，也可以在一定程度上达到深入生活的目的。

作家深入生活重在体验。第 5 届茅盾文学奖得主、作家阿来在谈到作家深入生活时说：无论过去还是现在，我们都强调作家要到火热的改革开放第一线去当一个时代的"歌手"。"这提法本身没错，我们不少作家也这样做了，可为何出不来多少像样的东西？关键在于他们或深而不入，或入而不深，蜻蜓点水，走马观花，下车伊始就哇啦哇啦，这只能算是搞社会调查，而真正的作家却是需要生命体验的，需要你把全部的情感都融入到你脚下的那片土地。现在的文坛缺的正是这样的生命体验。"② 深入生活、体验生活，包括生命体验——只有深度体验生活才能有好的创作。

三 深入采访与深入生活的区别

记者深入采访，与作家深入生活有一个重要不同。一般情况下，记者采访时都有特定目的，了解特定的人和特定的事，记者注意的只是为大众所关心的具有新闻价值的事实。新闻采访用英文表达就是 news gathering，意思是搜集新闻。可见，新闻采访的目的性非常强。采访之后要写出关于这些特定人和事的新闻作品。新闻作品写完发表后，这段采访也就告一段落。靠一两次采访获得的素材很难写成小说。赵树理曾说：

> 报道和小说不同。我认为对于一个先进生产者，事后去访问访问，只能写成报道。报道，一般只是记取生活中某一些事例加以主观的渲染。写小说就不是这样，不能只在访问上打主意。如果只根据访问所

---

① 参阅蓝鸿文《新闻采访学》，中国人民大学出版社，1984，第 147 页。
② 见储金生《阿来抨击文坛"写作贵族"》，《大河报》2001 年 1 月 11 日。

得，把一个先进生产者创造出来的事迹写成小说，是有困难的。如果只单纯地访问某个人创造先进事迹的经过，而不和他在一起劳动生活，那么访问一千个一万个先进生产者也没有用。访问多了脑中也可能会形成一个概念，会写出一个总结来，但也只会是一个概念化的东西。文艺作品读后要对人的感情上起点作用，不是光让人家知道一件事，晓得一些概念就完了。比如访问张明山怎样发明反围盘，作为一篇报道，突出介绍他发明创造的经过是可以的，也能感动人，但作为小说，就很不够。因为发明创造仅仅是他生活中的一件事。一个人的生活面多得很，比如他怎样同人接触，他对领导的看法怎样，他对工厂或合作社的工作有些什么意见，哪些是他最赞成的，哪些是他最厌弃的，他每天对这些事情表示什么态度，他的私人生活怎样，他周围团结一些什么人，他最爱同人家谈的是些什么事情，他日常的生活风度又是怎样：在整个生活环境中给人一些什么印象……如果你同他在一起生活，把很多很多的"他"理解和熟悉到像我前面所说的那样：一动就知道他想干什么，在什么会上他会站起来，说什么样的话，估计会后他会到哪里去，假如要找他，一定可以在哪里找到。你要熟悉到这样程度，你才能把他写得活起来，才能动人。[①]

这里，对于报道"一般只是记取生活中某一些事例加以主观的渲染"是有明显错误的。《赵树理全集》中的这篇文章是据《三复集》排印出来的。而原载《人民文学》1958年5月号上的这篇文章，同样的地方，原文是这样的，"一般只是摄取生活中某一个片断加以描写"。这种说法没有什么问题。新闻报道最忌"加以主观的渲染"，如果曾经从事过新闻工作的赵树理对新闻报道这样理解的话，那就是对新闻报道缺乏起码的常识。而对于报道者的采访与小说作者深入生活获取素材之间的区别，赵树理是很在行的。新闻采访一次可以完成，但文学创作仅靠一两次采访是很难奏效的。文学创作需要对社会生活中的人和事有更全面、更细致的了解和体验。新闻采访与作家了解生活的侧重点也不大一样，作家更关注能代表人物性格的细节和心理活动等。

作家深入生活时，不像新闻记者采访时目的那么明确，他们往往没有

---

① 赵树理：《和工人习作者谈写作》，《赵树理全集》第4卷，北岳文艺出版社，2000，第384页。

特定的写作目标，写长篇小说的作家更是如此。许多作家还不赞成作家像记者那样去采访和搜集材料。赵树理就说过：

> 你要写一个工厂里的英雄人物，你就跑到工厂里去找材料，去积累，这不是好办法。你抱着这样的目的去参加生活，碰上需要的就要，碰不上就不要，这哪儿行呢？你用一个框框（要写一个英雄人物）到生活里去套，合乎你的框框的就要，不合你框框的就不要，真正生动的东西，恰恰不在你的框框里。很多东西，可能现在不需要，但说不准什么时候就需要。所以，到生活里去，不能定什么需要不需要的框框。①

"可能现在不需要，但说不准什么时候就需要"，点出了作家深入生活与记者采访的一个不同点。作家深入生活需要长期积累。"长期积累，偶然得之"，说出了作家深入生活和进行创作的一个特点。

女作家铁凝在 20 世纪 80 年代也说过类似的话："其实，我最不习惯于从事迹入手，缠着人家没完没了地发问了。在这种情况下，即便抠出一些材料，也很少是有灵性的东西。我就喜欢在自自然然的状态下，跟她们平平常常地生活在一起，靠自己的眼睛去看，靠自己的脑子去体察、去思索。唯其大家都是在自自然然的状态下，毫无矫饰，彼此才能看得真，看得切，也才是大千世界的本来面目。日久天长，脑子里又确实储存了一些新的人物，新的矛盾。"②"平平常常地生活在一起"，"日久天长，脑子里又确实储存了一些新的人物，新的矛盾"，这显然与记者采访不同。

作家可以长期生活在一个范围不大的地方，但新闻记者却不能活动地域太小了。作家可以长期生活在一个小地方，比如，柳青在陕西省黄甫村一住就是 14 年，他还说过，"我这一生再不想有什么变动，只想在皇甫村生活下去。"③ 这对一个记者来说是不可想象的。与作家相比，记者在生活的"点"上，不如作家那么熟悉和深入；但对"面"上的了解，却比作家更胜一筹——当然，这样说并不意味着作家不需要对社会作整体把握。记者除了对特定的地域比较熟悉外，更需要四处转、四处走。记者永远在追

---

① 赵树理：《在长春电影制片厂电影剧作讲习班的讲话》，《赵树理全集》第 4 卷，北岳文艺出版社，2000，第 489 页。
② 陈映实：《铁凝及其小说艺术》，河北人民出版社，1990，第 54 页。
③ 巴金、老舍等：《文学回忆录》，四川人民出版社，1983，第 158 页。

逐新闻，哪里有新闻，哪里就有记者。中国新闻界流行"七分跑，三分写"的说法。新闻界还常说新闻是跑出来的，新闻是"踩"出来的。有人不说写新闻，而说"跑新闻"。英文对记者有一种叫法，就是 legman，称新闻采访为 leglook。这两个复合词的前半部分"leg"，相当于汉语中"腿"的意思。Legman，leglook 都强调了腿要勤，多往外跑。

当然，记者的采访有一种方式叫做"蹲点"，它是指记者较长期地驻在一个单位进行专题采访。这个"点"必须是具有重大新闻素材和具有集中、连续报道价值的单位。记者蹲点采写的一般是持续一个长过程的新闻事件。然而，这种蹲点，与"又做工作，又当记者"的做法不同。这种蹲点，记者一般并不参与被采访单位的实际工作，时间也相对较短，采访任务完成，蹲点也告结束。这种蹲点，与作家的蹲点也有所不同。作家蹲点，往往以所在地或单位生活和工作中的一员的身份出现，时间也较长。记者的蹲点采访，身份是记者，并不是所在单位的成员，蹲点时间也比作家短得多。

对时间跨度较长的重大事件的采访需要长期跟踪，没有时间长度就很难有纵深感。澳大利亚记者贝却迪在越南待了十多年，以第一手新闻向世界发出自己的声音；加拿大广播公司驻远东记者迈克尔·麦克利尔也在越南待了 10 年，写下了《越战 10000 天》。这些战地记者的敬业精神对中国作家徐怀中有很大的触动，他发自内心地感到钦佩。"我们与西方记者不同，我们只能集中时间做战地采访。他们是从始至终跟踪越战，追求历史观察，着重从战争各方领导层的决策谋篇加以宏观把握，对态势发展有透彻的了解，这是我们做不到的。"① "战地采访团"式的短期集中采访固然能得到一些新闻素材，但要做纵深观察就需要长期跟踪采访调查。

记者采访需要技巧。有关采访学方面的书籍，多有介绍采访技巧的内容，而作家深入生活很难说有什么技巧。

职业记者采访一般都是"旁观者"，而作家深入生活在许多情况下可以是"参与者"。记者和作家在采访或深入生活时，都可以为其所面对的基层解决些实际问题。相比较而言，记者直接解决的问题或办的事比作家要多些。主要原因是记者有自己的新闻媒体，可以通过媒体直接披露有关问题，从而引起相关方面的重视，使问题得到解决。

---

① 舒晋瑜：《徐怀中：戎马半生　行迹底色》，《光明日报》2013 年 8 月 8 日，第 13 版。

四　史学家的详尽占有材料

马克思指出："研究必须充分地占有材料，分析它的各种发展形式，探寻这些形式的内在联系。只有这项工作完成以后，现实的运动才能适当地叙述出来。"① 恩格斯在《自然辩证法》中说："不论在自然科学或历史科学的领域中，都必须从既有的事实出发。"他在《卡尔·马克思〈政治经济学批判〉》中说：

> 即使只是在一个单独的历史实例上发展唯物主义的观点，也是一项要求多年冷静钻研的科学工作，因为很明显，在这里只说空话是无济于事的，只有靠大量的、批判地审查过的，充分地掌握了的历史资料，才能解决这样的任务。②

他在谈到写作《英国工人阶级状况》一书收集资料的情况时说，"我有机会在二十一个月内从亲身的观察和亲身的交往中直接研究了英国的无产阶级，研究了他们的要求、他们的痛苦和快乐，同时又以必要的可靠的材料补充了自己的观察。这本书里所叙述的，都是我看到、听到和读到的。我的观点和我所引用的事实都将遭到各方面的攻击和否定……但是我要毫不迟疑地向英国资产阶级挑战：让他们根据像我所引用的这样可靠的证据，指出哪怕是一件多少能影响到我的整个观点的不确切的事实吧。"③

史学家占有资料，与记者的深入采访和作家的深入生活有所不同。史学家占有材料主要靠查阅历史资料，周游历史遗迹，搞调查研究，到考古发掘现场进行考察等。即所谓"读万卷书，行万里路"。"读万卷书"表现为查阅历史资料，"行万里路"表现为周游历史遗迹、到考古现场考察等。司马迁年轻时，就漫游了祖国的大江南北、名山大川和许多古迹，"南游江、淮，上会稽，探禹穴，窥九疑，浮于沅、湘；北涉汶、泗，讲业齐、

---

① 马克思：《〈资本论〉第1卷第2版跋》，《马克思恩格斯选集》第2卷，人民出版社，1972，第217页。
② 《马克思恩格斯选集》第2卷，人民出版社，1972，第118页。
③ 恩格斯：《英国工人阶级状况·序言》，《马克思恩格斯全集》第2卷，人民出版社，1957，第278~279页。

鲁之都，观孔子之遗风，乡射邹、峄，厄困鄱、薛、彭城，过梁、楚以归。"① 出游中他考察了许多历史遗迹，得悉众多历史人物的轶事、逸闻，亲身感受了不少地方的风土民情。后来他又随汉武帝多次出巡，并"奉使西征巴、蜀以南"，搜集了许多材料。

记者采访面对的是活生生的现实；作家可以同时面对现实和过去，但一般以现实为主；史学家面对的是"死人"，与"死人"对话，即使访问活人，方向也是指向"死人"。

但占有历史资料必须以熟悉自己所处社会的现实生活为前提，否则，即使占有再多的历史资料，也很难真正理解这些材料。正如史学研究者所说："没有现实的影子，无所谓史学的全部价值，没有现实的感受，无所谓历史学家的深刻。"② 理解现实与理解历史是相辅相成，互为条件的。

第六节　新闻中的"有闻必录"与
文学中的"自然主义"

"有闻必录"是在旧中国新闻界曾广泛流行的新闻用语。它开始出现于19世纪70年代，是报馆为了保护自己的新闻报道，使其不受社会干预、解脱自己的责任而提出的。其主要内含为：只要有人讲过或见之于其他材料的事实，报纸就可以报道，采访人员也只需照录所见所闻即为尽责，至于事实本身的真伪曲直，可不过问。例如，1896 年 11 月 5 日的上海《新闻报》，在一则新闻稿后面说明道："人言如是，未知确否？姑志之，以符有闻必录之例。"有时也含有报道或采写新闻务求详博的意思，例如有的报纸标榜"有闻必录，无言不详""有闻必录，无奇不搜"等。

清末以来，此说时遭非议，徐宝璜的《新闻学》就曾对此论作过较详细的分析批评③；中国共产党成立后，用阶级分析的观点对这种说法进行了批判。但"有闻必录"在其提出之初，在当时报纸新闻虚构成风的条件下，仍有一定的积极意义。进步报纸也曾以"有闻必录"的口号为掩护，报道

---

① 司马迁：《史记·太史公自序》。
② 李辉：《碑石——关于吴晗的随想》，《收获》1996 年第 1 期。
③ 见徐宝璜《新闻学》，中国人民大学出版社，1994，第 10～11 页。

出一些不利于国民党反动统治的新闻。

就"有闻必录"中"无言不详""无奇不搜"这个含义来说，它与文学创作上的自然主义（naturalism）有相通之处。

从19世纪60年代起，在实证主义哲学、遗传学、实验科学的影响下，法国文坛上出现了以龚古尔兄弟为代表的自然主义创作方法。这一创作方法吸引了左拉。左拉在他后来的一系列理论著作如《戏剧上的自然主义》《实验小说》《自然主义小说家》中，更进一步发展和完备了自然主义的创作方法。左拉被公认为自然主义理论的创建者。自然主义着重描写生活的个别现象和琐碎细节，追求事物的外在真实，忽视对生活现实的分析、概括。它表面上像现实主义，实际上是一种庸俗的现实主义。左拉在《戏剧上的现实主义》中说：

> 我已经说过，自然主义小说不过是对自然、种种存在和事物的探讨。因此它不再把它的精巧设计指向着一个寓言，这种寓言是依据某些规则而被发明和发展的。想象不再具有作用；情节对于小说家是极不重要的，他不再关心说明、错综或结局。我的意思是说，自然主义小说不插手于对现实的增、删，也不服从一个先入观念的需要，从一块整布上再制成一件东西。自然就是我们的全部需要——我们就从这个观念开始；必须如实地接受自然，不从任何一点来变化它或削减它；它是足够美丽和伟大来提供一个开端、一个中间部分和一个结尾。我们无须想象出一场冒险事件，把它复杂化，并给它安排一系列戏剧效果，从而导致一个最后的结局，我们只须取材于生活中一个人或一群人的故事，忠实地记载他们的行为。

自然主义在对自然崇拜的同时，放弃了人的创造性。它要"事实"，但只要细节的琐碎的"真实"，不要典型化；要"纯客观"，不要对客观生活做出理性评价；只要"眼前"的真实，忽视想象，不要表现社会理想。这些就是自然主义与现实主义的区别。在自然主义影响下，只要生活中有的，都可以进入作品中，于是大量的暴力、色情描写便堂而皇之地在作品中开"展览会"了。

新闻中的"人言如是，未知确否？"这显然是一种不负责任的态度，它既不符合新闻真实性的原则，还会带来不良的社会效果。邵飘萍曾对报业

流行的"有闻必录"论进行了深刻剖析:

> 愚意我国报纸中时见有所谓"有闻必录"之无责任心的表示,乃最易流于不道德之"专制的"恶习。以革新进步自任之外交记者,万万不可沿袭之,以招社会之厌恶与轻视。曩在北京大学及平民大学讲演新闻之学,曾对于"有闻必录"一语再三攻击,愿有志于新闻事业者,振起其责任心,凡事必力求实际真相,以"探究事实不欺阅者"为第一信条,此愚所不惜叮咛反复,冀学者能始终尊其职务,庶可以引起社会信赖之心。①

至于"有闻必录,无言不详""有闻必录,无奇不搜"则与文学中的自然主义很接近了。它表面看来全面、详博,实际上往往是大杂烩。我们已经说过,大千世界时时处处都在发生着各种各样、写不尽、道不完的事,所谓"有闻必录"是根本办不到的;更重要的是,在众多的事情中能够成为新闻的毕竟是一部分或一小部分。所谓"有闻必录"不符合新闻采写的原则或规律。

新闻中的"有闻必录"与文学中的自然主义都有某种合理的因素,但在理论上都有其明显缺陷,在实践中也会带来某些不良的社会影响。

某种思想方法的出现,往往在许多领域都有表现。历史研究讲究尽可能多地占有材料,但材料的罗列、堆砌,使人不能从这些罗列、堆砌中看到历史发展的轨迹,把自己淹没在浩瀚史料中的史学工作者,也与新闻中的"有闻必录"和文学中的自然主义有某种相似之处。尤其是当今,随着科技的不断发展和历史的累积,各种历史材料浩如烟海,如果不掌握科学的研究方法和具有整体观念,也不会有多大的收获。"安德烈·马尔罗曾经提醒我们,在世界的历史上这是第一次能够同时研究有关过去的全部档案、人类的制造物、工艺品、考古文物和文件资料。由此开辟的前景应当是令人鼓舞和令人振奋的,但同时又可以使人气馁。历史学家怎样才能掌握住范围如此广泛、而且正在不断扩大的知识呢?如果像贝塔里达所说的那样走传统的老路子,即一丝不苟地、过分细致地探索独特性和个性,那充其量只能够写出一些专著来。这样一来,不但不可能从分散的资料中推导出

---

① 邵飘萍:《实际应用新闻学》,见《新闻文存》,中国新闻出版社,1987,第386~387页。

'规律'或坚实可信的结论，甚至连全面的整体观都无法形成。"[①]

第七节 "新闻五要素""五个 W 研究法"与"记叙文六要素"

一 "新闻五要素"

（一）"新闻五要素"的提出和"新闻五要素"的内涵

近代报刊的初创时期，各种新闻体裁还没有完全独立出来并形成自己的一套写作规范。当时的新闻作品，与一般文章很难区别。纪实性的报道，大多是按事件的先后时间顺序记录下来，没有什么特殊的结构，也没有导语。在这一类报道中，事件的重点，情节的高潮，往往隐藏在消息的中间；新闻价值大的、最新鲜、最重要的内容，往往淹没在琐碎的次要内容之中。

1844 年，美国油漆匠出身的赛缪尔·莫尔斯发明了电磁电报。1851 年，美联社的前身——港口新闻联合社第一次用电报传递消息，揭开了"电讯新闻"的第一页。1861 年至 1865 年，美国爆发了南北战争，许多报社派记者到战地采访。为了抢发新闻，争取读者，各报都用电报发稿。由于当时电报技术还不过关，经常出现故障，电信常常中断。这就迫使记者动脑筋，把新闻最主要的事实塞进报道的开头部分。这样，即使电信半路上中断，编辑部照样可以把消息发出去。于是，导语的雏形就诞生了。1865 年 4 月 14 日晚，美国南北战争刚刚结束，总统林肯遇刺。当时，港口新闻联合社驻华盛顿记者抢发了这条轰动世界的重大新闻。这条新闻很短，只有 12 个英语单词："总统今晚在剧院遇刺重伤"。一般认为，它象征着导语写作的开始。

最初的导语很不规范。19 世纪 80 年代，美联社提出新闻应具备 when（何时）、where（何地）、who（何人）、what（何事）、why（何故），即"5W"或"新闻五要素"。1889 年 3 月 30 日，美联社记者约翰·唐宁发了一条长消息。这条消息的导语是这样写的：

[萨莫亚·阿庇亚 3 月 30 日电] 南太平洋沿岸有史以来最猛烈、

---

① 〔英〕杰弗里·巴勒克拉夫：《当代史学主要趋势》，上海译文出版社，1987，第 338~339 页。

破坏性最大的风暴，于 3 月 16 日、17 日横扫萨莫亚群岛。结果有 6 条战舰和 10 条其他船只要么被掀到港口附近的珊瑚礁上摔得粉碎，要么被掀到阿庇亚小城的海滩上搁浅了。与此同时，美国和德国的 143 名海军官兵有的葬身珊瑚礁上，有的则在远离家乡万里之外的无名墓地上，为自己找到了永远安息的场所。

在这则导语里，何时（3 月 16 日、17 日）、何地（萨莫亚群岛）、何事（遇难）、何人（美国和德国的海军官兵）、何因（遇上了太平洋沿岸有史以来最猛烈的风暴）、如何（舰船被摔碎或搁浅）六要素俱全，从它问世之后，就一直被许多新闻学著作奉为消息导语写作的楷模。19 世纪末，美联社总编辑、总经理维尔·E. 斯通明确指出：美联社记者所发的每一条新闻里，必须具有这六个要素。即新闻中要回答"5W"和一个"H"，"H"即 how（如何），由此又形成"新闻六要素"说。这之后，"六要素"的导语形式，逐步得到世界各国新闻工作者的认可，被认为是新闻写作的金科玉律。这种状况，一直延续到 20 世纪 20 年代和 30 年代。

从"新闻五要素"或"新闻六要素"提出后开始，它一直被视为新闻写作的一个原则。提出"新闻五要素"和"新闻六要素"的直接原因，是由于当时电信技术还不完善，编辑部不得不指令记者把"5W"或"5W"和一个"H"一定写进新闻的第一段，也就是写进新闻导语中。一旦发电或收电出现故障，只要收到电信的第一段，就等于收到了一条新闻大意，也算一篇完整的新闻。

我们千万不要以为没有这个直接原因，"5W"或"5W＋H"，就不会有人提出了。如果没有 19 世纪中后期电信技术应用于新闻传播，"新闻五要素"或"新闻六要素"迟早还是要出现的。为什么呢？既然新闻是报道社会生活中的事实的，要想把事实说清楚，就要交代清何时、何地、何人、何事、何故和如何，否则，读者就会有许多不明白的地方。这才是"新闻五要素"被提出的根本原因。

（二）"新闻五要素"与"传播五要素"的联系与区别

"新闻五要素"与"传播五要素"分别属于新闻学和传播学里面的基础。它们经常被人们提及，但很少有人注意它们之间的联系与区别。

我们首先来介绍"传播五要素"。拉斯韦尔（Harold Lasswell）在 1948 年发表的论文《传播在社会中的结构和功能》（*The Structure and Function of*

Communication in Society）中首次清晰地阐释了传播过程及其五个基本构成要素：

who　　→　says what　　→in which channel→to whom→with what effect
谁　　　　说什么　　　通过什么渠道　对谁说　取得什么效果
传播者　讯息（内容）　　　　媒介　　　受众　　　效果

拉斯韦尔所阐述的传播过程又称"5W"传播模式。

"新闻五要素"即新闻中的"5W"与"传播学五要素"即传播学中的"5W"的联系与区别可以下面的简图（图1-1）来表示：

传播过程：
who　→　says what　→　in which channel　→　to whom　→　with what effect
（传播者）　　　　↓　　　　　　　　　　　　　　（受众）

政治传播、新闻传播、教育传播、广告传播……
一个新闻事实　↓
的构成要素：
　　　　　　　　who（新闻当事人）
　　　　　　　　what
　　　　　　　　when
　　　　　　　　where
　　　　　　　　why
　　　　　　　　how

图1-1　"新闻五要素"与"传播五要素"的关系

这个简图可以这样理解：传播学中的"5W"说的是一般传播过程，传播由传播者、传播内容、传播渠道、受众和传播效果五个要素构成；而新闻学中"5W"指的是一个新闻事实的构成要素。这是它们的主要区别。

传播学所研究的对象包括政治传播、新闻传播、教育传播、广告传播等，新闻传播仅是传播学研究的对象之一，当然也是一个重要的对象。传播学中的"说了什么"即传播内容，包括了新闻"5W"的全部内容。这是它们的联系或连结点。传播学中的 who 是指传播者，to whom 是指受众，而新闻中的 who 是指新闻当事人。这也是它们之间的一个区别。

二 "五个 W 研究法"

历史学家王钟翰的恩师洪煨莲（1893～1980），早年留学美国，回国后长期担任燕京大学教务长兼历史系主任，唯以中国史学之发扬光大并走向世界为平生所愿。众所周知，传统的中国史学在理论框架、学科规范、研究法则等诸多方面显得模糊不清，随意性、主观性有余，严肃性、客观性不足。洪煨莲对此状况深引为痛，决心予以更张。据王钟翰回忆：

> 洪先生开宗明义，指出史学研究无非是搞清历史的人物、时间、地点、原因和过程等五大要素，即 Who When Where Why How，并将其戏称之为五个"W"研究法。研究任何历史问题，皆须沿上述五条线索去追查，从而发现问题、分析问题、解决问题。①

我们不知道洪煨莲是否受到了新闻中五个 W 的影响，反正说出了"五个 W 研究法"，尽管其实是 4W + H。

历史学家耶尔恩·吕森、斯特凡·约尔丹指出：历史学中所涉及的事实（Fakten）"是一种准确的审核，要能够说明过去发生了什么事情，这事情是什么时候发生的，是在什么地方发生的，是怎样发生的以及为什么会发生"②。这两位历史学家无意涉及"五个 W 研究法"，但他们的具体叙述却与"五个 W 研究法"在相当程度上不谋而合。"发生了什么事情"即 what，"什么时候发生的"即 when，"在什么地方发生的"即 where，"为什么会发生"即 why，"怎样发生的"即 how。有趣的是，洪煨莲"五个 W 研究法"中没有提及的 what，由耶尔恩·吕森、斯特凡·约尔丹补足了，而后者没有提到的 who，在前者中却存在，正好与新闻中的五个 W 或五个 W + H 完全对应、完全相同。这绝非偶然，因为新闻与历史所面对的都是事实，区别只在于新闻是新近发生的事实，历史正如耶尔恩·吕森、斯特凡·约尔丹所说是"过去发生"的事实。在这里，我们看到了新闻与历史的惊人相通之处。

---

① 邸永君：《时代呼唤学术战略家》，《光明日报》2001 年 10 月 9 日，B4 版。
② 〔德〕兰克著，〔德〕约尔丹、吕森编《历史上的各个时代：兰克史学文选之一》，北京大学出版社，2010，"编者导言"第 11 页。

三　"记叙文六要素"

我们再来看中国人的"记叙文六要素"，就可以进一步理解新闻要素产生的根本原因了。中国人一上作文课，老师就会告诉学生"记叙文六要素"，也就是人物、事件、时间、地点、原因、结果。人物就是 who，事件就是 what，时间就是 when，地点就是 where，原因就是 why，结果大致与 how 对应。记叙文要素何时提出的，我们不要去考证，但有一点可以肯定，它的提出与通信技术在社会中的应用没有关系。

"新闻五要素""新闻六要素"以及"五个 W 研究法"与"记叙文六要素"在本质上是一样的，只不过前者讲的是新闻写作、历史研究，后者讲的是一般记叙文的写作。它们的基本相同不是巧合，而是社会生活的事实本身具备这些要素，事实要求记录和描述者把这些要素写出来。其实，新闻报道不过是记叙文的一种，它所记叙的是新近发生的事。文学中的记事散文、小说，历史中记载人物和事件的文章和书籍都属于记叙文。弄清这个道理，就可以理解，过去新闻教育不发达时，许多大学中文系的学生，只上过一般的写作课，并未受过专门的新闻写作训练，但他们很快就可以基本适应编辑、记者这一行当。

新闻消息导语也影响到其他文体的写作。1951 年，毛泽东在审定《中共中央关于纠正电报、报告、指示、决定等文字缺点的指示》时，加上了这样一段话：

> 一切较长的文电，均应开门见山，首先提出要点，即于开端处，先用极简要文句说明全文的目的或结论（现在新闻学上称为"导语"，亦即中国古人所谓"立片言以居要，乃一篇之警策"），唤起阅者注意，使阅者脑子里先得一个总概念，不得不继续看下去。①

也是这一年，中央召开的全国各省、市秘书长会议上，正式发文强调导语的重要，并将导语写作的原则及方法移植到公文中，明确规定："凡较长文件，均应有导语"；"每一自然段，均应将该段主旨、重要观点放在最前面"。这样一来，导语写作被空前重视起来，它甚至也成为公文写作中要

---

① 中共中央文献研究室、新华通讯社编《毛泽东新闻工作文选》，新华出版社，1983，第 167 页。

遵循的重要原则。

不过，有一点需要注意。导语作为消息的开头，与诗歌、散文、戏剧、小说的开头往往不同。文学艺术作品讲究"弯弓盘马，引而不发"，许多作品是"图穷匕首见"，"卒章显志"。一开头就把故事结局、人物的底细全盘亮给读者或观众，多会使人感到缺乏艺术性。消息导语的写作恰好与之相反。因为人们接受新闻作品时，总希望立即知道最重要的东西，这就要求消息的导语直奔主题。

四　新闻叙事、文学叙事、历史叙事

（一）新闻作品、文学作品、历史作品主体是叙事文体

新闻作品、文学作品、历史作品就其体裁的主体来看，主要是叙事文体。

就史书来说，刘知几在《史通·叙事》中指出："夫史之称美者，以叙事为先"，"夫国史之美者，以叙事为工。"

就新闻来说，新闻就是对新近发生的事实的报道，人们也把新闻称作"事学"。叙事是新闻的本分。

就文学来说，文学的主体是叙事的艺术，所谓叙事学（narratology）也称叙述学，就是因文学而存在。

因此，新闻作品、文学作品、历史作品都可以从叙事学的角度来观照。

新闻作品和历史作品多数采用第三人称叙事，而文学作品既有采用第一人称叙事的，也有采用第三人称叙事的。当强调客观性时，多数作家采用第三人称叙事；当强调主观感受时，多数作家则采用第一人称叙事。新闻作品和历史作品主要采用第三人称叙事，首先是因为写作者多数是以第三者的身份对事件或人物进行报道和记载，同时既是为强调其客观性，也是为了便于叙事的需要。

福勒说："第三人称是一种更为自然，且运用更广泛的叙述方式，大多数小说家认为这种叙述方式实际上可赋予他们无所不知的特权。"[①] 换句话说，以第三人称叙述，可以具有全知视点。"叙述者通晓所有需要被认知的人物及事件，他可以随心所欲地超越时空，从一个人物转到另一个人物，按照他的选择，传达（或掩饰）人物的言语行动。他不仅能够得知人物的

---

① 转引自《文学批评术语词典》，上海文艺出版社，1999，第334页。

公开言行，而且也对人物的思想、情绪和动机了如指掌。"全知视点通常采用第三人称的叙述方式，而且作为叙述者：

> 既是故事外的，又是异故事的。正是因为他们不出现在故事中，因为他们占据相对于故事较高的叙述权威的地位，这类叙述者才获得了常被称为"全知"的特质。"全知"也许是个夸张的词，尤其是对于现代作品的故事外叙述者来说，更是如此。然而，这个词所表达的那些特点还是能说明问题的，如：原则上，"全知"叙述者熟悉人物内心的思想和感情活动；了解过去、现在和将来；可以亲临本应是人物独自停留的地方（如一个人散步或在锁着的屋内谈情说爱的场面）；还能同时了解发生在不同地方的几件事情。[1]

以上是就文学叙事而言。新闻和历史作品采用第三人称叙事时，也在一定程度上具有"全知"叙事者的优势，唯一不能忘记的就是不能超越被叙述的客观存在。

此外，文学作品为了达到某种艺术效果，往往采用"情节化""陌生化"、意识流等叙事方式。现代小说家在叙事方面有许多成功的探索，这也为历史叙事、新闻叙事提供了可资借鉴的经验。正如电影史家西格弗雷德·克拉考尔所指出的那样："乔伊斯、普鲁斯特、维琴尼亚·伍尔芙给了历史叙事者挑战和机遇。"但新闻作品、历史作品在使用"情节化""陌生化"等手段时是有限度的，即不能以牺牲真实为代价。

（二）新闻叙事、文学叙事、历史叙事与讲故事

不用论证，故事讲得最好的是文学，没有了故事，叙事文学就不能存在了，而叙事文学是文学的主体，因而讲故事是文学的本质特征之一。2013年获得诺贝尔文学奖的中国作家莫言在获奖演说中就说过，"我是一个讲故事的人"。"今后的岁月里，我将继续讲我的故事"。

与记者和史学家相比，作家讲故事有着最大的自由，然而并非所有的作家都能把故事讲好。讲不好的重要原因之一，正在于他们滥用了这种自由，走上了胡编乱造的歧路。文学界最有理由把故事讲好，又最容易把故

---

① 〔美〕阿伯拉姆斯：《文学术语汇编》，〔以色列〕里蒙—凯南：《叙事虚构作品》。转引自《文学批评术语词典》，上海文艺出版社，1999，第321页。

事讲砸。讲好故事的最重要的原则就是遵循生活逻辑，遵循事物发展变化的规律；既在意料之外，又在情理之中。

记者和史学家也需要讲故事并把故事讲好，然而与文学家相比，记者和史学家在讲故事时受到了诸多限制，最重要的限制就是不能像作家那样虚构和想象。因而记者和史学家最好不要与作家去攀比，看谁更故事化。"有觉悟的历史家，都慢慢地明白他自己不能希望做一个很好的说书家，就是因为他假使要说老实话，他的故事往往很残缺而且很模糊。小说同戏曲这类东西，可以很随便地设想或描写，去应付美术的需要，至于历史家应该常常知道他自己所受的种种限制。假使历史家专门根据材料叙述实在可靠的事情，他的著作往往缺少活动的详情能够编成一段满意的故事。"① 这里所说的"美术的需要，"大致是指美学的需要或艺术的需要。历史作品需要可读性，但把所有历史内容故事化的想法和做法是不切实际并且有害的。

在这一点上，新闻记者与历史学家面对的情形相类似。中国中央电视台新闻类栏目《东方时空》中曾经有一个"讲述老百姓自己的故事"的内容，在国外也有人把新闻报道叫做"新闻故事"（news story）。可见新闻也有讲故事的需要与可能。新闻故事当然不能像文学作品那样虚构和想象，但记者把故事讲好比历史学家具有有利条件，即新闻当事人绝大多数都是活人，新闻发生的现场环境绝大部分都还存在。这些条件历史学家基本上都不具备，历史学面对的绝大多数都是死人，历史事件的现场环境都已经不存在或已经发生了很大变化。记者能够通过深入采访获取足够多的真实情节、细节甚至心理活动，现场体验也往往能够或多或少地实现。记者有条件比历史学家把故事讲得更好。

尽管记者和历史学家在叙述真实故事时受到了种种限制，但有一点须明白：历史的、现实的真实故事，尤其是现实的真实故事比虚构的文学故事更有感染力、更有生命力。文学作品故事性再强，也永远摆脱不了虚构的印记，正像一首歌中所唱的，"（文学）故事里的事"，"是也不是"。真实，天然具有动人心魄的力量，这又是记者和历史学家的一大优势。

---

① 〔美〕鲁滨孙：《新史学》，中国人民大学出版社，2011，第30页。

第八节　新闻的社会作用、文学的社会作用、史学的社会作用

新闻报道社会生活、文学反映社会生活、历史记载社会生活，但它们对社会生活都有反作用的功能。这种反作用的功能，就是我们所说的新闻的社会作用、文学的社会作用、史学的社会作用。

一　新闻的社会作用

（一）大众传媒的社会功能

有学者把大众传媒、新闻传播事业、新闻的社会作用叫作大众传媒、新闻传播事业、新闻的社会"功能"。这里，社会作用和社会功能的含义是大致一致的。不过，我们要区分大众传媒、新闻传播事业、新闻的社会作用或社会功能。它们的含义有互相交叉的地方，也有不同的地方。

传播学者普遍认为，大众传播媒介的社会功能应包括四个方面：

第一，传递信息，监视环境；

第二，引导舆论，协调社会；

第三，传承文化，教育大众；

第四，提供娱乐。

其中第二条协调社会还包括公共管理的功能。越来越多的研究者发现大众媒体尤其是新闻媒体具有依靠法律和政府授权来应对公共事务的功能，媒体是公共管理的主体之一。

梁启超对于报刊职能的认识，明显地高于前人，包括他的老师康有为。他在《敬告我同业诸君》一文中，提出报刊有两大天职："一曰，对政府而为其监督者；二曰，对于国民而为其向导者"。这一见解，比他过去认为报刊主要为国君"宣德达情"之说，也有完全转变。他说，"报馆者，非政府之臣属，而与政府立于平等之地位者也。不宁唯是，政府受国民之委托，是国民之雇佣也；而报馆则代表国民发公意以为公言也。"报纸对政府不再如嬖臣唯唯，而"当如父兄之视子弟，其不解事，则教导之；其有过失，则朴责之"。谈到报纸对民众的教育向导作用时，梁启超说，"报馆者，作世界之动力，养普通之人物者也。""鉴既往，示将来，导国民以进化之途

径者也。"① 梁启超强调了报刊对政府的监督职能和对民众的引导、教育职能。

新闻传播事业的社会功能一般有：报道新闻，引导舆论，服务社会，传授知识，提供娱乐，刊载广告。同一般大众传播媒介不同，新闻传播媒介最主要的功能是传递新闻信息。人们把新闻媒介从本质上看作新闻信息载体。新闻传播媒介的又一个功能是反映舆论。

而新闻的社会作用或功能的外延要小于上述大众传播的社会功能和新闻传播事业的功能。这里所说的新闻的社会作用，当然是指新闻传播的社会作用，新闻不传播，就谈不上起社会作用。

（二）新闻的社会作用

新闻的主要功能是通过新闻报道传递信息，交流情况。此外，新闻还有一定的宣传、教育、服务功能，如通过某一新闻报道达到宣传的目的，新闻报道的事实具有教育人和启迪心扉的作用，新闻还可提供气象预报、灾害预报、物价变动、车船时刻变动、书讯等服务信息。

二　文学的社会作用

一般认为，文学的社会作用为认识作用、教育作用、审美娱乐作用。这是诸多文学理论教科书中反复谈及的，本书不想就此展开论述。

这里，笔者只想强调，认识作用、教育作用其实都是在审美娱乐过程中实现的。因此，严格来说，文学的社会作用应该这样提：审美娱乐认识作用、审美娱乐教育作用、审美娱乐作用。审美娱乐作用是文学发挥社会作用的基础和核心，也是文学发挥社会作用最具有特征性的功能。

"寓教于乐，既劝谕读者，又使他喜爱，才能符合众望。"② 贺拉斯抓住了文学劝谕读者的特征，即"寓教于乐"，因而，被人们普遍接受。似乎与此相对应，有新闻学研究者提出，新闻传播者"在满足中进行引导"，应该是一个正确的口号。③

三　史学的社会作用

史学的社会作用是了解和认识过去，通过了解和认识过去来理解和认

---

① 参见《新民丛报》第 17 期，1902 年 10 月 2 日。

② 〔古罗马〕贺拉斯：《诗艺》，人民文学出版社，1962，第 155 页。

③ 童兵：《理论新闻传播学导论》，中国人民大学出版社，2011，第 150 页。

识现在，同时，通过了解和认识过去、通过理解和认识现在更好地预见未来。史学的主要社会作用集中表现为，历史上的经验教训，可以作为现实和未来的借鉴。《易·系辞下》早就说过："彰往而察来。"著名史学家刘知几在《史通·史官建置》中说："史之为用，其利甚博，乃生人（民）之急务，为国家之要道。有国有家者，其可缺之哉！"史学为国计民生所不可缺少。好的历史作品常常对现实社会生活产生种种影响。《春秋》作，使"乱臣贼子惧"；《资治通鉴》出，成为历代皇帝的教科书；《甲申三百年祭》问世，被列为中国共产党的整风文件。

有一种说法是"古为今用"。"古为今用"强调学习和研究历史，不能脱离现实生活，不能为历史而历史。这是对的。然而，我们又不能把"古为今用"作实用主义的理解。像"四人帮"所搞的"评法批儒"，他们也说是"古为今用"，然而，那是对历史的亵渎。坚持历史真实原则与"古为今用"的统一，是防止将"古为今用"实用主义化的有效"方剂"。在某种意义上说，历史就是历史，它不是可以随意用作某种实用目的的。

（一）了解过去，借鉴历史经验，以指导现实

中国古代历代统治者都把史学作为"鉴往知来"的工具。汉初统治者把秦二世而亡作为自己的殷鉴，唐初统治者从隋二世而亡中吸取教训，他们都比较注意调整统治政策，比较注意爱惜民力等，得来了汉唐盛世。我们多说几句汉初的情况。刘邦接受了陆贾的"居马上得之，宁可以马上治之乎"的启发，命陆贾"试为我著秦所以失天下，吾所以得之者何，及古成败之国"。陆贾"粗述存亡之征，凡著十二篇。每奏一篇，高帝未尝不称善，左右呼'万岁'，号其书曰《新语》"①。从这里可以看出刘邦君臣是如何重视总结历史经验教训的。

在抗日战争即将取得胜利，中国共产党的工作重心将要从农村转入城市并争取全国胜利时，为了防止骄傲自满，毛泽东又以李自成起义失败的教训告诫全党："我党历史上曾经有过几次表现了大的骄傲，都是吃了亏的……全党同志对于这几次骄傲，几次错误，都要引为鉴戒。近日我们印了郭沫若论李自成的文章，也是叫同志们引为鉴戒，不要重犯胜利时骄傲

---

① 司马迁：《史记·郦生陆贾列传》。

的错误。"① 毛泽东所说的郭沫若论李自成的文章是指《甲申三百年祭》，此文 1944 年为纪念明朝末年李自成领导的农民起义军进入北京推翻明王朝 300 周年而作。文中说明 1644 年李自成领导的农民起义军进入北京以后，它的一些首领因为胜利而骄傲起来，生活腐化，进行宗派斗争，以致这次起义在 1645 年失败。这篇文章在重庆《新华日报》发表，后来在延安《解放日报》转载，并且在各解放区印成单行本。

以上是中国史学对现实社会发挥作用的一些例子。国外知名学者对史学的社会作用有许多论述。英国思想家培根说："读史使人明智。"英国史学家卡尔指出："历史学家不属于过去，而是属于现在……历史学家的作用……是掌握过去，理解过去，把它当作理解现在的一把钥匙。"② 要想理解现在，必须了解和理解过去，历史是理解现实的一把钥匙。

被西方史学界称为"当代最伟大的史学家"的英国人汤因比（Arnold Joseph Toynbee, 1889~1975）的史学著作提出了"挑战"与"应战"。他把那些摆在当前的重大任务叫做"挑战"（challenge），而把解决那些任务的办法叫做"应战"（response）。由于科学技术的突飞猛进和核武器的出现，战争的破坏性就更大了。汤因比呼吁道："我们当前遇着了一种为我们的祖辈从来没有遇到过的挑战：我们必须废除战争和阶级斗争——必须以艰苦的努力立即废除战争和阶级斗争。如果我们退缩或失败，坐视战争和阶级斗争吞噬全人类，那么这一次人类肯定就要统统完蛋了。"③

目前，"挑战"与"应战"已经成了西方资产阶级政治活动家的口头禅，他们都想用他们所认为有效的方式来解决当前的一些重大问题。这就说明，汤因比的史学理论已经对西方国家的政治生活产生了影响。④

人类固然写下了自己的历史，也有很多智者悉心向历史学习，真正从

---

① 毛泽东：《学习和时局》，《毛泽东选集》一卷本，人民出版社，1967 年横排袖珍版，第 901~902 页。
② 〔英〕爱德华·霍列特·卡尔：《历史是什么》，商务印书馆，1981，第 23 页。
③ 〔英〕汤因比：《历史的现阶段》，转引自郭圣铭编著《西方史学史概要》，上海人民出版社，1983，第 253 页。
④ 郭圣铭编著《西方史学史概要》，上海人民出版社，1983，第 254 页。

历史的经验教训中得到启迪和鉴戒。然而，就人类的大多数而言，包括相当多的出色人物，还是表现出对于历史的难以置信的健忘——尤其是在一些重大问题上。写出《温故一九四二：一部小说和一部电影的缘分》的刘震云说：

> 在温故 1942 年的路上，最令我震惊的是"遗忘"。
>
> 作为灾民的后代，我不知道 1942 年河南饿死了 300 万人的事，就是灾难的幸存者也遗忘了。我问我外祖母，她是 1942 年的亲历者。她反问我：1942 年是哪一年？[①]

历史感和历史意识极强的大哲学家黑格尔说过一句全人类都应警醒的话，大意是：我们学习历史，那么我们从历史中学到了什么呢？那就是，我们从历史中什么也没有学到（The only thing we learn from history is that we learn nothing from history.）。黑格尔的意思是说，人类太不注意从自己的历史中吸取经验和教训了。确实，人类一再犯同样的大错误。比如，战争，有史以来，战争停止过吗？它带给人类的灾难还少吗？

后来，在汤因比的著作中，尤其是在《人类与大地母亲》（*Mankind and Mother Earth*）一书中，在追溯了人类历史的发展过程之后，也表达了与黑格尔类似的思想：人类是大地母亲的儿女，人类的一切都是取之于大地母亲，人类是完全赖有大地母亲而生存的。然而，目前人类科学技术的进步，已经达到这样的程度：如果这些科学技术被滥用，那就足以毁灭这个地球。因此，世界各国必须学会共处，否则便只有同归于尽了。"这就是一个出生于 1889 年的英国观察家在 1973 年对历史的一些看法。在这 1973 年，那些与作者同属人类的侪辈，对历史又有什么看法呢？他们对过去历史上的事究竟知道多少？而他们究竟能在何种程度上，坚强有力地按照其从历史研究中所取得的教训来行事？"[②]

我们可以把汤因比在去世前不久（1972～1973，他于 1975 年去世）说的下面这段话看作对这个提问的回答："我的一位老朋友阿尔弗雷德·齐默

---

①　吴娜：《直面生死——就〈温故一九四二〉专访刘震云》，《光明日报》2012 年 12 月 20 日，第 15 版。
②　转引自郭圣铭编著《西方史学史概要》，上海人民出版社，1983，第 253 页。

85

恩爵士，当我还在牛津做学生的时候就是一位大学教师，曾对我指出，世界上绝大多数的人都没有历史的概念，过去对他们并不存在，而对历史有某些意识的人只是很少、很少的一些人。这种想法使我感到震惊，但它是事实。难道历史的健忘症又会帮什么忙吗？就想一下二次世界大战结束后美国的历史吧！美国人不是正由于几乎原则上忽视历史而一下子冲进了一大堆可怕的错误中去的吗？他们随意忽视法国的经验，一下子就冲进了越南战争。他们认为他们有力量、有技术、有使法国经验变得不中肯的美国生活方式。第二次世界大战后美国所遭受的许多失败，只要根据过去的经验来看待现在，就可以加以制止。人类的生活是生活在时间的深度上的；现在行动的发生不仅在预示将来，而且也是根据了过去。假如你随意忽视、不去思考甚或损伤过去，那么你就妨碍自己在现在去采取有理智的行动。"①

可是，全世界、全人类真正听进这两位大师的肺腑之言并付诸行动的人有几个？

也许，中国电影导演冯小宁算一个。他说：西方文明都在重金投入"战争与和平"这个命题的影片，使这个主题在百年电影史上占了33%，中国作为二战受害最深的国家，这类电影和其他片种比，比例严重失调。他说，总有人怪兮兮地问我为什么拍战争片？我说我是在拍近代史的故事，而我们的近代史几乎就是一部战争史。"日本人年年要参拜靖国神社，我们总该做点什么吧？人类最宝贵的是和平，人类最不珍惜的也是和平。我10年的创作，提出的问题都是一个——人类为什么要互相残杀？对于人类历史上的战争恶魔、法西斯主义，如果不把它永远钉在人类历史的耻辱柱上，并且隔年就增加几颗钉子，谁能担保它哪天不会复活了呢？《魂断蓝桥》《辛德勒的名单》都是这样的钉子，如果我的电影能成为历史的钉子，我将知足。"② 安倍晋三等日本右翼势力否认侵略历史，更提醒人们重温历史的必要。

（二）历史是生活的教科书

历史是一部真实动人的生活教科书，历史是生活的引路人。从确立人生观角度看，历史自有其不容忽视之作用。古人会告诉我们什么是最好的，今人会告诉我们什么是最合适的。李大钊指出："历史观者，实为人生的准

---

① 田汝康、金重远选编《现代西方史学流派文选》，上海人民出版社，1982，第142页。
② 见夏欣《〈紫日〉直击历史课》，《中国青年报》2002年5月8日。

据，欲得一正确的人生观，必先得一正确的历史观。"① 缺乏历史经纬构织的人生观，必然具有先天的缺陷，往往显得过于浅薄、时俗。李大钊还说："研究历史的趣味的盛行，是一个时代正在生长成熟，正在寻求聪明而且感奋的对于人生的大观的征兆。"② 学习和研究历史可以使人走向成熟，可以使人变得聪明。

历史也是爱国主义的极好教材。一部中国近代史，就是一部很好的中华民族反对帝国主义侵略，自强不息的爱国主义教材。

历史对个人素养和修养也有重要作用。诚如刘知几在《史通·史官建置》中所说，史书可以使人"见贤而思齐，见不贤而自省"，具有"劝善惩恶"的作用。通过学史而对自己的人生道路和自我修养起了重要作用的例子不胜枚举。

历史对个人素养同样有重要作用。思想和观念是人的素养的重要组成部分，历史对人的思想和观念的形成和转变起着无法替代的作用。美国历史学科《全国标准》指出："与以往任何时候相比，现在的学生更需要对世界史和创造了不同于美国的思想、制度和生活方式的其他许多文明国度进行全面了解。通过一部选材平衡和范围广泛的世界历史，学生们可以了解世界的多种文化以及所有文化中共有的人类情感和存在的共同问题。学生们会由此养成通过别人的眼光评价事物的习惯，并且逐渐认识到，通过研究其他国家，我们能够更好地了解自己……尤其重要的是，对世界多种文化的理解有助于培育彼此宽容、相互尊重的涵养和文明的精神。日益多元化的美国社会和日益彼此依存的世界要求我们具备这种品质。"对于现代人来说，不仅要学习和了解本国历史，还要学习和了解世界历史。对世界历史缺乏基本了解的人很难说能具有现代观念和意识。

（三）预见未来

有学者曾富有哲理地指出，历史是一门研究未来的学问。此语表面看起来有点玄虚，然而，细细琢磨确有其深刻内涵的一面。帕特里克·亨利说："除了以史为鉴，我不知道还有什么判断未来的方法。"对历史回顾得越远，可能对未来前瞻得越远。

心理、生理研究"目前有越来越多的证据表明：回忆过去与想象未来

---

① 李大钊：《史学思想史讲义》，《李大钊选集》，人民出版社，1959，第287页。
② 李大钊：《李大钊选集》，人民出版社，1959，第505页。

之间存在密切的精神联系。神经科学家和心理学家发现：丧失记忆的人也会失去想象未来的能力，用来记忆的大脑区域同样被用来驰骋想象。""推断未来或许并非记忆的主要功能，但肯定是它的原始功能之一。"① 没有对过去的记忆就无法想象未来。

我们可以打个比方。如果把过去看作一个点，把现在看作一个点的话，根据两点成一线的道理，那么这两个点的延伸，就是由过去和现在两个点所限定的未来。也就是说，只有了解和懂得过去，同时也了解和懂得现在，才能比较准确地预测未来。当然，这只是打比方，未来并不是过去和现在两个点直线机械延伸的第三个点。

郭沫若在《中国古代社会研究·自序》里说：

> 对于未来社会的待望逼迫我们不能不生出清算过往社会的要求。古人说："前事不忘，后事之师。"认清楚过往的来程也正好决定我们未来的去向。②

当我们"前不见古人，后不见来者"，处于一种不知"我从何处来，又到何处去"的境地时，就会产生孤独感和迷茫感，就会"独怆然而涕下"。

不了解过去，就不可能预见未来。英籍女作家韩素音曾批评一些中国青年不了解历史。她说："我为什么要写周恩来，写毛泽东呢？我希望中国青年了解过去。他们对革命早期的情况非常模糊……他们不知道中国人民在旧社会遭受了多么深重的苦难。他们中有一种倾向，蔑视历史，嘲笑历史，嘲笑英雄，怀疑中国的领导人在某些紧要关头所起的作用。他们之所以如此，是因为对过去一无所知，又乐于接受对中国的肤浅指责……让人民知道我们的历史，只有知道我们的过去，才可能支配与塑造我们的未来。"③ 时过近20年，这位女作家的批评其现实针对性越发突出。

（四）历史是一切社会科学和人文学科的必备基础

马克思和恩格斯深刻指出："我们仅仅知道一门唯一的科学，即历史科

---

① 何积惠：《人对未来也有"记忆"》，《文汇报》2007年7月15日。
② 郭沫若：《郭沫若全集》历史编第1卷，人民出版社，1982，第6页。
③ 萌娘：《她的根在中国——访著名英籍女作家韩素音》，《环球企业家》1994年第6期，第30页。

学。"① 因为绝大多数社会科学和人文学科，就其本质而言都是历史科学。这些学科的基本构架和基本规律都是从人类的一般历史和本学科所研究对象的历史材料和历史发展中得来的。学习和研究社会科学或人文学科的某一学科，比如学习和研究文学，实际上就是学习和研究人类文学活动的历史。正因为如此，李泽厚于1979年夏在西北大学中文系座谈会上的发言中指出："我至今以为，学习历史是文科的基础，研究某一个问题，最好先读一两本历史书。历史揭示出一个事物的存在的前因后果，从而帮助你分析它的现在和将来。马克思当年是学法律的，但是他最爱哲学和历史。现在一些搞文学史的人，为什么总是跳不出作家作品的圈子？就是因为对历史的研究不够。一般搞哲学史的人不深不透，原因大半也如此。"李泽厚的这段话，搞学术研究的人值得认真品味和记取。英国的休谟在《论历史研究》中指出："历史不仅是知识中很有价值的一部分，而且还打开了通向许多其他部分的门径，并为许多科学领域提供了材料。"这段话只有认真学习过历史的人才能有深切体会。中国清代大儒章学诚在其《文史通义》开篇即曰："六经皆史也"，意思是所有的学问都是历史。

龚自珍十分肯定地说："出乎史，入乎道，欲知大道，必先为史。"② 这里的"大道"，指的就是历史发展的基本规律；要懂得历史发展的基本规律，必须从研究历史开始。

作为世界观和方法论的历史唯物主义，也是建立在对人类历史发展过程的深刻了解和把握基础之上的。离开了对历史（包括经济史）发展过程的了解和把握，就不可能真正理解历史唯物主义。正如恩格斯指出的那样：

在德国，达到正确理解（指对唯物史观的理解——摘者注）的最大障碍，就是出版物中对于经济史的不可原谅的忽视。不仅很难于抛掉那些在学校里已被灌输的关于历史发展的观念，而且更难于搜集为此所必要的材料。例如，老古·冯·居利希在自己的枯燥的材料汇集中的确收集了能够说明无数政治事实的大量材料，可是他的著作又有谁读过呢!③

① 马克思、恩格斯：《费尔巴哈》，《马克思恩格斯选集》第1卷，人民出版社，1972，第21页。
② 龚自珍：《龚定庵全集》卷五《尊史》条。
③ 恩格斯：《致符·博尔吉乌斯》（1894年12月5日），《马克思恩格斯选集》第4卷，人民出版社，1972，第507页。

这种当年在德国出现的令恩格斯痛心的现象，如今，至少在中国依然存在。由于急功近利和浮躁浮夸，不要说一般人，就是学界也表现出对历史的令人痛心的冷漠。对历史学的冷漠，实际上是对整个哲学社会科学和人文学科基础的冷漠。在这样近视、短见的学术氛围中，难以成大家、难以成大气候。大科学家爱因斯坦在 1952 年指出：

> 有的人只看看报纸，最多也不过再读一些当代作家的书，这种人，在我看来，正像一个极端近视而又不屑戴眼镜的人。他完全依从他那个时代的偏见和风尚，因为他从来看不见也听不到别的任何东西。一个人要是单凭自己来进行思考，而得不到别人的思想和经验的激发，那么即使在最好的情况下，他所想的也不会有什么价值，一定是单调无味的。
>
> 一个世纪里，具有清澈的思想风格和优美的鉴赏力的启蒙者，为数很少。他们遗留下来的著作，是人类一份最宝贵的财产。我们要感谢古代的少数作家，全靠他们，中世纪的人才能够从那种曾使生活黑暗了不只五百年的迷信和无知中逐渐摆脱出来。
>
> 没有什么还会有比克服现代派的势利俗气更要紧的了。①

要避免近视，要克服势利俗气，请沉下心来研习历史——全人类的历史，它会给我们纵深感和穿透力。

长期研习历史就可能养成一种历史思维，以发展的眼光，以过程中的一个链条的眼光看待事物，从而避免孤立地、静止地看待事物。美国新史学的奠基人之一鲁滨逊教授指出："人类这样东西，绝不是科学地分门别类的总和。水是由氢和氧组成的，但是水既不像氢，又不像氧。假使要把人类的素质用科学方法分成宗教的、美术的、经济的、政治的、知识的和好战的，那就太牵强了。对这些素质固然可以进行分类的研究，而且很有裨益，但是假使没有人去研究它们的整体，那么分类的研究，一定要产生极荒谬的结果。那些研究整体过程的人，就是历史学家。"② 历史学家对人类

---

① 爱因斯坦：《爱因斯坦文集》第 3 卷，商务印书馆，1979，第 303 页。

② 〔美〕鲁滨逊：《新史学》，商务印书馆，1964，第 49 页。鲁滨逊即鲁滨孙，不同译者采用了不同的音译，特说明。

的研究不仅是"整体"的，更重要的是"整体过程"，大概没有哪个学科能比历史学更重视过程了，因为没有过程就没有历史。正如历史学家卡尔所说，历史学"把历史当作一个不断前进的过程，历史学家则在这过程之中随之前进"。① 研究社会现象要有一种历史过程的思维方式。规律是在时间中展示的，有了历史过程的思维，看到的就不只是表面的、局部的东西，而是规律性的东西。把事物的发展看作一种过程，正是一种历史思维。历史意识养成历史思维，关于历史意识后面还要专门谈。

四　综观新闻、文学、历史的社会作用

我们分别叙述了新闻、文学、历史各自的社会作用。其实，不难看出，它们的这些社会作用，在有些地方相同或类似。比如，新闻、文学、历史都对人类认识自身有其作用。新闻报道的主要对象就是人，新闻对人类认识自身当然起着重要作用。众所周知，文学就是人学，读文学作品无疑会帮助人们更深入和全面地认识他人和自己。狄尔泰指出："人是什么，只有他的历史才会讲清楚。"② 学习和研究历史更是反省和认识人类自身的基本途径。

可以说，新闻、文学、历史都具有认识作用和教育作用，只不过有强有弱罢了。当然，它们的社会作用也有各自独特的他者不能替代的方面。

审美娱乐作用最能代表文学社会作用的特征；传递新闻信息、监视社会环境是新闻最主要和最具特征的社会作用；了解过去，用历史经验、教训鉴戒现实和未来，是史学最基本的也是它区别于新闻和文学的社会功能。当然，新闻能够提供当下的某些信息服务的功能也是文学和历史所不具备的。

新闻、文学、历史都对社会发生作用；然而以新闻发生作用最为直接、最为及时、最为具体。新闻是对社会生活最直接、最迅速的反映；它反作用于社会生活上也最迅速、最直接。对于这一点，人们，尤其是新闻工作者，是有体会的。1980 年，萧乾以一个老记者的身份，应邀向中国社会科学院研究生院新闻系学生作题为《我爱新闻工作》的学术报告。他在报告

---

① 〔英〕爱德华·霍列特·卡尔：《历史是什么》，商务印书馆，1981，第 146 页。
② 〔德〕威廉·狄尔泰：《梦》，见田汝康、金重远选编《现代西方史学流派文选》，上海人民出版社，1982，第 9 页。

中说：

> 我是个老记者，我确实很喜爱新闻工作……我想，倘若死后在阴曹地府要我填表申请下一辈子干什么的话，我还要填"记者"。新闻工作不但能使我们接触广阔的天地，它本身也是个广阔的天地……在所有的文字工作中间，它是最能直接地为人民服务的。①

"最能直接地为人民服务"，就说出了新闻在反作用于生活时最直接的特点。而在 1948 年，刘白羽在《时代的印象》一书的"序言"中说过："我不是一个优良的记者，我却愿永久追随别人之后学习下去，因为这样工作对现实作用更及时更有力些。虽然也还有人把这种写作排居文艺之外，但我坚决不这样想，我坚决认为与时代斗争同呼吸，是文艺最需要的特色。"② 过了 10 年，1959 年，他在《给人民作一个通信员》一文中又说："我的志愿，只不过想给广大读者作个通信员，从现实生活中，通过我的观察，写一些通讯，传递一些为读者所关怀的信息而已。但我一点也不轻视这工作，相反，我觉得做好这工作并不容易。因此，我经常以极大力量去从事它。因为它是生活所需要的，它是河流冲激出来的浪花，它是生活撞击出来的火花。"③ "对现实作用更及时更有力些"，说出了新闻作用于社会生活迅速有力的特点。"它是生活撞击出来的火花"，则说出了新闻是对生活的直接反映。

与新闻发挥社会作用的方式有所不同，文学和历史多以间接的、潜移默化的方式对社会发挥作用。当然，文学和历史作品有时也可能对社会直接发挥作用。比如，北宋词人柳永在杭州写的《望海潮》词：

> 东南形胜，三吴都会，钱塘自古繁华。烟柳画桥，风帘翠幕，参差十万人家。云树绕堤沙，怒涛卷霜雪，天堑无涯。市列珠玑，户盈罗绮竞豪奢。
>
> 重湖叠巘清嘉，有三秋桂子，十里荷花。羌管弄晴，菱歌泛夜，

---

① 中国社会科学院研究生院新闻系选编《新闻采访与写作》，人民日报出版社，1981，第 43 页。

② 刘白羽：《刘白羽研究专集》，解放军文艺出版社，1982，第 6 页。

③ 刘白羽：《给人民作一个通信员》，《人民文学》1959 年第 6 期。

嬉嬉钓叟莲娃。千骑拥高牙，乘醉听箫鼓，吟赏烟霞。异日图将好景，归去凤池夸。

这首词极写杭州盛景和繁华，相传金主完颜亮因此"起投鞭渡江之志"①。

又如，马可·波罗的《东方见闻录》是中西交流史的要籍，它的影响是巨大的。14世纪、15世纪欧洲的一些地理学家，主要是根据《东方见闻录》中所提供的地理知识，绘制出最早的《世界地图》。那种"世界地图"当然是很原始的，只是歪歪斜斜地大致标志出亚、欧、非三洲的方位。哥伦布早年曾细心阅读过马可·波罗的《东方见闻录》，并且在书页上批注了他自己的意见。1492年哥伦布那次著名的航行，原是带着西班牙国王致中国皇帝的国书，要来中国和印度的，只是无意中航行到美洲罢了。哥伦布到了后来所称的美洲，却以为是到了印度，所以他称当地的土著居民为"印第安人"，以后这个名称就以讹传讹地一直沿用了下来。而且一直到死，哥伦布都以为他所到过的古巴岛就是马可·波罗所说的日本。在这个意义上可以说，哥伦布是在马可·波罗的影响下"发现"美洲的。② 不过，也许需要指出，郭圣铭把马可·波罗的《东方见闻录》看作史学作品没有什么不妥。但《东方见闻录》在当时有某种类似新闻所发挥的作用，因为尽管西方人看到它时，马可·波罗所写的东方见闻已算不上什么新闻，然而，毕竟是首次看到这些内容，对他们来说依然具有某种新闻的价值。

五　新闻兴盛与"文学危机""史学危机"

当今之世是信息时代、全球化时代和媒体社会，在这样的时代和社会中人们普遍需要新闻，新闻也容易得到广泛传播，新闻和新闻业的兴盛和繁荣有目共睹。在这种兴盛和繁荣面相下新闻也存在不容忽视的隐忧。新闻业是中国社会改革最滞后的领域之一；这与中国政治体制改革滞后有直接关系。新闻报道中的报喜不报忧、受众知情权还未能全面实现、新闻舆论监督盯着基层避开高层等问题，都有待解决。

与新闻形成鲜明对比，出现了"文学危机"和"史学危机"。出现这种

---

① 罗大经：《鹤林玉露》。
② 参阅郭圣铭编著《西方史学史概要》，上海人民出版社，1983，第84页。

情势的根本原因是社会对它们的需要程度不同。

"文学危机"和"史学危机"的出现，也与它们的自身状况有关。

文学日益远离生活、远离读者是其产生危机的重要原因。其实文学危机并不是全面危机，如果把电视剧和电影也看作文学的一部分，只能说小说、戏剧、诗歌产生了某种危机，而电视剧总体上处于兴旺阶段、电影也不时闪现亮色。不同艺术品种之间交替出现兴旺和衰弱本属正常现象。如果文学艺术真的出现了总体危机，那将不仅是文学艺术本身的悲哀和不幸，更是时代的悲哀和不幸；但这种总体危机在当下并不完全是杞人忧天。

史学危机与当下人们的浮躁、急功近利有密切关系，但也与史学自身存在的问题有关。正如有学者指出的那样，所谓"史学危机"的一个重要原因是历史学叙事功能的退化而带来的对史学根本精神的背离。在笔者看来，如果史学能够回应现实生活中的某些重大问题，就可以在相当程度上摆脱这种危机。其实，在中国，人们对历史的热情并未消减，央视"百家讲坛"阎崇年、易中天、王立群等人的历史讲座获得普遍关注就是一个例证。"百家讲坛"历史讲座为历史普及做出了贡献，但其避开和远离现实而"讲故事"的倾向并不值得赞许。

第九节　新闻舆论监督与文学"干预生活"

实际上，这里谈的依然是新闻与文学的社会作用；只不过，我们把新闻舆论监督和文学"干预生活"提取出来，单独谈就是了。

一　新闻舆论监督

新闻直接作用于生活的一个重要表现就是新闻舆论监督。梁启超重视舆论的作用，他在《国风报叙例》中给舆论下了正确的定义："夫舆论者何？多数人意见之公表于外者也。"新闻报道则是形成社会舆论的一个最有效手段。

重大的政治、经济、司法新闻刺激舆论的效果更为明显，社会舆论几乎成为新闻报道的共生现象。新闻媒介生发舆论，舆论蕴含在新闻活动之中，是不容忽视的新闻媒体的特征。

　　新闻在哪里传播，哪里就产生舆论并向四方扩散，新闻事实被媒体报道出来，就在它出现的社会空间引起议论，新闻与舆论的回应是新闻媒体作用于社会的显著特点。①

　　而对于政治权力的监督则是新闻舆论监督最重要、最引人注目的部分。监督相当于一个运动系统的制动部分。试想，一辆没有制动系统（闸）的汽车，敢开快吗？有了监督这个制动系统，整个社会才能正常和高速运转。这就是监督的重要性。而新闻舆论监督就是现代社会监督系统的一个重要和不可缺少的部分。有限的监督伴随较多的腐败，无限的监督能把腐败减少到最低点，同时也会使新闻监督越来越少。

　　政府的错误是让新闻记者去纠正，还是等下几届政府去纠正，甚至等历史学家去纠正？显然，允许新闻记者去纠正，社会成本最低。几乎所有新闻管制严的国度都是由下几届政府去纠正，甚至等历史学家去纠正。

　　能否容忍新闻舆论监督以及容忍的程度有多大，是检验一个政党、政府或政治家是否民主的试金石，也是检验一个社会民主程度如何的标尺。当今中国，所谓新闻舆论监督，首先是一个落实公众知情权的问题。知情权是公众民主权利的重要内容之一。有些情况不让新闻媒体披露，就等于剥夺了公众的知情权，新闻舆论监督也就谈不上了。完全监督来自于对被监督者完全信息的掌握，在不完全信息情况下，根本谈不上完全监督，这就是落实知情权的重要性。中国非典型性肺炎疫情通过新闻媒体等及时、准确公布，是一个良好的开端。

（一）　新闻舆论监督与新闻媒体的独立性

　　新闻媒体有新闻舆论监督权。但新闻舆论监督权要求新闻媒体具有相对独立性，因为真正意义上的监督不可能对被监督者有经济依赖或在政治上受其约束；而新闻媒体政治上的附属地位和经济上的依赖性与这种独立性构成矛盾。从哲学上讲，真正的监督是他者的存在；主体对自身的观照总是带有局限性。但现在许多国家的实际情况是，被新闻舆论监督的对象，自己恰恰掌管着新闻机构。这实际上等于被监督者监督被监督者，即自己监督自己。这种监督的最大限度就是被监督者容忍的限度。

　　也许通过立法使新闻媒体具有某种独立性，更有利于它发挥舆论监督

---

① 刘建明：《媒介批评通论》，中国人民大学出版社，2001，第163页。

的功能。事实上"新闻自由"以法律的形式被确定下来，就意味着新闻媒体有更大的自由，因而新闻媒体的独立性因素也就多了一些。西方一些发达国家的新闻媒介逐渐纳入法制轨道的基本特征是："新闻媒介依法从事独立自主的新闻活动，不再直接受控于行政权力，而是依法对国家和全社会负责。这就使这些国家的大众传媒形成了一个相对独立的社会势力集团。从政府的角度来看，法律使大众传媒逐渐学会了自律和对一些政府所不希望听闻的消息的报道进行规避；从传媒本身来看，在法律保障下，减少了胡乱干预，在一定程度上获得了自由发展的空间，达到了自身大发展的目的。"① 法院在裁决政府和媒体之间的矛盾时，也会出现媒体胜诉的情况。如在"五角大楼文件泄密"一案中，透露了美国在越战中秘密文件的《纽约时报》在与政府的官司中胜诉，被批准继续刊登这份被政府认为是绝密的文件。

西方发达国家政治、经济体制的特点以及新闻体制的特点，使新闻媒体获得了某种相对独立性。从经济方面看，由某家企业控制的新闻媒体可能受到该企业主的控制，但多元化的新闻体制使新闻媒体不可能被某一企业单独控制。从政治方面看，在多党制和立法、司法、行政三权独立的政治格局下，由于不同政党之间政治斗争的需要，代表不同政党和群体利益的新闻媒体会对别的，尤其是对立的党派进行监督，揭露一些政界丑闻，甚至直接监督总统。"水门事件"的报道导致尼克松总统的下台；克林顿与莱温斯基的性丑闻在新闻媒体上的曝光，使克林顿总统在政治上处于被动，都是明显的例子。需要说明，在美国有国家资助的媒体，也许有人会说：国家资助的媒体都服务于政府利益。2001 年下半年，美国著名政治分析家梅克福尔应俄罗斯"正义力量联盟"领导人涅姆佐夫邀请，参加了在俄举行的"美俄新闻自由比较"研讨会，他认为，美国国家资助的媒体并不直接为政府服务，而是为广义的国家服务。这类媒体的董事会由独立人士和两党人士组成，政府官员不得加入，这样的管理结构保证了媒体可与政府保持一定距离，与政府的干预保持一定距离。② 也许这种说法有为美国国家制度和新闻体制辩护的嫌疑，但也叙述了某些事实。经济利益和政治权力是使新闻媒体丧失独立性的两个最重要因素。由于能够相对摆脱这两种因

---

① 刘华蓉：《大众传媒与政治》，北京大学出版社，2001，第 8 页。
② 刘华蓉：《大众传媒与政治》，北京大学出版社，2001，第 158～159 页。

素的制约，所以，西方发达国家新闻媒体对政治权力的监督和制约效果比较明显。

（二）新闻舆论监督不是万能的

我们说新闻舆论监督比之于文学的"干预生活"要直接得多，但新闻舆论监督对社会生活最终发生作用，还得通过如下一些主要途径：一是通过法律程序解决；二是通过行政手段解决；三是由于新闻舆论的作用使当事人思想观念发生了转变，或迫于舆论的压力，从而促成了事情的解决。因此，新闻舆论对社会生活的干预，包括对政治权力的监督，也并不是不需要任何中间环节的。

新闻舆论监督并不是万能的。因为一个社会的监督机制包括行政监督、法律监督和舆论监督；新闻舆论监督仅是这种监督机制中的一种。"如果一个国家或政党内部本身缺乏民主监督机制，不能有效地监督政府或政党的行为，指望新闻监督独家发挥作用实际上是不大可能的，因为新闻监督需要民主体制做保障，在一个专制的社会，新闻媒介缺乏自身的相对独立性和自由，要进行新闻监督只能是一句空话。"①

也需要指出，新闻媒体的主要职能是传播新闻信息。我们不能要求所有的新闻媒体都把新闻舆论监督作为自己的主要或唯一的任务。

二 文学"干预生活"

文学对社会生活的反映相对于新闻来说，表现出间接或曲折的一面。文学对社会生活的反作用，往往也是间接的和无形的。所谓"寓教于乐"就点出了文学作用于人们的特点。因此幻想文学能迅速、直接解决具体的社会问题是不现实的。孙犁说：

> 不能以为文艺可以直接解决政治、经济问题。我写的谈赵树理同志的文章，就涉及这一点……现在一篇作品出来，就认为解决了政治上的问题、经济上的问题、工厂里的管理问题，这只能造成文艺上的混乱。现在常提文艺干预生活，对于报告文学也许可以这样说，但不能强调得太过分。文艺不能直接干预生活，而是先要反映生活。②

---

① 刘华蓉：《大众传媒与政治》，北京大学出版社，2001，第152～153页。
② 王愚：《语重心长话创作（访孙犁同志）》，《延河》1980年第3期。

　　这里，孙犁正确地指出了文艺不能直接干预生活，而是先要反映生活。

　　我们理解文艺不能直接"干预生活"时，也不能认为文艺不应"干预生活"。文艺若放弃对现实生活的思索和质询，放弃提升和改进社会的重任，那不是文学家、艺术家的堕落，也是文学家、艺术家的无所作为。关键的问题是正确处理文学艺术"干预生活"的方式。文学艺术只能以文学艺术的方式来"干预生活"，当文学艺术总是力图解决某些具体的社会问题时，就需要认真反省了。

第二章

新闻、文学、历史与政治

新闻、文学、历史与政治的关系，实际上是它们与社会生活关系的一部分。由于它们与政治的关系在社会生活中处于一种特殊的、非常重要的位置，所以我们专门设一章来谈它们与政治的关系。总起来说，政治与新闻、文学、历史的关系中，政治处于主导地位，而不是相反。

第一节　新闻与政治的关系极为密切

一　新闻与政治的关系极为密切

在探讨这个问题时，首先引用中国学者在研究新闻传媒与政治关系这一重要课题方面的新专著《大众传媒与政治》前言中的一段话：

> 在现代政治活动中，控制与利用大众传媒已经成为最常见的政治行为之一，一旦缺失了这种行为或者在这种行为的处理上失当，甚至可能导致政治活动和政治行为在实现既定方针中彻底失败。与此同时，政治及其相关领域也成为大众传媒经常性进行报道的重要对象，它们通过这些报道吸引读者、扩大事件的影响力，并影响了政治行为和政治活动，影响政治已经成为大众传媒社会影响的一个重要方面。[①]

---

① 刘华蓉：《大众传媒与政治·前言》，北京大学出版社，2001，第1~2页。

这段话很好地讲了新闻传播与政治极为密切的关系。由于该著是新闻与政治关系研究方面的新成果，我们在探讨这个问题时，将较多地引用其中的观点。在称道该书时，我也想顺便指出一个问题：该书在引文方面有重复之嫌。比如，在第 18 页引用了美国政治家科恩的话语：报纸或许不能直接告诉读者怎样去想（what to think），却可以告诉读者想些什么（what to think about）。同样的内容后来又出现在第 90 页。而在第 90 页才加上了出处"转引自李彬：《传播学引论》，新华出版社，1993 年版，第 142 页。"再比如，在第 7 页引用了邓小平的这段话："说得太美满，看得太简单，这一点反映到了我们的宣传工作上，就是把我们的国家描绘得如何漂亮，好像现在什么困难也没有了，剩下的就是享清福……"而第 36 页再次引用了这段话。

新闻、文学、历史三者同属于社会的上层建筑中的意识形态。在这三者当中，新闻离政治最近，与政治关系最密切，也是政治家最关心的一个部门。这里所说的政治，是指社会的政治制度和政治机构，而不是指属于意识形态的政治学。政治学为我们所说的政治给出的概念是：人们在特定经济基础之上，通过夺取或运用政府权力，实现和维护特定阶级和社会利益要求，处理和协调各种社会利益关系的活动。

美国新闻学者梅里尔指出："每一国家的新闻制度及其理论，是和那个国家基本的政治、社会制度以及意识形态相一致的。"[1] 中国学者指出："媒介与政党同质化是世界的普遍现象，即新闻媒介的政治倾向和某一政党立场的基本一致，并不是罕见的现象。"[2] 而许多新闻活动家也与政界保持着密切的联系。美国著名报刊专栏作家李普曼一生与政界交往密切，他撰写的政论对许多国家重大事务产生影响，同时，美国政府包括总统个人也通过他间接地宣传政治主张。"大众传媒从出现的第一天起，就介入到了政治和政治活动中，它是一种工具、手段、途径，有时甚至就是政治本身——媒介间的斗争演变成为政治斗争，媒介成为展示政治主张和政治实力的重要舞台。"[3]

在中国，许多政治家经常讲，夺取和巩固政权靠"两杆子"，即枪杆子

① 〔美〕梅里尔：《世界新闻大观》，河南人民出版社，1988，第 7 页。
② 刘建明：《媒介批评通论》，中国人民大学出版社，2001，第 212 页。
③ 刘华蓉：《大众传媒与政治》，北京大学出版社，2001，第 15 页。

和笔杆子。只有武（枪杆子）和文（笔杆子）都过硬，才能夺取政权并巩固政权。这是很有道理的，并且已被事实证明是正确的。这里的笔杆子，自然包括新闻、文学、历史在内，但就其重要性而言，新闻宣传为其首。因为为政治服务，新闻宣传最直接、最有力。就目前的中国而言，国家机构中，"新闻出版署""广播电视总局"等属于国家的行政机构；而文学所属的"作家协会"的政治色彩就弱多了；除了从中央到地方的"党史办"带有某种政治机构色彩外，一般的历史博物馆、史学机构，多以专业性、学术性而存在。

由于新闻与政治的密切关系，过去有人曾把新闻学归属于政治学的一个分支。"本来，新闻学在广义上属于政治学的一个领域。"[①] 也由于国内外政治活动在新闻报道中占有极其重要的地位，有些新闻研究者甚至把新闻记者的极为重要的职业素质——新闻敏感，几乎看成政治敏感的一种表现。"从某种意义上说，新闻敏感就是政治敏感在新闻问题上的反应。一个记者的政治思想水平越高，他的新闻敏感性就越强，这是为许多记者的经验所证明了的。"[②] 这种说法，对于从事政治性新闻报道的记者尤其适用。

政治对新闻传播的极度关注，使新闻在社会中具有极其重要的地位和作用，然而，也正因为政治对新闻传播的极度关注，也使新闻传播受到了种种限制，而且还使新闻理论研究有某些禁区。新闻理论研究落后于许多学科理论的发展，其症结就在于此。

二 政治对新闻传媒起决定作用

在大众传媒与政治之间，政治对大众传媒的影响是决定性的、占据主导地位的。这主要表现在：首先，政治对大众传媒的政治性或阶级属性具有决定性影响，国家政治制度和统治者的立场决定了一个国家占据主流地位的大众传媒的根本立场。其次，政治发展水平对大众传媒的发展具有决定性影响。良好的政治秩序带来的社会稳定、经济繁荣和民众消费能力、受教育程度与生活水平的提高会带来大众传媒的更加繁荣。再次，政府机构是大众传媒重要的消息来源，政治活动是大众传媒报道的重要内容。

由于政治对新闻传媒起决定作用，新闻传媒就会在最根本的政治立场

---

① 见〔日〕和田洋一《新闻学概论》，中国新闻出版社，1985，第226页。
② 蓝鸿文：《新闻采访学》，中国人民大学出版社，1984，第200页。

上与占据统治地位的阶级或政党保持一致。

　　大众传媒在最根本的政治立场上与占据统治地位的阶级和政党在思想上保持一致，可能在人们认识真理的过程中带来蒙蔽作用。在资本主义国家主要表现为对经济基础和上层建筑之间根深蒂固的矛盾和生产力与生产关系之间的深刻矛盾视而不见和对资本主义制度面临的深层的无法克服的困境不肯正视。在社会主义国家的新闻媒介上主要表现为"报喜不报忧"，容易导致新的盲目乐观情绪……①

　　同时，出于政治需要，新闻真相可能会被政府封锁。在1999年3月开始的北约对南斯拉夫联盟轰炸中，新闻真相同样被有关国家的政府部门封锁，这些政府只发布对自己有利的消息，新闻媒介也成为政府的应声虫，普通民众已经不可能从公开媒介上知晓前线的情况。1999年4月17日，华盛顿市进行抗议的示威人群在全美新闻俱乐部大楼门前高呼"美国广播公司可耻"，呼吁"告诉我们真相"，要求"停止撒谎"。而在北约轰炸南斯拉夫联盟期间，更是把南联盟的广播电台和电视台当成导弹轰炸的重要对象，因为它们在战争中"鼓励南联盟人民进行抵抗"。

　　当政治权力被野心家、战争狂所控制时，新闻传媒就会成为阴谋政治和侵略战争的工具。1939年，英国大型邮船"雅典娜号"被德国潜艇击沉，1400名乘客遇难。当时德国的宣传部长戈培尔就指令《人民观察家报》发表新闻说，该船是因为英国海军大臣在船上放置定时炸弹而沉没的。贡布里希分析指出：纳粹宣传的核心就是，规定好每一条新闻和每一个事件的报道在预先设想好的历史发展格局中的恰当地位。对大后方的报道，只要有可能，就必须把这条消息变成表现德国力量和英雄主义的象征；而对敌营的任何报道都必须表现敌人的腐败和本质的虚弱。② 1942年春，希特勒在一次谈话中建议，国内电台一律称罗斯福为歹徒，称丘吉尔为醉汉。在获得政权和骗取大众支持上利用大众传媒，希特勒被公认做得"最成功"的人之一。上述情况如果出现，带给人类社会的将是巨大的灾难。

---

① 刘华蓉：《大众传媒与政治·前言》，北京大学出版社，2001，第7页。

② 〔英〕E. H. 贡布里希：《理想与偶像》，上海人民美术出版社1996年版，第160~164页。

三　新闻传播对政治的影响

新闻传媒对政治发展的影响虽然通常不是决定性的，但其巨大的不容忽视的影响有目共睹。第一，新闻传媒在传递和沟通信息上的独特功能，成为政治活动的重要手段和工具，它延伸和扩大了政治活动的影响范围。第二，现代新闻传媒对社会的政治发展起到一定程度的制约和监督作用。这是由于大众传媒在一定程度上能够反映公众舆论，具有一定的公众立场，它在整体上可以和阶级、党派等保持一定的距离，可以对政治权力的行使和社会公众权利的享有情况等进行监督。第三，现代大众媒体尤其是新媒体成为公众参与政治的重要而简捷的平台。第四，在有些情况下，大众传媒可能在一定的政治发展阶段发挥关键性的作用，它可以通过自己的影响力成为新的政治活动和政治力量出现的导火索和鼓动者。

新闻传播在特定的范围内还能改变政治力量的对比，影响政治决策，因而也在一定程度上改变历史的进程。

越南战争期间，美国战地记者对战场上的实际情况进行了大量的揭露和报道，使军方掩饰战场上的失利和战争残酷的企图失败，并激发了美国人民的反战情绪，影响了政府关于越战的决策。1971 年 6 月，"越南档案"（《关于越南问题的美国决策过程史》）被《纽约时报》登出，更激发了国内的反战思潮。西方有的研究者认为，如果没有媒体的干预，越战将会更长久。美国军方的一些人士则认为：越战的失败归因于媒体太自由，在于没有对媒体进行严格控制。[1]

除了以上提到的，新闻媒介还对政治活动的方式和进程产生影响。尤其是电视和因特网对政治活动的影响更加显著。我们先来看电视对政治活动的影响：

正如同电视转播已经影响到许多体育运动项目，使之不得不更改竞赛规则一样（排球是其中的典型，主要为适应电视转播和维持观众收视率的需要，它不得不改变了原来的竞赛规则，缩短比赛时间），为

[1]　刘华蓉：《大众传媒与政治》，北京大学出版社，2001，第 27 页。

适应媒体的变化，政治也在改变自己的行为规则，甚至连那些传统的政治家和政治势力也不得不更改或调整自己曾经习惯的传统行为方式，以适应电视和其他媒体传播效果的要求，并维持自己的媒介形象；随着大众传媒的发展，政治民主、政治行为的公开性、政治体系吸纳民众意见的能力都随之出现了新的变化，在提高政治过程的透明度、提高政治参与度方面，大众传媒发挥了巨大的作用。①

在西方，竞选是政治生活的重要内容。如今，竞选也由于电视传播的需要而改变了原有的某些模式。

政治迎合电视的最典型例子是政党提名代表大会。在20世纪60～70年代，电视网总是完整地报道政党代表大会情况，冗长的发言、乏味的争论，激不起观众的丝毫兴趣。如今电视不再对代表大会作从头到尾的报道。各政党则与此相适应，像制作电视节目一样来报道其代表大会，播放的是由专业人员制作的有关候选人的纪录短片和个别选民及党的领袖简短有力的演说，代表大会在令人振奋的候选人提名中达到高潮，其实提名是早在几个月前初选阶段就已决定了的。②

"在大众传媒中，电视的出现彻底改变了传统政治，美国总统竞选运动编年史专家西奥多·怀特说：电视是政治进程，电视是政治的比赛场地。今天，行动是在演播室里，而不是在密室里。"③ 对于这种变化，不少人表示担忧。

对于政治变成"为电视而制作"的政治被巧妙地包装起来，不少有识之士表示担心。他们认为，当政治受到电视的主导之后，政治运作难免趋于迎合商业娱乐体系的需求，如此可能无形中带来政治心理沉沦比金钱侵蚀的影响要深远得多。

这种担心还未来得及认真探讨，新的情况又出现了。新的传播媒体因特网出现不久，就成为竞选的重要工具并对政治竞选活动产生了明显影响，

---

① 刘华蓉：《大众传媒与政治·前言》，北京大学出版社，2001，第1页。
② 常欣欣：《美国大选中的媒体之战》，《光明日报》2000年10月27日。
③ 〔美〕戴维·皮茨：《从炉边谈话到荧屏表演》，《参考消息》2000年7月28日，第3版。

利用因特网进行的竞选活动与传统媒体的最大不同在于：电视虽能使选民对候选人有直观鲜活的印象，但这种交流是单向的。在竞选中，许多选民希望能有机会与候选人直接接触，进行面对面的交流，而在全国大范围的选举中，这样的机会是极少的。因特网则提供了一种全新的竞选方式，网上有关竞选信息收集、发送均以双向交流的方式进行，而且其速度无比快捷。这一方面使候选人能更有针对性地制定和及时调整竞选方针；另一方面，选民无论是在起居室、办公室或旅途中，都能方便、快捷、及时地与他们的候选人进行交流。可以预见，就像当年电视的普及改变了人们的交流方式一样，因特网将会超过电视而崛起成为当今政治交流的主要方式，成为竞选最重要的工具。①

需要指出新闻传播不仅影响政治、影响思想文化，它也影响社会经济的发展。

四 马克思、恩格斯、列宁、毛泽东都非常重视并直接参与新闻宣传工作

马克思、恩格斯、列宁、毛泽东等著名社会革命活动家无一例外地与新闻媒体有着密切关系，他们还亲自创办刊物，为他们的革命活动服务。

马克思、恩格斯不仅是人类历史上伟大的思想家、理论家，而且还是新闻活动家和新闻理论家。他们有着长达半个多世纪的新闻活动经历，创办、主编了 4 种报刊，协助创办、参与编辑 5 种报刊。举其要者，1848 年 6 月 1 日，马克思和恩格斯在德国科隆创刊《新莱茵报》（全名《新莱茵报·民主派机关报》），重要文章和社论由马克思和恩格斯亲自撰写。1850 年马克思和恩格斯创办《新莱茵报·政治经济评论》杂志，杂志上的文章绝大部分是他们自己写的。国际工人协会成立后，马克思参加了协会机关报《工人辩护士报》和《共和国》周报的领导工作。他们先后为 60 多家报刊撰稿。他们撰写的 1700 多篇文章和其他著述，几乎有 80% 以上是首次发表在报刊上的，报刊文章和有关报刊工作的信件达 2000 万字以上。

列宁于 1900 年 12 月与劳动解放社共同创办第一份社会民主党的全俄政治报纸《火星报》。1905 年 1 月，列宁创办了第一家布尔什维克报纸《前进

---

① 常欣欣：《美国大选中的媒体之战》，《光明日报》2000 年 10 月 27 日。

报》，并在报上发表 40 多篇论文。1905 年 11 月列宁又直接领导了第一家公开的布尔什维克日报《新生活报》。1906 年他还接连创办和领导了 3 家布尔什维克的公开报纸。1908～1912 年，列宁参与《社会民主党人报》《明星报》的创办和领导工作。1912 年列宁领导了群众性工人日报《真理报》的创办工作。

毛泽东 1919 年参加了蔡元培创立的北京大学新闻学研究会，是中国第一个新闻学会最早的会员之一。同年 4 月，他回到湖南先后主编《湘江评论》《新湖南》周刊、《新民学会会员通讯集》。1923 年 4 月，与李达创办湖南自修大学机关刊《新时代》月刊。1925 年 12 月创办《政治周报》。毛泽东不仅是新闻活动家，而且在新闻理论和新闻写作上都有不凡建树。比如，在新闻作品写作方面，1948 年写的消息《中原我军占领南阳》、1949 年写的消息《我三十万大军胜利南渡长江》都是中国现代新闻史中的名篇。

五　各国政府都十分重视新闻宣传工作

古今中外的统治者，为了维护自己的统治，无不重视新闻宣传。对于政治家和政权机构来说，新闻宣传不过是自己政治行为的一部分。

在西方，自 17 世纪开始，一些政府就以给报纸津贴和收买记者等手段，来达到控制舆论的目的。获得津贴的报纸，不仅每年从政府那里拿到大量直接津贴，还有得到各种内幕消息及免费邮寄的便利。直到 19 世纪，广告成为报纸的主要收入之后，这种津贴才慢慢失去它的影响力。

政府不仅通过行政、法律等方式控制新闻的发布，而且还通过新闻发布会等方式向新闻机构提供大量的官方信息。官方信息对于新闻机构和新闻记者来说，是最省事又安全保险的信息来源。即使出现虚假等问题，责任在信息提供者，新闻机构或记者可以找到理由推脱掉责任。

美国白宫和国务院每天一次，在规定的时间会见记者团，其他部、议会，均有定例会见记者。1970 年在联邦政府和议会中从事广播宣传活动的职员达到 4000 人，与华盛顿记者人数成 2∶1 之比。[①] 这样，报纸上的消息，便大多来自官方发表的材料。美国学者赖恩·希格尔对《纽约时报》与《华盛顿邮报》第一版新闻的出处作了分析统计，发现 49.9% 的消息来自政

---

① 参见〔日〕藤田博司《美国新闻事业》，岩波书店，1991，第 127 页。

府、议会，加上外国政府、国际机构、地方自治体提供的情况，"官制"新闻占全部新闻的 78.3%。同时，希格尔还对记者的采访方式进行了分析。结论是：依靠新闻发布获得的材料占 58.2%，非正式发布的材料占 15.7%，独自进行采访的只占 25.8%；仅就华盛顿新闻而论，例行发布的材料占 72.3%，非正式发布的材料占 20.1%，二者相加，达到 92.4%，独自采访的只占 7.6%。这个调查自 1949 年至 1969 年每隔 5 年进行一次。但有学者认为，现在政府和民间的这种宣传体制与 20 年前相比不是减弱了，而是更加强化了。①

日本的情况也不例外。政府和民间向新闻记者发布的"新闻"，占报纸早晚刊新闻总量的 80% 至 90%。② 日本从中央到地方，从政府到社会团体，设有众多的记者俱乐部，记者只要往俱乐部一坐，有关部门就会把材料送上来，政府部门的负责人也经常会见记者，记者搜集材料相当容易，24 小时不用担心漏报。

六　耳目、喉舌论与阶级斗争工具论

1849 年 2 月 7 日，马克思在法庭上驳斥对《新莱茵报》的控告时指出："报刊按其使命来说，是社会的捍卫者，是针对当权者的孜孜不倦的揭露者，是无处不在的耳目，是热情维护自己自由的人民精神的千呼万应的喉舌。"1849 年 12 月 15 日，马克思、恩格斯在《〈新莱茵报·政治经济评论〉出版启事》中谈到《新莱茵报》时说："报纸最大的好处，就是它每日都能干预运动，能够成为运动的喉舌，能够反映出当前的整个局势，能够使人民和人民的日刊发生不断的、生动活泼的联系。"1989 年 11 月 28 日，江泽民在《关于党的新闻工作的几个问题》的讲话中说："我们国家的报纸、广播、电视等是党、政府和人民的喉舌。这既说明了新闻工作的性质，又说明了它在党和国家工作中极其重要的地位和作用。"

在中国，梁启超首先提出报刊的耳目喉舌作用。他将报刊喻之为国君和臣民的耳目和喉舌，报刊的作用正是"去塞求通"。他说，"觇国之强弱，则于其通塞而已……去塞求通，厥道非一，而报馆其导端也。无耳目、无喉舌，是曰废疾。今夫万国并立，犹比邻也。齐州以内，犹同室也。比邻

---

① 参见〔日〕藤田博司《美国新闻事业》，岩波书店，1991，第 123 页。
② 〔日〕川嶋保良等：《大众传播视点》，地人书馆，1990，第 83 页。

之事而吾不知，甚乃同室所为不相闻问，则有耳目而无耳目；上有所措置不能喻之民，下有所苦患不能告之君，则有喉舌而无喉舌；其有助耳目喉舌之用而起天下之废疾者，则报馆之谓也。"①

1957年6月14日，毛泽东在为《人民日报》编辑部写的文章中指出："在世界上存在着阶级区分的时期，报纸又总是阶级斗争的工具。"进入新时期后，对这一提法多数人取得共识，在肯定"报纸（新闻事业）是阶级斗争的舆论工具"的同时，还认为"片面强调报纸（新闻事业）是阶级斗争的工具，会危害新闻理论研究和新闻实践"；"在社会主义建设时期，新闻事业的社会主义建设工具的作用居主要地位，作为阶级斗争舆论工具的作用退居次要地位。"②

进入新时期后，中国文学界首先从理论上改变了过去"文学为政治服务"的提法，主流意识形态的提法是"文学为社会主义服务，为人民服务"。新闻尽管在"文革"中也遭受了浩劫，成为重灾区，但进入新时期后，虽然人们对新闻媒体传播信息的属性有了比较一致的看法，然而理论界的主流对新闻与政治的关系认识的基本框架没有变。在文学圈里，有人尽力淡化文学与政治的关系；而在新闻界这种情况很少出现。耳目、喉舌、工具的说法依然占主导地位。

史学也对"工具论"做出反思，但这种反思不如文学界来得彻底。我们引述新时期开始不久出版的一部史学著作中的一段话来看看：

> 我们学习历史，不是为历史而历史，而是要做到"古为今用，洋为中用"，归根到底是要解决当前的问题。与资产阶级学者所标榜的"客观主义"相反，马克思列宁主义的史学工作者强调历史科学的党性原则，主张历史科学必须为无产阶级政治的服务。这种党性是与科学性一致的，而且正是科学性的表现。③

"历史科学必须为无产阶级政治服务"，这种主张与新时期之前的提法没有多少区别。

---

① 梁启超：《论报馆有益于国事》，《中国新闻事业史文选》，中国人民大学出版社，1999，第18页。

② 冯健主编《中国新闻实用大辞典》，新华出版社，1996，第20页。

③ 郭圣铭编著《西方史学史概要·绪论》，上海人民出版社，1983，第9页。

第二节　新闻传播与政治民主

新闻传播本质上与专治对立，与愚昧对立，与封闭系统对立。美国第3届总统杰弗逊说，"宁可没有政府，不能没有报纸。""何处的新闻事业享有自由，何处的人民皆可读报，何处是安全土。"这位美国总统还指出，民主制度不能离开自由的新闻事业而存在。[①] 杰弗逊极言新闻对社会之重要。我们不去细究他说的有否谬误。这里只指出里面一个闪光的思想：新闻事业对于政治民主的巨大推进作用。确实，专制制度是与新闻的不发达或不自由为前提而存在的。

新闻传播已经成为现代观念包括政治民主观念形成的重要来源。大众传媒能够最迅速、最广泛、最敏锐地发现和报道新近发生在世界上的一切重要事态，通过提供大量信息，使人们迅速了解社会环境变化，并作出必要、适当的反应。在现代社会中人们对信息依赖日益增加，大众传媒已经成为影响人们思想观念的重要因素。大众媒体上观念的公开表达本身也会对受众造成一种无形的精神压力，人们在表达观念时，通常会考虑它和大众传播媒介表述的观念是否一致。新闻媒体还能营造产生现代观念（包括政治民主观念）的土壤和环境。当人们一再从新闻中看到世界上一些国家总统竞选、全民公决等事实时，就会思考自己所在国家的政治民主程度。

新闻信息高频率、高覆盖的全面、有效传播，也是经济全球化的有效推进器。经济的发展会带来新闻传播媒介的普及，而新闻传播媒介的普及又反过来促进经济的发展。融入经济全球化几乎是当今不发达国家实现经济现代化的最佳选择，甚至是唯一选择。当某一国家在融入经济全球化过程中时，其思想、文化观念也不可避免地受到发达国家意识形态的影响。

本来在各民族和不同国家之间思想、文化的影响是相互的，但由于经济、科学技术发展不平衡等因素，就使新闻传播和思想、文化观念的传播以及相互影响方面呈现出不对等，即发达国家处于优势地位。这种不对等对不发达国家来说是极其痛苦的。这种不对等传播和影响，对不发达国家有利有弊。警惕发达国家的文化殖民地政策无疑是必要的，但新闻信息的

---

① 见王洪钧编著《新闻采访学》，台北正中书局，1955，第 1 页和"自序"。

高频率、高覆盖的全面、有效传播可以大大促进不发达国家加快历史前进的步伐，加快现代化的步伐。

有人担心，新闻信息的这种高频率、高覆盖的全面、有效传播会使世界越来越趋同。我们知道，现代化是世界发展不可阻挡的历史潮流，所谓现代化在本意上就含有趋同的内容。实际上，现代化是以已经进入现代化的发达国家为参照物的，不发达国家实现现代化必然在经济、技术、政治、思想观念等方面借鉴这些发达国家的经验，离开了这些借鉴，不能凭空去实现什么现代化。这种借鉴本身，就有趋同的成分。在这个意义上说，没有一定程度的趋同就没有全球的现代化。经济全球化，信息经济的高度发展，新闻传播的高度发达，必然使世界在许多方面"趋同"。多样化和趋同化是一对矛盾。历史学家雅斯贝尔斯指出：

> 历史的统一将永远不以完成人类的联合而达到顶点。历史位于起源和目标之间，统一的思想在历史中活动着。人类沿着伟大的历史大道前进，但永不因意识到历史的最终目标而终止历史。更确切地说，人类的统一是历史的目的地，即获得圆满的统一将是历史的终结。在统一及统一的思想和观念指引下，历史保持运动。[①]

雅斯贝尔斯的统一目标是一个最具形而上的观念，尽管它应当是历史的终极目的，但实际上这是可望不可及的。在雅斯贝尔斯看来，"统一不是事实，而是目标。"[②] 完全的同一是不可能的，我们没有必要过于担心多样性的消失。适当的同一，对人类的发展是有好处的。试想，过多语种的存在给人类交往带来多大的障碍，人类花在学"外语"上的时间，耗去了人类多少宝贵的精力。

我们不能以保持"多样化"为借口，拒绝向现代化迈进。比如，就文学而言，大作家歌德早就预言过"普遍的世界文学"的到来。他说："我确信将会形成一种普遍的世界文学，我们德国人在其中将有一个荣誉地位。所有的民族都在环顾四周寻找我们，他们称赞，他们谴责，他们拿起来又抛掉，模仿和歪曲，理解或者误解我们，敞开或者封闭他们的心胸；对于

---

① 〔德〕卡尔·雅斯贝尔斯：《历史的起源与目标》，华夏出版社，1989，第304页。
② 〔德〕卡尔·雅斯贝尔斯：《历史的起源与目标》，华夏出版社，1989，第294页。

这一切我们必须处之泰然，因为对我们来说，整体具有巨大的价值。"① 用这样的胸怀，这样的视野，来看待民族性和全球化，似乎更可取。

在中国，有人强调"中国特色"，而拒绝接受某些先进的东西。笔者愿意引用一段话来开阔我们的思路：

> 我们要学学日本人的那种"不破而立"的"招数"。他们的高度传统化与高度现代化同时并存的能力应该给我们以一定的启示。因为这种平衡能力在其他国家和民族中实为鲜见，我们中国在相当一段时期内始终未能使这对矛盾得到圆满的解决，往往是强调了民族化就有可能否定了现代化，追求了现代化却又丢掉了优秀的传统而丧失了本民族的特色。②

提供政治参与途径和渠道，是新闻传播在政治民主进程中发挥作用的重要方式。新闻传媒既是人民行使民主权利的有效工具，同时也是体现公民民主权利的重要阵地。"近代大众传媒的出现为政治提供了新的发展机会，并改变了整个传统政治的面貌。它为公民政治权利的扩大和拥有提供了新的前提，为公民更加广泛地参与国家大事创造了新机会，它的生存状态体现和反映了公民政治权利的享有状况，推动着民主政治的发展。公民是否有通过传媒发表意见的自由、是否有通过传媒了解信息的自由，是一个国家的公民是否享有和在多大程度上享有政治自由和权利的重要衡量指标，大众传媒是否能够发挥对政治的监督作用更是衡量一个国家政治民主化的重要尺度。" 新闻传播在相当程度上满足了公众的知晓权和话语权。"知晓权和话语权为公民其他政治权利的实现奠定了基础，随着政治发展和政治民主化进程的加快，政治决策和每个社会成员的生活有或多或少的关系，程度不同地影响着每个社会成员的生活，大众传媒的发展为更多人提供了了解、参与政治活动的机会，为社会成员参与权的更广泛实现提供了条件，只有在广大公民能够充分了解政府的行为，而且能够对此发表各种肯定或批评性的意见，表达自己的支持或反对时，他才能够真正享有参与

---

① 〔德〕汉斯 - 尤尔根·格尔茨：《歌德传》，商务印书馆，1982，第 182～183 页。
② 夫也：《"不破不立"与"不破而立"》，《光明日报》1994 年 3 月 26 日。

权。这种政治权利的享有需要政治提高透明度、也需要大众传播媒介更加发达。"① 在知晓权和参与权形成的基础上，公民通过大众传媒还可能享有对政治的监督权。

相对落后和封闭的农村，实现政治民主是一个艰难的过程。"在现代传播媒体被更广泛接受的过程中，传媒对打破中国传统乡村生活和文化的封闭性、农耕性、家族性，推进乡村现代化有不可替代的作用。由于它主要通过传递现代价值观念来施加无形的影响，特别是通过各种娱乐节目来负载各种现代价值观念，大众传媒已经成为对乡村生活变化影响最大的因素之一，为乡村生活的改变提供了观念基础，当物质生产达到一定的发展速度和程度时，提出新的政治要求的乡村变革就很容易出现。"② 中国农村村民自治活动的展开在一定程度上就得益于大众传媒的广泛宣传，这种宣传引起了人们的广泛效仿，成为农民在继接受了 20 世纪 40 年代末、50 年代初的政治变革和 70 年代末、80 年代初新的政治和经济改革措施之后新的政治选择。"20 世纪 80 年代末期和 90 年代初出现在中国一些农村地区的直接选举村干部行动最开始只是极个别村庄的单独行动，置身其中的村民自己也许并没有认识到这种行为将产生的普遍意义和巨大影响，周围的人也不一定知道这件事。但当这一事件被一些寻找新闻的记者发现，并在报纸、电视中进行报道后，村民自治和农村直选逐渐引起了包括国际舆论在内的关注，它对中国推进政治民主进程的伟大意义不断被人们所认识，并引发了亿万中国农民的效仿。从最初一个村落的创造，直接选举已经扩大到有近 6 亿农民参与，他们在近 93 万个选民点，参加过 3 轮、甚至 4 轮直接选举。"③

现代传媒对于推进民主化进程的确够功不可没。网络出现后有人甚至相信限制民主和自由的最后障碍拆除了。其实这是一种过于乐观的想法。网络为民主和自由提供了更大的可能，但它照样具有监督和限制的一面，政府仍然在一定程度上具有控制或影响网络的能力。美国加州州立大学的罗斯扎克，1986 年就对当时尚不发达的计算机数据库潜在的议程设置作了分析："所有的参考工具包括数据库都是那些有权决定系统的取舍标准的编辑人员的劳动产物……计算机神秘莫测的特点（非人化的高效运行）也许

---

① 刘华蓉：《大众传媒与政治》，北京大学出版社，2001，第 15~16 页。
② 刘华蓉：《大众传媒与政治》，北京大学出版社，2001，第 22 页。
③ 祝华新：《草根民主——回眸村民自治》，见董郁玉等编《中国政治》，今日中国出版社，1998，第 353 页。

使用户忘记了这个简单的事实"。"如果用户在这些问题上接受了政府的说法，那么查询了 NEXIS 系统或者书目参考服务这样的标准数据库后则更能使他们相信政府的说法。"①"信息技术的发展，使超级计算机的并行处理能力足以实现记录人们所有行为的可能性。人们的每一笔电子消费，每一封电子邮件，每一次信息查询甚至私人电话，都能被电脑忠实记录，这使得权威当局监视和控制社会的能力空前强化。言论控制和集权主义并不会因为技术的进步而消失。"②

第三节 关于"政治家办报"

毛泽东在 1959 年 6 月对《人民日报》总编辑（同时担任新华社社长）吴冷西说："新闻工作，要看是政治家办，还是书生办。有些人是书生，最大的缺点是多谋寡断。""要反对多端寡要，没有要点，言不及义。要一下子看到问题所在。""搞新闻工作，要政治家办报。"吴冷西在回忆这段往事时写道："毛主席说，写文章尤其是社论，一定要从政治上总揽全局，紧密结合政治形势。这叫做政治家办报。"③ 江泽民同志也主张"政治家办报"。

在政治上对于全局有重大影响的大报，比如《人民日报》等，当然要由政治家来办。同时，办报的政治家应当懂得和遵循新闻基本规律，不能仅仅从政治需要一个角度来指挥报纸的运作。比如，"四五"事件之后，"四人帮"一伙要《人民日报》负责人鲁瑛组织人马赶写"天安门广场的反革命的政治事件"的报道，姚文元要求，要鲜明地点出邓小平，要快。这些歪曲事实、颠倒黑白的报道，更激起了人民的义愤。《人民日报》收到一封署名"一个现场的工人民兵"的信。信封正面是"人民日报总编辑收"，背面是"戈培尔编辑收"。信封里装着一份 1976 年 4 月 8 日《人民日报》的第一、二版。上面批着："令人震惊！党报堕落了！成为一小撮法西斯野心家阴谋家的传声筒！"建议"从今日起改为：法西斯党机关报"。④

① 〔美〕罗斯扎克：《信息崇拜》，中国对外翻译出版公司，1994，第 151 页。
② 丁未：《网络空间的民主与自由》，《现代传播》2000 年第 6 期。
③ 冯健主编《中国新闻实用大辞典》，新华出版社，1996，第 24 页。
④ 童兵、林涵：《20 世纪中国新闻学与传播学·理论新闻学卷》，复旦大学出版社，2001，第 357 页。

而政治家有时也会出于政治需要，不顾及新闻规律。陶铸就做过一件事，据陶铸的女儿陶斯亮回忆：

> 那年国庆节，父亲又遇到新的难题。新华社没有拍摄邓小平参加国庆的照片。而邓小平虽然受了批判，仍是中央常委。父亲经过考虑，当即指示：见报时，必须要有小平同志的照片。于是，便发生了后来轰动全国、"四人帮"大肆渲染的"换头术"事件。即，新华社奉我父亲之命，将一幅照片上另一位同志隐去，再将邓小平的照片移补过来，刊登于《人民日报》。①

鉴于历史教训，本书作者认为，政治需要与新闻规律尤其是新闻真实性原则的高度统一，是政治家办报的最高境界。

对于"政治家办报"不应做机械理解。政治性不强或专业性较强，比如科技、教育等类报纸，就不一定非要由政治家来办了；事实上，政治家也没有精力来过多顾及此类报纸。这类报纸，应当由那些懂得、最好是精通该专业同时又懂得新闻规律的人来办。

第四节　文学、历史与政治的关系

文学、历史与政治的关系，表现出一种不规则的弹性距离。在有的社会政治背景下，文学离政治近一些，而在另外的社会政治背景下，历史可能离政治更近一些。

一　文学与政治的关系

（一）简述文学与政治的关系

文学与政治的关系是一个老话题。在战争年代，"文艺为政治服务"的观点无可非议的。但进入和平环境之后，继续坚持这种观点并将其贯彻到实践中，就暴露出其局限性。"文革"中这种局限性暴露得非常充分，文艺成为政治的附庸，而无须遵循文艺自身的规律。

---

① 高建国：《好在历史是人民写的》，《新华文摘》1998 年第 11 期。

　　政治对文学艺术当然有重大影响。政治影响具体的作家作品，还影响到文学思潮、文学运动、创作方法、风格流派以及题材和体裁等方面。政治既可促成文学健康地成长、繁荣、发展；也可迫使文学窒息、凋残，甚至近乎毁灭。

　　在中国现、当代文学中，在处理文学与政治的关系问题上，有经验，也有教训。就具体作家来说，孙犁在处理文学与政治的关系问题上，创作实践上取得了宝贵的经验，理论上也较为稳健。他认为：

　　　　文艺不是要反映现实生活吗？自然也就要反映政治在现实生活里面的作用、所收到的效果。这样，文艺就反映了政治。政治已经在生活中起了作用，使生活发生了变化，你去反映现实生活，自然就反映出政治。政治已到生活里面去了，你才能有艺术的表现。不是说那个政治还在文件上，甚至还在会议上，你那里已经出来作品了，你已经反映政治了。你反映的那是什么政治？……我写作品离政治远一点，也是这个意思，不是说脱离政治。政治作为一个概念的时候，你不能做艺术上的表现，等它渗入到群众的生活，再根据这个生活写出作品。当然作家的思想立场，也反映在作品里，这个就是他的政治倾向。一部作品有了艺术性，才有思想性，思想溶化在艺术的感染力量之中。那种所谓紧跟政治，赶浪头的写法，是写不好作品的。①

　　孙犁在1980年说的这段话，无疑是经过对包括"文化大革命"在内历史的反复、深入地反思之后才说出来的。

　　孙犁所说的"离政治远一点"绝不是不关心政治，不要政治，正相反，他非常重视对政治大势的把握，对时代基本精神的理解，早在1942年他就说过：

　　　　我们必须体验到时代的总的精神，生活的总的动向，这对一个作家是顶顶要紧的。因为体验到这总的精神、总的动向才能产生作品的生命，才能加深作家的思想和感情，才能使读者看到新社会的人情风

---

①　孙犁：《文学和生活的路》，《孙犁文集》第4卷，百花文艺出版社，1982，第389~390页。

习和它的演变历史。①

后来在 1981 年谈乡土文学时，孙犁又指出："作家的眼睛，不能只注视人民生活的局部，而是要注视它的全部。"②

孙犁并不认为文艺可以脱离政治，相反，他明确说过："我是信奉政治决定文艺这一科学说法的……有些作家，自托空大之言，以为文艺可以决定政治。如果不是企图以文艺为饵禄之具，历史上并没有这样的例证。我是不相信的。"③ 他还曾说："经济、政治、文艺，自古以来，就形成了一种非常固定，非常自然的关系。任何改动其位置，或变乱其关系的企图，对文艺的自然生成，都是一种灾难。"④ 文艺依附于政治就会使艺术丧失自我，但文艺完全摆脱政治却是不可能的，文艺过于"中心化"就会热得发烧，过于"边缘化"又可能荒芜和冷清。

（二）虚幻的文学中心论

中国在向市场经济过渡后，文学不再是整个社会关注的焦点，文学圈里的不少人很是留恋文学曾经有过的辉煌。这种留恋甚至使一些文人虚构出过去文学曾经有过处在社会中心地位的历史。

人们对自己所从事的职业有特殊爱好，无可厚非，但把自己的职业推到不应有的地位，就显得过分了。"盖文章，经国之大业，不朽之盛事"，"文章千古事"等古人有极高估价的说法，并没有引起人们的非议，但把它——请允许笔者不用许多人惯用的"她"来说文学——硬排在社会中心的位置，就不得不来辨究一下了。

人的本性及由人组成的社会的性质，决定了有可能处在社会中心地位的是政治、经济、军事，通常情况下，政治和经济是互为中心的。政治是经济的集中表现，而经济的发展和经济利益的获得又依赖于政治权力和秩序的保障。在特殊时期，军事也可以成为社会的中心，这就是战争时期。我们听说过"一切服从于政治"，"以经济建设为中心"，"一切为了战争"；也听说过"文艺为政治服务"，"文艺为战争服务"，"文艺搭台，经济唱戏"；但从未听说过"一切服从于文学"，"一切为了文学"，"政治、经济、

---

① 孙犁：《怎样体验生活》，《孙犁文集》第 4 卷，百花文艺出版社，1982，第 179 页。
② 孙犁：《关于"乡土文学"》，《孙犁文集》第 4 卷，百花文艺出版社，1982，第 333 页。
③ 孙犁：《孙犁文集·自序》百花文艺出版社，1982。
④ 孙犁：《谈赵树理》，《天津日报》1979 年 1 月 4 日。

军事服从于文学"。历史上曾经有过以政治为中心（比如"文化大革命"）和以经济为中心（比如现在正经历的）时期，也有过以军事为中心（比如抗日战争和解放战争）时期，唯独没有以文学为中心的时期。如果哪个历史时期以文学为中心了，大概这个时期的人们是闲得没事干了；可是人类一直在忙忙碌碌，还没有过无事可干的时候。

也不应否认，文学也确曾有过成为社会关注中心的过去。比如，"文化大革命"初期，首先从文艺界开刀，文艺，尤其是文学的确成为整个社会关注的中心或焦点，然而，我们不要误以为这时文学终于成为社会的中心了，文学成为社会关注的中心，是因为它已经牢牢地被拴在政治斗争的战车上，成为政治的附庸。这时的文学既不是社会的中心，也已经不属于自己，它已经丧失了自己。如果这就是有些文人想象中的文学的中心地位，最好还是不要这种中心为好，还有比这种状况更使文学界痛心的吗？

与过去相比，由于现在是以经济建设为中心，文学距社会中心的位置确实远了，而经济学和科学技术距社会中心的位置近了。翻开中国历史，文学家和文科其他学者进入社会统治中心的人数占绝对优势，但这并不能说明文学已成为社会的中心，因为文学家一旦进入统治阶层，他就首先是一个政府的官员，然后才是一个作家，他在官位上的所作所为是以政治领域里的程式为准绳的。与文、史、哲专业的知识分子相比，科技和经济人才在历史上进入社会统治中心的却少得可怜，这种状况不利于社会生产力和经济的发展，现在这种状况终于有了改观。只要将现在中央领导层的知识结构与过去中央领导层的知识结构稍加比较，就不难发现这一重大变化。不用讳言，文学家进入社会统治中心的机会比过去少多了，过去那种以文学起家，进而进入社会统治集团甚至中心的路径今天变得狭窄多了，这是一种真实的变化。有人说这种变化使文学回到了自己真正的位置，其实，文学在社会中的位置有一个上下浮动的区域。在整个人类社会历史进程中，它很少超越这个区域。随着社会大势的变化或社会重心的移动，它距社会中心近一些远一些均属正常现象，但它距社会中心过近或过远，社会对它过分关注或过分冷落，都不利于文学自身的繁荣和发展。

文学不能成为社会的中心，并不影响它曾经是整个文艺的中心。文学在相当长的历史时期，在所有的艺术品种中占据霸主地位，只是影视艺术出现之后，它的霸主地位才有所动摇，但直到现在为止，它的这种地位还没有真正被剥夺。因为影视在很大程度上依赖于文学，不要说许多影视经典和精品是由文学作品改编，就是纯影视剧本也被称作影视文学。在相当程度上可以说，文学是一切艺术的灵魂。

文学不能成为社会的中心，但它自有其不可替代的社会地位和作用，文学是人学，作家是人类灵魂的工程师。文学所具有的审美娱乐、教育、认识作用早已成为社会的共识，这就是人类社会给文学的定位。文学工作者完全没有必要因为文学距社会中心的位置远了，就连自身的社会价值也否定了。

在相当程度上，真正的文学是寂寞和孤独的事业，耐不住寂寞和孤独的人最好去干别的事情。幻想的文学中心地位是不能让政治、经济、军事离开社会中心地位而围绕文学转的。幻想的文学中心地位也不能真正满足自己的虚荣心，使自己摆脱清冷的境地。文学从来就没有在社会的中心地位上待过。还是在自己应有的位置上，做点实在的事情吧。

二 史学与政治的关系

史学一产生，就与政治有这样那样的关系。中国古代史学如此发达与政治家对它的重视分不开。而史书的撰写，在许多情况下也看作是一种政治行为。

> 中国有位历史学家说过"历史写作多多少少是一种政治行为，这个观点已经受到普遍承认。"英国历史学家巴特菲尔德也说，"我们教授和写作的历史是那种适合于我们社会组织的历史"，"如果这种历史同时又最适用于保持现存的政治制度，那就更无话可说了。"①

班固《汉书》创造了记述一代皇朝史事的历史撰述形式，它所表现出来的自觉的皇朝意识和鲜明的正宗思想，符合封建统治者的政治需要，因此，《汉书》成为后来历代正史叙写的范本。唐代史家杜佑所著《通典》，不仅被时人誉为"经代（世）立言之旨备焉"②，而且直到清代重刻时还被乾隆皇帝在序中称道为："本末次第，具有条理，亦恢恢乎经国之良模矣"。宋代的司马光在《进通志表》中说，"治国安邦，不可不读史。"中国历代

---

① 〔英〕杰弗里·巴勒克拉夫：《当代史学主要趋势》，上海译文出版社，1987，第335页。
② 姚弦：《唐文粹》卷六十八。

政治家对学习历史的重视，是世界其他民族所少见的。

陈垣在新中国成立后致友人书说：

> "九·一八"以前，为同学讲嘉定钱氏之学；"九·一八"以后，世变日亟，乃改顾氏《日知录》，注意事功，以为经世之学在是矣。北京沦陷后，北方士气萎靡，乃讲全谢山之学以振之。谢山排斥降人，激发故国思想。所有《辑覆》《佛考》《诤记》《道考》《表微》等，皆此时作品，以为报国之道止此矣。所著已刊者数十万言。言道，言僧，言史，言考据，皆托词，其实斥汉奸，斥日寇，责当政耳。①

这封信说出了他治学的历程，说出了他在抗战时期所写各书的政治意义。

史学与现实政治勾连过多的话，对史学本身的发展并不是一件好事。

> 毫无疑问，在大多数情况下，历史往往不自觉地在为本国的现状辩护，实际上，说穿了就是被自己生存的那个环境所愚弄，从而成为牺牲品……对历史学的未来表示关心的任何人对这种状况只会感到深切不安。除非历史学能够像天文学和化学经历过的那样从神话中摆脱出来，除非历史学能够一劳永逸地与自己的神话渊源断绝关系，就像天文学与星相学决裂以及化学与点金术决裂那样，否则，历史学很难有机会摆脱过去一直囚禁着它的恶性循环。②

一旦成为政治的附庸，历史学就会成为牺牲品。

当然，历史和历史学也对政治产生多重影响。布洛赫说过："在我们的艺术，在不朽的文学名著中，都激荡着历史的回声，我们的政治家也不时把那些真假难辨的历史教训挂在嘴边。"③

---

① 陈智超编注《陈垣来往书信集》，生活·读书·新知三联书店，1990，第261页。
② 〔英〕杰弗里·巴勒克拉夫：《当代史学主要趋势》，上海译文出版社，1987，第335~336页。
③ 〔法〕布洛赫：《历史学家的技艺·导言》，上海社会科学院出版社，1992。

第五节　政治（家）对新闻、文学、
历史的态度

一　政治家对待新闻报道、文学、史学的态度

无疑，政治家的政治活动最直接需要的是新闻报道，因为通过新闻报道可以了解当前动向。同时，政治家的活动也需要新闻来报道，新闻报道本身就是一种政治治理的手段，新闻报道还可以塑造政治家的形象。

然而，政治家的智慧却多来自于历史，没有历史根基的政治家注定是浅薄、短见的。然而，正像我们前面已经说过的，世界上真正能从历史中汲取智慧、吸取教训的人并不多，政治家自然也不例外。"人们的社会活动如此频繁地求助于历史的启示，特别是国家的政治决策，一步也不能离开对国情即历史状况的认识，那么，史学家就应该在社会政治生活中占有至关重要的地位，但情况并非如此。可以说，世界上大多数国家的领导人，都并不经常向训练有素的历史学家请教，而训练有素的历史学家也很少被选为首脑人物的决策顾问。这是一个很常见的现象。"① 本来应当向那些训练有素的史学专家请教，然而决策者却往往依据自己所掌握的、常常是并不充分的历史知识，或是依靠那些历史知识同样贫乏的顾问。

相比较而言，文学在不同的政治家视野中有不同的地位，对于多数政治家而言，如果说新闻具有某种"硬件"的功能，不可缺少，历史具有某种"软件"的功能，也需要不时开启，那么文学比软件还软。像南唐李后主李煜那样酷爱文学艺术超过政治的人少而又少。文学艺术对于政治家，比较准确地说确实为软件的软件，没有它对于政治活动并非致命缺陷，过于沉溺于它却弊端多多甚至致命。然而，成熟的政治素质和进步的政治理念，如果配以高品质的文学艺术素养，则肯定使这个政治家丰富多彩、魅力超群。"一个有艺术修养的人，不管他担当什么工作，总会比其他人更能体谅人，更仁慈，更有趣味，更幽默，更易展现个性，更潇洒从容。许多军事家、政治家、企业家能以他们的辉煌业绩产生广泛的震慑力，但他们

---

① 李振宏、刘克辉：《历史学的理论与方法》，河南大学出版社，2008，第126页。

身上最具魅力的地方，却往往是那一份艺术素质。"①

　　在大政治家中，把历史、新闻、文学相当完美地集合于一身的人，当属毛泽东。毛泽东对中国历史研究的深度和广度不要说在政治家中无人能出其右，就是许多历史学家也有不能相比之处。毛泽东不仅是写新闻的高手，还在新闻理论上有诸多建树，新闻成为毛泽东政治生涯中得心应手的武器。在波澜壮阔的军事、政治生涯中，吟诗作词一直伴随着毛泽东。《忆秦娥·娄山关》《七律·长征》为人们定格了艰苦卓绝、前无古人的长征；一首《沁园春·雪》词，所展现的高迈、"霸气"让其对手蒋介石无以应对。

　　在政治家处理与新闻、历史、文学的关系时，最常见的问题是把新闻、历史、文学当成政治家手中的工具，而不尊重新闻、文学规律和历史真实，用新闻、历史、文学来歌功颂德和点缀升平。

二　政治对新闻、文学、历史的宽容度

　　政治对新闻的宽容度最小，对文学的宽容度次之，对历史的宽容度更大一些，而且距离现实越远宽容度越大。这是就一般情况而言的，实际生活中，政治对文学、历史的宽容度会做动态调整。当文学与政治的关联度大时，政治对文学的宽容度就变小，当历史与政治的关联度大时，政治对历史的宽容度也会变小。

　　政治对新闻宽容度最小，是因为新闻直接报道现实生活包括政治，形成社会舆论，对政治产生直接影响。对文学有宽容度是因为文学与现实政治有距离，紧跟现实政治的文学作品往往不容易成功。对历史宽容度较大，是因为在相当程度上历史就是历史内容，很难把历史直接拿来为现实政治服务。当然，与现实政治依然有关联的历史，政治还会对它保持敏感。政治对文学比对历史的宽容度小一些，有一个原因，就是通常文学比历史对多数人的影响更大一些。

　　在文学领域内，政治对文学作品的宽容度大一些，相比较而言，对文学评论的宽容度小一些。对文学作品宽容度大一些，是因为文学作品用形象说话，可以有多种阐释可能，比文学评论要含蓄得多。

---

　　① 余秋雨：《文明的碎片》，春风文艺出版社，1994，第 295 页。

第六节　作家参政对创作的影响

作家参政是一重要历史现象，也是文学与政治关系问题的一部分；而对这一重要历史现象却鲜有人专门著文探讨。本节正是一个初步尝试。

一　中外作家参政情况

这里所指的作家是指从事文学创作并取得相当成就的人；参政是指参与政治活动并得到一定的官职。我们将主要在上述范围内探讨。由于中国作家参政现象普遍，我们将以中国作家为主要研究对象。

据本书作者对《中国历代作家小传》①的统计，在 205 位著名诗人、散文家、小说家、剧作家中，有各种官职的共 185 人。这些作家中做官的比率高达约 90%。

据本书作者对《辞海·文学分册》②的统计，在现代文学史中，共收入作家 38 名，而有官职的是 12 名，约占总数的 32%。

据本书作者对《外国名作家传》③的统计，该书共收入古代至当代的作家 436 人，有官职的约 66 人（包括议会议员），约占总数的 15%。其中，美国作家 33 人中，有官职的仅 1 人；英国作家 44 人中，有官职的仅 2 人。

从以上统计数字我们可以看出：

第一，中国古代作家步入仕途，并获得一定官职的人，数目之大，为世界史所罕见。造成这种现象的主要原因是我国古代的官吏选拔制度和思想文化传统。从整体上看，儒家思想在我国古代社会，尤其是封建社会中，占主导地位。儒家经典《论语》所提倡的"学而优则仕"，成为历代文人所尊崇的信条。而兴起于隋唐，一直延续到清末的科举取仕制度④，则有力地保证了我国古代文人（包括作家）源源不断步入仕途。比如，李树喜的《中国人才史稿》论及唐代文学人才时说："留名现代的唐代两千多名诗人

---

① 湖南人民出版社分上、中（第一分册、第二分册）、下（第一分册、第二分册）于 1979 年至 1985 年陆续出版。全书收入作家 500 余人，起于先秦，止于近代。

② 《辞海·文学分册》，上海辞书出版社，1981。

③ 中国社会科学出版社分上、中、下册于 1979 年至 1980 年陆续出版。

④ 尤其在初期，这种科举考试的主要内容是诗文。

中，绝大部分是考中进士的中小地主阶层人士。"① 与这一现象相联系，我国古代职业作家比较少。除了某些出身富有，有志于文学创作，又无意仕进的男子和女作家（古代一般不允许妇女应试、做官）之外，如果一个男人不入仕或以其他方式获得生活资料，单靠文学创作是不足以维持生计的。这样，以文取仕制度促使官吏们具备一定的文学素质，而官吏的薪俸则为这些作家提供了可靠的经济后盾。

第二，由古至今，作家参政任职呈衰减趋势。这主要是由于，随着社会的发展，分工愈来愈细，同行之间竞争也日益激烈，要在任何一种行业出类拔萃，须做出终生的努力。不仅现当代作家做官的越来越少，而且官职的种类也与古代有较大区别。古代作家为官，上至皇帝、宰相，下至州官、县令，文官武官都有；现代和当代作家中，有官职的多在文化、教育业内。在古代，作家与官吏往往同时并存于一人身上；在现代和当代，往往是先成为名作家，然后被任以官职。虽然作家做官的越来越少，但可以肯定的是，它不可能最后衰减为零。因为作家和政治活动家这两种职业可塑性很强，存在着相互交融的可能性。

第三，中外比较，中国作家参政任职的比例大大高于国外作家。不仅中国古代作家任官职的比例大大高于国外作家，而且中国现代作家任官职的比例也明显高于国外作家。如果我们拿中国作家与英、美等国作家比较，这种比例更加悬殊。

二　作家参政对文学创作的影响

作家参政对文学创作的影响是复杂和多方面的。

（一）作家参政对文学创作的积极影响

从理论上讲，作家需要了解和熟悉各种社会生活，而政治活动又是社会生活十分重要并且极富吸引力的一部分，所以，作家参政任职，在这个意义上，对创作是有积极作用的，如果能处理好政事与创作之间的关系，是可以写出好作品的。

《秦中吟》《新乐府》等讽喻诗，在白居易诗歌创作中占有非常重要的地位。而这些诗便是在元和三年至五年（808～810）他做左拾遗期间写的。"左拾遗"是皇帝跟前的谏诤之官，白居易一面做谏官，一面写讽喻诗。他

---

① 李树喜：《中国人才史稿》，河北人民出版社，1984，第126页。

在《与元九书》中说："身是谏官，手请谏纸，启奏之外，有可以救济人病，裨补时阙，而难以指言者，辄咏歌之，欲稍稍递进闻于上，上以广宸聪，副忧勤，次以酬恩奖，塞言责，下以复吾平生之志。"可见，白居易是把做谏官和写讽喻诗看作互补的。

曹操"外定武功，内兴文学"，不仅是杰出的政治家、军事家，而且还是汉末杰出的文学家和建安文学的开创者。可以说，没有曹操的政治、军事生涯，就没有他那独具一格的诗文创作。《三国志·魏志·武帝纪》写道："御军卅余年……登高必赋，及造新诗，被之管弦，皆成乐章"。《苦寒行》写于建安十一年（206）春天征高干的行军途中；《步出夏门行·观沧海》是他征乌桓经过竭石山时所作。波澜壮阔的政治、军事活动，还直接铸造了曹操的诗风。"魏武如幽燕老将，气韵沉雄"，敖陶孙的《诗评》精当地点出了曹诗风格与作者履历的关系。由于其特殊地位，又由于其喜欢延揽文士，当时社会名人纷纷投奔到曹氏父子周围，形成了一个文人集团。刘勰《文心雕龙·时序》说："魏武以相王之尊，雅爱诗章……仲宣（王粲——引者注，下同）委质于汉南，孔璋（陈琳）归命于河北，伟长（徐干）从宦于青土，公干（刘桢）循质于海隅，德琏（应玚）综曲斐然之思，元瑜（阮瑀）展其翩翩之乐；文蔚（路粹）休伯（繁钦）之俦，子叔（邯郸淳）德祖（杨修）之侣，傲雅觞豆之前，雍容衽席之上，洒笔以成酣歌，和墨以藉谈笑"。兼政治家与文学家于一身的曹操对于开拓建安文学作出了巨大贡献，非一般文人学士所能比。

大量作家从政，使我国文学苑地里，出现了数不尽的直接或间接描写政治生活的作品，其中不乏不朽之作，如《离骚》《连昌宫词》《阿房宫赋》《三国演义》《官场现形记》等。

（二）作家参政对文学创作的消极影响

然而，我们在文学史里看到更多的是，作家做官（尤其是步入上层统治集团）对文学创作的负面影响。

"从757年11月到758年6月，是杜甫在长安最后一次的居留。他仍旧作皇帝的供奉官左拾遗……但是那些唱和诗和朝谒诗在杜甫的诗集里毫无光彩，事实上也不能有什么光彩，里边充满了初唐以来应制诗、奉和诗一向惯用的词藻，缺乏真实的内容……杜甫在长安的官吏生活事实上是一天天地变得狭窄了，若是长此下去，没有一点变动，我们真担心他六七年来开辟的诗的国土会断送在左拾遗的职位上。幸而不久他的生活发生了一个大的变动……被派到华州去作司功参军……他当时只认为这对于他政治的前途是一个打击，但他并没有意识到，他从那狭窄的天地里解放出来了，对于他的诗的发展却是一个大的恩惠：他由此才得到机会，又接近了战乱中的人民，认清时代的苦难，因此而恢复并且扩充了他的广大的诗的国土，从一个皇帝的供奉官回到人民诗人的岗位上。"[①]

"巴山楚水凄凉地，二十三年弃置身。"刘禹锡于永贞九年（805）九月被贬出京，至宝历二年（826）回京。

> 二十多年的贬谪生活，客观上给刘禹锡以接近人民的机会。他的诗歌创作得以吸取民歌的营养、反映人民的生活而取得显著的成就。这一切，刘禹锡本人是不自觉的。他总希望早日结束贬谪生活，所以，当这一希望获得满足以后，他就毫不可惜地向激荡过他的诗情的"巴山楚水"告别了。此后，他虽然仍为人民做了一些好事，但描写人民生活和学习民歌的诗作显著减少；而且随着他同最高统治集团之间的矛盾的缓和，他的诗歌虽然偶或仍有郁勃不平之气，但总的来说，战斗性和人民性相对地削弱了。[②]

对于这一点，古人也有类似看法。清代关乔在《围炉诗话》中引黄公裳的话说："梦得佳诗，多在朗、连、夔、和时，作主客以后，始自疏纵。"梦得是指刘禹锡，刘禹锡字梦得。

官场，特别是上层官场，在许多情况下，弥漫着争权夺利、阿谀逢迎、繁文缛节等窒息人性的气息。置身于这种环境中，欲想保住自己的一席之地，至少也得"面上灭除忧喜色，胸中消尽是非心"。要么同流合污、随波逐流；要么就得被逐出官场。生活在这种污浊气氛中的人，很难保持蓬勃的创作力，很难"出污泥而不染"。恩格斯曾这样评价过歌德：

> 在他心中经常进行着天才诗人和法兰克福市议员的谨慎的儿子、可敬的魏玛的枢密顾问之间的斗争；前者厌恶周围环境的鄙俗气，而后者却不得不对这种鄙俗气妥协，迁就。因此，歌德有时非常伟大，

---

① 冯至：《杜甫传》，人民文学出版社，1952，第77~81页。
② 卞孝萱、吴汝煜：《刘禹锡》，上海古籍出版社，1980，第59页。

有时极为渺小；有时是叛逆的、爱嘲笑的、鄙视世界的天才，有时则是谨小慎微、事事知足、胸襟狭隘的庸人……而且愈到晚年，这个伟大的诗人就愈是疲于斗争，愈是向平庸的魏玛大臣让步……我们并不是责备他做过宫臣，而是嫌他在拿破仑清扫德国这个庞大的奥吉亚斯的牛圈的时候，竟能郑重其事地替德意志的一个微不足道的小宫廷做些毫无意义的事情和寻找 menus plaisirs（小小的乐趣）。[1]

歌德在魏玛一待就是 10 年，他委曲求全，竭力避免和周围环境发生冲突，但最后还是失败了。浮嚣的宫廷生活以及从政和创作不可两全的状况使他常常焦灼不安，而且越往后他越意识到将自己完全泡在这种俗务中便是葬送自我。1786 年他悄然从魏玛出走，化名前往意大利。宫臣生活对歌德及其作品带来某些消极影响。

以上我们主要是从正面看作官对文学创作的不利影响。下面我们再从反面看一下。

宋人魏庆之《诗人玉屑》说：

> 余观东坡自南迁以后诗，全类子美（杜甫）夔州以后诗，正所谓老而严者也。子由云："东坡谪居儋耳，独善为诗，精深华妙，不见老人衰惫之气。"鲁直（黄庭坚）亦云："东坡岭外文字，读之使人耳目聪明，如清风自外来也。"观二公之言如此，则余非过论矣。

诗穷而后工，苏轼贬官黄州特别是贬官岭南以后，他的诗确实写得更好了。建中靖国元年（1101）正月，苏轼病逝前两个月，遇赦北返游览镇江金山寺。他看到寺里的东坡画像，心里百感交集，写下了《自题金山画像》对他的后半生做一总结："问汝平生功业？黄州惠州儋州。"这里固然有抑郁不平之情，然而，它也客观地道出了苏轼一生中自己最看重的事业。

苏东坡的独立个性使他在政治上彻底失败了，被一贬再贬，以至

---

[1] 《诗歌和散文中的德国社会主义》，见《马克思恩格斯论文艺和美学》，文化艺术出版社，1982，第 234～235 页。

垂老投荒，"待罪"至死。这是他个人生活的不幸，然而又是中国文学的大幸。他被朝廷放逐出来，转徙各地，又回归到人民中间，回归到社会的现实，因此文学创作恢复了无法抑制的活力……简直可以说，"放逐与回归"是中国文学史的一条规律。①

类似苏轼这样被贬官的作家很多。这些作家被贬后，有的成为地方官，有的有职无权，有的实际上是被流放，有的与平民百姓相差无几。巨大的生活反差，有助于他们深入认识统治阶级的真实面目，更深刻地体验人情冷暖、世态炎凉。同时，走入下层，客观上为他们真切地了解下层生活和民生疾苦，创造了条件。还有，他们仕途红火时，往往忙于公务、应酬，不能静下心来，潜心创作，当然也就很难写出力作了。不过，我们这样说，并不意味着官宦生涯对于创作有百害而无一利。世界上的许多事情是很难一刀切开的。政治生涯与文学创作正是这样，它们既有互相对立、互相抵消的一面，又有在适当条件下互相补益的一面。它们就是这样纠缠在一起。大家所熟知的陶渊明，他的代表作都是归隐以后的产物。但是，若没有13年拘牵、污秽的仕途生活与归隐后清闲、自然、自由的田园生活作比较，恐怕陶诗就不是我们现在看到的这个样子了。

（三）如何参政才能对创作带来积极影响

那么，如何参政才能对创作带来积极影响呢？

新中国成立后，中国有些作家实践过的"挂职下基层"，不失为一种好办法。它比较好地解决了作家与实际生活脱节，即使偶尔下去几次也是蜻蜓点水式的对基层生活的浮浅了解的问题。这种给一定职务，到基层深入生活的办法，优点是容易切入基层生活。但应当注意两个问题：一是不宜面窄。如果仅局限在一个地方，就容易使作家眼界狭小。二是时间不宜过长。长期任某地干部，那就成为真正的干部了。"挂职下基层"的主要目的还在于使作家真正深入生活，以写出好作品。

现代诗人艾青根据自己的体会写道："我当了华北联合大学文艺学院副院长。这是我作行政工作最长的时间，除了组诗《布谷鸟集》之外，我很少写诗。由此可见，写诗与行政工作是有抵触的。"② 剧作家曹禺也说过：

---

① 陈俊山：《描绘一代英才的悲患与风流》，《光明日报》1993 年 12 月 8 日。
② 艾青：《我的创作生涯》，见《艾青诗选》，人民文学出版社，1984，第 7 页。

"在我一生中有两大遗憾。一是自建国以来，我的时间越来越多地被写作以外的事情占去了，譬如：接待外宾、出国、各种会议……时间被占据了，创作自然就从生命中退让了……"① 当代著名作家王蒙从 1986 年春受命文化部长到 1988 年 10 月，任职刚两年半，便迫不及待地提前向中央送了辞呈，希望早日重返文坛。"我提出辞呈，一方面是我愿致力于写作，而在行政领导岗位上，工作繁杂，很难实现自己的写作计划……"谈起辞去文化部长后的写作情况，王蒙说："从写作来说，许多我前几年想做而在繁忙的工作岗位上很难做到的事，现在都先后实现了。"

孙犁指出：

> 实践也证明，长期以来，把作家放在行政岗位，常常是得不偿失的。当然，这也只是一种估计。李季同志，是能做行政工作的，成绩显著，颇孚众望的。在文艺界，号称郭、李。郭就是郭小川同志。
>
> 据我看来，无论是小川，还是李季同志，他们的领导行政，究竟还是一种诗人的领导，或者说是天才的领导。他们出任领导，并不一定是想，把自己的"道"或"志"，布行于天下。只是当别人都推托不愿干时，担负起这个任务来。而诗人气质不好改，有时还是容易感情用事。适时应变的才干，究竟有限。②

看来，作家欲想保持旺盛的创作力，长期担任行政领导工作是弊大于利的。否则，势必会将自己消亡在非文学事务中。因为，只要你挂着作家的头衔，世人就要拿作品去衡量你。当代作家陈忠实说得好："作家如果在创作上不能达到目的，通过其他非文学因素也是难以达到的。因为古今中外卓有建树的作家，都是用作品和这个世界对话的。"③

当然，想从政，在政治领域一展宏图的人，另当别论。因为政治事业对于人类的重要性，丝毫不亚于文学，在许多情况下倒比文学更重要。问题在于鱼和熊掌往往不可兼而得之。人类历史上集大作家和出色政治家于一身的人，可谓凤毛麟角。"作家不能同时是很有成就的政治家。我看有很

---

① 转引自公木《公木文集》第 6 卷，吉林大学出版社，2001，第 668 页。
② 孙犁：《悼念李季同志》，《孙犁文集》第 3 卷，百花文艺出版社，1982，第 329 页。
③ 雷电：《陈忠实和他的〈白鹿原〉》，《光明日报》1993 年 7 月 27 日。

多作家，在历史上，有时候也想去当政治家，结果当不成，还是回来搞文学。因为作家只能是纸上谈兵，他对于现实的看法可以影响人，但是不能够去解决人民生活的实际问题。"①

曹操在政治上卓有建树，诗歌也开一代新风。但他主要还是一位政治家和军事家。

歌德在政治上虽然位居魏玛枢密顾问、首相，但他的主要贡献是在文学上。

当代埃及以及整个阿拉伯世界最伟大、最著名的作家，也是迄今唯一获得诺贝尔文学奖的阿拉伯文学家纳吉布·马哈福兹，他1934年大学毕业后，先后在国家宗教基金部、文化部担任秘书、处长、局长、顾问等职务，直到1970年才退休。他上班守时准点，从不迟到早退，所以，他的文学创作都是在业余时间进行的。这显然要付出比别人更多的辛劳。然而，他的政治生涯相对于他那辉煌的文学功绩而言，就显得微不足道了。

1904年诺贝尔文学奖获得者，西班牙作家何塞·埃切加赖（1832～1916）先后担任过西班牙内务大臣、公共工程大臣、经济大臣、财政大臣和国家银行总裁等要职，成为当时西班牙国内最有名的经济权威和国家权力中举足轻重的人物。然而，1874年正当他权大任重时，他突然辞去一切公众职务，宣布将成为一名致力于舞台创作的戏剧家。这一戏剧性的举动引起了举国上下的惊讶和猜疑。但不久，当人们在著名的马德里阿波罗剧院里，观看了他创作的第一个剧本《支票簿》的演出之后，这种惊讶和猜疑就为鼓掌和兴奋所代替了。在一个国家里能够当大臣、部长的人选也许有几十个甚至上百个，可是有艺术才华的戏剧家则是凤毛麟角。从这一意义上来说，戏剧家的埃切加赖比之国家大臣的埃切加赖有价值得多。西班牙人民正是以这样的认识来欢迎埃切加赖的改弦易辙。1874年的埃切加赖已是42岁的中年人了，对于一般作家来说，也许这意味着具有丰富想象能力的时代已经过去了，但他几乎以每年三四部的平均创作速度，在30年之内先后写出了100部以上的剧本。

如果说中国古代大部分作家能够一身而兼二任（写作和从政），并且有某几个作家在这两个方面都取得杰出成就的话，那么，篇幅较小的诗歌和散文在其中起了意想不到的重要作用。因为这些短小的文学样式，使这些

---

① 孙犁：《文学和生活的路》，《孙犁文集》第4卷，百花文艺出版社，1982，第394页。

作家有可能在工余或马背上挥笔而就。而现在的长篇小说、电影、电视、戏剧剧本，迫使人们在作家与政治活动家之间作出选择。因为这些篇幅较长的作品很难在短暂的政事闲暇中构思和写作出来。

三 文学创作对作家政治活动的影响

文学创作对作家政治活动的影响就其主要方来说是积极的。

爱国主义思想贯穿于中国文学的各个阶段，各朝代的优秀作家，多继承了这一优秀传统。爱国主义精神像条红线，使屈原、杜甫、白居易、辛弃疾、陆游、鲁迅、郭沫若等大作家一脉相承。在这一优秀传统的熏陶和影响下，这些作家不仅以自己的作品弘扬了爱国主义精神，而且在政治实践上坚持了爱国主义。辛弃疾、陆游等作家，在民族危亡的关头，还投笔从戎，驰骋疆场，保家卫国。

历代优秀作家，多与人民保持着血肉联系。他们的作品有着强烈的人民性，表现了对民生疾苦的极大关注。"哀民生之多艰"，"穷年忧黎元"，"惟歌生民病"，正是这种精神的集中体现。在这种精神驱使和影响下，这些作家一旦手中握有一定的权力，就要为一方百姓排难造福。例如，苏轼在徐州任职期间，曾为徐州的防洪救灾付出了极大心血，做出了很大贡献。当时洪水汇于徐州城下，水深达两丈多，形势危急。为安民心，苏轼就住在城上，过家门而不入。在他的领导和组织下，终于将洪水引入黄河古道，解除了水患。元丰二年（1079）三月，当他从徐州迁知湖州时，送行父老都感激地说，"前年无使君，鱼鳖化儿童。"① 中国历史上，为民做事的文人官吏为数不少。

优秀作家靠作品使自己的名字几乎妇孺皆知。他们的知名度和人们对他们的尊崇，使这些作家为官有一定的优势。而大量的作家走上仕途，使我国古代官吏群体的文化素质达到了相当高的水平。因此，我国古代有着众多的"儒官""儒将"。

文学创作对于作家从事政治活动的影响并非都是积极的，也有消极方面。

有些作家只是从书本上了解了一些历史上的政治、军事知识，并无切身体验；当他们带着良好的愿望，将自己的见解付之于行动时，就难免碰壁了。

---

① 苏轼：《罢徐州往南京，马上走笔寄子由》，《东坡集》卷十。

　　苏洵屡试不第，但才名闻于天下。欧阳修曾向韩琦竭力推荐苏洵。叶梦得《避暑录话》卷上记载说，韩琦当时刚由边防大臣调回中央枢密使，深感"军政久驰，士卒骄惰，欲稍裁制"，这是和苏洵的看法不谋而合的。不过，韩琦害怕搞急了会"忤怨而生变，方阴图以计为之"。这是他吸取了"庆历新政"急而失败的教训，才这样做的。而苏洵只是感觉韩琦想整饬军纪，就"遽为书显载其说，且声言教公先诛斩"。这显然在策略上是不对的。故"公览之大骇，谢不敢再见。微以咎欧阳文忠"。可以看出，苏洵毕竟是以文学家论政论军，太坦率而且缺乏策略思想。这个"诛斩"将领的意见，只能是在有条件时的一种考虑，决不可在韩琦上台之初，地位尚不稳固的情况下，写在文字上给人以把柄。所以韩琦只能责怪欧阳修介绍苏洵时不够全面。[①]

　　文学作家需要特定的气质。有些作家的性格与常人迥异。李白是较典型的一个。他恃才傲物，狂放不羁，且常醉酒。一次李白到华山，乘醉骑驴，冒犯华阴县令。县令问，"你是何人，如此放肆无礼？"李白不报姓名，却说，"曾令龙巾拭吐，御手调羹，贵妃捧砚，力士脱靴。天子门前，尚容走马；华阴县里，不得骑驴？"[②] 县令闻之，连忙赔罪。此类事固然说明李白藐视权贵，但这种狂放的性格如果说成就了李白浪漫、洒脱的天才诗歌的话，那么，这种性格于政事却是无益的。记得电视剧《唐明皇》里李隆基对李白说，"你的诗足以盖世，然非官吏之才。"我们且不深究这句话有无历史根据，然而根据当时宫廷的情况和李白的性格及其以后的经历，皇帝说出这句话却是合乎逻辑的。

---

① 金国永：《苏洵》，中华书局，1984，第46～47页。
② 辛文房：《唐才子传·李白》。

第三章

新闻、文学、历史与传播媒体

第一节 划时代的文化传播载体——因特网

本节内容来自发表在《现代传播》1998 年第 2 期上的拙作《划时代的文化载体——试论多媒体的文化意义》。笔者当时所说的多媒体就是指连接在互联网上的多媒体，实际上说的更接近因特网。本节把当时论文中的"多媒体"改为"因特网"，其他内容基本未改动。该文是国内最早较全面论述互联网文化意义的论文之一。尽管有些数据或例证不是最新的，但其基本观点并未过时。

因特网一出现就预示着人类文化史上的一个新纪元正式拉开了帷幕。新闻界已经对因特网给予和将给予人类的重大影响等做了许多报道。人类历史上没有几样事物的重要性能跟因特网相比。

多媒体就是集电视、录像、音响、电话、传真等功能于一体的计算机和视频技术的结合。不过，我们在说多媒体时，实际上是在说信息高速公路。因为多媒体真正充分发挥其威力是离不开信息高速公路的，只有连接在信息高速公路网上的多媒体才是真正和完善的多媒体。因此我们在讨论多媒体时，是在这个前提下进行的。

因特网给世界带来的影响是巨大而多方面的。它对社会的政治、经济、军事、科学技术、文化教育以及人们的日常生活都有深刻影响。这里重点讨论的是它的文化意义。

一　因特网是继书刊之后出现的最重要的文化传播载体

如果说书刊是人类历史上的第一大文化传播载体，那么因特网就是第二大文化传播载体。说因特网是具有划时代意义的文化传播载体，一点也不过分、不勉强。作为第二大文化传播载体，它基本上全面具备书刊的功能，在许多方面将取代书刊；而且还具备书刊不曾拥有的众多优势和功能。

人类产生，尤其是语言产生之后，人类文化史就揭开了序幕。人类文化的载体很多，如陶器、岩画、建筑等。但对人类社会影响最大的文化载体，除了语言之外，莫过于书刊了。书籍、报纸、杂志在人类文化发展史上的重要地位，无需论证。我们完全可以毫不夸张地说，书刊是人类发展史上的第一大文化传播载体。

人类文化的产生、发展和传播离不开语言。语言是人类文化赖于产生和发展的前提，又是人类文化的组成要素和最重要载体。有声语言以记忆的方式储存在人的大脑里，即以人脑等器官为依托。这种有声语言，在文字和录音机发明之前，主要是靠口头交流，代代相传。有声语言依赖于人体，它不像书刊、多媒体那样可以作为人类的创造物脱离开人体而独立存在。储存语言的每个个体的人脑具有极大的能动性和较大的差异性。受每个个体的种族、性别、年龄、健康状况、寿命长短等影响，就使有声语言的传播和保存不够稳定、不够准确。由于以上原因，再加上书刊和多媒体记录了人类的有声语言和无声语言，所以，本书在考察文化传播载体时，没有把语言与书刊、多媒体放在同一系列。

书刊作为第一大文化传播载体已经为人类社会的发展做出了重大贡献，并将继续发挥其作用。迄今为止的人类文化，就其狭义而言，基本上属于书刊文化。

书刊是以语言、文字、印刷术等的产生和发展为基础的。因特网则是在书刊文化成熟之后，在高科技基础之上产生和发展的。作为多媒体的先驱之一，电视已经有了长足的发展，并已形成电视文化。目前，我们正处于书刊文化和电视文化并行时期。电视文化迅速崛起，并向书刊文化发出强有力的挑战。因特网包容了电视，并且具备了电视所没有的众多重要功能。多媒体文化向书刊文化的挑战将更加全面而有力。

广播和录音只是记录了声音，弥补了书刊无声的缺点，但它缺少可视性。作为文化传播载体它们的作用受到限制。电影由于技术手段等原因，使它不具备电视传播廉价、及时、即时、普及等优势，因而作为文化传播载体远不能与电视相比。但电视有转瞬即逝和节目顺序的强制性等缺点，而且在阅读方面很难像书刊那样自由。电视作为文化传播载体也有其局限性。而电视的种种不足因特网基本上都给弥补了。

二 因特网作为文化传播载体的特征

因特网作为文化传播载体具有如下重要特征：

第一，因特网具有全息性，即全信息特征。"全息"是光学术语，它是一门记录和再现物体波中全部信息的新学科。借用"全息"这个术语，是用来说明因特网传播具有全信息的特点。这是因特网作为文化传播载体的最根本特性，也是书刊等所望尘莫及的。因特网不仅有声音，还有画面；不仅可以再现静态画面，还可以再现动态画面；不仅有画面，还可以配以文字和图表；不仅有黑白图像，还有彩色图像；不仅能够再现过去的图像（录像），还能够即时播出正在进行中的场面；不仅可以接受一方发来的信息，还可以同时接受几方发来的不同信息，并能进行定向反馈。总之，因特网能够最大限度地逼近客观世界，把客观世界真实、全面地展现在电脑屏幕上。

因特网全信息的特点，在其具有的电视功能上体现得比较充分。比如书刊显示一个场面："高速公路上，飞驰的白色小轿车。司机是个年轻小伙子，戴着变色眼镜，手持方向盘，目视前方，同时用眼的余光眄视坐在身旁的女朋友。他的女朋友穿一身白西服，若无其事地将目光投向车窗外。"这是经过作者选择过的信息。而电视图像显示这段文字描写的场面，可以只用一个镜头和极短的时间即可完成。而且电视图像还可以在极短的时间里，显示出文字不可能叙写出的差不多车厢里的全部信息，诸如，司机戴着手套，脖子上系着领带等。电视的全信息性使其具有近乎天然的真实性。因此，在各种新闻媒介中，人们最相信电视的真实性。正因为如此，1972年，日本前首相佐藤荣作在表明引退意向的记者招待会上，拒绝会见新闻记者，而要求通过电视发表讲话。佐藤确信，通过电视发表讲话才能够忠实地传达自己的意图。这是我们在第一章已经举过的例子。

第二，与全息性相联系，因特网还具备信息容量大的特点。也就是说，因特网和计算机技术的全信息和大容量使其所载信息，无论在质和量上都是书刊不能比拟的。例如，英国牛津大学出版社出版的第2版《牛津英语辞典》有20卷，总重62公斤，字数达6千万。这一巨型工具书已存在巴掌大的光盘上，并已于1992年下半年在美国上市。

第三，因特网具有极大的包容性。多媒体这个名称本身就已经表明了这一点。像许多具有强大生命力的新生事物一样，多媒体包容了原有电器的众多功能，而且同时具备了原有电器不曾有的功能和优势。它可以将电脑、电视、录像、音响、电话、传真等多种功能集于一身，而且信息高速公路还能使世界上的许多具有相同功能的多媒体，联结在同一网络系统中。在人类历史上还从来没有过将如此众多的功能包容于一身，并且具有智能特征的人工制造物。因特网可谓人类智慧的结晶和集大成者。

因特网的电视和电脑功能的包容能力最强。电视可以使刚发生和正在发生的事直接让观众看到，从而成为新闻媒介（而且是新闻媒介中最强有力的一种）；它可以把电影、舞台演出、体育比赛等拉进屏幕，它可以专门制作电视剧，从而成为最重要的文化娱乐工具；它可以将课堂教学引入荧屏，在国家范围内、甚至超出国界办各种级别的电视学校，从而成为教育的一种新途径。美国已经在尝试把小学1年级到6年级的科普教科书制成电视激光录像片。我国上海已将成语故事搬上荧屏。在"非典型肺炎"流行期间，中国不少城市使用"空中课堂""网络教室""电视教学"等收到了不错的效果。现在，网络公开课在世界范围内日益红火。

计算机技术可以进行计算、科研和设计，可以进行文字输入和输出，可以做工农业生产、医疗、办公和商业中的许多工作，可以即时显示股票和期货的动态行情，可以管理家政，可以玩游戏，可以以观众的身份干预电影故事片或电视剧剧情的发展，等等。

为了叙述方便，我们分别单独开列了电视和计算机的诸多功能，但事实上，作为多媒体组成部分的电视和计算机等是一体化的。它们的功能是智能化和综合性的。

因特网的巨大包容性就使其既有文化雅、俗的兼容性，又有工作、娱乐的兼容性。电视在进入多媒体之前，尽管它既可以播出侠义武打等通俗电视剧，也可以播出上座率并不高的电影探索片；既可以播出主要由戏迷喜爱的"国宝"京剧，也可以播出青少年喜欢的流行音乐（音乐电视的一部分）；既可以教学龄前儿童识字，也可以播放关于某一新学科的学术讲座，但人们往往还是把它看作一种大众文化或俗文化的传播工具。而且，人们已经对它的负面作用有过很多批评。比如，"由于大量接触影视文化，阅读所带来的幻想能力削弱了，抽象的语言符号变成了活生生的图像，这就造成了知识增长的同时创造性萎缩的现象……因此，应当告诫青年朋友，不要过多地沉浸在影视文化之中，因为它只提供思维内容，而语言才主要是提高智能的必要方式。"[1] 报纸上"关一下电视读点书"，"关上电视拿起书"，几乎众口一词。因特网在相当大的程度上弥补了电视的不足。因特网具有电视所有的大众娱乐节目，同时具备了比电视更加高雅的文化层次。电视中的高雅文化多是作为传播对象而存在的。一般情况下，电视不能使传播者和接受者进行直接反馈或交流。信息高速公路网络中的多媒体则不同，它可以使众多用户直接反馈或交流。它不仅可以传播高雅文化，还可以以自身作工具直接创造高雅文化。科学家用电脑或联网电脑搞科研已不是什么新鲜事。甚至他们对有些重大的科研课题的讨论都是在电脑网络上进行的。几年前，有人宣称低温核聚变（cold fusion）成功，从而引起激烈争论，许多有关的讨论最初不是在学术会议或学术杂志上，而是在电脑联网上进行的。这种交流方式能够以极快的速度得出评估结果，即冷聚变实验是无法自圆其说的。这与印刷出版物的缓慢速度形成鲜明对照。[2] 等因特网普及之后，肯定也会在社会上造成某些副作用。但人们不会指责它传播的仅是低俗文化，人们也不会像要求关掉电视那样关掉因特网。因为到那时，许多学术书刊都是通过因特网阅读的。对多媒体恐怕主要是一个如何利用的问题。

电视、录像、音响对大部分人来说，是娱乐工具。而电脑、电话、传真却是日常生活和工作（生产、经商、办公、科研等）的工具。因特网将娱乐和工作这两者在过去看来很难融合在一块的人类活动有机地结合在一起。人们花钱购置具有多媒体功能的接收终端再也不会像过去购买电视机、录像机、音响设备等那样被视作纯消闲、娱乐的消费，它也是一种"生产性"投资。

第四，因特网具有传输信息的高速性和处理信息的智能化特征。连接在信息高速公路网络上的多媒体，其传播信息的速度是书刊所望尘莫及的。因特网所传送的动态信息，比如现场电视直播、电话会议等是书刊所根本办不到的。因特网所传输的静态信息，比如新近出版的报纸、杂志、书籍等只要用户履行特定的程序，几乎可以达到这些电子读物出版之时，因特

---

① 孙郁：《影视文化对青年智能造成的影响》，《新文化报》1990 年第 3 期。

② 参见〔美〕威廉·奥尔曼等《开拓电子新领域》，《交流》1994 年第 3 期。

网用户就能马上阅读的程度。至于各大图书馆的馆藏书刊，更是可以随时调来阅读，而免去长途奔波借阅之烦。在信息传输方面，曾经有过这样一件事：中国科学院理论物理研究所的一位青年科学家，好不容易取得一项开创性成果，他立即将论文寄往国际学术组织。这种邮件需一至两周时间才能到达。岂料，一位外国学者的内容相似的论文，虽比他晚发几天，但使用了电子信箱（E-mail），在计算机前轻轻一敲键，信息即达目的地。外国学者的成果理所当然成为世界首创，而中国学者的成果没有得到应有的荣誉。这件事很能说明电子通信的高速性。随着高科技的不断发展，因特网的传输速度还会加快。现在"光脑"已经诞生。电子的传播速度为593公里/秒，而光子的速度为30万公里/秒。有人预言，21世纪将是"光脑"时代。生物芯片也是业内人士关注的一个领域。

因特网的优势不仅表现在传输信息的高速度上，还表现在它处理信息的智能化上。这更是书刊所无法企及的。传播学里有一个广为人知的观点，即媒介是人体的延伸。如果说电视、录像、音响、电话、传真是人体听觉和视觉系统的延伸的话，那么电脑则是头脑的延伸。头脑的延伸比身体其他任何器官的延伸都来得重要。多媒体处理信息的智能化主要得利于电脑。书刊所载信息全部是"死的"，若想从中得到某一专题的所有信息，必须进行烦琐的人工统计。而多媒体只要有相应的软件支持，得到这些信息易如反掌。多媒体还可以自动接收或传出某些指定信息。同时，在多媒体中欲复制某些信息内容，只要按几个键就行了。而书刊则需要烦琐的抄写或复印。此外，机器翻译、互译软件也取得相当进展。多媒体智能化处理信息的前景是很广阔的。

上述因特网作为文化载体所具有的重要特征，奠定了它在人类史上第二大文化传播载体的地位。说多媒体是第二大文化传播载体，是就其在历史上出现的次序而言，并不是意味着它在人类历史中的地位和作用是第二，书刊是第一。书刊作为第一大文化传播载体，对人类历史的进程产生了巨大而广泛的影响。多媒体作为第二大文化传播载体，对人类的影响，就其广度和深度来说将丝毫不亚于书刊，而且将在许多方面超过书刊。下面我们着重谈一下它对人类文化的某些影响。

三　因特网对人类文化的影响

书刊文化造就了读书人，网络多媒体文化则造就网络多媒体人。由于网络多媒体所具有的全息性和极大的包容性，就使它同时具有超乎寻常的大众性和专家性。就数量而言，到现在为止，读书人只占整个社会的一部分。因为要想进入读书人行列，必须得识字。而成为多媒体人却不一定需要这个条件，只要是正常的人都可以进入多媒体人行列。文盲不能成为书刊的朋友，而多媒体则面对所有的人。当然，正像识字读书需要一定的经济条件一样，占有和使用多媒体也需要一定的经济条件。但识字读书在年龄上有限制，超出了一定的年龄，就可能永远成为文盲。而各年龄段的人都可以随时加入多媒体人行列。过去"秀才不出门，便知天下事"，现在文盲不出门，也可以知道天下事了。毋庸讳言，多媒体人也将有不同层次，而且差距可能比读书人拉得还大。不管怎么说，随着人类经济水平的不断提高，随着多媒体逐渐普及，多媒体在普及文化知识、传播信息方面的作用将会大大超过书刊。因特网时代人的文化知识水平和信息占有量是书刊时代的人所无法比拟的。

因特网使人类文化活动增大了选择余地，也就是说，由于主观能力、主观能动性和主观选择的不同，多媒体人将形成很大的差别。不像书刊，不识字的人无法使用它；不识字的人却可以使用多媒体，但使用的范围有限。有些人可能只利用多媒体看电视、听音响、打电话或玩游戏，还有不少人将使多媒体成为自己办公和工作的得力工具，一少部分人将使多媒体成为科学研究和写作的好助手。能使多媒体成为科研助手的人才有可能将多媒体的多种功用发挥得淋漓尽致。

据国外就利用信息高速公路究竟希望接受何种服务的一项调查，在 800 名被调查者中，有大约 75% 的人选择信息和教育服务作为最重要的业务项目。[①] 作为信息文化传播载体，因特网已经开始在新闻出版界崭露头角。电子版报刊在国外已经不是新鲜事了。如今美国 55 岁以上的人尚有 55% 读报，而 18~30 岁年龄段的只有 30% 的人读报。可见利用多媒体读电子版报刊在年轻人中很有市场。在新闻信息传播方面，电视直观、快捷；但在深度方面不及报刊。多媒体正好将电视和报刊结合在一起，超越了它们各自的界限。电子书籍的进展与电子版报刊不相上下，书商们曾估计，从 1995 年起电子图书数量会有所跃进，到 20 世纪末可望占到全部出版物的 25%。[②]

---

① 见张鸣《信息高速公路将把我们带往何方》，《光明日报》1994 年 11 月 2 日。

② 姜岩：《"无纸"时代即将来临》，见《新华文摘》1994 年第 3 期。

这个估计也许有点乐观，但电子图书的兴起却是势在必行。电子书籍出版社的产生和兴旺也是预料中的趋势。有人预言印刷媒介行将死亡，有人宣告"无纸"时代即将到来。这些说法也许为时过早；但多媒体将在很大的范围内和相当大的程度上取代传统书刊会成为一个不争的事实。

如果说多媒体对于新闻出版界的影响已经显露出来，那么它对于教育界的影响现在在许多方面还是潜在的。但作为划时代的文化传播载体，因特网对教育的影响将是深刻和广泛的。由于多媒体所具有的全息性、智能化和极大的包容性，它在一定程度上会改变传统的老师教（讲课）学生学的教学模式。多媒体在不少方面会扮演老师的角色，它能有效地追踪教学和衡量、测试教学效果。学生在学习方面主观能动性的作用会比过去更加重要；因为他们比过去的学生更多地面对的是多媒体这个老师。学会学习是每个学生必须终生面对的课题。老师在管理和引导方面会有更大的作为。教科书将要改变自己的面目，它们将更多地被教学软件等所取代。据《文汇报》1995 年 4 月 1 日章建康译文说，国外的研究发现，多媒体学习系统可使学习时间减少 50%，记住的东西增加 80%，费用下降 50%。这些数字可能夸大了网络多媒体在教学方面的作用，但它应用于教学之可喜前景却是不用怀疑的。

因特网对文学艺术的影响也是引人注目的。多媒体使观众或读者干预电视剧或小说情节的发展成为可能。它体现了现代艺术发展的一个趋势，即观众直接参与艺术。这在书刊占统治地位时是很难办到的。多媒体使接受者参与艺术进入一个新阶段。用电脑制作电影和电视剧近来取得可喜进展，它使过去不易或不能拍摄的场景轻而易举地得到了，从而在一定程度上改变了影视的面貌，而且使拍摄费用大大降低。影视艺术已经对写小说、散文等的传统意义上的作家的创作产生了影响。小说作家苏童曾说过："我这个人从小喜欢电影，一些看过我小说的朋友常说，其中有些章节非常电影化。"[1] 苏童小说某些章节的电影化仅是一个显见的例子。包容了影视艺术的网络多媒体对作家创作的影响会更加明显，这种影响会在作家的艺术构思和思维方式等方面表现出来。

因特网对人类文化最深刻、最内在的影响恐怕还在于它对人类思维方式的影响。网络多媒体与书刊的根本区别就在于它的全息性。这种全息性

---

[1]　张敏贤：《"写出我眼睛中的世界"》，《新民晚报》1993 年 5 月 1 日。

是书刊时代的人们所无法领会和接受的。书刊筑就了书刊人的思维模式：想象和逻辑思维能力发达，但想象和客观事物往往不能对位。由于他们从书刊上接受的一般不是某一事物的全信息，许多信息得靠想象加以补充，书刊人往往缺乏立体思维。多媒体也会筑就多媒体人的思维模式：形象思维能力发达，想象和逻辑思维的能力较差。这里所说的形象思维，并非文艺创作和欣赏所独有。形象思维尽管是人类最早的思维方式，然而它又是综合的思维方式。逻辑思维是人类的高级思维方式之一，然而它又是单一的思维方式。在更深广的意义上，形象思维包括了逻辑思维。绝大多数科学家（也许数学家除外）在进行科学创造时，使用的应当是形象思维（当然包括逻辑思维），而并非单一的逻辑思维。形象思维包含了立体思维的因素。而多媒体的全息性更使多媒体人在立体思维方面经常受到熏染。多媒体人接触的多是声音、颜色、外形、内部结构、活动轨迹等性状俱全的立体事物。这就使多媒体人的思维方式会更加接近客观世界。

网络多媒体人得到的信息量之大和占有的知识面之宽，就整体而言，是过去书刊人所不能相比的。可是，知识面宽，如果不加训练或梳理，往往是零散和不系统的。欣赏能力普遍提高，但眼高手低的现象比书刊人严重得多。要避免这些不足，一是靠学校的系统教学，二是靠自己的主观努力。因特网还会带来不少社会问题。我们在欣喜地赞美网络多媒体给人类带来的巨大益处时，决不能忽略它对人类的负面影响。对于可能出现的负面影响，我们应积极采取对策，争取防患于未然，使这种负面影响降到尽可能低的程度。

四 本节结语

因特网作为划时代的文化传播载体在世界范围内才刚刚兴起，前途远大！以上的文字只不过是对因特网的现状做了一点描述，并在此基础上试着进行了文化方面的理论探索和猜测。对多媒体的全面、深入的理论评述，恐怕得到它的普及阶段才有可能。因为只有到了那个时候，它的社会功用、它给社会带来的问题才能展露得比较充分。然而，理论工作者不能坐视其迅猛发展而无动于衷，对于网络多媒体，理论同样要显示出自己的预见性和关注人类发展、关注人类实践的品格。

第二节　社会生活的新参与者——
无所不在的媒体陪伴

一　媒体陪伴的含义与成因

我们已经处在媒体社会中，人们被媒体所包围、笼罩。与传统社会相比，社会生活的方方面面都有媒体陪伴着。媒体成为社会进程和事件新的伴随者、参与者。

历史上，参与人们日常生活和社会活动的有三个因素：周围环境、相关人员，有时还有旁观者。周围环境和相关人员是社会活动进程的要素，不可缺失也不可摆脱。而旁观者有时影响这些活动的进程；有时则影响甚微，可以忽略不计。进入媒体社会后，除了上述三个因素外，第四个因素参与进人们的日常生活和社会活动中，这就是媒体。这种媒体参与是全方位的，不仅有专业媒体及其工作人员，而且相关人员和旁观者也随身携带着媒体，比如，2011 年 5 月，美国海军海豹突击队击毙本·拉登 40 分钟的整个行动过程，都被他们头盔上的小型摄像机拍下并实时传回了白宫的研究室，这个过程无需记者，奥巴马和幕僚则在白宫注视着这场"重大战役"。同时，就连周围环境中往往也设置了摄像头、录音机等媒体。比如，在 2012 年 5 月 29 日"最美司机吴斌"事件的认定和传播中，车载摄像机摄下的视频起了关键作用。这段视频完整地记录了一铁块从空中飞落，击碎车辆前挡风玻璃砸向他的腹部和手臂，但他仍能忍住剧烈疼痛，完成了一系列精准的脚踩刹车、拉上手刹闸、开启双闪灯、艰难站起、通知乘客、打开车门等动作。由媒体参与和伴随的日常生活和社会活动，是古代社会中的人无法想象的。这是司马迁时代、李白时代甚至梁启超时代都不曾有过的现象。

司马迁、李白壮游祖国的过程，何来媒体陪伴？梁启超游历欧洲诸国时也不曾有媒体形影不离。余秋雨的千禧之旅不仅香港卫视全程跟随，还有多家华文媒体从不同侧面伴随着这个旅程。"古代旅行者真正的痛苦，是无以言状的寂寞，而我们这次，虽然每天都遇到大量麻烦事，但通过铱星和海事卫星，然后再通过电视和报纸，使全球华语圈的无数读者和观众始终与我们同在。"① 余秋雨的旅行日记也同时在我国台湾的《联合报》、我国香港的《大公报》、新加坡的《联合早报》、马来西亚的《星洲日报》、美国和加拿大的《世界日报》《华侨》连载；在我国大陆，系统连载的是《北京晚报》和《羊城晚报》，转载的报纸更多。这些报纸一刊登就是 3 个多月，100 多篇。

这里所指的媒体陪伴主要包括三个内涵：其一，人们作为受众，几乎时时、处处被媒体所包围、伴随。其二，人们作为传播者，几乎时时、处处都在使用媒体向他人或社会组织传播讯息、保持沟通。其中又包括两种情形，一是利用手机、QQ 等传递私人信息，多不具有公开性。二是利用微博等传递包括新闻在内的社会信息。其三，人们作为媒体的信息源、作为被采访、追踪、摄录的对象，几乎时时、处处被媒体扫描、跟踪、监视。其中也包括两种情形，一是被大众媒体所采访、追踪、报道。由于专业新闻媒体越来越多，更多的新闻记者渗透到社会的各个角落，各种事件的现场总是少不了记者的身影。二是被非典型大众媒体比如电子眼、私人手机、安装在汽车车内和车身上的微型摄像器材所摄录、跟踪。这些媒体所记录的讯息只有进入大众媒体才会获得广泛传播。世界上第一家接受、编辑和出版来自普通读者的内容的网络报是 2000 年创办的 OhMyNews，它的口号是"每个公民都是记者"，声称自己是"新闻游击组织"。除了几十名编辑记者外，它拥有几万名注册的"公民记者"，职业从家庭妇女到专业作家应有尽有，他们共同为这家报纸提供 80% 的内容。OhMyNews 在 2002 年的韩国大选中对卢武铉的当选起了很大作用，卢在当选后把接受第一次媒体采访的机会给了这家网络报。②

上边所说的媒体当然包括大众媒体，但也包括"自媒体"和一切能够摄取信息、传递信息的媒体。第一种情况，人们作为受众被媒体所包围、伴随已经有过不少研究。本书关注的主要是第二种情况和第三种情况。

媒体陪伴可以分为显性媒体陪伴和隐性媒体陪伴两种类型。最典型的显性媒体陪伴是媒体现场直播、现场采访等，进入电子眼的监视区域也属于显性媒体陪伴。隐性媒体陪伴则要复杂得多，通常情况下当事人并未意

---

① 余秋雨：《千年一叹》，作家出版社，2002，第 121～122 页。

② 关于 OhMyNews 的情况，参阅了胡泳《新媒体环境下的"参与式新闻"》，《新闻战线》2007 年第 12 期，第 58 页。

识到媒体的陪伴。比如全球定位系统（Global Positioning System）中的每一个手机携带者，信用卡持有人的每一次消费等都有媒体系统在跟踪、记录。显性媒体陪伴与隐性媒体陪伴，一起构建了信息社会中媒体对所有人的全方位、全时段陪伴。

显然，这里所说的媒体陪伴，不同于已经获得广泛认同的媒体社会中存在的"媒介依赖症"。"媒介依赖症"有几个特点，包括过度沉湎于媒介接触而不能自拔；一切价值和行为选择必须从媒介中寻找依据；满足于与媒介中的虚拟社会互动而回避现实的社会互动；孤独、自闭的社会性格等。

在媒体陪伴与"媒介依赖症"这两种事相中，虽然都有媒体伴随，但媒介依赖中社会人成为媒体的受众。而媒体陪伴则是指每一个人都成为媒体的受众的同时，还是使用媒体作为工具传递自身信息的传播者，并且成为被媒体所摄录、追踪、报道的对象。只有部分人会患上媒介依赖症，而媒体陪伴，则强调社会中每一个人都可以成为使用媒体的传播者和被媒体摄录、追踪、监视、报道的对象。

互联网、手机以及电子眼、传感器等日益增多的媒体使媒体陪伴成为可能。所有的媒体陪伴最终进入社会系统，都以互联网及其数据库为神经中枢。

每个人以消费者的身份，自愿付费享受着现代技术带来的各种便利和效用，但每加入一个信息技术服务系统，就得无偿将自己的身份信息甚至隐私提供给这个系统，每一个消费者都主动参与了对自己监视系统的构建。自己的私人行为被转化为公共记录。在申领和使用身份证、信用卡、驾驶证时，多是自己填表，把自我信息交给社会信息体系，全民都参与了这一监视体系的构建。网络数据库成为一种"全景监狱"监视系统的中心，全民都被标上数字处于被监视状态。名义上的行动自由被无所不在的目光所剥夺。政府各部门、商业公司不停地收集个人的各种信息数据并在网络中交换。消费者通过个人电脑订购产品时，将自己的数据键入了生产者的数据库，不知不觉中，消费者参与了对自己的监视。越来越多的经济交易活动自动进入数据库，并且得到消费者的帮助。全球定位系统使几乎人手一部的手机把它的使用者的行动轨迹展示给无线通信系统。"关系数据库（relational databases）已经在它们的结构中内置了与其他数据库结合的能力，它们形成了巨大的信息储量，几乎把社会中的每一个个体都构建成一个对象，并且原则上能够包括该个体的几乎所有信息——信用评定数据、服役记录、人口普查资料、教育经历、电话记录等等。"①

各种电子眼、监视器 24 小时不间断工作，使环境尤其使人无可逃脱这只无所不在的眼睛。监视器成为新闻记者，监视器成为证据提供者，而且被视为公正无私的证人，我们可以看到，越来越多的新闻材料、越来越多的案件的线索和证据来自于电子眼、监视器。

物联网意味着媒体伴随着所有重要的物品，人联网更意味着媒体伴随着所有的人。若想逃遁相关媒体的伴随已经越来越困难。对于许多人来说，避开媒体已成为一种奢侈。

二　媒体陪伴的社会影响

媒体伴随和参与日常生活和社会活动，极大地影响着人类社会。现代人生活在媒体中，媒体塑造着现代生活和现代人。媒体陪伴着社会生活，媒体见证和记录了社会生活，媒体参与了社会生活，媒体干预和改变了社会生活。有媒体陪伴使社会活动变得"有意义"和"神圣"。任何人物和事件要想获得历史意义，必须进入媒体，否则就没有自己的历史。同时"自媒体"只有进入大众媒体才能产生较大的社会效应。

媒体陪伴使社会活动越来越表演化。对于一些官员来说，没有媒体陪伴就好像缺了什么。官员的政治活动成了媒体面前的表演，政治的表演成分越来越浓。"随着这种趋势的发展，政治和演艺界之间的界线越来越模糊了。政客成了演员……"② "更确切地说，应当是谁在媒体面前表演得漂亮就投谁的票。在电视成为第一媒体的今天，情况尤其如此。如果不是靠电视，而只是靠印刷媒体，像里根这样的人永远不会成为美国总统。里根之所以成为美国总统，主要靠电视传播他的形象，推销他的演技，使其获得选民的支持。"③ 一方面，官员离不开大众媒体，因为他们需要传递管理信息、塑造自身形象；另一方面，他们又想极力摆脱无所不在的媒体凝视与监督。后者，本书在"共景监狱"中要专门谈。

处在媒体面前的政治家往往会遮掩自己的本来面目，调整自己的态度

① 〔美〕马克·波斯特：《第二媒介时代》，南京大学出版社，2001，第 123 页。

② 〔英〕格雷厄姆·默多克：《媒体参与的现代性：本世纪末的传播与当代生活》，见马戎、周星主编《21 世纪：文化自觉与跨文化对话》（一），北京大学出版社，2001，第 133 页。

③ 〔德〕托马斯·迈尔等：《关于媒体社会中政党政治的对话》，《当代世界与社会主义》2000 年第 4 期。

和行为。美国总统布什记述了自己当获知美国遭受袭击也就是"9.11事件"时的反应，当时他正在一所学校的教室里：

> 我的第一反应就是愤怒。竟然有人胆敢袭击美国。他们一定会为此付出代价。之后，我看着面前的孩子们那一张张无辜的面孔……数百万像这些孩子一样的人们需要依靠我来保护他们。那时，我下定决心绝不会让他们失望。
>
> 我看到教室后边有一些记者正在通过手机和寻呼机查看新闻。这时，本能告诉我，我的一切反应都会被记录下来，并传播到世界各个角落。整个国家可以陷入震惊，但总统不能。①

正是由于媒体的伴随才使布什迅速调整了自己的心态和行为。

对于许多科学研究来说，一方面，由于媒体的跟进，有助于科学普及和宣传；另一方面，由于媒体的陪伴，干扰了正常的科研进程。陈景润去世后，写出著名报告文学《哥德巴赫猜想》的作家徐迟说过这么一句话："也许，正是我那篇被人传诵一时的文章，打乱了和干扰了数学家虽然艰辛却也正常和安静的登山之路，使他仅差一步之遥而没能到达最后的顶峰呢！"② 媒体的陪伴还使一些科研考察染上了作秀、做表面文章的色彩。有人批评现在的某些科学考察："最重要的是带上一张嘴就行了：专家学者的工作主要就是站在那儿，冲着电视镜头表演一番。"③

媒体陪伴也深刻影响着新闻。微博实现了手机和互联网应用的无缝连接，意义重大。一些突发事件或引起全球关注的大事，在场的微博客，可以利用各种手段在微博上发表出来，其实时性、快捷性和现场感几乎超过所有媒体。微博信息发布无须审核和等待，人人、时时、处处都可以发布、传播、评论新闻。这种能够零时间生产、发布、转载和发布信息的微博，冲击了现有的新闻传播秩序。如果说互联网为普通人成为新闻报道者提供了潜在条件，那么微博使这种可能转变为现实。很多网民以目击者和第一手材料掌握者的身份，参与了搜集事实和报道新闻的进程，有时甚至首先

---

① 〔美〕布什：《抉择时刻：乔治·沃克·布什自传》，中信出版社，2011。
② 徐鲁：《哥德巴赫猜想20年》，《长江日报》1997年12月5日。
③ 杨镰：《对"科学考察"的忧虑》，《文汇报》2002年9月7日。

爆出突发新闻，写出"草根报道"。家住巴基斯坦阿伯塔巴德镇的网民索阿伊博·阿塔尔，在一家微博客网站无意"直播"了美军击毙本·拉登的过程，他发布第一条消息7个小时之后，美国总统奥巴马在白宫发布声明，美军在巴基斯坦境内击毙本·拉登。

媒体陪伴改变了记者独揽新闻的局面。在一些特殊的环境中，新闻记者有时候也不能及时获得消息。比如在太空探索中，记者要对宇航员进行采访就受到较多条件和程序的制约。1969年美国宇航员登月时不可能有记者跟随。2009年5月，宇航员迈克·马斯米诺首次在太空中应用Twitter（美国最早也是最著名的微博网站）发送哈勃太空望远镜修护过程的讯息。利用微博，宇航员可以发布更多的一手讯息。

有人把2009年伊朗的"绿色革命"运动称为"Twitter革命"。由于伊朗政府封锁和驱逐媒体，导致伊朗国内局势变动的信息不能及时传递出去。在正常采访途径受到阻碍情况下，伊朗民众利用Twitter等将示威和政府镇压的实况报道了出去。

微博上名人的信息更加日常化，更能满足追随者对名人全方位了解的欲望，甚至满足他们一定程度的"偷窥欲"；微博中，信息的传递方式是互动的、双向的，使新闻与日常生活的界限越来越模糊。

一切私密领域都进入了公共视野。打开互联网，社会生活中还有哪些私密的东西不能看到？即使最隐私、最污秽的画面也能在网上被展示出来。微博"推送"好友更新信息的方式，使得信息的时效性得以彰显。《纽约时报》记者克里夫·汤普森（Clive Thompson）指出，微博上喋喋不休的日常琐碎，体现的是现代人自恋情结的一个新极端，"他们认为自己的每句话都那么动听，以至于值得和整个世界分享"。

媒体陪伴既有利于全方位、全天候地监视社会环境，也很容易使公民的隐私暴露在光天化日之下；各种媒体就像无所不在的上帝一样，全人类几乎没有任何私密空间不展露在这双上帝的眼睛面前。

媒体陪伴也影响着日常生活和工作。2009年4月，美国的《每日秀场》（The Daily Show）的主持人约翰·斯特沃特对一些国会议员进行了讽刺，说他们在听总统奥巴马的国会演讲时，只顾低头"Twitter"，而对奥巴马讲话的实质性内容置之不理。在教室里，手机等新媒体分散了学生的注意力，尤其是将手机与互联网结合的微博，使老师在"争夺"学生的注意力时，显得力不从心。由于媒体直播使许多重大工程的启动典礼和完工时间提前或推迟，也是由于媒体的直播使许多体育比赛的时间和赛制改变。

在日常生活和社会活动中，由于无处不在的媒体陪伴，今人的心理状态与古人相比发生了微妙的变化。古人最多会顾及自己如何被历史所记载，"人生自古谁无死，留取丹心照汗青"。媒体社会中的人可能会在考虑同样问题的同时，更多地会顾及自己如何被当下的媒体记录、报道，自己如何进入新闻。由于意识到自己成为拍摄的对象，人们总会有意识或无意识地至少在一定程度上改变或控制自己的行为。

我们看到的电视新闻里记者现场采访的画面，被采访者的回答，说的都是真心话吗？尤其是那些涉及政治敏感问题的问话，被采访者不可能像他（她）私下里与自己的亲朋好友们无拘无束、没有心理戒备的谈话一样。

三　媒体陪伴与"全景监狱"和"共景监狱"

法国学者福柯在边沁的《全景敞视监狱》基础上提出了"全景监狱"的概念。[①] 福柯发现，在传统社会中，管理者监控社会恰如古罗马人发明的一种金字塔式的监狱：犯人被监禁在不同的牢房中，监狱管理者则处于最高一层牢房顶端的监视室内，他可以看到所有犯人，而犯人们却看不到他，并且犯人们彼此之间也缺少有效沟通和传递信息的渠道。由于监管者和被监管者信息不对称，不管管理者到位或缺位，犯人们都假定他在监视，因而不得不自觉地规训和惩罚自己。

美国学者马克·波斯特在"全景监狱"基础上又提出了"超级全景监狱"的概念。波斯特把由电脑数据库所构成的对人的全面监视与规训，称为超级全景监狱，并认为这是电子媒介时代的社会统治模式。数据库是作为一个超级全景监狱运作的，它像监狱一样，连续不断地在暗中有系统地运作着，收集个人资料并组合成个人传略。

> 与全景监狱所不同的是，这些"囚犯居民"无须关在任何建筑物中居住；他们只须继续进行其刻板的日常生活即可。因而，这种超级全景监狱与它的前一代相比更不会侵扰他人，然而它完成规范化这一任务的效率却绝不降低。

---

① 〔法〕福柯：《规训与惩罚：监狱的诞生》，生活·读书·新知三联书店，2003，第232页。

　　数据库的信息瞬息之间就可以流过全球范围的赛博空间，对人们实施监控。数据库无须任何狱卒的眼睛就能"审查"我们，而且它们的审查比任何人都更加准确、更加彻底……无论一个人在何处做事，总会留下痕迹，都会转化成可供电脑利用的信息。[①]

　　全景监狱和超级全景监狱描述的都是管理者对人的监视与控制，而由于以互联网为代表的新媒体技术的出现，使这种监视与控制进入到了一个崭新的阶段，即所谓超级全景监狱阶段。但超级全景监狱还没有全面描述出新媒体技术给社会带来的巨大变革，有学者试图从几乎相反的角度来描述这种变革。

　　　　而今天我们所面对的真正变化是，传播的技术革命正在促成一种新的社会结构——"共景监狱"。与"全景监狱"相对，"共景监狱"是一种围观结构，是众人对个体展开的凝视和控制。他们之间信息的分配已经比较对称了，管理者在信息资源把控方面的优势已经不复存在，试图通过信息的不对称所实现的社会管理遭遇到前所未有的危机。

　　"共景监狱"更像是一个体育场，是一种围观结构，个体，尤其是社会管理者处于众人的围观、监视之中。不仅如此，全景监狱似乎已经发生了"根本性转换"：

　　　　研究表明，我们今天所面对的一个最为重要的事实是，传统社会建立在信息资源垄断基础上的社会治理模式发生了从"全景监狱"到"共景监狱"的根本性转换。[②]

　　笔者认为，全景监狱和超级全景监狱的社会治理模式依然存在，否则我们就不能解释政府的信息优势和管理权威。而共景监狱现象的确也是新媒体技术背景下出现的新变化。由于新媒体具有"所有人对所有人的传播（communications for all, by all）"这一特征，就使超级全景监狱与共景监狱

---

① 〔美〕马克·波斯特：《第二媒介时代》，南京大学出版社，2001，第 97～98 页。

② 以上两段引文均出自喻国明《媒体变革：从"全景监狱"到"共景监狱"》，《人民论坛》2009 年 15 期，第 21 页。

并存于当下的社会中。媒体陪伴既为社会管理者创造了超级全景监狱的信息优势和治理权威，也为普通公民提供了共景监狱的监督管理者的技术条件和社会氛围，几乎每个管理者都感受到了集体凝视和监督的压力。《人民论坛》杂志的问卷调查显示，接受调查者中70%的人认为官员患上了"网络恐惧"症。社会管理者和普通公民，超级全景监狱和共景监狱正处于一种博弈中。新媒体推动了社会治理模式的进步。

超级全景监狱与共景监狱都是从管理者与被管理者的角度考察媒体带给社会治理模式的变化。而笔者对媒体陪伴现象的研究包括这个视角，但不局限于这个视角。不难看出，超级全景监狱与共景监狱都以媒体陪伴这一社会存在为基础，没有媒体陪伴就不会有超级全景监狱与共景监狱。

正像许多地方所提示的"您已经进入电子监视区"一样，我们向当代人提示：您已经处于无所不在的媒体陪伴社会——整个社会都是电子监视区——只是或隐或显罢了。

第三节　新闻与传播媒体的关系最为密切

一　一部新闻史就是一部传播媒体发展史

新闻传播总是与最先进的传播媒体连结在一起。也就是说新闻传播总是与最先进的传播技术相联系，与最先进的生产力相联系。造纸、印刷术、电报、电话、无线电广播、摄影、电影、电视、通信卫星、手机、因特网，这些先进的技术在历史上一出现很快就被用来传播新闻了。在这个意义上，一部新闻史就是一部传播媒体发展史。

加之新闻总是与时代的脉搏一起跳动，满足人们追随时代的需要，因此，新闻业呈现出一种日益兴旺的趋势。与新闻业相伴随出现的许多行业，有的已经消失，有的已经衰落，而新闻业却显示出日益强劲的生命力。现在，在世界上它不仅是一种文化事业，而且也是一种重要的产业——传媒产业、文化产业。

二　新闻与传播媒体的关系最为密切

传播媒体是用来传播信息的。大概能从整体上概括描述传播媒体所负载的内容，最合适的有两个词，一个是信息，一个是文化。信息和文化都是内含极为丰富，甚至莫衷一是的概念。新闻既是一种信息，也是一种文化。尽管传播新闻信息不是传播媒体的唯一职能，但无疑是其最重要职能之一，也是其最引人注目的职能。正是在这个意义上，人们把传播媒体几乎等同于新闻传播媒体，狭义的传播媒体就是指新闻传播媒体。一说传播媒体人们首先想到的是新闻传播媒体。这都表明了新闻与传播媒体的关系最为密切。

当一种传播媒体出现的时候，新闻是光顾它的最早客人之一。报纸、电报、广播、电视、网络都有大致相似的经历。

传播媒体的状况在相当大的程度上决定了新闻报道的体裁样式。正是由于电报的出现，使电讯的快速传播成为可能。也正是由于初期的电报技术不成熟，容易出现中断等故障，成为消息的导语和倒金字塔结构的直接起因。正是由于广播、电视媒体的出现，才有了广播新闻和电视新闻，听众和观众才有可能听到和看到新闻事件中人物的原声和原貌；正是由于广播、电视媒体的出现，才使现场直播这种新闻报道最快捷的样式成为可能。

至于互联网给新闻报道体裁样式带来的变化，我们多说几句。互联网上的新闻作品与传统新闻作品有很大不同。数字化使传统媒介难以做到的多媒体报道在网上十分普遍。现在，记者、编辑在写作和加工稿件时，都将文字、照片、图表、音频和视频材料结合起来处理。与传统新闻作品更为不同的在于网上新闻采用了"超链接"技术。传统的新闻是一个线性的完整的体系（contained model），所有材料都是在一个层次上，读者一次都能接触到。但超链接则是一个分层模式（distributed model），可以将素材组织成多个层次。第一层的材料是粗线条的，只介绍一个主要框架，而具体细节可通过调用关键词的超链接去展开，一些背景材料也用这种方式处理。各种不同的文本也可以在不同层次之间链接。链接的使用使新闻不仅只是"新闻"，一些过去的重大新闻将在网上长久停留，并可能成为新的新闻报道的有机组成部分。

"超链接"已经对网络新闻的写作产生影响。传统媒介的新闻写作，记者的思维一般都是凝固在相对独立的一篇作品中：先收集素材，在此基础上形成主题思想，然后再把有价值的细节及其背景材料等按照一定的结构模式组织起来，古今中外概莫能外。而在新闻网站中，这种写作方式就有一定的局限性。因为读者在阅读新闻时具有开放性。读者可以随时从某词"链接"出去，转到本站点内另一信息，甚至转到另一站点。这就要求记者写稿时，要充分考虑到网络读者的阅读规律，不一定完全把报纸、广播、电视的传统写法用于网络新闻的写作。因此，将材料进行有效的分层就显得非常必要。分层主要是为了适应 WWW 所具有的"超链接"的需要。"超链接"能将新闻素材组织成多个层次，以供不同需要的读者阅读。所以，记者在写稿时，第一层材料可以是粗线条的，只介绍主要框架，而具体细节可以通过调用关键词的超链接去展开，一些背景材料也可以用这种方式进行。①

　　正是考虑到传播媒体对新闻信息内容和样式的影响，我们认为麦克卢汉在 20 世纪 60 年代提出的著名论断"媒介即讯息"有其合理性。

第四节　文学、历史也离不开传播媒体

　　文学艺术一般不首先抢占传播媒体，它往往是在一种传播媒体站稳脚跟后，才考虑去利用和占领它，也就是说，它往往步新闻的后尘。

　　然而，传播媒体的状况甚至在一定程度上决定了文学艺术的内容和形式。

一　20 世纪产生的主要艺术品种都与传播媒体密切相关

　　在 21 世纪已经来临之初，回顾一下 20 世纪产生的新的艺术品种，从中探寻一下这些艺术品种的特点，捕捉一些有规律的东西，不无意义。

　　20 世纪新产生的艺术品种不少，比如中国的白话自由体诗，灯箱流水画等，但大的艺术品种主要有电影故事片、电视剧。因此，我们所说的 20 世纪新产生的艺术品种主要是指电影故事片和电视剧。电影诞生于 1895 年，但作为艺术的电影故事片的产生却是 20 世纪的事。电视剧比电影故事片的产生要晚，当然更是 20 世纪的产物了。

　　新产生的艺术品种多与新的科技成果联系在一起。这是 20 世纪新产生的艺术品种的一个明显特点。电影艺术的发展就非常清楚地向人们诉说着科学技术如何推动着电影艺术的不断发展。电影是在照相术的基础上发展起来的；光学、录音技术的发展和发明，使有声电影成为可能；彩色感光

---

　　①　参阅彭兰《网络带来的变革》，《中国记者》1999 年第 10 期。

材料的问世，使电影由黑白走向彩色；宽银幕的发明扩展了观众的视野。此外，环幕电影、立体电影、球幕电影、全息电影等的出现都与科学技术的新进展密不可分。电视的发展也经历和正在经历着与此类似的过程。事实表明，科学技术不仅是第一生产力，而且也是新的艺术体裁产生的一种重要动力。

科学技术成为新的艺术品种产生的重要动力，就使新的艺术品种产生的速率加快。在艺术史上，电影曾被称为"第七艺术"。也就是说，在电影之前，已有六大艺术样式。可是这六大艺术样式却花费了人类不少于 20 个世纪的时间。而在新的科技力量推动下，电影故事片和电视剧这两大艺术样式，却用了不到百年的时间迅速风靡全球。新的科技不仅使艺术品种的产生速度加快，而且使新的艺术品种产生之后自身的发展速度也加快。

与上述特点相联系，新产生的艺术品种本身就是新的传播媒体产生和发展的产物。

多数情况下，新的传播媒体产生的直接动因，是新闻、信息传播的需要。新的传播媒体所负载的内容首先是新闻、信息。电视产生之后传播的首要内容是新闻、信息。尽管电视剧产生很早——早在 1928 年美国通用电气公司的纽约实验室就播映了第一个电视剧。但电视的产生更多地与新闻、信息联系在一起。1929～1935 年，英国广播公司与贝尔德合作多次进行实验性电视广播。1935 年 3 月德国柏林的实验电视台试播电视节目。第二年 8 月，奥林匹克运动会在柏林举行，该台又播映过实况节目，观众达 15 万人。1936 年英国广播公司建立了世界上第 1 座电视台，11 月 2 日起定时向公众播出黑白电视节目，这被认为是世界电视事业诞生的标志。

但 20 世纪以来新产生的传播媒体，多具有综合性。这种综合性就使它们在传播新闻、信息的同时，具有负载文学艺术的要求和可能。电视、网络都具有明显的综合性。报纸、广播同样具有相当的综合性。在目前占主导地位的传播媒体中，我们很难找到一种仅传播新闻的媒体。正是新的传播媒体的出现，为新的艺术样式的产生提供了技术条件。电影故事片、电视剧的产生都是这样。首先是有了电影和电视这种传播媒体，然后才有了电影故事片和电视剧。现代艺术样式多表现出与新闻信息共用同一传播载体的特征。

新产生的艺术品种多为综合艺术，而且综合性很强。这是 20 世纪之前所少见的。20 世纪之前产生的艺术主要有建筑、音乐、诗歌、散文、小说、绘画、雕塑和舞蹈（诗歌、散文、小说有时看作一个品种）。其中戏剧、建筑和音乐（这里主要是指声乐）是综合艺术。建筑主要综合绘画与雕塑，音乐主要综合音乐与诗歌。戏剧集文学、表演、音乐、美术与舞蹈等于一身，是 20 世纪之前产生的综合性最强的一门艺术。电影故事片和电视剧比戏剧综合性还要强。以电影为例，它综合了文学、戏剧、音乐、绘画、雕塑、建筑等多种艺术因素，形成了自己的艺术特性。同时它的综合性还表现在其创作是集体创作，编剧、导演、演员、摄影、美术、音乐、音响效果、录音、剪辑、服装、道具等在导演的统一指挥下协同工作，共同完成一部电影的创作。

综合性艺术是社会发展的产物，也是社会发展的要求。经济和技术的发展为综合性艺术的产生和发展提供了可能。也只有综合性艺术才真正有能力反映和表现人类生活的日益多样和复杂，才能满足人类不断提高的艺术欣赏水平的需要。可以设想，在可想见的未来文坛上，能占主要地位的应当是综合性艺术样式。

在历史上，新的艺术品种一般首先产生在民间，然后经过文人的加工升华，样式便固定下来。中国文艺史上诗的产生是很明显的例子，所以过去有"采诗"（派专门的人员到民间采集诗歌民谣）之说。词、散曲、杂剧和小说等也是首先产生在民间，经文人加工改造后成为一种固定的文学艺术体裁。过去，一种新的艺术样式从出现到发展、成熟，一般要经过民间——官方这样一种程序；现在，一种新的艺术样式从出现到发展、成熟，一般却要经过半官方或官方——民间这样的程序。像电视音乐、电视诗、电视散文等很难首先产生在民间。这是因为，一方面它的综合性较强，单个人很难独立完成其创作，另一方面它们的创作都依赖于相应的技术和技术设备，民间很少有人能拥有这种技术和设备。而这些新的艺术样式在官方或半官方控制的机构中产生后，一旦被民间所接受，很快就会在社会上流行起来。相反，现在真正产生在民间的东西，比如"顺口溜"，诸如讽刺某些领导干部的工作作风，"坐着车子转，隔着玻璃看，中午吃顿饭，拍拍肩膀好好干"；表达对于现行学术体制不满，"讲书的不如写书的，写书的不如学书的"（这里"学书"是指通过学校考试获得硕士、博士学历和学位）等，却很难登上大雅之堂，很难成为主流传播媒体上经常出现的艺术样式。

民间——官方，半官方或官方——民间，新艺术品种产生的这种大致相反的程序，给艺术发展带来的影响是很不相同的。前者，由于一种新的艺术品种首先产生在民间，所以它的形式是通俗和活泼的，它所反映和表现的内容一般也具有很强的人民性。但缺点是其形成和发展需要一个漫长的过程。后者，由于一种新的艺术品种首先产生在官方或半官方机构中，就使它具有一种由上而下，迅速推广的优势。如果这种艺术品种被广大受众接受，它就会以极快的速度成长起来。电影故事片和电视剧以几十年的短短历史，迅速从具有几百年、几千年悠久历史的诗歌、小说、戏剧手中夺走受众，其中的魔力来自科学技术。同最先进的生产力联系在一起的艺术形式，最容易快速发展起来，也往往最可能具有强大的生命力。然而，在这种优势的背面，有一个不容忽视的问题在困扰着 20 世纪以来艺术的发展。由于这些新的艺术品种首先产生在半官方或官方机构中，就使它在相当程度上不容易从民间吸收丰富的艺术养分。而民间的丰富养分从来都是艺术的最重要、最宝贵、最不可缺少的源泉。这就使影视艺术容易走入两种歧途。一是内容空虚、苍白。二是艺术容易变为纯粹的工业产品，成为纯粹的商品。好莱坞影片，包括许多所谓"大片"很难走出这两种误区。

二 传播媒体影响着文学创作和文学研究

著名作家、记者萧乾说："中国报纸与文艺的关系要比外国报纸密切多了。外国报纸没有我们的这种文艺副刊……文艺副刊对我国文艺运动的发展很重要……文艺副刊是文艺青年的一个园地，他们往往在这里迈出可喜的第一步……文艺副刊不光登青年的习作，还有老作家的文章。像我给《大公报》副刊投稿时，巴金、叶圣陶等许多老作家也在那里写文章。因此，文艺副刊也是老作家带新作家的场所。北方的《京报》《晨报》，上海的《申报》等报纸的文艺副刊都对我国文艺事业的发展起过很大作用。"[1]毫不夸张地说，没有报纸的文艺副刊，没有文学杂志，我们不能想象现代文学是什么样子。报刊不仅为新作家的成长和老作家发挥作用提供了场所，也为新的文学体裁产生提供了物质条件。巴克在《基希及其报告文学》中说，"报告文学的物质基础，就是报纸。"[2]另外，当今文学在报纸、广播、电视等大众传播媒介的各个角落中都变换着面目登场。文学离不开大众传

---

[1] 萧乾：《我爱新闻工作》，《新闻采访与写作》，人民日报出版社，1981，第49页。

[2] 〔塞尔维亚〕T. 巴克：《基希及其报告文学》，《国际文学》1935年第4号。

播媒介，大众传播媒介也需要文学。

正像供戏台演出的剧本与供文人案头品味的剧本有所不同一样，人们已经注意到晚清诗人黄遵宪所说的"文集之文"与"报馆文"的区别。也就是说，报纸产生和兴盛后，作家创作的面貌与过去相比发生了变化。陈平原指出：

> 所谓"自报章兴，吾国之文体，为之一变"，在小说研究中，也比较容易得到落实。在拙著《中国小说叙事模式的转变》（上海人民出版社，1988）和《二十世纪中国小说史》第一卷（北京大学出版社，1989）中，报刊生产过程以及报刊连载形式对于作家写作心态、小说结构和叙事方式的影响，已有较为切实的讨论。

他也注意到了传播媒体"已深深嵌入"作家的思维与表达，

> 大众传媒在建构"国民意识"、制造"时尚"与"潮流"的同时，也在创造"现代文学"。一个简单的事实是，"现代文学"之不同于"古典文学"，除了众所周知的思想意识、审美趣味、语言工具等，还与其生产过程以及发表形式密切相关。换句话说，在文学创作中，报章等大众传媒不仅仅是工具，而是已深深嵌入写作者的思维与表达。[1]

值得注意，不同的文学题材和体裁适合于特定的传播媒体，并非现代传播媒体都能把所有的文学题材和体裁完美地表现和传播出来。铁凝在谈到自己的两篇散文《草戒指》《河之女》被中央电视台以"LTV"（文学电视）的形式再创作之后播出时说：

> 我对变作了"LTV"的《草戒指》《河之女》并不喜欢，当它们变成画面出现在观众眼前时，不知为什么显得那样简陋和粗浅——产品说明书一般。这使我不能不断言我们的一些编导、摄像实在还不具备创造"LTV"的能力……我还从这现象的另一面又想到阅读的魅力。我

---

[1] 　以上两段引文均出自陈平原《文学史家的报刊研究（以北大诸君的学术思路为中心）》，《中华读书报》2002 年 1 月 9 日，第 17 版。

坚信人生的有些风景恐怕只适于灿烂在字里行间。①

由于大众传媒对文学创作的深刻影响，使文学史家意识到研究大众传媒——报刊等成为必要。前不久，将"大众传媒"与"现代文学"扭结起来，并依此为题展开综合研究与国际交流，曾召开了"大众传媒与现代文学"的讨论会。"王瑶先生之所以强调研究者必须阅读报刊，而不能仅限于作家文集，一是有感于现代作家常常根据时世变迁不断修改自家作品，不能以日后的修订本解说作家当初的精神状态；二是阅读报刊，可使研究者对那一时代的文化氛围有更为直接的了解。记得十几年前严家炎先生批评学界不读原始资料，仅靠二三手材料做学问这一不良倾向时，曾举修订本不足为凭为例。至于孙玉石、方锡德之发现并研究鲁迅佚文《自言自语》，深化了我们对于鲁迅散文诗创作的理解，更是阅读旧报刊的直接收获。"②

重视大众传媒对现代文学的影响，已开始贯彻在高校教学中。20 世纪从 90 年代初起，北京大学中文系为现代文学专业的研究生开设"现代文学史料学"专题课，要求研究生们至少亲手触摸并尝试评述两三种旧报刊，借此训练学生对于这一媒介的理解，同时培养一种历史沧桑感。

三 计算机图形图像技术——作家的一支新笔

这个内容也是传播媒体影响文学创作的一部分，由于它的特殊性就单列出来说。

20 世纪计算机开始普及的时候，作家们见面时常问的一句话是："你换笔了吗？"意思是"你使用电脑写作了吗？"现在除了少数年岁大的作家外，他们中的绝大多数人都已经在用电脑"笔耕"了。然而，计算机图形图像技术的产生、发展、成熟和普及，将使一部分作家实现真正的"换笔"。

计算机图形图像技术（Computer Graphics，简称 CG）几乎已被运用到所有的视觉艺术创作活动中，如影视特效、三维动画、平面设计、多媒体技术等，其中最为人们所熟识的是在现代电影中的运用。通过 CG 技术生产的影片可分为两大类：一类是真实人物、物体经过数字技术处理合成制作

---

① 铁凝：《铁凝文集 5·写在卷首》，江苏文艺出版社，1996，第 1 页。
② 陈平原：《文学史家的报刊研究（以北大诸君的学术思路为中心）》，《中华读书报》2002 年 1 月 9 日，第 17 版。

的"实拍片";一类是完全利用计算机技术虚拟影像的"动画片"。随着 CG 技术的不断发展、成熟,现在基本上实现了"实拍片""动画片"的合流。在这方面,最成功的范例就是电影《阿凡达》。

《阿凡达》的制作,除了实景拍摄的镜头外,其他镜头的制作几乎和现代三维动画一样。影片中约有 60% 的场景是电脑影视特效制作,创造了电脑虚拟世界与表演捕捉相结合的虚拟环境,将真人表演与计算机生成图像融合成电影中应该出现的场景。这种技术的基本步骤大致为:第一步,数字建模,也就是在电脑上做出虚拟人物的模型;第二步,虚拟摄像,让演员穿上装有传感器的服装,用表演捕捉等技术采集身体各部分的参数并在虚拟模型上运用,使模型像真人一样能够行动;第三步,通过计算机技术让人物出现在虚拟的环境中。

CG 中的一项关键突破是动作捕捉和表情捕捉技术。让演员或特定人选头戴设备采集到其表情信息,生成脸部的数字架构,也就是以数字技术记录下演员面部最微小的表情变化,从眨眼、吸鼻子到皱眉毛以及下颌、嘴唇、牙齿和舌头的细微动作。然后,将真人的动作和表情表演精确传递给 CG 人物,即使当"他们"与演员并肩共处,观众也分辨不出真与假。而那些无法人工完成的宏大场面和其他场景,也可以被逼真地展现出来。

有人说,随着 CG 技术的不断成熟,纯 CG 电影取代真人实拍电影成为可能;这将成为今后电影发展的一种趋势,此判断不无道理。而笔者提出另外一种思路:在 CG 技术成熟和普及之后,作家的构思、想象、创作将直接成为影像而不是像现在的文字作品。作家将不再需要导演将自己的文字作品拍摄成电影、电视,也可以说,作家与导演合一了。到那时,作家最多需要与电脑图形图像技术专家合作,而不需要再与导演合作了。

作家直接进行影视创作的前提是 CG 技术的进一步成熟,并且真正普及。《阿凡达》的投资成本约 5 亿美元,成本高昂。该影片的幕后工作人员多达 2000 人,其中有 800 个特效人员。160 分钟的《阿凡达》,每帧画面平均耗费 4 万个人工小时。目前这种技术程度和成本,作家还不可能直接运用 CG 技术进行创作。等 CG 技术能够创造出各种虚拟真人图像软件,形成"图像库",就像现在的"文字字符库",并且使用它们时费用低廉甚至像现在的各种文字输入法软件可以免费,那个时候,作家就可以真正"换笔"了。他们就可以将自己的构思直接以鲜活的视觉图像的方式呈现给世人。到了那个时候,文字作家不会消失,但增加了一个使用"图像笔"创作的新群体。这些作家使用的不再是文字之笔，而是图像之笔。他们的创作就像画家作画一样，但其劳作成品是蕴涵作家审美观念的动态的生活世界图景。过去，理论家们常说，作家创作时使用的主要是形象思维。作家使用CG技术进行创作后，这种形象思维将会以最直观的方式呈现给世人。CG技术将改变作家的创作方式和作品呈现方式。至少，文字叙述语言将会大幅度削减，取而代之的是场景的移动、转换。

如果创作历史题材的影视剧，只要有原真历史人物的影像资料，就可以将其转化为外形一样的CG人物，这就相当于现在的"特型演员"，而且从小到老都可以逼真还原。比如，用CG技术塑造历史人物鲁迅，就好比邀请鲁迅本人出来写文章、作演讲等。

作家可以将自己的创作构思直接以影视图像的方式呈现给受众，他们就不会再抱怨导演没有将自己作品原作的思想和艺术传达出来。的确，在许多情形下，影视作品削弱了原作的思想深度和艺术含量，尤其是当导演的水平较低时更是如此。过去人们常讲"剧本，剧本，一剧之本"，但自从电影、电视出现之后，创作"剧本"的作家似乎已经被边缘化了。CG技术的出现、成熟和普及，将有可能使作家成为影视作品的真正导演。这对于提升影视作品的思想文化含量和艺术水平，尤其是充分展现优秀作家特有的思想、艺术风格提供了新的可能。

新技术的不断应用，为影视创作开拓了更多的创作空间。但包括美国好莱坞"大片"在内的影视剧在高技术的包装下，观众看到的往往是苍白的文化思想内容和模式化的艺术。CG技术为作家直接进入影视创作打开通道后，这种局面将有希望改观。当然，这需要作家熟悉和遵循影视艺术规律，而不仅仅是语言文学规律。

作家使用CG技术直接创作影视作品不会是一蹴而就的，其间既需要CG技术的不断发展、成熟和普及，更需要作家自身的努力。显然，欲进入CG作家行列，熟练地使用CG技术甚至有开发、设计CG软件的能力，就成为一门功课。如果说传统的文学是语言的艺术，作家应当是语言大师，那么，CG作家也应当是计算机图形图像技术能手，因为它是这些作家创作的工作语言。但眼下的当务之急是进一步推进CG技术的发展、成熟和普及。

掌握CG技术并进行创作的作家仍然需要深入生活，而且比传统作家多了一层要求，这就是不仅要从生活中的人物原型身上获取创作灵感，而且要捕捉这些人物原型的形体、神态、动作等具有视频特征的细节，以及语音、语调音频特点等，以便把这些来自于原生态的可感可触的鲜活形象用CG 技术在自己的作品中呈现出来。还有，文字作品中，描写人物对话时，作家可以不太注意对话周围环境的所有细节，只提示与主题相关的部分就可以了，而影视作品则必须考虑周围环境的所有细节，否则就会影响作品的主旨表达，因为展现在影视作品中的信息远比文字作品多得多。

《阿凡达》的捕捉技术精确度目前达到 95%，人眼已经很难辨别出来了，如果在这个基础上再进一步提升，完全可以取代真人演员。到那时，仍然需要演员，不过，只需要考虑他的演技而不用管外形；因为通过 CG 技术可以把演技高超的演员转化成所需要的外形。影视中出现的人物，形象是 CG 做的，但角色的灵魂仍然是演员赋予的。也许，作家在使用 CG 技术创作时，需要与演员合作。

作家一旦使用 CG 技术进行创作，影视业将重新洗牌。

四　史学也离不开传播媒体

对历史的记载离不开载体。在这些载体中，以书籍最为典型。书籍也是一种传播载体。搜集新闻媒介产生后的基本史料，离不开新闻媒介。这一点我们已经在"关于今日的新闻就是明天的历史"中探讨过了。而史学的传播当然也离不开传播媒体。到目前为止，史学传播的最典型载体是书籍，此外还有博物馆等。除了史学专业的学术期刊，作为大众传媒的报刊、广播、电视和因特网在这方面的主要作用在于传播和普及历史知识。

> 史学的普及工作，范围是非常广泛的。从大的方面看，历史理论、历史知识、史学遗产等，都有许多普及的工作要做。从内容上看，不论是通史、断代史、专史、国别史，还是历史人物、历史事件、典章制度，都有个普及的问题。从体裁上看，可以写成通俗讲话，也可以写成简而明的专著；可以写成比较系统的多卷本作品，也可以写成许多专题而后汇集成丛书；当然，数量更大的还是发表在报刊上的通俗性历史文章。从读者来看，不论是儿童还是成人，也不论从事何种职业的人，都是它的对象。因此，史学的普及工作，实是有关整个民族的历史教育的一件大事，其重要性是不言而喻的。建国后的十七年中，我们在史学的普及工作方面是有成绩的，也取得了一定的经验。近几年来，这方面的工作又有了新的发展，通俗的历史书刊出版得多

了，有些地方还出版了历史小报或文史小报。这是很好的现象，说明我国各族人民学习历史的要求有了很大的提高，而我们的历史工作者对史学普及工作也更加重视了。这是必须肯定的。①

这里说的史学的普及工作很大程度上都与传播载体有关，文中提到的书籍、报纸、杂志都属于传播载体。

值得注意，史学家已经把阅读大众传媒作为进入特定历史氛围的一种重要途径。

> 阅读并理解大众传媒，既是手段，也是目的；既是技术，更是心态。钱理群《1948：天地玄黄》的"代后记"中有这样一句话："每回埋头于旧报刊的尘灰里时，就仿佛步入当年的情境之中，并常为此而兴奋不已。"对于史学家来说，理论框架可以改变，但借助某种手段而"触摸历史"，尽可能进入当时的规定情境与历史氛围，却是必不可少的"起步"。在这方面，阅读报刊等大众传媒，可以发挥十分积极的作用。②

进入特定历史氛围，对于历史研究绝不是可有可无的事情。它类似于文本或某一话语的"语境"，不进入特定的语境，文本中的基本内涵、话语的内容和言外之意、韵外之旨就无法理解和把握。不过，大众传媒仅是"触摸历史"和进入"当年的情境之中"的重要途径之一，并不是唯一途径；同时，也不能忽视，大众传媒有时可能使我们"触摸"表面的历史或虚假的历史，从而使我们误读历史。

---

① 白寿彝主编《史学概论》，宁夏人民出版社，1983，第409页。
② 陈平原：《文学史家的报刊研究（以北大诸君的学术思路为中心）》，《中华读书报》2002年1月9日，第17版。

第四章

新闻、文学、历史相互关系与交汇地带

本书前三章分别探讨了新闻、文学、历史与社会生活（包括政治生活）、传播媒体的关系，可以说研究的是这三大领域和学科的外部关系，并对它们各自的外部关系进行了比较。第四章和第五章将深入新闻、文学、历史的内部来看这三大领域和学科的关系以及相互交叉的部位。第四、五这两章涉及的多是这三大领域和学科的核心内容。

第一节　新闻价值、文学价值、历史价值

一　新闻价值

（一）新闻价值及其要素

新闻价值是新闻学的核心概念之一。新闻价值是事实本身包含的能引起社会各种人共同兴趣的素质，是用以衡量客观事实能否构成新闻的标准。一般认为它包括五种要素：其一为时新性，即报道及时，内容新鲜。事件发生与报道之间的时间差越短，新闻价值就越大；内容越新鲜，新闻价值越大。其二为重要性。对人类社会、国计民生的影响越大，就越重要，新闻价值就越大。其三为显著性。新闻中所涉及人物、事件、地点、时间的知名度越高，新闻价值就越大。其四为接近性，即地理上和心理上的接近性。地理上越接近，新闻价值就越大；心理上越接近，新闻价值就越大。其五为趣味性。趣味性越大，新闻价值就越大。

在各种新闻事实中，以上五种新闻价值要素含量各不相同；但唯有时新性是必备的。新闻报道中以上要素含量越大，新闻价值就越大。

对于一则新闻新闻价值大小的判断，固然可以由历史来做出。但徐宝璜说，"新闻之价值者，即注意人数多寡与注意程度深浅之问题也。"[①] 为了使这种判断更实用和经得起历史的检验，可以横向地考察它，即它是否为多数人所认可，尤其是能否为不同民族、不同国家、不同社会制度的多数人所认可。如果一则新闻能得到这种认可，那么，这则新闻具有历史价值的可能性就大大增加了。只有同时具有历史价值的新闻，才具有真正意义上的新闻价值。格林威治时间 1969 年 7 月 20 日 2 时 26 分，美国宇航员登上了月球。这是人类第一次登月。正如美联社引述宇航员阿姆斯特朗的话说，"这对一个人说来是走了一小步，但对人类说来是跃出了一大步。"（"That's one small step for man, one giant leap for mankind."）它的新闻价值是不容置疑的。几乎世界上所有重要媒体都对此具有历史意义的重大事件做了报道。但是，当时的中国正处于"史无前例"的"无产阶级文化大革命"之中，当时控制中国新闻媒体的人借口不能为美帝国主义涂脂抹粉而不予报道。这种极端狭隘的新闻价值观已成为历史的笑柄。

文学也是这样。铁凝在谈到自己的小说《香雪》时，记叙了 1985 年在纽约一次同美国作家座谈会上的一件事：

> 一家名叫《毛笔》的杂志的主编对我说："你知道你的小说为什么打动了我们？因为你表现了一种人类心灵能够共同感受到的东西。"……这句话使我忽然有点明白我为什么要写小说。细细地去想，这又是一句多么苛刻的咒语——我觉得事实上我是终其一生也未见得能够到达这一境界，或者我愿意终其一生去追逐这种苛刻。[②]

"人类心灵能够共同感受到的东西"就具有普遍的人文价值，因而也就具有普遍的文学价值。具有普遍的人文价值和文学价值的东西更容易具有历史价值。

新闻价值与新闻敏感有内在联系。由于判断一个事实是否为新闻的标

---

① 余家宏等编注《新闻文存》，中国新闻出版社，1987，第 296 页。
② 铁凝：《又见香雪》，见《河之女》，春风文艺出版社，1994，第 133～134 页。

准是新闻价值，所以，新闻敏感实质上就是对事实是否具有新闻价值和其所具有新闻价值大小的感受、判断能力。

新闻价值的理念，体现在采访、写作、编辑、报刊版面、广播电视播出时间和顺序等各方面。比如，中国的外交政策是大小国家一律平等。表现在接待外宾上，无论是大国小国来的贵宾，礼宾规格完全一样。编辑、记者们当然知道这些国家在国际上的作用大小，知道他们来访的目的，有解决重大问题的，有讨论一般事务的，有的纯属礼节性访问。但《人民日报》报道外国元首、总理到达，连消息长短、照片大小、版面位置，几乎完全相同。单看版面，太雷同、太平淡无奇，几十年老一套，但它表达了中国对大小国家一律平等的精神。这就体现了一种新闻价值观。

20世纪50年代和60年代曾经轰动一时的通讯报道不少，但《县委书记的榜样——焦裕禄》之所以历久而保持其影响，一个非常重要的原因就是焦裕禄本人及通讯的写作者具有强烈的人民性。正像文中所说，焦裕禄"心里装着全体人民，唯独没有他自己。"穆青在修改周原的初稿时，除了基本素材，只字未改的原话，只剩下这一句了。这里可以很明显地看出穆青的价值取向。

新闻价值对于确认新闻官司中是否为侵犯隐私罪时也有其作用。在确认诽谤罪时，真实是防止触犯诽谤罪的最强大武器；但在确认侵犯隐私罪时，真实不起作用，唯一能起作用的是"新闻价值"。法院在判决时，常以传播内容是否具有新闻价值作为决定性依据。

（二）关于新闻选择标准

李良荣教授著的《新闻学概论》是一本影响较大的教材，曾多次再版重印。这个教材很重视新闻选择问题。书中说："选择事实是新闻工作具有决定意义的一环。如果说文学的基本任务是调动各种艺术手段来塑造具有鲜明个性的艺术形象，那么新闻的基本任务就是从大千世界每日每时变动的无穷事实中挑选事实。""新闻学是挑选事实的艺术。"那么，新闻选择的标准是什么？李教授的回答是："对任何新闻媒介来说，新闻定义、新闻价值、宣传价值、新闻法规是新闻选择的四项主要标准。"

笔者认为李良荣的这四项主要标准，其实可以减少到两项，即新闻价值和新闻法规。

首先，新闻定义与新闻价值两项可以合并成一项。

我们知道新闻是新近发生的事实的报道。当然，严格说来，并不是所有新近发生的事实都可以作为新闻来报道，因而一般要有所限制，比如可以这样表述：新闻是新近发生的能引起人们普遍关注的事实的报道。也可以说，新闻是新近发生的有社会意义的事实的报道。

而什么是新闻价值呢？李良荣说："新闻价值就是事实本身包含的引起社会各种人共同兴趣的素质。"有的教材在这个基础上又加了一句，"是用以衡量客观事实能否构成新闻的标准。"通常，人们认为新闻价值有"五要素"，它们分别为时新性、重要性、显著性、接近性、趣味性。

由以上对新闻的定义和新闻价值及其"五要素"的叙述，我们不难发现它们之间内涵的一致或重合。新闻定义中的"事实的报道"，新闻价值中的"事实本身""客观事实"，都指向"事实"。"能引起社会各种人共同兴趣的"事实，与"新近发生的能引起人们普遍关注的事实"含义也是一致的。新闻价值"五要素"中"时新性"与"新近发生"相对应，"重要性""显著性""接近性""趣味性"正是"能引起人们普遍关注的"的要素。

既然新闻定义与新闻价值的内涵高度重合和一致，我们完全可以将它们合并为一项。考虑到新闻价值及其五要素更明确和具体，可以把新闻价值保留下来。保留下来的新闻价值并不是舍弃了新闻定义，而是仍然包含新闻定义。上述分析可以用下面的示意图（图 4-1）形象地表示出来。其中新闻价值及其"五要素"用宋体字，新闻定义用楷体字，以示区别：

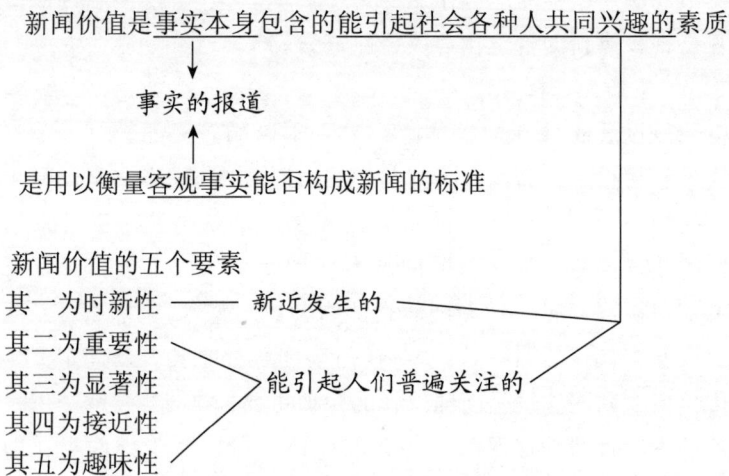

新闻价值是事实本身包含的能引起社会各种人共同兴趣的素质

↓

事实的报道

↑

是用以衡量客观事实能否构成新闻的标准

新闻价值的五个要素
其一为时新性 —— 新近发生的
其二为重要性
其三为显著性 ＞ 能引起人们普遍关注的
其四为接近性
其五为趣味性

图 4-1　新闻定义与新闻价值的内涵高度重合一致

其次，宣传标准应当去掉。

　　笔者为什么主张将宣传标准去掉呢？在实际的新闻选择过程中，尤其是在中国的新闻业中，宣传标准在许多情形下是存在的。李良荣在谈宣传价值时指出："经过新闻价值筛选的事实还要再经过宣传价值的筛选，挑选具有宣传价值的事实。"① 这就把只具有宣传价值而不具有新闻价值的东西排除了，初看起来，挺严密。然而，我们沿着这种思路继续思考，如果所有的事实都经过宣传价值的筛选，那么，媒体上的所有新闻就都具有宣传价值了。这就把许多不具有宣传价值而只具有新闻价值甚至重要新闻价值的事实给排除出去了，这就必然把新闻选择的范围压缩到比较小的空间内。

　　历史的教训值得记取。刚谈到的美国宇航员也是人类第一次登上月球的事件，它的新闻价值是不容置疑的。

　　在现在的实际生活中，包括中国在内的各种媒体所选择的新闻事实，不可能都具有宣传价值。如果要求"任何新闻媒介"都以宣传价值选择新闻，将会使新闻媒体工作操作起来非常困难，也会使大量的有新闻价值而不具备"宣传价值"的新闻被排除在外，使新闻高度宣传化。

　　须知，我们是在谈新闻选择，而不是谈宣传选择；我们选择的是新闻事实，而不是宣传材料。因此，新闻选择，不应外加宣传价值标准。有宣传价值同时具有新闻价值，当然可以选择；有新闻价值但没有宣传价值，同样可以选择。宣传价值必须与新闻价值一致，只有宣传价值而没有新闻价值的东西不能叫做新闻，当宣传价值与新闻价值一致时才能叫做新闻。如果是这样，宣传价值这个标准就多余了。

　　综上所述，在合并了新闻定义和新闻价值之后，在去掉了宣传价值之后，新闻选择的标准主要应该有两个，即新闻价值和新闻法规。新闻法规是新闻选择的"底线"和"红线"，必须保留。这样，做过"减法"之后的新闻选择标准，既简便又科学。

二　文学价值

　　新闻价值是新闻学中一个典型的术语。而文学价值在文学理论中作为一个术语就不那么典型了，在简明的文学理论词典中我们可能找不到文学价值这个词条。但文学价值在文学界使用还是比较普遍的。

　　本书对文学价值的描述是这样的：它是判断社会生活、自然现象以及

---

① 　以上引文出自李良荣《新闻学概论》，复旦大学出版社，2011，第 302～314 页。

作品的内容和形式是否具有文学性的尺度或标准，或者说它是体现在诗歌、小说、散文、戏剧等文学作品中的思想、精神和艺术素质。铁凝在《唤醒您的宝藏》为题的与盖祝国的通信中说："有时与文学长者闲聊，他们能道出那么多令我们羡慕得妒忌的人生经历，当我惊呼这就是属于文学的东西时他们却不以为然地笑笑，甚至在他们笔下那令我妒忌的生活也没了踪影。在这里我不能不自量地请长者去写我以为是文学的东西"①。铁凝所说的"属于文学的东西"，就是具有文学价值的东西。我们很难一一列举尽所有具有文学价值的东西。但这些是大家都能认可的：形象的；个性的；富有诗意的；有丰富历史内容的；有深刻思想内涵的；具有形式美的，尤其是具有独创性形式美的；等等。必须明确，以上所列举出的各项内容，不是独立存在的，它们往往是共处于同一事物中，只是所占比重不同而已。狭义的文学价值，主要是指艺术美。

总之，真、善、美同时集于一身的对象，就具有最高的文学价值。

三　历史价值

美国的海斯、穆恩、韦兰在他们著的《世界史》的"绪论"中谈到"历史价值"时说：

> 历史对于整个人类正像记忆对于每个人一样。它说明我们现在做的是什么，为什么我们这样做，以及我们过去是怎样去做的。假如我们要问为什么美国的国旗有 48 颗星，或者为什么汉文没有字母，或者为什么大不列颠有一个国王，我们都必须向历史去寻找答案。
>
> 历史以过去的光辉照亮了现在。它使我们同其他的民族相识，从而更能了解我们自己。它赋予我们阅读的书本，看到的城市，听到的音乐以意义，从而使我们的生活更臻丰富，更有趣味。②

显然这里所说的"历史价值"是指历史的价值，或者说历史的意义。

我们所说的历史价值是与新闻价值、文学价值相对应的；历史价值与历史意义大致对等。历史价值是指能够被历史所记载、被历代史学家所研

---

① 陈映实：《铁凝及其小说艺术》，河北人民出版社，1990，第 88 页。
② 〔美〕海斯、穆恩、韦兰：《世界史》，生活·读书·新知三联书店，1975，第 1~2 页。

究，后人能够从中吸取经验和教训的事物和人等。对人类社会产生重要影响的事物和人等都具有重要的历史价值。历史价值包括三个方面，即历史事件或人物对其所处时代所产生的影响和意义；历史事件或人物对整个历史发展所产生的影响和意义；历史事件或人物对研究者所处时代也就是当下现实所产生的影响和意义。广义地讲，历史价值是一个中性词，它既包含对历史进程有贡献的事件和人物，也包含对历史造成破坏或负面影响的事件和人物。但人们更多地就其褒义的一面来使用。本书在使用"历史价值"这个词时也是这样。比如，本书说某些东西具有历史价值，是说这些东西已经被历史所肯定。严肃的史学家对具有历史意义的东西有严格标准。在雅斯贝尔斯看来，并不是所有事物都具有历史意义。他认为，具有历史意义的事物应满足下列两个特点：

> 首先，这种事物作为一个唯一性的事件，在人类历史共同的唯一的总进程中清清楚楚地占有它的位置；其次，它具有交流人性和延续人性的现实性和必要性。①

历史事件的独特性及其对人类尤其是对人性的意义。这就是他强调的具有历史意义的东西。的确，按这种严格的标准，不少东西不具备历史意义或历史价值。因此，我们在判断什么东西具有历史价值时要格外慎重。

卡尔指出：对于事实，"历史学家当然是要选择的。"他曾经发问："并非所有关于过去的事实都是历史事实，或者都会被历史学家当作历史事实加以处理。那么，区别历史事实跟其他关于过去的事实的标准是什么呢？"他的意思是说，并非所有过去发生的事实都可以进入历史，那么历史学家根据什么来选择进入历史的事实呢？他曾经在《历史是什么》中花了大量的篇幅来论证这个标准，比如，他说："正是历史学家，按照他自己的理由来决定凯撒渡过那条小河卢比孔是一个历史事件，而在此前后，成百万的其他的人渡过这条河，却丝毫没有引起任何人的兴趣。"历史学家之所以把"凯撒渡过那条小河卢比孔"看作一个历史事件，是因为它有历史价值。而在此前后，"成百万的其他的人渡过这条河"不被历史学家所关注和选择，是因为这些事实没有历史价值。历史价值是历史学家选择事实进入历史的

---

① 〔德〕卡尔·雅斯贝尔斯：《历史的起源与目标》，华夏出版社，1989，第6页。

标准。这一点与新闻价值成为新闻选择事实的标准是一样的。顺便说一句，卡尔在他论述历史的著作中也提到了新闻、文学关于事实的理解，这在《历史是什么》一书开篇不久就可看到。

新闻价值、文学价值、历史价值作为价值判断都带有主观性，这种主观性必然影响到所选择的事实或情节。正如卡尔所说："我们所知道的这些中世纪历史的事实，差不多全是由历代的编年史家为我们选择的。他们的专业就是从事宗教理论工作和实际工作的，因此，他们认为宗教最为重要，便把有关宗教的每一件事都纪载下来，而别的东西便纪载得极少。"① 因此，能经得起时间考验、具有普世性的新闻价值观、文学价值观、历史价值观更值得珍视。

四 新闻价值、文学价值、历史价值的相互关系

新闻价值由其时新性等所决定，时代性较强，一时一地的东西更多一些。但一则新闻若同时具有新闻价值、文学价值和历史价值，那么这则新闻就不仅是新闻作品，而且也会成为文学作品和历史作品。这样的新闻具有恒久性。同时具有新闻价值、历史价值和文学价值的事物，"含金量"非常高，值得历史学家和文学家一写再写。

具有新闻价值和历史价值的事物中，有一部分也具有文学价值。文学价值与历史价值有重叠之处。

历史价值更具有恒久属性。在这里，笔者特别强调历史价值，而且这个历史是指整个人类的历史。著名文化学者余秋雨曾说：

> 我的第一个文化态度是：以人类历史为价值坐标去对待各种文化现象。中国人特别需要的，是寻找人类历史的整体坐标。我们有许多低层次的坐标，尽管被道德、学问等装点着，但绝非人类意识上的坐标。

余氏所言，切中要害。当我们反思中国某些人对美国宇航员登上月球这一新闻事件的态度时，"寻找人类历史的整体坐标"的呼声，就会从那些真正有思考能力的人们的头脑中迸发出来。本书把新闻、文学与历史放在

---

① 〔英〕爱德华·霍列特·卡尔：《历史是什么》，商务印书馆，1981，第5~9页。

一起考察，主要用意之一也在这里。新闻价值、文学价值都要接受历史价值的审阅和检验，经不住历史价值审阅和检验的，只能是一时一地的时尚，不具备真正的价值。这里所说的历史价值当然经历过长时间的检验、具有全人类意义。

五　记者、作家、史家都曾经被奇闻逸事所吸引

奇闻逸事容易吸引受众，记者、作家、史家自然对奇闻逸事感兴趣。但优秀的记者、作家、史家不以此为追求，至少不能以此为最高和唯一追求。

纪元前 2 世纪的希腊历史学家波利比奥斯（Polybius）曾经说过："一个历史家的目的，不应该用许多的奇异的轶事去惊动读者，也不应该记载或者曾经说过的话，也不应该同编戏曲的人一样去分配史事，实在说起来，历史家最重要的职务，在于记载实在的事体，不问它怎样平常。"① 他说的是历史学家，但这段话对记者、作家也是适用的。奇闻逸事可以耸人听闻，但最能从内心深处打动人并给人长久启迪的是常态的生活本身，从日常的生活中采访、体验、提炼、挖掘出精彩内容才是记者、作家、史家的功力。现在，有些媒体报道追求性（色情）、腥（暴力）、星（明星）和新、奇、怪，这并不是新闻的正途。

第二节　新闻中的典型人物与文学中的典型人物形象

一　新闻报道中的典型人物与文学中的典型人物形象

中国新闻采写中有对典型的报道。对典型的报道包括对典型人物、典型单位、典型经验、典型事件等的报道。这里，我们主要谈典型人物。新闻报道中所说的典型人物主要是指能体现普遍共性、同时具有独特个性的人物。新闻报道中的典型人物必须是真人真事，不能凭空想象，不能人为塑造。这是它与文学创作中塑造典型人物形象的原则区别。《县委书记的榜样——焦裕禄》《领导干部的楷模——孔繁森》等都是典型人物报道的优秀之作。

---

① 转引自〔美〕鲁滨孙《新史学》，中国人民大学出版社，2011，第 18 页。

在谈文学典型形象时，人们经常引用恩格斯的一段话："据我看来，现实主义的意思是，除细节的真实外，还要真实地再现典型环境中的典型人物。"① 别林斯基的这段话也经常被引用："在真正有才能的作家笔下，每个人物都是典型；对于读者，每个典型都是一个熟识的陌生人。"② 现在，文学理论界对于文学典型形象的看法比过去要宽泛一些。一些学者不再谈典型是个性与共性的统一体，而认为"作为文学形象的高级形态之一，典型是文学话语系统中显出特征的富于魅力的性格。""它一般包含着更为丰厚的历史内容，成为人类通过文学认识生活的主要方式"。③ 不过，对于文学作品中的典型形象大家还是有比较一致的见解。《红楼梦》中的贾宝玉、林黛玉、王熙凤，《阿 Q 正传》中的阿 Q，《哈姆莱特》中的哈姆莱特，《安娜·卡列尼娜》中的安娜·卡列尼娜等，都是公认的文学典型形象。

新闻报道中的人物与文学中的典型人物形象有时是可以相通的。通讯《县委书记的榜样——焦裕禄》中的焦裕禄，特写《"老报童"罗伊去世了》中的罗伊都可以与文学作品中的人物典型形象相媲美。新闻作品中的典型人物往往是可遇不可求的。这样的人物有着极高"含金量"，他们是现实生活中的"文学人物"，只要记者深入采访、深入挖掘、精心写作，完全可以写出与文学典型相媲美的新闻人物典型。正像穆青说焦裕禄："干部群众关系到了这个程度，我们再笨，只要把事情写出来，一定能感动人民。"确实，当 1966 年 2 月 7 日清晨，中央人民广播电台录音室里录制关于焦裕禄的这篇通讯时，遇到了前所未有的"障碍"，稿子还没念到一半，中国"头牌"播音员齐越已经泣不成声。录音不得不一次次中断。到后来连录音编辑都挺不住了，趴在操作台上长哭不起。闻讯赶来的几十位播音员、电台干部肃立在录音室的窗外，静静地听，悄悄地擦眼泪。④ 能达到这样感人的文学典型有几个？在典型报道中，还原典型的个性和本色比挖掘典型的先进性、时代性更难。

---

① 恩格斯：《致玛·哈克奈斯》，《马克思恩格斯选集》第 4 卷，人民出版社，1972，第 462 页。

② 〔俄〕别林斯基：《论俄国中篇小说和果戈理君的中篇小说》，《别林斯基论文学》，新文艺出版社，1958，第 120 页。

③ 童庆炳主编《文学理论教程》，高等教育出版社，1998，第 185 页、192 页。

④ 熊能：《一个伟大的名字传遍了中国——〈县委书记的榜样——焦裕禄〉诞生记》，《解放日报》1990 年 9 月 28 日。

那么，不虚构能不能完美地表现人物崇高的精神境界和思想品质，能不能写得深刻感人？回答是肯定的。生活本身是丰富的，实际生活中的英雄人物，他们的事迹、语言、思想感情，都是非常感人的。这绝不是记者坐在斗室里靠"灵感"冥思苦索能够杜撰得出的。如《榜样》中焦裕禄和县委"一班人"风雪之夜前往车站那感人的场面，《嘱托》里群众把用鲜鱼配制的药悄悄塞进吴吉昌的篱笆根下那令人落泪的细节，都不是记者能够想象出来的。问题不在于真人真事能不能深刻地表现人物，而在于我们能不能千方百计地深入发掘、敏感地捕捉住那些最能体现人物本质的事实，特别是那些感人的细节。不能虚构而又要把通讯写得深刻、感人，这确实是很困难的。但记者的职责和本领恰恰就在这里，它要求我们必须为此付出十分艰巨的劳动。①

然而，我们也不能不看到，新闻中的典型人物许多达不到文学作品中典型人物形象的要求。因为文学形象经过了作者的加工和虚构。文学典型形象之所以被称为"熟识的陌生人"，就是由于经过加工和虚构之后，在现实生活中找不出一个跟这个形象完全相同的人物。新闻中的典型人物不少成为作家创造文学典型形象的人物原型。

二　典型报道中存在的一个问题：一旦成为典型，新闻监督就难以跟进

对典型的报道生活化、常人化方面有所突破，比如写任长霞的化妆品、牛玉儒喝酒的豪爽、许振超的汽车等。但典型报道存在的一些问题应当解决。

典型报道的完整过程应该包括：发现典型、报道典型、监督（维护）典型。过去存在的一个问题是一旦成为从上到下认可的典型，就难以被新闻监督，结果使典型逐渐丧失了自我发展壮大的能力，从而走向自己的反面。其实，对典型的有效监督（包括新闻监督）正是维护典型的必要条件。

1978 年，安徽凤阳小岗村 18 户农民冒着被判"现行反革命"的风险，搞起了"大包干"，次年就翻了身，第一次向国家交了公粮，还了贷款。后来小岗村成了全国瞩目的典型。20 多年过去了，当年大包干的带头人严俊昌面对记者无限感慨道："我们是一步越过温饱线，25 年未进富裕门！"

① 穆青：《新闻散论》，新华出版社，1996，第 177~178 页。

为什么小岗村被挡在了富裕门外呢？我们从报道中可看出一二。上面是这样帮助小岗村的：省财政拨了 200 万元专款，为小岗村修了 8 公里柏油马路，以便领导视察；在村头修了牌楼，以显气派；县里专门为小岗村布置了一个展览室，并代写好解说词；还在村西头修了十分整齐的院墙，把一些破破烂烂遮挡起来，以免影响观瞻……而唯独省里帮助小岗村发展经济的计划，却没人督促落实，成了一篇空文！

20 多年来，应该说上面为小岗村没有少忙，但一直都忙在"包装"小岗村这个典型上，以增加"政绩"的"亮点"，没有把功夫下在发展经济上。结果，小岗人被"牌楼""展览室""院墙"……挡住了视线，既看不到自己发展中的严重问题，也看不到外面的大千世界，成天陶醉在"当好典型"，"迎接参观"的满足之中。① 这些问题的长期存在，也与新闻媒体只搞正面报道不揭示存在问题有关。

从媒体的典型报道角度看，缺乏对典型的新闻监督也是其中原因之一。多数典型首先是新闻媒体发现、报道、传播出去的，但一旦被党政领导部门树立为典型之后，普遍出现的问题是媒体往往只能维护这个典型，而不能或很难做批评性报道。普遍缺乏新闻舆论监督是典型退化、削弱甚至变质的重要原因。典型报道应该吸取这个教训。

三　独家新闻与"这个"

只有一家媒体报道或一家媒体率先报道的新闻才称为独家新闻。有的新闻事件由于具有多种新闻价值，虽然有两个以上媒体同时报道，但有的记者选择了独特的角度和主题，运用了他人所不掌握的素材，从而产生了不同的新闻价值，这种报道依然是独家新闻。具有重要新闻价值的独家新闻，常常被别的媒体转载或转播。独家新闻是媒体竞争的焦点和重要手段。

成功的文学创作往往要塑造出独特的"这个"，即"熟识的陌生人"，也就是文学理论中所说的典型人物形象。恩格斯在 1885 年 11 月 26 日《致敏·考茨基》的信中说："对于这两种环境里的人物，我认为您都用您平素的鲜明的个性描写手法给刻画出来了；每个人都是典型，但同时又是一定的单个人，正如老黑格尔所说的，是一个'这个'，而且应当如此。"② 独家

①　参阅高峡《小岗村的教训》，《今晚报》2004 年 4 月 24 日。
②　《马克思恩格斯论文艺和美学》，文化艺术出版社，1982，第 796 页。

新闻与文学中的"这个"的共同之处在于，他们都是一种独特发现。不过，独家新闻可能是一个事件，也可能是个人物。而文学中的"这个"是指具有独特个性的人物，具有更强的形象性。

第三节　"抢新闻"与"赶任务"及 "易碎品"与"新闻经典"

一　"抢新闻"与"赶任务"

（一）"抢新闻"

"新闻"这个"新"字，除了要求事实的新鲜外，体现在采访写作和发表、播出时间上就是快。

在所有体裁（包括文学体裁）中，新闻最讲时效。新闻之所以讲时效，一个重要原因是新闻在接受上具有"排他性"。所谓"排他性"是指受众在解决了"不知道"的问题后，后面再有同样的消息，就不再有阅读和收听收视的兴趣了。从采访角度来说，新闻采访具有突发性和紧迫性。事实发生了，记者才能去采访。在这个意义上，新闻采访具有被动性。而大量的事件、事实，什么时候发生，什么地方发生，都是难以预料的。这就使记者经常要在突发事件的冲击下，仓促应战。而动态新闻、事件性新闻，尤其是突发性事件，新闻的时效性又要求记者用最短的时间完成采访并发出消息，尽可能地使事件发生时间与新闻发布时间同步，时间差越小，新闻时效性就越强，新闻价值就越大。这就不能不使新闻采访在许多情况下具有紧迫性。这种采写的紧迫性又叫做"抢新闻"。

在1984年夏于美国洛杉矶举行的第23届奥运会上，中国射击运动员许海峰获得该届奥运会首枚金牌的消息，首先由新华社采访和刊发，只用了10分钟时间。如果采访和发布没有紧迫感是绝对办不到的，也就是说，不"抢"是绝对不行的。

由于新闻要求"快"这个特点，激发和锻炼出许多以"快"著称的高手。邓拓是新闻写作著名的快手。在晋察冀边区办报时，他模仿白求恩大夫的"马上手术箱"，自己动手，设计了一个"马上书架"，走到哪里，写作到哪里。在荒山、野林、茅棚、碾石，甚至正在喂草的驴圈里，邓拓都可栖身写作。新中国成立后，他担任《人民日报》总编辑。有时遇上国内外的重大问题，需要《人民日报》表态发言时，他就直接到校对科，一边写一边发排，边校对边修改，当写到最后一页文稿时，前面的部分小样已出，他再次改完这部分小样，全文的清样又马上送来了。据说他在给《前线》杂志"燕山夜话"专栏写稿时，写一篇杂文往往只需一个多小时，候稿的编辑在他家抽上一支烟，喝一杯茶的工夫，邓拓的杂文就脱稿了。

也许，新闻记者在快速采写并发出消息时，只想到它的新闻效应，其实，在许多时候，这些消息还会带来巨大的经济效益。确实，时间就是新闻，时间就是效率，时间就是金钱。比如，滑铁卢之战后，伦敦金融界出现了一位在一天之内就变成"家私万贯、仆役成群"的大富翁，此人名叫奈森·路特希尔德。奈森发财的原因就在于他比英政府早一天得到拿破仑战败的消息。1815年6月19日，也就是滑铁卢战役后的第二天，一家荷兰报纸发表了英军获胜的消息。奈森的一个代理人无意中看到这张报纸，于是便火速赶往福克斯，将这一消息报告了奈森。奈森毫不犹豫地上了一辆马车直奔伦敦。这位在金融界享有"能预见行情的大师"雅号的奈森装出愁眉苦脸的样子，大把大把地抛售股票。很快，统一公债的价格跌到了最低点。这时奈森突然一转，开始大批买进。当人们开始得知英军获胜的消息时，奈森已经不费吹灰之力捞到了一笔横财。

（二）"赶任务"

文学创作，一般情况下，是没有新闻采写上"快"这个要求的。但有些不懂行的领导曾经为了配合某种政治工作，而要求作家"赶任务"。于是，有些作家就和新闻记者竞赛，也在"快"上做文章。

中国现当代著名作家赵树理就曾经为了配合政治而多次"赶任务"。20世纪40年代初，领导上要他以黎城"离卦道"暴动为背景，写一个反迷信的剧本，这个任务恰合他的心愿，早有积累，所以《万象楼》很快就写出来了。为了揭露阎锡山统治的黑暗，以动员群众参加上党保卫战，他赶写了《李家庄的变迁》。只是因为小说篇幅较长，不及完成，上党战役已经结束。赵树理本人说："《李家庄的变迁》是经上级号召揭发阎锡山统治下的黑暗之后才写出来，材料早已有，但当时没有认识到揭发的必要，直至任务提出后才写。"①1950年，为配合婚姻法的颁布实施，《说说唱唱》编辑部

---

① 赵树理：《谈"赶任务"》，《赵树理全集》第4卷，北岳文艺出版社，2000，第243页。

要赵树理"赶任务"写篇作品，结果他很快拿出了《登记》这篇短篇小说，而且写得相当成功，受到了人们的称赞。应当说《登记》是他新中国成立后艺术成就最高的短篇小说。这篇小说很快被改编成剧本《罗汉钱》搬上银幕和舞台。这里也应当指出，

> 《登记》被改编为多种戏曲，在宣传婚姻法中曾经起到很大的作用；但是一个微妙的现象是，几乎所有的改编都不用原来的《登记》为名，而都改名为《罗汉钱》。这多少说明一些问题，即这个作品真正描写得深刻的、最感动人的，不是后来围绕着准不准登记的斗争，而是当初一枚罗汉钱经历所表现的悲剧，这成为改编的重点。"罗汉钱"虽然只是《登记》中的一节，却浓缩着巨大的生活内容。这是《登记》的成功的基础。①

也就是说，《登记》的成功并不是因为它配合了宣传婚姻法，而是因为它本身某些生活内容所具有的高容量和社会意义。

赵树理在1955年写道："要求配合当前政治宣传任务，而且要求速效。这种要求本来是正当的，是优点"。②赵树理把快速地配合"当前"的政治任务看成是"正当的"是"优点"，这在今天看来是明显违背创作规律的。可是他在当时却认为那简直是天经地义的。他的这种做法也得到了当时不少评论家的赞许。比如，王中青在1963年2月17日的《人民日报》上发表文章，评论赵树理的短篇小说，原标题就是《深刻的反映，有力的配合——评赵树理近几年来的几个短篇小说》。配合当前的政治宣传任务，有把文艺作品当成政治宣传工具的倾向，容易丧失作家独立的创作思想，很难保证作品的艺术质量。这还不算，"要求速效"更会把这些缺陷推向极端。

文学史上一些优秀作家对类似问题早就有明确态度。歌德曾说过："有些高明人不会临时应差写出肤浅的东西，他们的本性要求对他们要写的题目安安静静地进行深入的研究。这种人往往使我们感到不耐烦，我们不能从他们手里得到马上就要用的东西。但是只有这条路才能导致登峰造极。"③

---

① 黄修己：《赵树理评传》，江苏人民出版社，1981，第169页。
② 赵树理：《〈三里湾〉写作前后》，《赵树理全集》第4卷，北岳文艺出版社，2000，第282～283页。
③ 〔德〕歌德：《歌德谈话录》，人民文学出版社，1988，第35～36页。

与赵树理同一时期的著名作家孙犁在这一点上做得要比赵树理好，但也不是十全十美。他理论上没有鼓吹过"赶任务"，实际创作中也基本上没有"赶任务"的情况。可是，他在急剧变革的生活面前，有时也被卷进去了。《津门小集》里的那些文章，按作者所说，"它的写作的目的只是在于：在新的生活激剧变革之时，以作者全部的热情精力，作及时的一唱！"[①]《津门小集》写出后曾经受到某些评论者的好评。[②] 而我以为这是作者才情的一种浪费。事实证明，这些作及时一唱的作品，毕竟不能流传久远。幸好这种"作及时的一唱"的做法，没有持续多久。当然"作及时的一唱"，与"赶任务"有区别；它也是作者试图超越自己的一种努力。但它未必是一件好事。这些作品显然比不上《荷花淀》《山地回忆》等以艺术取胜的作品。

与"赶任务"形成鲜明对比，另外一些作家则花费很长的时间来写作品。唐代"苦吟派"诗人贾岛"慢工"出细活，"二句三年得，一吟双泪流"。清代小说家曹雪芹创作《红楼梦》，"披阅十载，增删五次"，这部作品成为不朽名作。历史著作，尤其是大部头的历史著作，多需要较长的写作时间。司马光与刘恕、刘攽、范祖禹历时 19 年完成史学名著《资治通鉴》。

也许，在不少情况下，文学创作和史学著述也像自然界一样，是生长很慢的物种，植物里如柏树，生物里如乌龟，其自然寿命就很长。花很多时间"磨"出来的作品，其生命力应当比仓促"赶"出来的作品要长，这算是对于付出的时间和精力的一种补偿吧。但这也不能一概而论；不是说只要用的时间长就一定能出好作品。

二 "易碎品"与"新闻经典"

大概与自然界的规律相类似，越是速生的物种，其寿命就往往越短；绝大多数新闻作品产生很快，似乎它也逃脱不了速生速灭的命运。美国新闻学学者希伯特说："我们常说，没有比昨天的报纸更老的东西了。报纸的新闻只有一天的寿命。过了一天，新闻就要加上新的消息加以改写。"更有甚者，说"新闻只能有五分钟的生命"。还有人说：今天的新闻是金子，昨天的新闻是银子，前天的新闻是垃圾。在有些人看来，新闻就像一次性用

---

① 孙犁：《致冉淮舟信》，《孙犁文集》第 5 卷，百花文艺出版社，1982，第 193 页。
② 冉淮舟：《读〈读津门小集〉》，《新港》1962 年第 10 期；秋耘：《情景交融的风俗画》，《文汇报》1962 年 12 月 11 日。

品，如一次性筷子、一次性水杯、一次性注射器，用过就扔。由于新闻作品的生命是如此短暂，在西方，有人把新闻称作"易碎品"。

既然通常认为新闻作品的生命力很短，是"易碎品"，那么，是不是新闻工作者就不需要追求新闻作品的长久生命力了呢？请看中国著名记者穆青是怎么说的：

> 有人说，新闻只能有五分钟的生命，这话并不完全正确。新闻既然是时代的记录，它为什么不能有一部分东西是具有较长时间的保存价值的呢？过去有些新闻报道，现在仍然有教育意义。抗美援朝过去将近十年了，当时新闻报道中许多英雄人物形象还深印在人们的脑海里；提到解放战争，至今人们还能想起《中原我军占领南阳》《我三十万大军胜利南渡长江》等新闻中的精彩语句，这就是证明。①

正像人本能上愿意自己长寿一样，新闻工作者也希望自己的"产品"获得长久的生命力。怎么办呢？——增强精品意识。湖南大学出版社出了一本书，书名叫做《百年新闻经典》，收入了1900~2000年百年间的中外优秀新闻作品。无独有偶，陕西师范大学出版社在2002年以《百年好文章》为总书名，出版了一套四本丛书《路透社百年新闻佳作》《法新社百年新闻佳作》《合众社百年新闻佳作》《美联社百年新闻佳作》。这表明人们的新闻精品意识已经越来越强。

那么，那些具有长久影响的新闻作品，其生命力表现在哪些方面呢？

首先，它影响和推进了历史的进程。雷锋事迹的报道发表后，毛泽东主席、周恩来总理发出号召，全国掀起了学习雷锋的热潮，造就了许多活的雷锋。《县委书记的榜样——焦裕禄》发表后，不少地方党组织作出决议，号召党员向焦裕禄学习，直到现在焦裕禄精神依然活在广大干部和群众心中。而国外的像1972年《华盛顿邮报》关于"水门事件"的报道，最终导致尼克松总统的下台。类似这样的新闻报道，其生命力已融入了历史的进程。

其次，它成为某一重要或重大历史事件的第一手史料。1912年《纽约时报》对泰坦尼克号海难快速、准确、翔实的报道，成为人们了解这一历

---

① 穆青：《新闻散论》，新华出版社，1996，第89页。

史事件的第一手资料。范长江的《中国的西北角》《塞上行》，埃德加·斯诺的《红星照耀中国》等都是人们了解中国革命的重要史料。

最后，优秀的新闻作品还以文本的形式，给人们提供写作的范例；有的新闻作品甚至可以当做文学作品来读。魏巍的通讯《谁是最可爱的人》不也是很好的文学作品吗？成千上万个中学生不是从这篇作品中感受到艺术的魅力，在以后的写作中受到了它的有形或无形的影响吗？人物特写《难忘的英格丽·褒曼》由于其高超的艺术水平，不是一再被人们提起吗？这篇人物特写不仅使读者难忘英格丽·褒曼，也使读者难忘这篇作品本身。

其实，对新闻来说，"快"也是获得长久生命力的一个条件。由于新闻接受具有"排他性"，即知道了第一个对某一事件的报道之后，人们就很少再去看第二、第三个对同一事件的报道了。如果你的报道是最快、最原始、最准确的，那么，历史记载就要以你的报道为基本素材了——因为史家也讲究第一手史料。

毋庸讳言，为了求快，在"急就章"中，有时难免会出现这样和那样的缺点或不足。

1948年11月，美国《芝加哥论坛报》在总统大选即将结束之际，抢发了一条通栏标题新闻："杜威击败杜鲁门"，但不久统计结果却是杜鲁门当选。此事直到今天仍然被新闻界作为笑谈。

即使受到广泛好评的新闻作品，有时也难以避免匆忙中的不完美。比如，新华社记者高殿民采写的快讯《我国选手获得奥运会第一块金牌》，曾获得1984年全国好新闻特等奖。但是这篇优秀作品也有美中不足之处。我们知道消息写作容易出现但也忌讳标题、导语与正文的重复。而这篇消息的导语和第2自然段与标题，连续3次使用"奥运会第一块金牌"，就有重复之嫌；而文中"零的突破"也出现了两次。再有，导语里仅有的两句话中"许海峰"就出现两次。请看该消息部分原文：

我国选手获得奥运会第一块金牌

[新华社洛杉矶1984年7月29日电] 中国在奥运会历史上"零的记录"的局面在今天11时10分（北京时间30日凌晨2时10分）被中国射击选手许海峰突破。许海峰以566环的成绩获得男子自选手枪冠军，夺得了奥运会的第一块金牌。

中国体育代表团副团长陈先在许海峰获得金牌后对新华社记者发

表谈话说，这对中国运动员是极大的鼓舞。这是中国在奥运会历史上得到的第一枚金牌，实现了"零"的突破，在中国体育史上有深远的意义……

如果说消息使记者在追求精品上施展才华的机会有限的话，那么通讯、特写、专访、深度报道等就有相当多的机会来运作了。甚至可以说，如果记者深入采访、精心选材的话，在这些新闻体裁里，记者的报道与作家创作文学作品的起跑线是大致相同或相差不多的。新闻记者没有理由以"快"和"抢"而放弃自己的精品追求。穆青、冯健、周原写《县委书记的榜样——焦裕禄》时，半年前《河南日报》已经发表过焦裕禄事迹的长篇报道，满满登了一大版。就连新华社都有记者去过兰考，稿子登在一年前的《人民日报》上。可以说穆青他们简直没有再写的必要了。然而，穆青他们写这篇通讯一直改到第9稿，常常为一个字甚至一个标点争得面红耳赤。稿子写好后周原再赴兰考核实。写初稿的周原发现，他的初稿已经"无影无踪"，除了基本素材，只字未改的原话，只剩下穆青拍案叫好的那一句："他心里装着全体人民，唯独没有他自己。"——新闻精品就是这样产生的！

第四节　"用事实说话""用形象说话"
"于叙事中寓论断"

一　"用事实说话"

新闻的本源是事实。离开了事实，新闻也就失去了根本。新闻写作要用事实说话。通过客观地叙述事实来体现倾向或观点，是新闻写作的一个重要原则和方法。

1946年9月1日，胡乔木在《人人要学会写新闻》一文中指出："学写新闻还叫我们会用叙述事实来发表意见。我们往常都会发表有形的意见，新闻却是一种无形的意见。从文字上看去，说话的人，只要客观地、忠实地、朴素地叙述他所见所闻的事实。但是因为每个叙述总是根据着一定的观点，接受事实的读者也就会接受叙述中的观点"。用事实说话，是新闻实现宣传、舆论功能的特点。通过客观地叙述事实来体现倾向或观点，应该成为新闻写作的主要手法。

和通讯比较起来，消息尤其要讲究用事实说话。如果说，通讯写作中，还能允许一些恰到好处的、必要的议论与抒情的话，消息写作中，最好要把议论、评价、抒情去掉，纯粹用事实说话。

消息特别强调用事实说话，并非不要思想，不要观点。抓住广大群众普遍关心的问题，抓住社会生活中迫切需要解决的问题，抓住有思想意义、社会意义的新闻事实予以报道，这种报道行为本身就具有思想性、倾向性。但在消息的具体写作中，并不需要把思想、观点直接点出来。

不直接说出作者的思想观点，西方新闻界称之为"藏舌头"，"舌头"即指新闻报道中的思想观点。不善于"藏舌头"，效果往往适得其反。《新闻战线》曾刊登过《吴冷西同志谈广播电视新闻》一文。文章指出："现在我们的记者不会写新闻；特别是不会用事实写新闻。"他谈到一个例子：徐州酒厂女工吴继玲，在粉碎葡萄时一只手被机器截断后，在各方面大力协助下，被送到上海抢救。这一事件本身就很感人，足以说明社会主义制度的优越。但记者在报道中偏偏加上一笔："真是社会主义好啊！"吴冷西指出："这是新闻写作的败笔"，违反了用事实说话这一原则。

二 "用形象说话"

恩格斯在1885年《致敏·考茨基》谈文学创作的信中指出："我认为倾向应当从场面和情节中自然而然地流露出来，而不应当特别把它指点出来；同时我认为作家不必要把他所描写的社会冲突的历史的未来的解决办法硬塞给读者。"① 倾向应当从场面和情节中自然而然地流露出来，而不应当特别把它指点出来，这就指出了文学表达倾向和思想的一个重要特征。正如著名作家绥拉菲莫维奇在1928年4月19日的《真理报》上评论《静静的顿河》时所说："肖洛霍夫没有在任何地方，没有在一处讲过阶级、阶级斗争。但是，像在许多大作家的笔下一样，随着整个伟大时代的逐渐展现，这种阶级分化，在故事的脉络之中，在人物的描写之中，在事件的联系之中，无形地逐渐加强起来，愈来愈多地被感觉到。"② 由于文学主要靠塑造形象来反映社会生活，所以，新闻"用事实说话"，文学"用形象说话"。

由于形象是具体的、活生生的，有时还被赋予象征意义，所以，文学

① 恩格斯：《致敏·考茨基》《马克思恩格斯选集》第4卷，人民出版社，1972，第454页。
② 转引自孙美玲《肖洛霍夫》，辽宁人民出版社，1985，第20页。

形象多具有多意性，有时还有某种不确定性。这就是文学研究者所说的"形象大于思想"。这种现象表现在接受上就是人们所说的"一千个读者就有一千个哈姆莱特"。文学用形象说话，但它所说的话往往具有多意性，有时还有某种不确定性。

造成文学形象多意性的一个重要原因，就是文学文本具有"意义空白"的特点。

"意义空白"是接受美学术语。接受美学（reception aesthetic），在西方兴起于 20 世纪 60 年代。西方批评家把姚斯和伊瑟尔看作"接受理论的双璧"。姚斯的《作为向文学理论挑战的文学史》（1967）是这一理论学派创立的标志。

"意义空白"是接受美学创始人之一伊瑟尔提出的术语。空白是文本留给读者的余地。"一旦读者弥合了这些空白，交流即告开始。这里空白具有中枢作用，通过它，整个文本——读者的相互关系得以循环进行。所以文本结构的空白激发了读者根据文本提供的线索去补充文本的想象过程。""空白"又来自英伽登的未定性概念。伊瑟尔说："我们称之为空白的东西，是从文学文本的未定性中产生出来的。""未定性"表示存在于文学作品各部分之间的间隙，它存在于一种确定的联系之中，需要读者重新把它们连接起来；而"空白"表示在文本整个系统中的空位，读者填补这种空位就可以引起文体模式的相互作用。伊瑟尔进而指出："空白是文本未被觉察到的结合处，由于它们把文本的相互关系划分为图式和文本的透视角度，这样就同时触发了读者的想象活动。理所当然，当这些图式和透视角度彼此联系起来时，空白就'消失了'。"在文本中，空白作为一种空间，"它不仅激发了读者的想象性活动，而且也引导读者的想象性活动。从这个方面来说，它是存在于文本和读者之间相互作用的一个基本成分"。

空白的特征与功能主要表现在三个方面。

"空白在结构上的第一个特征在于它使文本中的相互作用相互影响的各个片断组织成一个参照域。这样参照域中的各个部分在结构上具有相等的价值，它们交织在一起，并突出了它们的相似与差异。""这使得读者将各种异同联系起来，以把握存在于这种联系之中的基本框架。"

空白的第二个特征或功能是，随着文本的可连接性的出现，"空白作为包容这些相互作用的各个部分之间未被系统描述的框架，促使读者把这些部分明确地联系起来。从空白在位置方面发生的这种变化可以推知，对所有发生在读者游移视点的参照域内的运作过程，空白都起着重要的控制作用"。

空白的第三个、也是最具有决定性的功能是：在一个参照域内，读者的游移视点"在每一特定时刻所集中注意的部分便成为一个主题，而此刻的主题又成为下一部分呈现其现实性所依附的视野，如此类推。无论哪个部分成为主题，它前面的部分就必然失去它在主题上的重要性，而成为一个处于边缘和主题上的空白点。读者往往占据这一位置，以求把注意力集中于新的主题"。伊瑟尔研究了各种类型的小说，发现出于不同的目的，作者对空白有不同的处理方式："主题小说减少空白是为了灌输；连载小说增加或加强空白是为了刺激读者的好奇心；现代小说为了适应读者自己的创造，把空白主题化了。"①

契诃夫在1890年《写给阿·谢·苏沃陵》一文中说，"您希望我在描写偷马贼的时候应该说明：偷马是坏事。不过话说回来，这种话就是我不说，别人也早已知道了。让陪审团去裁判吧，我的工作只在于表明他们是什么样的人……把艺术跟说教配在一起是愉快的事，不过对我个人来说，这却非常困难，并且由于技术条件而几乎不可能。要知道，为了在七百行文字里描写偷马贼，我得随时按他们的方式说话和思索，按他们的心理来感觉，要不然，如果我加进主观成分去，形象就会模糊……我写的时候，充分信赖读者，认定小说里所缺欠的主观成分读者自己会加进去。"② 这里，"认定小说里所缺欠的主观成分读者自己会加进去"，与接受美学中所说的意义空白有相通之处。

新闻文本一般不认为具有"意义空白"，在接受上也不像文学作品那样"一千个读者就有一千个哈姆莱特"。但受众对新闻信息的接触、接受同样具有选择性和理解上的某种"再创造"。

拉扎斯菲尔德等人在1940年美国总统大选期间，围绕大众传播的竞选宣传，对选民投票意向的影响在俄亥俄州的伊里县做了一项实证调查，这次调查的研究报告名为《人民的选择》。"选择性接触"正是《人民的选择》中提出的一个理论假说：受众并不是不加区别地对待任何传播内容，而是更倾向于"选择"那些与自己的既有立场、态度一致或接近的内容加

---

① 关于意义空白，参见王先霈、王又平主编《文学批评术语词典》，上海文艺出版社，1999，第464~465页。

② 〔俄〕契诃夫：《契诃夫论文学》，人民文学出版社，1958，第186~187页。

以接触。这种"选择性"接触活动的结果，更可能在加强原有的方向上起作用，而不是导致它的改变。

"选择性接触"在新闻接受中普遍存在。同时，受众在理解他所接受的信息的意义时，常常会加进一些主观的东西。所以传播学者巴恩仁认为，信息的意义是给予的，授予的，而不是"接收"的。受众的这种"加入行为"具有积极作用。一般情况下，受众对于新闻信息的理解，必然循着传播者编码时给定的逻辑思路进行，但受众在这些符号的刺激下，有时会激发出自己的新的情绪和想象，产生新的态度和动机，使给定的信息跨越传播者的思路，给这些信息一些新的、别出心裁的解释和说明，有的解释和说明，甚至是传播者所没有想到和认识到的。有学者称受众的这种对送达的信息符号以超乎符号原载意义的译码行为为"再创造"理解。这种情况表明，信息的实际意义不仅存在于符号载体中，而且在一定程度上还存在于受众主观的创造性理解中。所以有学者说，讯息的意义在于"发现"。在选择性理解中，受众的这种"发现"是十分重要的。一个政治上敏感、知识面广博又熟悉当前局势的人，常常可以从旁人熟视无睹的大量的新闻信息中，发现许多重要的信息，洞察新的动向。[1] 但不管怎么说，新闻信息接收中的"加入行为"和"再创造"，其范围和程度是不能与文学作品相比的。

历史文本也有接受上的"加入行为"和"再创造"现象，它同样也是不能与文学作品相比的。

另外，对同一新闻作品还有一种"仁者见仁，智者见智"的情况。中国在宣传"铁人"王进喜时曾经公开登出了他身穿旧皮袄、头戴旧皮帽站在井架前的照片，国内读者心中激发了对铁人精神的敬佩之情和学习热情，但看到了这张照片的日本人则从画面景色推断出了大庆油田的地理位置、生产规模和钻井直径，组织生产出了适合油田要求的钻井和机械，坐等国人去购买。对不同的对象而言，大众传播媒介传播的同一内容却可以出现全然不同的理解，产生完全不同的效果。[2]

---

① 参阅童兵《理论新闻传播学导论》，中国人民大学出版社，2011，第145页。
② 参见刘华蓉《大众传媒与政治》，北京大学出版社，2001，第90页。

三 于叙事中寓论断

(一) 于叙事中寓论断

顾炎武在《日知录》卷二六中写了一则《〈史记〉于序事中寓论断》:

> 古人作史,有不待论断而于序事之中即见其旨者,惟太史公能之。《平准书》末载卜式语,《王翦传》末载客语,《荆轲传》末载鲁勾践语,《晁错传》末载邓公与景帝语,《武安侯田蚡传》末载武帝语,皆史家于序事中寓论断法也。后人知此法者鲜矣,惟班孟坚间一有之。如《霍光传》载任宣与霍禹语,见光多作威福;《黄霸传》载张敞奏,见祥瑞多不以实,通传皆褒,独此寓贬,可谓得太史公之法者矣。

"序"在汉语中有叙述、叙说的意思。这里"序事"就是"叙事"的意思。顾炎武所说的"于序事中寓论断",是指在卷末处史家借他人之语用以表示自己对所记史事的看法。但他的于叙事中寓论断,并不限于其所举出的数例,而是有广泛的运用。① "司马迁寓论断于叙事的最基本的形式,还是历史叙述的形式,即在历史叙述的过程中把论点表达出来。"② 我们正是在"广泛的运用"方面,"在历史叙述的过程中把论点表达出来"的意义上使用顾炎武所说的"于叙事中寓论断"。显然历史的于叙事中寓论断与新闻"用事实说话"有着非常一致的内涵。

然而,史书中的议论并不少见。

(二) 史书中的议论

1. 史书中的议论

论赞是史书议论的一种形式。史书之有论赞,由来已久,名目也很多。刘知几《史通·论赞》说:"《春秋左氏传》每有发论,假'君子'以称之。二《传》云'公羊子'、'谷梁子',《史记》云'太史公'。既而班固曰'赞',荀悦曰'论',《东观》曰'序',谢承曰'诠',陈寿曰'评',王隐曰'议',何法盛曰'述',扬常璩曰'撰',刘昺曰'奏',袁宏、裴子野自显姓名,皇甫谧、葛洪列其所号。史官撰录,通称史臣。其名万殊,

---

① 白寿彝:《司马迁寓论断于叙事》,《北京师范大学学报》1961 年第 4 期。
② 白寿彝主编《史学概论》,宁夏人民出版社,1983,第 227 ~ 228 页。

其义一揆：必取便于当时者，则总归论赞焉。”

议论不能离开史实，这是对议论的基本要求。刘知几《史通·论赞》又说“大抵皆华多于实，理少于文，鼓其雄辞，夸其俪事”是不好的。“作议论文字，须考引事实无差忒，乃可传信后世”① 是可取的。

古代史家大多很重视史书编著中的议论。《汉书》的史论，历来受到推崇。范晔《狱中与诸甥侄书》认为：“详观古今著述及评论，殆可少意者”，然“班氏最有高名”，刘勰《文心雕龙·史传》称赞《汉书》“赞序弘丽，儒雅彬彬，信有遗味”。刘知几《史通·论赞》夸奖《汉书》论赞“辞惟温雅，理多惬当。其尤美者，有典诰之风，翩翩奕奕，良可咏也”。但今天看来，《史记》《资治通鉴》的史论更应当受到重视。“太史公曰”“臣光曰”有不少很好的议论。

2. 关于“太史公曰”

《史记》中“太史公曰”是很出名的，比如《廉颇蔺相如列传》最后有：

　　太史公曰：知死必勇。非死者难也，处死者难。方蔺相如引璧睨柱，及叱秦王左右，势不过诛。然士或怯懦而不敢发。相如一奋其气，威信敌国。退而让颇，名重泰山。其处智勇，可谓兼之矣！

《李将军列传》最后有：

　　太史公曰：传曰：“其身正，不令而行，其身不正，虽令不从。”其李将军之谓也！余睹李将军悛悛如鄙人，口不能道辞。及死之日，天下知与不知，皆为尽哀。彼其忠实心诚信于士大夫也。谚曰：“桃李不言，下自成蹊。”此言虽小，可以谕大也。

“太史公曰”也影响到了后来的文学创作。比如，清代文学家蒲松龄的《聊斋志异》中的“异史氏曰”。《聊斋志异》中《促织》最后有：

　　异史氏曰：“天子偶用一物，未必不过此已忘；而奉行者即为定

---

①　《容斋随笔》卷四《二疏赞》条。

例。加之官贪吏虐，民日贴妇卖儿，更无休止。故天子一跬步，皆关民命，不可忽也。独是成氏子以蠹贫，以促织富，裘马扬扬。当其为里正、受扑责时，岂意其至此哉！天将以酬长厚者，遂使抚臣、令尹，并受促织恩荫。闻之：一人飞升，仙及鸡犬。信夫！"

《王子安》最后有：

> 异史氏曰："秀才入闱，有七似焉：初入时，白足提篮，似丐。唱名时，官呵吏骂，似囚。其归号舍也，孔孔伸头，房房露脚，似秋末之冷蜂。其出场也，神情惝恍，天地异色，似出笼之病鸟。迨望报也，草木皆惊，梦想亦幻。时作一得志想，则倾刻而楼阁俱成；作一失志想，则瞬息而骸骨已朽。此际行坐难安，则似被执之猱。忽然而飞骑传人，报条无我，此时神色猝变，嗒然若死，则似饵毒之蝇，弄之亦不觉也。初失志，心灰意败，大骂司衡无目，笔墨无灵，势必举案头物而尽炬之；炬之不已，而碎踏之；踏之不已，而投之浊流。从此披发入山，面向石壁，再有以且夫、尝谓之文进我者，定当操戈逐之。无何，日渐远，气渐平，技又渐痒；遂似破卵之鸠，只得衔木营巢，从新另抱矣。如此情况，当局者痛苦欲死；而旁观者视之，其可笑孰甚焉。王子安方寸之中，倾刻万绪，想鬼狐窃笑已久，故乘其醉而玩弄之。床头人醒，宁不哑然失笑哉？顾得志之况味，不过须臾；词林诸公，不过经两三须臾耳，子安一朝而尽尝之，则狐之恩与荐师等。"

这里的"异史氏曰"还掺杂了叙事。

直到当代，小说和散文作家孙犁在《芸斋小说》中还采用"芸斋主人曰"的形式。可以说孙犁采用这种形式是受了《史记》和《聊斋志异》的双重影响。孙犁《芸斋小说》中的《续弦》最后有：

> 芸斋主人曰：婚姻一事，强调结合讳言交易。然古谚云：嫁汉嫁汉，穿衣吃饭。物质实为第一义，人在落魄之时，不只王宝钏彩楼一球为传奇，即金玉奴豆汁一碗，也只能从小说上看到。况当政治左右一切之时乎！固知巫山一片云，阆苑一团雪，皆文士梦幻之词也。

《还乡》最后有：

> 芸斋主人曰：古人云，富贵不还乡，如衣锦夜行。欧阳文忠颂韩琦功业，作昼锦堂记，蔡忠惠书之，传为碑版。汉高、光武得意之时，皆未尝不返故里，与亲戚故旧欢饮，慷慨歌之。然此语虽发自项羽，而终于自尽，无颜归江东。此亦人遭毁败，伤心世情，心理状态之自然结果也。

四 本节一～三小结

新闻与文学更强调倾向或思想不在作品中直接说出来。当然，无论是新闻的"用事实说话"，历史的"于叙事中寓论断"，还是文学的"意义空白"或"倾向应当从场面和情节中自然而然地流露出来"，都不是绝对的。

新闻作品，即使是消息，也有直接表露记者的思想和感情的时候。比如，前法国驻北京首席记者比昂尼克在周恩来总理逝世后写的短新闻《周恩来总理逝世，北京沉浸在悲痛之中》，标题的倾向性就表露无遗。美联社1948年1月31日发出的电讯《火葬——甘地永存》，标题也表露了鲜明的倾向和评价，该电讯曾获得普利策新闻奖。

文学中在某些地方直接表露作者的思想和感情倾向的作品，也有一定数量。比如，巴尔扎克在《欧也妮·葛朗台》中曾这样议论过爱情：

> 爱情的开始与生命的开始，颇有些动人的相似之处。我们不是用甜蜜的歌声与和善的目光催眠孩子吗？我们不是对他讲奇妙的故事，点缀他的前程吗？希望不是对他老展开着光明的翅翼吗？他不是忽而乐极而涕，忽而痛极而号吗？他不是为了一些无聊的小事争吵吗，或是为了造活动宫殿的石子，或是为了摘下来就忘掉的鲜花？他不是拼命要抓住时间，急于长大吗？恋爱是我们第二次的脱胎换骨。

《红楼梦》中作者用诗来褒贬、议论其描写的主要人物。比如，写王熙凤有"聪明累"这样的诗句，

> 机关算尽太聪明，
> 反算了卿卿性命！

生前心已碎，

死后性空灵。

家富人宁；

终有个，

家亡人散各奔腾。

枉费了，

意悬悬半世心；

好一似，

荡悠悠三更梦。

忽喇喇似大厦倾，

昏惨惨似灯将尽。

呀！

一场欢喜忽悲辛，

叹人世，

终难定！

但对于新闻、历史、文学来说，"用事实说话"，于叙事中寓论断，"用形象说话"，让倾向和思想在场面和情节中自然而然地流露出来，是最值得称道的方式。比如，毛宪文对柳宗元的《捕蛇者说》鉴赏说：

> 第三层承接上文，推出"苛政猛于虎"的结论，用议论的方式把作者的写作意图作了阐明。在阐明主题时最后特别点出："故为之说，以俟夫观人风者得焉。"这里无疑是作者最高的写作目的，它说明作者敢于大胆讽喻或进谏，不怕得罪当时的统治者。如果从审美角度看，那么这样的结尾有失含蓄，流于直露，不如不要这最后一句话为好。[1]

我们简直可以把《捕蛇者说》看作新闻、文学、历史三者俱备的作品。在此文写作的当时，按现代的眼光看，它属于比较典型的新闻特写；由今天看这篇作品，它又具有很高的历史文献价值；从文学角度看，它早已被人们作为文学作品来读了。

---

[1] 见王彬主编《古代散文鉴赏辞典》，农村读物出版社，1990，第437页。

孙犁曾以写出了富有抒情色彩的"诗体小说"而著称，但晚年孙犁却说："在叙述描写中，时加作者的议论或抒情……我少年时，也很喜好这种手法，以为兼小说与诗歌为一体，实便于情感的抒发尽致。但回头研究中国古典小说，实又感到，有此不为难，无此则甚为难。"①

五　新闻、文学、历史都需要精彩细节

既然新闻"用事实说话"、文学"用形象说话"、历史于叙事中寓论断，它们必然都注重对人对事的描述。而精彩的细节描写，则是对人对事描述中最独特、最有效的一个方面。

历史和文学，二者都需要注意细节描写。大概记载历史的作品缺乏细节描写是很难达到叙事记人栩栩如生，也很难兼具文学功能的。有体现重大历史内容和人物性格的细节，是为历史作品树立的高标准。在所有史书中，《史记》的细节描写最有名。由于大家熟知，我们也就不再举例了。

同样，若文学作品缺乏细节描写，就会使人不堪卒读。当然，相对于新闻和历史来说，细节描写对于文学作品更重要。在叙事类文学作品中，细节描写能力，是衡量作家水平高低的一个重要尺度。由于文学对细节问题注意得太多了，我们在这里就不费笔墨了。

新闻写作同样也重视择取细节。穆青指出：

> 有人说，新闻中不应有细节的描写，我们认为这种说法是不对的。应该把新闻中最有意义的事实突出来作详细的具体描述，而其他次要的内容一笔带过。这种写法可以帮助我们突破平铺直叙、面面俱到、空空洞洞的公报格式，使新闻写得生动具体、主题突出、目的鲜明……
>
> 自然，并不是所有的新闻都要有细节，也不是所有的细节都要写进去，但凡是读者最需要知道的，最新鲜有趣而最有意义的事物，就应该作细节的描写，不论这些细节是一句话、一个动作、一个表情，真正的新闻味，往往是从这些细节描写中产生的。

"获得细节，处理好细节，这是记者的思想水平、新闻敏感、采访经

---

① 孙犁：《小说杂谈》，《孙犁文集》续编二，百花文艺出版社，1992，第119页。

验、写作技巧等能力的综合反映。"① 1945 年 9 月 30 日，日本签署投降书，法新社发出的电讯捕捉到，当重光葵签字时"在场的一位日军上校在擦眼泪"这样的细节。这个细节很值得思索，它对世人有很好的提示作用。

1956 年 10 月 14 日，上海举行鲁迅先生灵柩迁葬仪式，当时有则报道就写了这样一个细节，十分传神：

> 一阵风来，把覆盖在灵柩上的"民族魂"大旗卷起一角，许广平取下戴在胸前的一朵米色小钻扣花，把旗子牢牢扣住……当灵柩带着这朵扣花徐徐落入墓穴时，许广平的泪珠滚出了眼眶……

这个生动的细节，表达了许广平对丈夫鲁迅的深厚感情，倘若记者没有一双善于观察的眼睛，对这类细节会视而不见，写出的报道怎能真实动人呢？

1991 年上海举行南浦大桥通车典礼，上海电视台记者、范长江新闻奖获得者邬志豪没有着重报道敲锣打鼓、剪彩通车的热闹场面而是用镜头抓拍了新闻事实中三个重要的细节：一位盲人看不见大桥的模样，用脚步丈量桥面用手摸钢缆；一位老太太激动地讲述她拍照留念、回忆对比的情景；一位已故的主桥设计师的妻子怀着悲喜交加的心情参观大桥、怀念亡夫的镜头。这条电视新闻不足三分钟，淡化看似主要的热闹场面，强化常人看来并不显眼的细节，具有非同一般的感染力，获得了当年中国新闻一等奖。

2013 年 6 月中国国家主席习近平走访哥斯达黎加国农户时，摘咖啡花请夫人彭丽媛闻花香的细节，被敏感记者的镜头捕捉并报道，成为一个新闻看点。它表达了这位国家领导人的生活情趣、普通人情怀和夫妻和谐。

第五节　新闻自由、创作自由、历史研究无禁区

一　新闻自由

（一）新闻自由及其意义

新闻自由（freedom of the press）包括：不受批准自由出版报刊，即不

---

① 穆青：《新闻散论》，新华出版社，1996，第 75、179 页。

必向政府申请营业执照或交保证金，在政治上、经济上不受限制，人人都拥有出版权；不受任何形式的事先检查，可以发布任何新闻和发表任何意见（当然，事后的追惩在任何国家都存在，即不容许报刊自由地损害国家、社会、个人利益）；不受限制地自由接近新闻源。简要地说，新闻自由就是新闻媒介拥有出版权、采访权、发布权。

有一种误解，以为新闻媒介才拥有新闻自由权。其实1982年12月颁布的《中华人民共和国宪法》第三十五条明确规定："中华人民共和国公民有言论、出版、集会、结社、游行、示威的自由。"西方各国的宪法或《人权宣言》都明确规定：每一个公民拥有新闻自由权。

英国著名思想家、作家约翰·弥尔顿在《论出版自由》中提出言论出版自由"是一切自由中最重要的自由"。"这自由则是一切伟大智慧的乳母"。①

列宁指出：

> "出版自由"这个口号，从中世纪末到18世纪，在全世界成了伟大的口号。为什么呢？因为它反映了资产阶级的进步性，即反映资产阶级对僧侣、国王、封建主和地主的斗争。②

新闻自由和司法独立是现代化国家的两大基本标志。在信息社会，新闻自由与信息的自由流动密切相关。因此，新闻自由是确保公民知晓权，进而参与国家、地区公共事务的前提，也是国家政权、企业、家庭和个人对外界变动及时做出决策的前提条件。新闻自由既是社会民主的内容之一，又是保证民主实行的前提条件。没有民主的新闻自由和没有新闻自由的民主都是不可想象的。

> 以言论、出版、新闻自由为标志的新闻传播领域的民主政治制度，有力地保障和推动着新闻传播事业的发展。三百多年以来的事实表明，对于新闻传播活动有机运行来说，广泛的民主权利和新闻自由权利是不可缺少的。一般的民主权利即基本人权如：知晓权（公民享有及时

---

① 〔英〕弥尔顿：《论出版自由》，商务印书馆，1958，第44～45页。
② 列宁：《列宁全集》第32卷，人民出版社，1990，第492页。

和全面了解国内外重要事件和官员行政行为的权利）、议政权（公民享有了解、参与和评议政府决策的权利）、监督权（公民享有监督和批评政府及官员决策、行政行为及财产状况的权利），对于新闻传播活动的正常进行，新闻事业的有机运行，是不可或缺的重要社会条件。①

在现代化社会，新闻自由既受到法律的保护，也受到法律的监督和限制。没有法律的保护，新闻自由就很难真正实行；没有法律的监督和限制就是不健全的新闻自由。当然，新闻自由也以舆论为手段制约着法律的制定和监督着法律的实施。

尽管不同历史时期和不同社会新闻自由的内涵有差异或有较大差异，但总的趋势是新闻自由度越来越大。在这个意义上，一部新闻传播史就是新闻传播不断获得更大自由的历史。

（二）新闻传播技术与新闻自由

随着新闻传播越来越与高新技术联系在一起，高新技术为新闻传播获得更大的自由提供了技术条件。比如，互联网的诞生和普及把信息流通的许多障碍消除了，尤其是微博使新闻发布获得了空前的自由。网络信息就像每天的太阳一样，它要流向和照亮每一个角落。阻碍新闻信息传播的长城，随着互联网走向每个家庭，正在倒塌。比尔·盖茨有一句名言：控制网络信息自由流通的最有效办法，是给每台电脑派一个警察站立在旁监控。显然这是不可能的。

然而，这只是问题的一个方面。正像我们在第二章引用过的丁未文章所言，信息技术的发展，使得权威当局监视和控制社会的能力空前强化。言论控制和集权主义并不会因为技术的进步而消失。中国社会科学院新闻与传播研究所研究员陈崇山认为：

> 传播媒介作为人类交往的工具，诞生后便成了统治阶级或集团的一种控制手段，发布什么不发布什么看起来好像取决于采集、加工信息的"传者"，实际上"传者"也必须听命于统治者，广大老百姓只能被动地接受。在这个过程中，传者是"把关人"，掌握着发布信息的控制权，是"主体"；"受众"却不能成为"矛盾的主要方面"。"受众"

---

① 童兵：《理论新闻传播学导论》，中国人民大学出版社，2011，第 171～172 页。

这个词就含被动，不可能成为"主体"，但并非完全被动，因为受众拥有选择性接受和接受的主动权，受众的主体地位只能在这个阶段才能显现。从总体上说，目前体制下的受众还难以成为传播活动中的"主体"。①

（三）新闻自由与新闻的社会责任

1946 年 12 月，针对美国传媒业现状，美国"新闻自由委员会"提交了一份研究总报告书，1947 年由哥伦比亚大学出版社出版，名为：《一个自由而负责任的媒体》（*A Free and Responsible Press – A General Report on Mass Communication*：*Newspapers*，*Radio*，*Motion Pictures*，*Magazines*，*and books*）。报告第一次提出了传媒的社会责任理论，这个理论反过来为自由提供了制度性保证。

新闻媒体在享有充分新闻自由的同时，不能没有社会责任感。因为新闻影响社会和人的巨大能量，既有积极的一面，也有消极的一面。我们已经就它的积极一面说过很多，这里，要谈一下它的消极一面。

1996 年 4 月 10 日，美国《时代》周刊、美国广播公司先后向人们推出了一个神童，报道了神童杰西卡·杜布罗斯驾驶一架单引擎的飞机从加州的哈夫蒙贝机场起飞了。她计划横穿美国大陆，成为世界上驾机横跨美国东西海岸年纪最小的飞行员。许多观众都在所在地通过电视节目看到了这位了不起的小英雄，并且十分关注她的全部飞行计划的实施情况。如果仅从媒介的传播效果看，对杰西卡的报道是成功的，它使世人被杰西卡的惊人之举所吸引，又因为杰西卡的悲剧而产生出惋惜之情。在对这个事件的全部报道中，没有人对媒介产生怀疑和不满。但是，在飞机失事后，美国《飞机》杂志总编辑迈克·莱恩的一番话却使人们把责问的目光投向大众媒介。迈克·莱恩说：如果没有媒介的哄闹，类似这样的飞行就不会有。联邦民航允许孩子驾驶飞机只是为了促进教学，并非鼓励冒险，而且少年飞行员也应满 16 周岁并获得驾驶执照。他甚至尖锐地指责媒介是造成杰西卡死亡的帮凶。因为杰西卡起飞时，天气恶劣，风速每小时达 48 公里，能见度极低，不时有雷鸣电闪。机场的工作人员说：机场海拔 1876 米，空气稀

---

① 见水夫、昌祺《新时期广播电视受众工作学术研讨会综述》，《中国广播电视学刊》2000
年第 1 期。

薄，加上这样的天气，要求飞机滑行的距离长一点。也许你会问，一个 7 岁的孩子，懂得把这些考虑进去吗？只有上帝知道。杰西卡因年幼不会考虑，而她的父亲和媒介会考虑却不去考虑。

媒介推波助澜的宣传，将这位 7 岁的小女孩推向了她生命将承受不了的境地。美国广播公司《晚间热线》节目主持人直言不讳地说："是的，我们确实对此事起到了推波助澜的作用，但我们的观众需要这样的节目。"同时，他正忙着录制杰西卡飞行失事的节目，因为这将是当晚收视率最高的节目。

杰西卡的悲剧，使我们目睹了媒介制造事件的过程。媒介的这种创造力使构造一个媒介世界成为可能。媒介在展示它的这种能力时，已经不再是纯粹为人所用的工具，此时的人却处在被利用的位置上。[①]

在中国，20 世纪 90 年代初期发生的"长城集团非法集资案"被揭露之前，一些新闻媒体的记者对长城集团及其总经理沈太福进行了大量正面鼓吹和报道，并将这一非法活动称为"令人振奋的创举""充满希望的事业"，在报道中随意夸大长城集团取得的经济效益，以增加长城集团集资的吸引力，许多投资者在看了报道后信以为真，踊跃参与其中，结果上当受骗。在沈太福被枪决的第二天，两名接受沈太福贿赂并为之大力进行宣传和鼓吹的记者也被押上了法庭。《新闻记者》1993 年第 9 期曾刊登《"长城"大骗局：新闻如何走入误区？》一文写道：

> 沈太福及其北京长城机电科技产业公司非法集资、侵吞集资款的大骗局的揭露，引起了人们极大的震惊。当这个骗局得手之际，沈太福曾经不无得意地宣称："从中央到地方，主要的电台、电视台及报纸和通讯社，没宣传、介绍过长城集团的恐怕不多了。"这句话虽然明显是夸大的，但终究告诉我们，沈太福之所以能够在短短半年内在全国 17 个城市骗得 10 亿元巨款，某些新闻媒介的误导确实起到了推波助澜的作用。

新闻媒体和从业人员需要新闻自由，但同样也需要增强自己的社会责任感，懂得限制和约束自己。新闻媒体在监督社会的同时，它本身也应被

---

① 李岩：《大众传播过程的异化现象》，《中国广播电视学刊》1997 年第 10 期。

社会监督。新闻媒体和新闻从业人员不能滥用自己的新闻自由。

二　创作自由与历史研究无禁区

与新闻自由相比，创作自由所涉及的社会面要小一些，创作自由对社会产生的影响也不如新闻自由那么大。新闻自由涉及全社会。新闻出版自由绝不仅仅是传媒的专利，它决定着人们的信仰、思想、言论自由以及信息交流的自由，决定着人身自由。在这个意义上，所谓新闻舆论监督首先是一个落实公众知情权的问题，而落实公众知情权的前提是新闻自由。

文学和史学的自由度一般情况下要比新闻大，这是事实，但这只是一个假象。因为所谓创作自由和史学研究无禁区，实际上都由新闻自由度的大小来决定。新闻自由度越大，就越享有充分的创作自由，史学研究的禁区就越少，反之亦然。当新闻无自由可谈的时候，作家和史学家手里如果有那么一点点自由的话，那么这点自由很快就引人注目，于是很快就会被剥夺。所谓史学研究无禁区，不过是学术研究自由（包括史学学术研究自由）的一个方面。

中国古代史家所向往的治史的相对独立性，被称为"史权"。尊重史家治史的相对独立性，也就是给他们以"史权"，这是史学繁荣的一个重要条件。史权是古代社会文化政策的晴雨表，它时隐时现，十分脆弱，却不绝如缕地闪烁在历史长河中。历史学家争取"史权"，正像新闻记者追求新闻自由一样重要。

一般情况下，史学研究的禁区是与历史跟现实的时间距离成反比的。离现实越近，禁区越多，离现实越远，禁区越少。目前中国唯一保存完好、具有规模的"文化大革命"墓群——重庆沙坪公园内的"红卫兵"墓园，是那段特殊历史的承载者。在"不拆除、不宣传、不开放"的"三不"原则之下，历经40年的风吹雨打，少人问津。好在它已于2009年被列入重庆市文物保护单位，这说明国人尊重历史、以史为鉴的意识在增强。但它的仍未开放又表明历史禁区的存在。"红卫兵"墓园一类的实物、故地，应该接受集体的直面与正视，哪怕它可能敏感——其实国人的神经不至于脆弱到不能直面"红卫兵"墓园的地步。

历史研究的禁区不是历史设置的，而是现实，主要是现实政治权力设置的。《隋书·高祖纪下》记载，开皇十三年（593），隋文帝曾下诏："人间有撰集国史、臧否人物者，皆令禁绝。"这表明皇家要垄断修史；魏晋以来私人修史之风的势头受到抑制。历朝历代都试图对历史尤其是与自身相关的历史做出自己的评价和解释。

同新闻自由一样，作家的创作自由也不是无限度的。目前创作自由被滥用的主要表现之一，是作品中色情和暴力的没有限制的渲染。这是个世界性问题。

第六节　新闻受众·文学接受者

一　新闻受众和文学接受者

很长时间内，人们把记者、编辑、主持人看作新闻传播过程的中心，表现在理论上就是"传者中心论"。同时，文学界也把作家及其作品看作文学活动的中心。20 世纪 60 年代兴起"接受美学"后，新闻界和文学界都开始改变这种看法。当然，这是就世界范围而言的。

1956 年中国新闻学教授王中提出"读者需要论"，但之后一直被作为资产阶级观点加以批判，直到中国共产党十一届三中全会召开后情况才开始改变。其实，马克思早就指出："人民的信任是报刊赖以生存的条件，没有这种条件，报刊就会完全萎靡不振。"[1] 当我国确定建立社会主义市场经济体制后，受众的地位才真正被重视。中国新闻媒介开始从以媒介为中心，以记者、编辑为中心，逐步向以受众为中心过渡。大致同时，文学界也开始从以作家为中心向高度重视接受者转变。伴随这种过渡和转变，有些记者、编辑、作家一味迎合受众、媚俗等现象也出现了。

新闻受众几乎等于全人类，所有的社会成员都是新闻媒介现实和潜在的受众。文学接受者相对于新闻受众来说，范围要小不少。一般情况下，几乎所有的人都需要了解新闻，而对于文学作品和历史作品却不一定成为必需。零点调查集团曾经对北京、上海、广州、重庆、厦门 5 市 1500 名市民调查，喜欢新闻报道的比例占 30.6%，喜欢中长篇小说的比例占 22.7%，喜欢短篇小说的比例占 12.9%。[2] 这个调查也多少能反映出人们对新闻的需要程度最高。

---

① 《马克思恩格斯全集》第 1 卷，人民出版社，1956，第 234 页。
② 见凌月《诗歌离都市人生活有多远》，《光明日报》1997 年 7 月 30 日。

二　受众是不是上帝——以电影为例

（一）观众是上帝，又不是上帝

当人们高度重视受众后，"受众是上帝"的说法出现了，对这种说法许多人赞成并在实践中表现出来。那么，受众究竟是不是上帝呢？答曰：是与不是之间。

由于在中国电影是最早因观众减少而受到威胁的艺术门类之一，因而电影界也是最早关注受众问题的一个部门。我们谈这个问题就以电影为例。

早在20世纪80年代初就有了"观众是'上帝'"，"观众是我心目中的'神'"等说法。它代表了当时和现在相当一部分影视研究者和编导者的共同看法。如果我们将眼光放开，20世纪60年代在西方开始兴起的接受美学，早已将文学艺术接受者推到了前所未有的崇高地位。也就是说，日益重视接受主体，是世界性的大趋势。

与此截然相反，有些人，尤其是一些青年编导和理论工作者，提出了尖锐对立的观点：观众不是上帝。

观众究竟是不是上帝？这实际上是文艺理论中创作与欣赏，创作者与接受者的关系问题。它是一个老问题，当世界上出现作者与接受者，这个问题也就跟着出现了。它也是一个新问题。电影作为第八种艺术，是最具有大众性的艺术之一，但这门年轻的艺术风行世界不久，就面临着观众锐减的挑战——电影观众有着与其他艺术接受者不同的特殊地位。我们在论述这个问题时，着眼点是一般艺术接受者，落脚点是电影观众。

贾若在为《新的综合》一书写的序言中指出：

> 对于人类的思想成果，我们习惯的评价方式，往往是对、错，可、否，取、舍。但是一般的思想史或科学史提供的事实和经验都告诉我们，这并不是一种有效、经济和合理的方式。①

是与不是的思维方式不能圆满地解决这个问题。

观众是上帝，乍一看来似乎是不容置疑的事实。中外今古，任何一种艺术形式，如果没有读者或观众，就很难生存，很难获得生命力。"不惜歌

---

① 〔美〕爱德华·奥斯本·威尔逊：《新的综合·序言》，四川人民出版社，1985，第2页。

者苦，但伤知音稀"，每位作者也都希望自己拥有最广大的读者或观众。

电影《流浪者》轰动当时的印度影坛，经过 20 多年后，再次在中国上映，依然经久不衰。广大人民群众喜爱它，它无疑是一部思想内容好，艺术质量高的佳作。拉兹的扮演者，印度影界巨星拉兹·卡普尔不无根据地说，"我成功的秘密是永远和人民在一起"。

电影史上，绝大部分优秀影片，一经拍出，就获得广大观众的赞誉。

但读者和观众的判断失误也并不罕见。文学方面，中国古代的左思，《三都赋》成，洛阳为之纸贵，当时的读者可谓众矣。随着时间的推移，它的读者却越来越少。时至今日，不仅一般群众对它很少问津，就连这方面的专家，也多认为它价值不大。

法国的司汤达是 19 世纪批判现实主义作家中生前最受冷落的作家。他写的 33 部作品中，生前只出版过 14 部。他的《论爱情》出版后 10 年间只卖出 17 本。他后来被公认为名著的小说《红与黑》完成后，出版商很勉强同意印行 750 册。当时著名作家兼评论家茹利·让年说这本书是"通过怪异的形式来表现一切，仅仅为了吓唬别人而做得粗鲁"。雨果轻鄙地说："我试着读了一下，但是不能勉强读到 4 页以上。"他得知司汤达逝世时，叹口气道："孟德斯鸠靠了他的书不朽于世，司汤达先生留下了什么呢？"

司汤达清醒地看到了自己与世人的隔膜。谈到在文坛上的处境时，他称自己是"一个为人遗弃在街头的孤儿"；他只希望寻到"一种无比的、在一切意义上无比的读者"来欣赏他的作品。他的《帕尔玛修道院》的结尾就是用一句忧郁的英文作题献："给少数的幸运者"（To the happy few）。司汤达死后，只有三个朋友为他送殡，其中有作家梅里美。梅里美在讣闻里写道："也许，20 世纪的某一位评论家会从 19 世纪卷帙浩繁的作品中发现拜尔（司汤达的本名）的书，并且比我们的同代人更公正地对待它们。"司汤达坚信自己"敏锐的智慧"和"纯真的品质"在死后会得到人们承认，总有那么一天他的书看起来"不是过分矫揉造作，而是真真实实的"。他曾给巴尔扎克写信说："死亡会让我们和他们调换角色。在生前，他们可以对我们为所欲为。但只要一死，他们将永远被人们忘记……而我所想到的却是另一场抽签赛，那里最大的彩注是：做一个在 1935 年为人阅读的作家。"果然，在 20 世纪中叶，无论是法国还是其他国家，人们都把司汤达的小说当作现代作品来读。《红与黑》与《帕尔玛修道院》成为人们喜爱的作品，根据这些作品拍了至少 10 部电影。《红与黑》不仅使人们认识了七月革命前法国社会的基本面貌，也有助于人们从于连这个个人主义野心家的身上认识资产阶级人生观的腐朽本质。作家们纷纷学习司汤达。托尔斯泰说过："比起别人，司汤达有更多的地方值得我感激。他教会我怎样理解战争。在他之前，有谁把战争描写成实际上的那种样子呢？……凡我所知的关于战争的一切，都首先是从司汤达那里得来的。"高尔基说："如果可以把司汤达的作品和书简比较的话，那么称他的作品是写给未来的书简倒更确切一些。"①

电影方面，太远的不说，比如，1983 年和 1984 年中国电影市场电影观众超过亿（人次）的影片是：《武当》《武林志》《自古英雄出少年》《白发魔女传》《忍无可忍》《少林小子》《高山下的花环》。② 而其中，《高山下的花环》人次最少。特别是考虑到它的观众有相当一部分是由工会、共青团及有关单位组织观看的这个重要因素，观众的审美取向就更明显了。笔者不否认《武当》《武林志》等有一定的思想性和艺术性，但《人生》《十六号病房》《寒夜》《乡音》等在思想内容和艺术价值方面要优于它们，至少不次于它们，可是很遗憾，观众不及或远不及这些武打片。再如，从 1980年到 1984 年这 5 年中，上座率最高的影片分别是《405 谋杀案》《牧马人》《少林寺弟子》《岳家小将》，其中仅《牧马人》是获得该年度"百花奖"的最佳故事片。③

《英雄》《无极》在艺术真实方面都存在明显缺陷，但获得了票房价值。相反，艺术性较高并富有探索精神的《黄土地》轰动香港，并多次在国际上获奖，但国内观众却很少。

有趣的是，某些把观众奉为上帝的编导，为了获得观众，拍了大量的武打片等，结果不仅行家给了白眼，观众也越来越少。原因就在于他们把创作与欣赏，创作者与欣赏者的关系，简单地等同于物质生产与消费，物质生产者与消费者的关系。物质生产无疑要满足消费者的需要，但创作如果仅仅是为了满足欣赏者的需要，肯定要失败；即使物质生产者也要考虑自己的生产能力、社会影响等，而不是消费者需求什么，他们就生产什么。

① 参阅龙协涛编著《艺苑趣谈录》，北京大学出版社，1984，第 491~493 页。
② 参见王铁《放映发行：电影文化实现最佳社会效益的重要中介》，《当代电影》1986 年第 1 期。
③ 参阅俞小一《电影的聚焦点在哪里？》，《大众电影》1986 年第 1 期。

以读者或观众的需要为唯一指挥棒的作者，他们或是拜金主义者，或是不懂创作规律者，因而是没出息者。

相反，一部分编导，尤其是某些青年编导，认为现在的观众欣赏水平太低，而高水平的观众有待于他们通过高水平的艺术来造就。他们的作品表现的就是他们自己认为的高水平的思想和高水平的艺术。没有人看吗？这正是自己的骄傲所在，"我的观众在下个世纪"。有些理论工作者也为之张目，例如，王迪在《电影剧作与观众》中说："不根据观众（读者、听众）的需要来进行创作，是古今中外一切真正的作家、艺术家共同遵循的创作规律。"① 他还以歌德的两段话为理论根据："作为一个作家，我在自己的这一行业里从来不追问群众需要什么，不追问我怎样写作才对社会整体有利。""作为作家，我如果把广大人群的愿望当作我的目的，尽量满足他们的愿望，那么，我就得像已故的剧作家考茨布那样，向他们讲故事，开玩笑，让他们取乐了。"

歌德作为一位深通艺道的大家，以上的话，说的是他自己真实的创作心理。这种创作心理确实代表了不少艺术家的看法。这些艺术家当中，确实有相当一部分人在创作上是成功的，因而他们的作品拥有众多的读者或观众。

但是，也有相当一部分艺术家创作的社会功利目的很明确。白居易在《新乐府序》中说："其辞质而径，欲见之者易谕也；其言直而切，欲闻之者深诫也；其事覈而实，使采之者传信也；其体顺而肆，可以播于乐章歌曲也。总而言之，为君、为臣、为民、为物、为事而作，不为文而作也。"这些艺术家当中，也确实有相当一部分人在创作上是有成就的。

创作动机是一种复杂的心理过程。罗曼·罗兰《致初学写作者》说得更全面一些："除非你迫切地感到由于社会的责任和你的良心，或者某一种内心的需要所驱使时绝不要写作。"社会需要和内心需要相结合的创作，成功率较高。歌德式的创作动机有充分的内心需要，但这内心需要客观上或多或少地满足了社会的需要，因而能够得到读者或观众。其实，正是歌德在上述两段话中间这么说过："我一向先努力增进自己的见识和能力，提高自己的人格，然后把我认为是善的和真的东西表达出来。我当然不否认，这样工作会在广大人群中发生作用，产生有益的影响，不过我不把这看作

---

① 王迪：《电影剧作与观众》，《电影新作》1983 年第 3 期。

目的，它是必然的结果"。① 白居易式的创作动机有充分的社会需要，如果这种社会需要又有充分的内心需要（如生活储备、艺术修养、创作欲望等），也能成功。但仅有充分的内心需要，而创作结果不能满足社会需要，就不会成功；仅有充分的社会需要，而没有充分的内心需要，尽管动机是为了满足读者或观众，结果却是失去他们。因此，王迪虽然正确地强调了创作主体的一面，但忽视了欣赏主体，作为理论，失于偏颇。

至于观众欣赏水平低（是否如此，另当别论），观众出现审美偏差，也不能成为我们无视观众的根据。著名法国电影导演雷内·克莱尔说得好："观众并不永远是对的，但无视观众的作者却永远是错的。"

我国影坛涌现了一批勇于探索的中青年编导，他们拍出了诸如《黄土地》《一个和八个》《海滩》《红高粱》等有争议的影片。笔者认为，他们的创作态度是严肃的，是追求思想性和艺术性的，尽管这些影片中存在这样或那样的问题，然而，这是创新摸索过程中几乎不可避免的。那么，如何认识这些影片的上座率较低的现实呢？

德国接受美学的主要代表人之一姚斯在《作为向文学理论挑战的文学史》中指出；"一部新作品的首批读者对该作品的抗拒可能会如此之大，以致需要一个相当长的接受过程才能使突然出现在首批读者视野中的、未被认可的因素得到肯定。"但"当新的期待视野获得普遍的性质后，改变了的美学标准便会显示其威力：读者将发现以前的成功之作已经陈旧并失去对它们的兴趣。"② 这种情况在文学史上确实存在。前面说过的法国著名作家司汤达，在自己的作品《红与黑》受到包括雨果这样的大师在内的众人否定时，他坚信，总会有那个时候，人们看到他的书，会感到"真真实实的"。历史证明他是对的。电影史上，特写镜头和明暗对比照明技术的运用，都经历了一个过程才为观众所接受和承认。因此，富于开拓精神的创作者，需要一定的胆识，当自己暂时还不能获得众多知音时，应当有自信心，要善于等待。

但作者自认为好的作品，被历史证明不好，更不乏其例。因此，对此类作品，我们应取慎重态度，不要过早下结论，最好让时间检验。

---

① 以上所引歌德的话均见〔德〕爱克曼辑录《歌德谈话录》，人民文学出版社，1978，第224~225 页。

② 转引自章国锋《国外一种新兴的文学理论——接受美学》，《文艺研究》1985 年第 4 期。

我们这样说，是不是可以对探索片观众少的问题视而不见，听而不闻呢？不是。

请看美学家和艺术大师们的真知灼见："艺术作品尽管自成一种协调的完整的世界，它作为现实的个别对象，却不是为它自己，而是为我们而存在，为观照和欣赏它的听众而存在。"① "好的艺术永远是所有的人都能理解的。"② 不好的作品可能暂时获得观众，但不能长久；好的作品可能暂时无法获得观众，但不可能长久没有观众。永远没有观众的作品绝对不是好作品！因为"大多数人在长时期里，对显有才智的作品是不会看错的"。③ 法国著名文学传记作家安德列·莫洛瓦说："一代人对一部作品的评价可能是错误的。四五代人，五大洲的人民的评价就不会错了。"④ 一般艺术作品尚且如此，更何况电影作为大众性和商品性很强的艺术形式呢。

由于电影投资大，又由于电影是瞬时的视听艺术，就更需要现实的观众。正因为如此，电影史上，一问世不能征服观众的影片，很少在以后的历史中再获得大量观众。如此看来，将自己的观众寄予下个世纪的人是很天真的。所以，电影更需要雅俗共赏，用王云缦的话说，就是既好看，又有味。事实证明，那些既叫好，又叫座的片子，都是雅俗共赏的。电影事业要繁荣，必须推出大量的雅俗共赏的优秀影片。但是，正像接受美学已经指出的那样，观众的审美观一经形成，就有一种惰性或惯性，编导人员不应停留于观众对于现有影片艺术水平的满足，而要有意识地在观众现实审美水平上逐步提高，这样才能长久地赢得观众。1985 年获得"金鸡奖"的不是《高山下的花环》，而是《人生》，颇使一些电影爱好者为之鸣不平。撇开别的不说，单从引导观众的审美趣味和电影事业的发展角度来看，评"金鸡奖"的专家们是有远见的。因为主人公高加林是个值得注意的银幕形象，有突破，引人回味的地方较多。

我们提倡雅俗共赏，赞赏在雅俗共赏的基础上探索和提高，并不排斥阳春白雪、曲高和寡能赢得高层次欣赏者的探索片。不但不排斥，相反，由于这样的片子上座率低，我们更应该加强宣传和评介；同时，建议有关

---

① 〔德〕黑格尔：《美学》第 1 卷，商务印书馆，1979，第 335 页。

② 〔俄〕托尔斯泰：《什么是艺术》，《西方文论选》下卷，上海译文出版社，1979，第 437 页。

③ 〔法〕布瓦洛：《朗吉弩斯"论崇高"的读后感》，《西方美学家论美和美感》，商务印书馆，1980，第 83 页。

④ 转引自〔法〕亨利·克鲁阿尔《文学巨匠大仲马》，湖南人民出版社，1985，第 137 页。

部门应在经济上提供保障。当然，这样的片子，不宜过多。

以上分析说明，横向地看——主张观众是上帝的人多是从横向看问题的，观众不是上帝，因为他们也有失误；纵向地看——亦即历史地看，观众又是上帝，因为只有历代观众都首肯的作品，才是真正有生命力的。因此，我们应当坚持现实与历史的统一，坚持现实观众与历史观众并重。对于电影，我们更应当从现实观众求历史观众，使电影事业既有现在又有将来。

我们以电影为例得到结论：受众既是上帝，又不是上帝。在整个文学艺术领域，这个结论都是适用的。

（二）新闻受众是不是上帝

在新闻传播领域，情形也大致如此。不过，有些方面需要特别说明。由于新闻与政治关系极为密切，当受众面对政治新闻时，多数受众会被媒介及其所传播的政治新闻引导。20 世纪的"文化大革命"就说明了这一点。"两报一刊"代表了当时的舆论导向，受众就是大致沿着"两报一刊"的导向走的。

另外，传播学研究已经表明：媒介引导受众怎样想并非都能奏效，但它在告诉受众想什么方面，却获得惊人的成功。这就是西方传播学所说的"议程设置"现象。政治学家伯纳德·科恩在其《报纸与外交政策》一书中有两句言简意赅的话，成为"议程设置"理论的中心内容之一：媒介在使人们怎样想（what to think）这点上并不怎么奏效，但在使人们想什么（what to think about）这点上却十分有效。

但是，一般社会新闻，诸如消费市场变化、演艺界动态等，明显符合受众的趣味和爱好。哪些新闻受受众欢迎，记者和媒体必定趋之若鹜。许多受众爱看名人隐私，于是就出现了"狗仔队"。这时，受众对于媒体和记者来说是响当当的上帝。一个媒体的"订阅率"或"收视率"，关乎其兴衰和存亡。例如，19 世纪中叶《纽约时报》的主持人雷蒙德眼红《纽约先驱报》的主持贝内特常常发表公众感兴趣的新闻，曾感慨地说："我宁可出一百万美元，如果能使魔鬼每天晚上来告诉我，就像他告诉贝内特一样，纽约的人们明天早晨喜欢读些什么。"在这个意义上，受众是新闻媒体当然的上帝。

对于媒体和编辑、记者来说，受众是上帝，因为他们的工作就是为受众服务的，受众是他们的衣食父母；但受众又不是上帝，因为受众也需要引导，事实上受众往往是在新闻舆论引导下生活的。所谓"用正确的舆论引导人"讲的就是这样的道理。

三 雅俗共赏与雅俗分赏

随着受众群体的分化和多元化趋势日益显著，随着媒介的发达和多样化，

> 新闻媒介不得不做出一个重大转向：即由"大众"走向"分众"，由雅俗共赏走向雅俗分赏；在分化的受众群中，确立自己的受众市场，也就是明确自己的具体受众定位。①

这是受众日益受到重视的表现。对于那些专业性较强的媒体来说，这种转向是明智和必要的。

但是对于大众媒体，比如中央电视台第一套节目、中央人民广播电台第一套节目、《人民日报》以及省级党报等，其基本追求仍然应当是雅俗共赏。对于节目创意者和制作者、作家来说，最佳的选择仍然是雅俗共赏。因为，雅俗共赏可以带来经济效益和社会效益的双赢。

对于文学艺术来说，雅俗共荣、雅俗分赏基础之上的雅俗共赏，可以实现文艺生产中社会效益与经济效益的统一。

历史读物也应提倡"雅俗共赏"——当然这里的"赏"不能仅仅理解为像文学作品那样的欣赏，更重要的是对历史读物，读得有兴趣、读得懂、有收获。我们来看史学界对这一问题的看法：

> 在认识上看，史学的普及工作主要由通俗的历史读物承担，这是没有疑义的。但对"通俗"怎样理解？却有不同的认识。所谓"通俗"，它往往看作是肤浅的同义语，这是不恰当的。有的作品，拼拼凑凑，粗制滥造，也被目为"通俗读物"，那简直是对通俗读物的亵渎。我们认为，所谓"通俗的历史读物"，应具这样两个条件：第一，一般读者能够看得懂，容易理解。第二，历史专业工作者也可以读，而且在读了之后能够得到一些新的收获。因此，撰写通俗的历史读物，不是仅仅把现成的研究成果加以综合、复述就行了，更不是可以随意下笔、信手写来，而是应当下很大的功夫的。这个功夫的尺度是：不仅把它看作是编书，更应把它看作是著书。这样想，这样做，会增强我

---

① 李良荣：《新闻学概论》，复旦大学出版社，2011，第 230 页。

们对于编著通俗的历史读物的事业心和责任感。①

所谓一般读者能够看得懂，历史专业工作者也可以读，而且在读了之后能够得到一些新的收获，也是一种"雅俗共赏"。可见，历史读物也以"雅俗共赏"为宜。

新闻领域谈"两个效益"比文学艺术领域少。因为主流意识形态认为，新闻传播，社会效益是绝对要占第一位的。谈"两个效益"的统一，尤其是过多地顾及经济效益，有时可能会出现错误导向。"因为新闻传媒的真正价值，主要的不在经济价值，而在社会价值。在追求社会效益的时候，甚至可以少考虑或不考虑经济效益。"② 不过，在实际工作中，这个问题还是存在的。试问，哪个新闻单位不希望在保证社会效益的前提下，实现社会效益与经济效益的双赢呢？所以，"两个效益"的统一是新闻传播效果的理想状态。而"雅俗共赏"依然是实现这种状态的有效途径。

第七节 "媒体依赖""新闻欲"与文学欣赏中的共鸣和美感

一 "媒体依赖"和"新闻欲"

（一）"媒体依赖"

我们的曾祖父、祖父辈总是手里拿着一张报纸看上一整天，或收音机开一整天。而父母们总是一边抱怨电视没好节目，一边不停地换台。而不少年轻人则是一到家立刻就打开电脑，一会儿打开这个窗口，一会儿又打开那个窗口。即使没什么事可做，也不会想到把它关了。这种状态称作"媒介陪伴"状态。习惯了媒介陪伴的人一旦离开媒介，就会觉得手足无措，无所适从。这就是"媒体依赖"现象。纵向地看，在不同时代，会有不同的主流媒介，人们也有不同的媒介陪伴。这种陪伴状态的延续，一方面说明了媒介技术的发展，另一方面也证明了这种依赖心理的根深蒂固。

---

① 白寿彝主编《史学概论》，宁夏人民出版社，1983，第410页。
② 童兵：《理论新闻传播学导论》，中国人民大学出版社，2011，第107页。

媒体依赖是一种复杂的社会现象。它既有积极的一面，也有消极的一面。了解社会新闻动态，接触媒体文化自有其积极意义的一面。媒体文化不能一概而论，但就目前多数受众的接受兴奋点而言，主要是一种大众文化。它类似于过去所说的"开卷有益"。在人们普遍需要提高文化水平的时候，"开卷"一般会"有益"。然而，严格说来，并非"开卷"总"有益"。眼下，媒体文化中媚俗、庸俗甚至低级趣味的一面，显然对受众产生了不良影响。这还是仅就接受的内容而言，如果考虑到，"媒体依赖"使无数受众把时间消磨在媒体面前，使人们与真实的世界直接接触日益减少，人与人之间的交往日益减少，其负面的社会影响更是显而易见。西方学者用了一个形象的比喻，说媒介就像盗窃时间的扒手（the thief of time），或叫时间窃贼。这个问题只需要看看那些一坐一晚上，不看到"再见"（现在全天候的电视连"再见"也看不见了）不关电视机的人就会一目了然。"媒体依赖"会使有些人脱离社会实践。有一年在中国中央电视台举办的体育知识竞赛中，获得前10名的选手竟无一人是亲身投入体育运动的，全是君子动口不动手，纸上谈兵而已。至于许多人沉迷于（或者说依赖于）网络媒体所提供的"虚拟世界"，负面影响还不止一般"媒体依赖"所产生的那些。过分的"媒体依赖"使有些人仅从媒体上了解和认识世界，但是，正如美籍华裔传播学者居延安所说，"我们看不到世界本身，看到的是被大众媒介选择和解释过的世界。"

（二）"新闻欲"

媒体依赖与"新闻欲"有关。想知道新闻的欲望，促使人们接触新闻媒体，媒体接触多了，慢慢就会产生媒体依赖；当然，媒体依赖不单是"新闻欲"引起的。媒体依赖发展到极端就是一种病态心理，形成"媒介依赖症"。

人们在谈论报纸起源时，往往要谈到"新闻欲"。有学者认为报纸起源于人的"新闻欲"。任白涛指出：

> 格劳德（Groth）明确地认为新闻报道是与人类社会的发生同时的事情，他说，"想知道人及事物的欲求，是由于希求生存的保证或安全化而促成，而形成之原始的冲动。经验新的事情，或等到报知的希望，是自然的人类感情之表现；是生活意志之本质的核心；是形成并维持社会的最坚强的力量之一种。"

……

约斯特曾说："报纸是适合于探求新闻报道的人类性的一般需要和欲望的东西，报纸不是创造它的需要的；反过来说，需要是常存在着的，而报纸乃是它的必需的产物。"①

任白涛在这里引述了格劳德和约斯特的观点来说明新闻的起源。日本新闻学者杉村广太郎在《新闻概论》中，十分细致地分析过这一观点。他说：

"欲知道；欲使人知道；欲被人知道。"这种声浪是任何时代任何国家的一种共通的欲望。由这种愿望才产生新闻纸。

由"欲知道"的愿望才生读者，由"欲使人知道"的愿望才生新闻纸，由"欲被人知道"的愿望才生新闻的广告。

这三种欲望在任何时代任何国家都有的。从这些欲望产生的所谓新闻纸是与人类同时发生的，就是人类发生于这个世界的时候，新闻纸也就产生了……

……

人类固有欲知道事物的欲望，故一天也不停止的欲知道所能知道的事，因为有这种知识欲，人类才前进。

新闻纸是寻觅 news 而应人类的需要及欲望，这种需要不是新闻纸做的，是古来始终存在着的，新闻纸是从这种要求里发生的必然产物。②

前边引述谈"新闻欲"的论述，主要是就新闻的产生而言。至于这种对新闻起源的看法正确与否我们不去管它。我们这里要谈的"新闻欲"主要是就"欲知道"，也就是就新闻接受者来说的。

人是社会的动物，为了生存和发展，需要不断了解周围信息并与外界进行信息交流。"新闻欲"正是这种了解信息和信息交流欲望的一个重要方面。

1927 年 12 月下旬的一天，贺子珍身患疟疾刚刚好转，跑到茅坪河里捉

---

① 任白涛：《综合新闻学》，商务印书馆，1941，第 239～240 页。
② 〔日〕杉村广太郎：《新闻概论》，上海联合书店，1930，第 1～4 页。

了些泥鳅，准备给毛泽东加餐。回来正好迎面碰上了毛泽东。毛泽东批评她说："病刚刚好，又到处乱跑！"贺子珍看毛泽东不大高兴，觉得奇怪，便走上前托起装泥鳅的竹篓给他看。毛泽东心烦意乱地说："没得胃口，吃得再好也没得用处，眼睛都瞎了……"贺子珍一时不明白毛泽东话中的含义，警卫员何有富告诉她："毛委员五天不看报就着急，十天不看报就骂人。只要他看了报纸，晓得了敌人的活动，才好用计谋哩！"原来如此，贺子珍想了想，立即快步跑去找她昨天用来包盐巴的报纸，又把另外几片破了的报纸拼凑在一起，送给毛泽东。毛泽东一看是一张《申报》，立即高兴起来："子珍同志，你很能干！"也就是通过这次读报，毛泽东掌握了敌人在井冈山周围地区的兵力部署，而且获得了方鼎英正带领国民党部队开进茶陵的重要军事情报。他立刻策马去追赶前往茶陵地区的革命军，用他的智慧和大无畏的胆略，及时粉碎了革命军中有人企图拉队伍投靠方鼎英的阴谋，使秋收起义存下来的这支工农革命武装幸免于难。①

1930年6月16日刘志清写的散文《一个伟大的印象》，有这样一段记载红军抢报纸的事情：

> 上海的报纸是不容易输送到他们的手里的。有一次，现在的第四军，因为在山上二十几天得不到报纸，心里是非常地焦急，以后探得某一城的某处，有几份报纸，于是就在当夜，开了一团兵，走了六十几里的长路，攻进城，取得了这几份报纸回来。②

当时红军为了了解外界动态而"抢报"，不止发生过一次。固然，红军"开了一团兵，走了六十几里的长路"去抢报纸，是为了了解外界政治、军事动向，是战争的需要。然而，广义地说，这也是一种"新闻欲"。只不过这种"新闻欲"与直接的战争需要相联系而已。

由于世界在不停地发展变化，新出现的事情层出不穷，新闻报道内容在不停地更新，同时新闻欲又与实际需求紧密相关，所以新闻欲是存在最广也最容易保持的一种心理欲望。新闻在常看常新这一点上，是文学、历史等都不能相比的特点和优势。

---

① 孟红：《毛泽东的报纸情结》，《党史纵览》2012年第8期。
② 刘志清：《一个伟大的印象》，原载《世界文化月刊》1930年第2期。

二　文学欣赏中的美感和共鸣

"新闻欲"促使人们去观、看、听新闻报道；美感则促使人们去欣赏文学作品。

"新闻欲"是一种欲望、要求，美感是一种精神享受、愉悦的感受。广义地讲，新闻欲是一种求知欲、了解欲，甚至也是一种探索欲。它总是指向新的、未知的事物。因此，新闻欲也是人类社会发展和进步的内在动力之一。其实，人类又何尝不想知道，"我从哪里来？""我的祖先是怎样生活的？"这就是了解过去历史的欲望，它可以叫做"历史欲"。只不过这种欲望是指向遥远的过去而已。正如传播学家罗杰斯所说："任何进入一条新的河流的人都想知道这里的水来自何方，它为什么这样流淌。"①美感是在生活中、实践中形成，并在对自然美、社会美、艺术美的欣赏实践中得到强化和提高。美感产生和强化后就会形成对美的追求。对美的追求是人类社会发展和进步的内在动力之一。新闻接受的过程有时也会产生美感。

明代学人茅坤《茅鹿门集》卷三评论《史记》写人物时写道："今人读《游侠传》，即欲轻生；读《屈原贾谊传》，即欲流涕；读《庄周》《鲁仲连传》，即欲遗世；读《李广传》，即欲立斗；读《石建传》，即欲俯躬；读《信陵》《平原君传》，即欲养士。若此者何哉？盖各得其物之情而肆于心故也，而固非区区字句之激射者也。"这是对史学名著的文字表述之美的深刻理解，揭示了文字表述之美的深层原因是得其情而肆于心，也就是通常所说的闳于其中而肆于其外。这里既有美感也有共鸣。

有一部分媒体依赖现象可以属于文学欣赏。较多地依赖于文学欣赏而生活的人，往往生活在文学世界中，过于幻想和理想，与现实生活脱节较多。既然一部分媒体依赖现象属于文学欣赏，自然在媒体依赖现象中也会产生文学欣赏中的共鸣。多数情况下，文学欣赏中的共鸣是一种有积极社会意义的阅读、观赏现象。嗜书也是一种媒体依赖。可是，人们对嗜书往往肯定居多，而对媒体依赖则有不少批评。

---

① 〔美〕E. M. 罗杰斯：《传播学史——一种传记式的方法·引言》，上海译文出版社，2005，第1页。

第八节　媒介批评、文学批评、史学批评

媒介批评作为一种术语出现，要比文学批评和史学批评晚得多。魏晋南北朝时期刘勰的《文心雕龙》，体大思精，是中国古代文学批评集大成的著作。中国古代史学史上的一部划时代史学批评著作，是唐代杰出的史学批评家刘知几的《史通》，此书的写作标志着中国史学进入一个更高的自觉阶段。

《史通》精髓在于"商榷史篇""喜述前非"（原序与《自叙》），主旨是史学批评。时人徐坚评论《史通》说："居史职者，宜置此书于座右"。① 直到今天，它仍然是古代史学批评理论的经典性著作。②

任何批评，都需要确立批评标准。正像媒介批评作为一种术语出现要比文学批评和史学批评晚得多一样，提出媒介批评标准要比提出文学批评标准和史学批评标准晚得多。对于文学批评标准的研究要比史学批评标准深入，更比媒介批评标准的研究深入得多。所以，我们在探讨批评标准问题时，有必要先谈文学批评标准。

一　文学批评标准

尽管对文学批评标准研究得比较深入，但直到目前为止，并没有一个大家都能接受的统一的文学批评标准。因此，我们对于文学批评标准的论述带有探讨性。

随着关于文学批评标准讨论的不断深入，不少人阐述了自己对于这个问题的看法。这对于进一步完善文学批评标准具有重要作用。人们对文学批评标准问题虽然有争论，但在某些问题上，从总的情况来看，有趋向一致的地方。其中，把真实性作为文学批评的一个相对独立的标准，将批评标准发展为真实性、思想性和艺术性三个标准，得到了不少人的承认。本书作者打算在许多研究者已经取得的进展基础上，按照自己的理解，试图

---

① 刘昫等：《旧唐书·刘子玄传》，中华书局，1975，第 3171 页。
② 瞿林东：《中华文化通志·学术典》之《史学志》，上海人民出版社，1998，第 42 页。

从理论上系统化和提出一些自己的看法。

（一）三个标准的内涵

1. 规定文学批评标准内涵的重要意义

文学批评标准是主观和客观的统一。但是它一经形成就应强调其客观性。否则，标准就会失去衡量作品优劣尺度的作用。

毛泽东在提出文艺批评的两个标准时，否认抽象的绝对不变的政治标准和艺术标准，并且规定了当时历史条件下，政治标准的具体内容，也试图寻找艺术标准的具体内容。具体地规定文学批评标准的内涵，对于运用它开展科学的文学批评很有必要。

2. 真实性的内涵

真实性是检验作品对社会生活的反映是否准确，以及准确程度的标准。这里的真实是指艺术真实。它是对生活真实（包括历史真实）的反映和概括。具体讲有三点：其一，作品中所有的内容都是现实生活或历史生活中实有的；其二，即使现实生活和历史生活中不存在，但其符合生活逻辑；其三，上述两种真实都要通过较好的艺术手段和形式表现出来，既不是事实的罗列，也不是科学的演绎。

顺便谈一个问题。可能有人会对真实性标准提出这样一个问题：用真实性标准能衡量浪漫主义文学作品吗？笔者认为，如果能够同意笔者对真实性规定的前两点内涵，这个问题就可以得到解决。生活中不存在，但符合生活逻辑，难道浪漫主义文学与这些要求不一致吗？

3. 思想性的内涵

思想性是检验作品认识生活的正确性和深刻程度的标准。那么这个标准有什么具体内容呢？这里我们只能谈一些主要的。文学同一般的人文社会科学既有共同点又有不同点，有人否认文学的认识价值，也就否认了文学与一般的人文社会科学的共同点。中外文学史中的文学名著都有丰富的生活容量，他们都或多或少地，不同程度地反映了某时某地的政治、经济、思想、文化情况，有巨大或较大的认识价值。恩格斯对于巴尔扎克作品的论述，列宁对于托尔斯泰作品的论述，毛泽东对于曹雪芹作品的论述，都非常明确地说明了这一点。

由于"十年动乱"，人们对林彪、"四人帮"的帮派政治特别反感，一提到政治这两个字眼就不舒服，因而有人主张去掉文学的政治标准。这是因噎废食。在阶级社会中，没有超阶级、超政治的文学，作为文学的批评标准，必须有政治倾向性这一条，而且是很重要的一条。但是，用政治标准来概括思想性标准的全部内容，也是不全面的。

情感因素是文学区别于一般的人文社会科学的重要之处。不把情感态度作为文学批评标准的一个内容，就无法充分反映文学的特殊性。

此外还有道德观。道德观大致类同于真、善、美中的善。有人主张把真、善、美作为批评标准。笔者认为这种主张与我们所说的三个标准，没有原则分歧。真、善、美大体上与真实性、思想性、艺术性相对应，但它不能概括思想性标准的全部内容，善只是思想性标准的一个方面。

总之，思想性标准的内涵，主要是认识价值、政治倾向性、情感态度和道德观。至于什么样的认识价值为高，什么样的政治倾向性是进步的，这些问题大家比较熟悉，在此就不赘述了。

需要说明，思想性标准内涵较多——这是由社会生活内容的丰富性决定的。但这并不是要求所有的文学作品都要具备这些内容。例如对山水田园诗，过分地要求其政治倾向性是不合理的。

4. 艺术性的内涵

艺术性是检验作品表现生活所用手段和形式完美程度的标准。由于艺术手段和形式的多种多样，以致我们很难找到一个或几个统一的标准来衡量作品艺术性的高低。尽管不少文学理论教科书和其他文章提出了自己的见解，但不能得到公认。毛泽东在明确地指出政治标准的具体内容后，讲到艺术标准的具体内容时，也只是说：

> 按着艺术标准来说，一切艺术性较高的，是好的，或较好的；艺术性较低的，则是坏的，或较坏的。[①]

笔者认为衡量作品的艺术性，如下两点值得重视：一是作品的形式和手段要适合它们要表现的内容；二是艺术形式本身应当是美的。

"文革"前，虽然将艺术性列入我们的文学批评标准，但是正像大家都意识到的那样，在批评实践中忽视了对作品的艺术分析。理论上的重要原因之一，是我们一直没有把创造艺术形式美当作文学的一个基本任务。创造艺术美是文学创作的基本任务。艺术美包括内容美和形式美，是二者的

---

① 《毛泽东选集》一卷本，人民出版社 1967 年 11 月横排袖珍本，第 825 页。

有机统一。仅把内容美看作文学创作的任务，而将形式美排除在外是片面的；也是有害的。内容美需要形式美来表现，不重视形式美，内容美就不可能得到充分表现。形式美还有其相对独立性，有其相对独立的审美价值。当然，我们在强调形式美的同时。始终不要忘记形式美的主要任务是为内容服务的，只有与内容美相统一的形式美才是最完善的形式美。

（二）三个标准提出的依据

作为评判文学作品水平高低尺度的文学批评标准的确定，必须从文学作品本身出发。只有这样才能充分考虑到文学本身的特殊性；但由文学的性质所决定，还必须考虑诸如文学与社会生活的关系等，只有这样才算坚持了历史唯物主义和辩证法。从这两个原则出发，才能科学地确立文学批评标准。用这两个原则来分析三个标准，它是科学的，因而是站得住脚的。

1. 三个标准是由文学本身的性质和内容所决定的

首先，从文学与社会生活的关系看三个标准。众所周知，文学以社会生活为基础。文学反映、认识和表现社会生活。文学对生活反映的准确程度，它对社会生活认识的正确和深刻程度，它表现社会生活所用手段和形式的完美程度，分别可以用真实性、思想性和艺术性来概括，即：

真实性——反映生活的准确程度；

思想性——认识生活的正确和深刻程度；

艺术性——表现生活所用手段和形式的完美程度。

当然，这是就真实性、思想性和艺术性的主要方面讲的。就实际情况来说，这三者既有其主要的区别于其他两点的一面，又有其与其他两点不可分割的一面。文学是对社会生活的反映、认识和表现，因而就有准确与否、正确和深刻与否的问题；文学是对社会生活形象的反映、认识和表现，因而就有手段和形式完美与否的问题。

紧紧地抓住文学与社会生活的关系，应当是我们确立文学批评标准的基本出发点。社会生活绝不是文学以外的什么东西。文学从内容到形式都来源于社会生活。有些学者或者把政治标准排除在外，或者把真实标准排除在外，甚至把这二者都统统排除在外，正是由于把这一点忽视了。

其次，从文学的内容和形式看三个标准。叶燮在《原诗》中将文学作品的内容概括为理、事、情，[1]是很精当的。理和情着重指思想和感情，因

---

[1]　郭绍虞主编《中国历代文论选》第3册，上海古籍出版社，1980，第343页。

而必须用思想性标准去检验。事可以用社会生活来概括，当然有一个真实性的问题。理和情都要通过事来表现，因而理和情也有一个真实性问题。理、事、情都要借助于一定的艺术形式来表现，否则不成其为艺术作品，因而还有一个艺术性高低的问题。真实性和思想性着重检验作品的内容方面，艺术性着重检验作品的形式方面，三者统一起来就是对于作品从内容到形式的全面评价。因此，三个标准概括了作品内容和形式的基本因素，符合文学作品的实际。以上所述主要内容，可概括为下图（图4-2）：

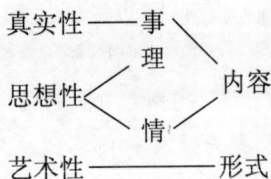

真实性——事
理
思想性   内容
情
艺术性————形式

图4-2 三个标准与内容和形式的关系

最后，从文学的社会作用看三个标准。我们知道，文学具有认识作用、教育作用和审美娱乐作用。这当然是由文学的性质和内容所决定的。但具备什么条件的文学作品才能充分发挥以上三种作用呢？文学要发挥认识作用和教育作用，首先得真实，这是起码的条件；然后得有较深刻的思想，有较大的社会意义。这就要从真实性和思想性方面检验作品。当然，文学作品要充分发挥认识作用和教育作用，也离不开较完善的艺术手段和形式。文学作品要充分发挥审美娱乐作用，除了要求它具备真实性和思想性外，还必须具备较好的艺术手段和形式。这就要从艺术性方面检验作品。上述主要方面，可粗略归结为下图（图4-3）：

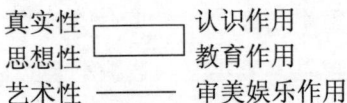

真实性   认识作用
思想性   教育作用
艺术性———审美娱乐作用

图4-3 三个标准与文学社会作用的关系

只有达到真实性、思想性和艺术性高度统一的作品，才能充分发挥其社会作用。这三者互相联系，缺一不可。仅从政治和艺术角度去把握作品，还不能保证作品具有永久的生命力，因而也不能保证它充分发挥认识作用、教育作用和审美娱乐作用。"文化大革命"十年中许多作品，其"政治性"可谓无可复加，艺术性也不能说一点没有，但它们不能充分发挥其社会作用。人们往往将其归因于艺术性低劣；然而从根本上讲是这些作品缺乏生活真实。不过在吸取这个教训时，有些人却走向了另一个极端。他们片面地强调"写真实"，把社会生活中诸如色情凶杀之类的东西，大量塞入作品。又不能对这些东西做出正确评价，缺乏应有的思想深度，致使这些作品已经产生了不良的社会效果。

从这里可以看出，文学缺乏真实性不能发挥其社会作用；把真实性从思想性和艺术性中割裂开来，则不能较好地发挥其社会作用。

以上我们主要从文学与社会生活的关系，文学的内容与形式，文学的社会作用三个方面，来阐述提出三个标准的依据。实际上这三个方面也概括了文学的创作和鉴赏过程。因而，就文学的主要范畴来考察，三个标准符合文学本身的实际。请看下面两个简图（图4-4和图4-5）：

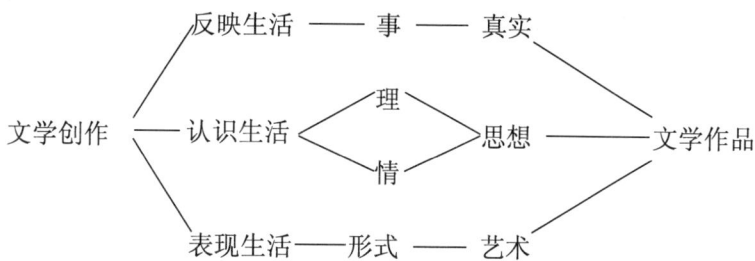

图4-4　三个标准与文学创作

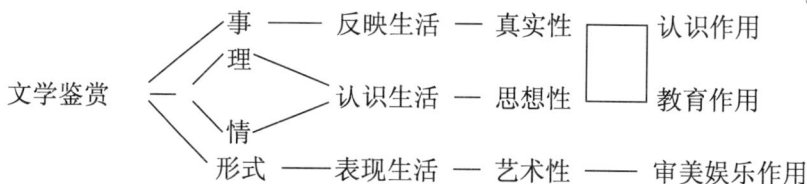

图4-5　三个标准与文学鉴赏

图4-4可简要解释如下：社会生活反映在作家的头脑中，在作家头脑中形成了对社会生活的认识，并初步设想着表现这种生活的手段和形式。

然后作家用一定的手段和形式，将理和情用事表现出来，从而形成具有一定真实性、思想性和艺术性的文学作品。这里真实、思想和艺术是作为文学创作的结果以作品整体形式出现的。

图4-5可简要解释如下：读者阅读文学作品，感受到作品中的事，通过事体会其中的理和情，并初步感受到作品的形式美。这样就从作品中感受和体验了作家所反映、认识和表现的生活，并进而用真实性、思想性和艺术性三个标准对其进行检验，从而使自己的认识得到提高，思想受到教育，并产生了美感。这里真实性、思想性和艺术性是作为检验作品的标准出现的。

2. 三个标准是文学史发展的必然结果

关于这个问题，不少学者已经从不同角度或详或略地探讨过，本书不再重复。这里只谈笔者的几点看法。

第一，真实性、思想性和艺术性是文学史中早就存在的命题，只不过没有将它们联系起来，全部引入文学批评标准内进行探讨。在中外众多的论述中，很早就提出的真、善、美可谓最系统和全面了，但明确将真、善、美引入文学批评标准却不是很早以前的事。

第二，中外文学理论史中对于文学批评标准的论述，都有其合理之处，但不是出于主观，就是出于一人一派、一时一地的实践，因而都有其局限性。即便像毛泽东这样的伟人，在文艺批评标准问题上，也没有把社会实践贯彻到底。当然，一个科学理论的提出，不但依赖于前人思想材料的积累，在某种意义上，更重要的是依赖于社会实践的需要。20世纪40年代的历史要求，也许只能是政治标准和艺术标准，并且是政治标准第一和艺术标准第二这样的文艺批评标准。

第三，把真实性作为文学批评的一个标准，不是我们的发明，鲁迅就很明确地说过：

> 但是，我们曾经在文艺批评史上见过没有一定圈子的批评家吗？都有的，或者是美的圈，或者是真实的圈，或者是前进的圈。没有一定圈子的批评家，那才是怪汉子呢。[1]

---

① 鲁迅：《批评家的批评家》，《鲁迅全集》第5卷，人民文学出版社，1981，第428页。

我们只不过是将它纳入一个新的关系之中，即与思想性和艺术性并列而成为三位一体的文学批评标准之一。这里鲁迅所说的"圈子"可以理解为批评标准。

3. 三个标准是对"文化大革命"惨痛教训的总结

"文化大革命"是一场政治灾难，同时也是一场文化浩劫，文学作品也不例外。固然，许多优秀作品被扫荡，主要是社会政治的原因，但也不能否认我们的文学批评标准本身有缺陷。

大家知道，毛泽东 1942 年《在延安文艺座谈会上的讲话》中，第一次明确而系统地提出了文艺批评的两个标准，即政治标准和艺术标准。这既是当时革命政治斗争的需要，也是对历史上文艺实践的具有一定程度的科学总结。它的提出有重要历史意义。从那时起到新时期开始，这两个标准一直是中国文艺批评通行的标准。

但是随着社会实践的不断发展，到新中国成立以后，特别是"十年动乱"中，两个标准越来越暴露出其本身的局限性。惨痛的历史教训迫使人们深入思考这个问题。随着关于文学真实性问题讨论的不断深入，人们把真实性引入文学批评标准。这一引入既是文学史合乎规律的发展，又是对历史上正反两方面经验教训的总结。

两个标准的局限在哪里呢？从文艺批评标准本身来说，两个标准不完整，缺乏互相制约的东西：特别是缺乏使政治性和艺术性立于不败之地的东西——真实。再往下走一步，也没有把实践标准作为检验文学作品和文学批评结果的更高一级的标准。

程代熙说："我们的毛病就出在用政治代替了艺术"。① 过去所犯错误的认识论根源，是没有坚持一切从实际出发，没有坚持实践第一的原则，而是实用主义地不但将"政治代替了艺术"，更重要的是，用政治观点和政治权力取代了生活真实和历史真实。强调作品的政治方面，不是不可以的，但必须以真实性为基础。过去的主要问题不是政治讲得太多了，而是"政治代替了艺术"，而是把政治讲滥了，讲偏了。一句话，抛弃了真实性这个基础。

---

① 程代熙：《关于马克思主义文艺批评的标准问题》，《马恩美学思想论集》，人民文学出版社，1983，第 184 页。

4. 三个标准是政治标准和艺术标准的继承和发展，三个标准能包括和说明政治标准和艺术标准，同时又使其更完整和科学

任何新的科学理论都有对前人思想成果的继承和发展，同时也有对原有理论的改造和扬弃，从而更加完善。科学发展史表明，作为一个新的科学理论，它应当包括和说明原有理论的合理部分。三个标准不仅完全继承了原来的艺术标准，而且将政治标准包容在思想标准里，从而克服了政治标准的片面性。同时又加进了真实性标准，从而建立了既互相联系，又互相制约，互相独立，各有重点的文学批评标准。

5. 坚持真实性标准的重要意义

前边我们已就三个标准，尤其是真实性标准的合理性做了较详细的论述。下边我们来谈谈坚持真实性标准的重要意义。事实上前边已经涉及这个问题，这里只谈几点，不是全面论述。

坚持真实性，就是坚持在文学批评中从生活出发的原则。这样，文学批评就和文学创作统一于社会生活，把坚持从生活出发的原则贯穿文学创作和鉴赏的全过程。新中国成立以来的历史表明仅强调创作从生活出发还不够，批评也必须强调从生活出发，只有坚持这一点，才能使文学批评有一个科学的出发点。否则，不但不能保证文学批评的科学性，还会因此而影响创作，使其背离从生活出发的原则。

我们讲革命的政治内容同尽可能完美的艺术形式的统一，这是正确的。但是，统一在什么地方呢，过去我们对这个问题没有注意至少是注意不够。因而只是反复强调这种统一，但还是不能把这个问题从理论到实际引向深入。笔者认为内容和形式应该统一于社会生活，统一于真实性。有了这个统一的落脚点，我们就可以解释，为什么有的作家能够创作出内容和形式高度统一的作品，有的则不能，从而使作家进一步确立从生活出发的创作观。有了这个统一的落脚点，我们就可以科学地评价作品的内容和形式及其统一的程度。

由于有些作者片面地强调"写真实"，使其作品带有自然主义倾向，产生了一些不良的社会效果，有些人就抱怨真实性强调过头了。错矣！不是过头了，现实的问题仍然是人们对它重视不够，因而对它的认识模糊。片面地强调"写真实"本身，正是对真实性认识模糊的表现。电影《庐山恋》在不少方面失真，却获得百花奖，问题又在哪里呢？

（三）　三个标准之间的关系

真实性是基础。

思想性是灵魂。

艺术性是真实性和思想性二者得以表现的形式和手段。

如果把一部成功的作品比做一串珍珠的话，我们就可以这样想象：当仅有真实性时，这些珍珠还是散乱并且被污泥包裹着的，既不整齐又无光彩。当没有真实性时，这串"珍珠"就是伪制品，根本就不是珍珠，尽管看上去整齐而富有光彩。当仅有思想性和真实性时，这些珍珠虽然放着光彩，但看上去不美或不十分美。只有真实性、思想性和艺术性高度统一时，这串珍珠才是货真物美的，才能使原来散放着的珍珠组合在一起放出异彩。

我们在强调三个标准互相联系、互相制约的同时，还应特别指出真实性的重要性。真实性是艺术的生命，它是思想性得以存在的基础；真实的生活既是艺术形式所要表现的内容，也是采用什么艺术形式的依据。再进一步，艺术形式本身也是来源于生活的。当然，说真实性重要并不是说它是唯一的。没有思想性的真实是无意义的，然而真正深刻而有价值的思想一定是以真实的存在为基础。在这个意义上讲，深刻的思想性是更高一级的真实性。没有艺术性的真实是无力的，然而完美的艺术性一定是真实生活的反映，一定是表现特定的真实内容。在三个标准中，思想性和艺术性以真实性为基础并且统一于真实性，而真实性和思想性又依赖于艺术性来表现。

我们强调三个标准不可割裂，并不是说在具体分析一个作品时，不可以着重评价真实性、思想性和艺术性这三者之中的任何一个；然而着重选定一个标准时，一定要在运用三个标准对作品进行了全面分析以后才行，否则，片面性几乎是不可避免的。

我们强调三个标准的高度统一，并不是要求所有的作品必须达到这种完美程度。真实性、思想性和艺术性的高度统一，是一个高标准。作家应当向这个方向努力，评论家应该站在这个高度来评价作品。但在具体评论一部作品时，只要这三者达到了一定程度的统一，或者在此基础上有某一个方面的突破，就应该给予充分肯定。

我们强调三个标准的高度统一，但这并不是我们的发明创造。早在1859 年恩格斯在致拉萨尔的信中，就对戏剧问题指出：

而您不无根据地认为德国戏剧具有的较大的思想深度和意识到的历史内容，同莎士比亚剧作的情节的生动性和丰富性的完美的融合，大概只有在将来才能达到，而且也许根本不是由德国人来达到的。无论如何，我认为这种融合正是戏剧的未来。①

这种提法后来被有些学者称为"三融合"。这里谈的是戏剧，但推而广之于整个文学艺术领域，相信是符合实际的。这里"较大的思想深度"与我们所说的思想性是一致的，"意识到的历史内容"与我们所讲的真实性相对应；"莎士比亚剧作的情节的生动性和丰富性"实际上是我们所说的艺术性的具体化。这里主要是对创作讲的，但批评应当以创作为基础，以创作为依据，因此，"三融合"的思想运用于文艺批评是合理的。后来毛泽东在专门谈文艺批评标准时说："我们的要求则是政治和艺术的统一，内容和形式的统一，革命的政治内容和尽可能完美的艺术形式的统一。"② 可以看出，就基本思想讲，恩格斯与毛泽东有一致之处。应当说，我们主张三个标准的统一，是对恩格斯和毛泽东这一思想的继承和发展，是使其更明确和更全面。

（四）关于其他提法

本书在论述自己主张的同时，已经对某些其他提法谈了自己的一些看法。下边专门谈这个问题。

国内关于文学批评标准的讨论中，有影响的观点主要有这样几个：

1. 坚持毛泽东的两个标准。

2. 主张真、善、美标准。

3. 主张真实性、思想性和艺术性标准。

4. 主张把恩格斯的"美学的观点"和"历史的观点"作为文学批评的标准。

对于 1 和 3，笔者已经较详细地谈了看法。对于 2，笔者也谈了自己的一些看法。下边着重来谈 4。

就目前的研究进展来看，恩格斯是在两篇文章中谈到这个问题。一是

---

① 恩格斯：《致斐·拉萨尔》，《马克思恩格斯选集》第 4 卷，人民出版社，1972，第 343 页。

② 毛泽东：《在延安文艺座谈会上的讲话》，《毛泽东选集》一卷本，人民出版社 1967 年横排袖珍本，第 826 页。

在《诗歌和散文中的德国社会主义》① 中，一是在 1859 年致拉萨尔的信②中。认真学习和研究这些文章，对于我们确立文学批评标准具有启发和指导意义。

我们先来看主张 4 的同志，是怎样解释"美学的观点"和"历史的观点"：

> 所谓美学观点，就是要求评论文艺作品注意艺术的审美特性，遵循艺术反映现实的特殊规律，对作品作具体的艺术分析：把艺术的审美价值作为衡量作品价值的一个尺度或标准。

从这段话中可以看出，就批评标准的内容来说，与我们所说的艺术性标准在基本点上是一致的。

> 所谓历史观点，就是我们通常所说的历史主义观点。具体地说，就是要求在文艺批评中，把作家及其作品放在特定的时代和历史条件下加以考察，作历史的、阶级的具体分析；把作品是否反映了历史的真实、是否具有进步的倾向，作为衡量作品价值的一个尺度或标准。③

"历史的真实"与我们所说的真实性是对应的，"进步的倾向"与思想性是对应的。

从这些解释看，把"美学的观点"和"历史的观点"作为文学批评标准这一主张，与我们所说的三个标准是没有原则分歧的。但是，笔者为什么不主张把"美学的观点"和"历史的观点"当作我们统一的文学批评标准呢？

第一，如果认真学习和全面分析恩格斯的有关论述的话，所谓"美学的观点"和"历史的观点"，不仅包含着批评标准，而且还有一个十分重要的内容：批评的方法。也就是说。恩格斯是将标准和方法放在一起论述的。事实上，从上面的两段引文中可以看出，他们对"美学的观点"和"历史

---

① 恩格斯：《诗歌和散文中的德国社会主义》，《马克思恩格斯全集》第 4 卷，人民出版社，1958，第 257 页。
② 恩格斯：《致斐·拉萨尔》，《马克思恩格斯选集》第 4 卷，人民出版社，1972，第 347 页。
③ 纪怀民等编著《马克思主义文艺论著选讲》，中国人民大学出版社，1982，第 170 页。

的观点"的解释，也都明显包含着方法。钱中文明确指出："'美学的''历史的'观点是马克思主义文艺批评的方法论。""真实性、思想性和艺术性——美学的、历史的文艺批评的准则。"①

第二，恩格斯写于1844～1847年期间的《诗歌和散文中的德国社会主义》所评论的歌德，生活于1749～1832年。也就是说评论的对象是死去15年左右的历史上的人物及其作品。而1859年写信跟拉萨尔谈的历史剧《济金根》，是描写16世纪初济金根和胡登为首的一次骑士反对皇帝和诸侯的叛乱。笔者认为在这种背景下恩格斯才使用"历史的观点"，至少这种背景是恩格斯使用"历史的观点"的原因之一。我们学习和研究恩格斯关于"美学的观点"和"历史的观点"，从中学习立场、观点和方法是应该的。但把它原封不动地搬来作为评论一切文学作品（包括当代作品）的标准，恐怕是不合适的。

第三，我们知道，美学在欧洲历史中是作为哲学的一个分支流传下来的。直到今天为止，美学作为一个独立的科学体系，还不能说研究得已经很成熟。所谓"美学的观点"，严格地讲，能否等同于我们所说的艺术性，还应深入研究。"历史的观点"由历史唯物主义的创始人之一恩格斯提出，我们虽然不能将它和历史唯物主义画等号，但是就目前多数人的理解来看，都是从历史唯物主义出发的。这样，"历史的观点"的内容是宽泛的。由以上分析可看出，恩格斯是站在哲学的高度来评论作品的，正如他自己所说，是"以非常高的、即最高的标准"来衡量作品的。② 也正如大家都承认的，这样衡量作品，就可以高屋建瓴，势如破竹，能抓住问题的全局和本质。这是我们应该学习的。但是正如恩格斯自己所说，他"只是从美学和历史的观点"来责备歌德，而"不是用道德的、或'人的'尺度来衡量"歌德。③ 也就是说恩格斯并没有用文学批评标准的全部内容来评价歌德及其作品，他也没有把"美学和历史的观点"当作文学批评的全部标准。而我们的许多人却把它当作全部标准。所以，问题不在于恩格斯，而在于我们的片面理解。

---

① 钱中文：《论美学、历史的文艺批评》，《马恩美学思想论集》，人民文学出版社，1983，第162页。
② 恩格斯：《致斐·拉萨尔》，《马克思恩格斯选集》第4卷，人民出版社，1972，第343页。
③ 恩格斯：《诗歌和散文中的德国社会主义》，《马克思恩格斯全集》第4卷，人民出版社，1958，第257页。

第四，"美学的观点""历史的观点"这种提法本身，需要做许多解释，不如真实性、思想性和艺术性明确、通俗、流行。当然，这不是主要的。我们不应该拘泥于恩格斯的某些原话；而应以其精神实质作指导，从实际出发来确立我们的批评标准。

确立科学的文学批评标准，对于开展正确的文学批评是十分必要的。只有用科学的批评标准才能对作品做出科学的评价。可是，我们不能把它强调得过了头。即便有了科学的批评标准，也还不能保证我们对作品做出的评价是科学的。因为单靠批评标准还不能解决这个问题。科学的批评标准只能保证衡量作品的这把尺子本身的精确性，还不能保证用这把尺子衡量作品的结果的正确性。要检验这个结果是否正确，靠批评标准本身是无济于事的。"他山之石，可以攻玉"。这就要求助于哲学上所讲的实践标准。实践是检验真理的唯一标准，也是检验文学作品和文学批评结果的唯一标准。

二　媒介批评标准

在比较详细地探讨了文学批评标准之后，谈媒介批评标准就有了一个参照物。

到目前为止的大多数新闻理论教科书中，专门论述媒介批评的内容较少，而专门论述媒介批评标准的就更少了。刘建明写的《媒介批评通论》，既是一本教材，也是一本研究媒介批评的专著。该著第四章"媒介批评的规范与标准"专门谈了媒介批评标准。

该书认为，媒介批评有两个标准，即意向标准和表达标准。"衡量新闻现象中思想观念、情感倾向的标准，是是非标准、伦理标准、历史标准、法律标准的总称，这些标准都属于意向标准范畴。"意向标准包含以下几方面的内容：第一，作品要具有真实性，是批评家对新闻提出的重要指标。该书认为，真实性的含义十分丰富，不能简单地片面地理解，它至少包括四方面的内容：真实地反映社会生活的具体事实；真实地揭示事件发生和变动的原因；真实地描写环境和人的形象和心理特征；真实地暗示某一具体事实和全局的关系或没有直接的联系，仅仅是个孤立的事件。第二，评价新闻作品还要坚持教益标准，即新闻活动有益于社会的进步和历史的发展。第三，是非标准与真实、教益标准的不同内涵及其相互关系，是进行新闻批评必须明确的重要理论问题。该书把表达标准又叫做再现标准。"用来衡量新闻作品表现形式、确定新闻再现事实的价值尺度，称作再现标准。"它包括以下三个方面：第一，选择事实的完美程度。第二，形式表现思想内容的完美性。第三，再现技巧的独创性。①

从上述该书媒介批评的两个标准不难看出，它与我们前边论述的文学批评的三个标准有着明显的对应关系。意向标准所包括的内容与真实性标准和思想性标准相对应。媒介批评与文学批评真实性标准的对应是显而易见的。而教益标准和是非标准与思想性标准也是相对应的。至于表达标准与艺术性标准的对应也是不难理解的。由于新闻作品不是艺术作品，所以，把对应于艺术标准的叫作表达标准。

找到了这种对应关系之后，笔者想对该书媒介批评标准提出一些改进意见。

意向标准有含义不清晰的问题。正像该书中所说，意向是它借用了W. K. 威姆塞特和门罗·C. 比尔兹莱在《意向谬误》一书中谈到文艺批评时所用的一个术语。"作者的意向同文学批评家无关，因为含义和价值只存在于已完成的、自在的、公开的文学作品之内。"② 作家的创作意向，是指以有意识的构思来评价生活。而该书把"意向"概念引进到新闻批评中，"是说对记者的报道和媒体行为的意图、目的做出合理的解释和评价"。该著接着说意向标准是"衡量新闻现象中思想观念、情感倾向的标准"。这里，没有划清记者报道和媒体行为的意图、目的与新闻现象中思想观念、情感倾向之间的界限。新闻报道中依然存在记者报道和媒体行为的意图、目的与所报道新闻现象中所暗示出的思想观念、情感倾向有时一致，有时不一致的情况。从作者列出的意向标准的三方面内容来看，意向标准应当指新闻作品所报道的新闻现象中所暗示的思想观念、情感倾向。因此，意向标准不如用倾向标准来代替。

另外，意向标准很难涵盖真实标准。如果作者不特别指出，人们很难从意向标准中导出真实标准。而真实标准无疑是媒介批评标准中最重要的一个标准。真实是新闻的生命和力量之所在。新闻比之于文学，尽管真实的含义不尽相同，但真实的要求只能比文学更强烈，而绝不会比文学逊色。因此，为了突出真实标准，应当把真实标准作为一个独立的标准标示出来，

---

① 刘建明：《媒介批评通论》，中国人民大学出版社，2001，第89～92页。
② 林骧华主编《西方文学批评术语辞典》，上海社会科学出版社，1989，第458页。

而不应当把它包蕴在意向标准之中。把真实作为一个衡量新闻的独立的、重要的标准或准绳，前人早有论述。早期的美国新闻学理论代表作之一《新闻学原理》的作者卡斯柏·约斯特就指出，"真实性就是判别真正新闻的准绳。衡量一个新闻内在的真实性，也就是衡量这个新闻的品质。""报纸的任务在传播有公共重要性和公共趣味性的新闻。如果真实是真正新闻的试金石，如果新闻内在真实是新闻品质的衡量尺度，那么整个报纸就应被这种尺度来衡量，同时，报纸本身也一定希望用这种尺度来做衡量的标准。""不管怎样，报纸的责任和任务是在获得新闻和出版新闻。如果这些新闻并不道地真实的话，它的任务就不能算很好的完成，它对公众服务的责任也等于没有尽到。我们在衡量报纸对读者的公共服务时，不管是对集体的或个人的服务，我们要绝对地以报上所登的消息的正确性作衡量的尺度；大众对整个报纸的信任，也决定于报纸的能够永远证明它所登的消息是正确的。这两种压力，迫使报纸把正确标准尽可能提到最高度。有时，一个出版物为了要吸引读者，不惜牺牲真实性而采取刺激性：不惜把无名小事化作动人的故事；不惜利用吹牛或扯谎以引起人家的好奇心理；但这样一个出版物，在严格的意义上说，根本算不上是报纸；它的制造过程，在严格的意义上说，也根本算不上是报纸。"①

由以上论述，我们把媒介批评标准扩充为三个相对独立又互相关联和制约的标准：即真实标准，倾向标准、表达标准。

关于新闻真实的含义以及它与文学真实的区别，本书第一章已经有比较详细的论述，此处不赘言。

我们为什么用倾向标准而不用思想标准呢？因为倾向标准更与新闻作品的实际贴切。倾向标准与思想标准并无原则差别。倾向标准包括了思想倾向和感情倾向。考虑到许多新闻作品不像文学作品那样蕴涵有丰富的思想内容，在衡量新闻作品时用倾向似乎更合适。我们这样说并没有否认新闻作品思想内涵的用意。

新闻报道的倾向性主要表现在两个方面：一个是选择事实的倾向性。从每时每刻都在发生的数不尽的事实中选择出要报道的新闻事实来，选择的标准就是新闻价值，而对新闻价值，不同的人有不同的理解。选择什么，

---

① 参见〔美〕卡斯柏·约斯特《新闻学原理》，第44、45、47页。转引自童兵主编《中西新闻比较论纲》，新华出版社，1999，第312～313页。

不选择什么，这种选择过程就表现出主观倾向性。美国新闻学家麦尔文·曼切尔说："新闻，显然是建立在选择的基础上的，而选择是一个非常具有个人色彩的事情"。① 尤其是涉及阶级、政党或社会集团的政治、经济利益时，往往是有利的就多报道，不利的就少报道或不报道。曾任国民党《中央日报》代理社长的穆逸群承认，在内战期间，"《中央日报》是有胜利消息时，即予以登载，对于失败消息则讳莫如深"。② 另一个是对新闻事实的评价所表现出的倾向性。同样是对第二次世界大战日本投降的报道，美国记者霍墨·比加特的《日本签字投降》中说，"日本终于为它在珍珠港投下的赌注付出了代价，失去了其世界强国的地位。"③ 而中国共产党领导的抗日武装力量的报道则在《延安庆祝日本无条件投降》（《解放日报》1945 年8 月16 日）中说，"街道行人，纷纷议论，人们都一致称赞说："苏联才宣战两天，日本就要投降；可见红军力量是在全世界伟大无比了！"前者突出了美国对打败日本侵略者的作用，后者强调了苏联红军在促使日本无条件投降中所起的作用。我们承认新闻报道的倾向性，但不等于说所有的倾向性都是好的，或经得起历史的考验。相比较而言，美联社1945 年8 月14 日电更经得起时间的检验，"八天以前，日本遭到有史以来第一枚原子弹——一种威力最大的炸弹——的轰炸，两天以前，俄国宣布对日作战。在这种情况下，日本被迫于本星期五宣布接受最后通牒中包括的全部条款，但要求继续保留天皇制。"可见，倾向性要受到真实标准的制约。真实性和倾向性统一的新闻才更有生命力。

表达标准着重从新闻作品的形式方面来考察，也可以说它是形式标准。尽管我们没有使用"艺术标准"，但不应当否认不少优秀新闻作品的高度艺术水准。有些优秀的新闻作品完全可以当作文学作品来读，正像有些历史作品已经被当作文学作品一样。我们不用艺术标准是为了避免把新闻作品与文艺作品弄混了。

三 史学批评标准

自从有了史学批评，也就有了史学批评标准。宋代史学批评家吴缜提

---

① 〔美〕麦尔文·曼切尔：《新闻报道与写作》，中国广播电视出版社，1981，第63 页。
② 穆逸群：《〈中央日报〉的二十二年》，《新闻研究资料》总第15 辑，中国展望出版社，1982，第125 页。
③ 〔美〕霍墨·比加特：《日本签字投降》，《纽约先驱论坛报》1945 年9 月3 日。

出了明确的史学批评标准，其集中反映了人们对史书的要求。他在《新唐书纠谬·序》中说，"夫为史之要有三：一曰事实，二曰褒贬，三曰文采。有是事而如是书，斯谓事实。因事实而寓惩劝，斯谓褒贬。事实、褒贬既得矣，必资文采以行之，夫然后成史。"

吴缜认为，事实、褒贬、文采这三方面对于史家所写的史书来说，不仅有逻辑上的联系，而且也有主次的顺序。因此，事实、褒贬、文采作为史学批评的标准，并不是并列的。通观吴缜的论述，可以归结为如下认识：人们对于史书提出的要求，首先看它是否"事实得实"，其次看它褒贬当否、史文优劣。吴缜的论点是针对具体史书提出来的，但他把对具体问题的认识提高到普遍性原则上来看待，因而具有了理论上的广泛意义。①

吴缜很好地概括了史学批评的标准，按现代的水准看依然是比较准确和全面的，因此，我们仍然沿用吴缜提出的三个标准。这样史学批评的标准就是事实标准、褒贬标准、文采标准。事实标准与我们上述文学批评标准和媒介批评标准中的真实标准相对应，实际上事实标准就是史学批评的真实标准；褒贬标准与思想标准和倾向标准相对应，它的含义包括对历史事实的意义或价值的判断，包括对历史事件和人物的评价（即褒贬）等；文采标准与艺术标准和表达标准相对应，是对历史作品文本形式与所述历史事实及其相关评价协调统一、完美程度的判断尺度。新闻批评的对象与历史批评的对象有重合之处，都涉及作品的真实性和事件的意义问题。

这里，笔者愿意把文学批评标准、媒介批评标准与史学批评标准做最大限度的沟通。其实，新闻、历史与文学除能不能虚构和想象这个原则区别之外，别的方面几乎没有不能逾越的鸿沟。因此，衡量它们的尺度也是大致相通，大致对应的。文学批评的三个标准与媒介批评、史学批评的三个标准有着对应美：

文学批评标准	媒介批评标准	史学批评标准
真实性标准 ——	真实标准 ——	事实标准
思想性标准 ——	倾向标准 ——	褒贬标准
艺术性标准 ——	表达标准 ——	文采标准

这种对应美也许在某种意义上表现出爱因斯坦所向往的宇宙的整一、

---

① 参阅瞿林东撰《中华文化通志·学术典》之《史学志》，上海人民出版社，1998，第335～336页。

简单美。这种对应之所以能够出现，根本原因在于新闻、文学、历史都来源于社会生活，都以社会生活作为判断它们优劣的最终尺度。

四 关于文艺批评的新闻化倾向

当今的文艺批评日益新闻化了，具体表现主要有四：

其一，当某部作品尚在酝酿或写作、制作中时，当某部作品即将出版或上演、上映之际，新闻媒体就以新闻的形式向社会大张旗鼓地报道了。

其二，与此同时，某部作品在出版或上演、上映之时或之后，什么"首发式""首映式""座谈会"之类便会举行，当然这类活动绝少不了邀请新闻记者，而且记者在这类活动中的实际地位要高于被邀来的专家，因为他们手中拥有新闻发稿之便。不用说这类活动是要诉诸新闻媒体的。

其三，某部作品尚未出版或上演、上映，评论已经捷足先登。此种现象可谓评论抢新闻。

其四，评论界最关心的是新近出现的，尤其是有新闻效应的作品。至于这些所谓有新闻效应的作品是否经得起历史的检验，就不是这些评论者所关心的问题了。而且在这些评论者的文章里面所津津乐道的，往往也是被评论作品的有"新闻价值"（即时尚所关注的那些东西）的那些"成就"，文艺作品的深刻文化内涵，文艺作品的内在艺术品格，他们很少顾及，往往也没有能力顾及。而当某部作品失去新闻效应时，即使很优秀的艺术品，"评论家"们也很少问津。

文艺批评与新闻本来有一定的连带关系，但像今天这样，批评愈演愈烈的新闻化倾向却是过去没有的。因此，对这一现象作出理性分析和判断，是社会现实摆在我们面前的一个不容回避的任务。

毋庸讳言，文艺评论者和新闻记者都关注也应当关注新近发生的有新闻价值的事件。具体到文艺界来说，那些有新闻价值的新作品被评论者和记者共同关心当属正常现象。但稍有新闻常识的人就会知道，并不是所有的新近发生的事都具有新闻价值。更何况每天都有新作出现的文化艺术界，哪有那么多的新闻？那么，这些新闻从何而来呢？答曰：制造的或"炒作"出来的。这就是问题的症结所在。众所周知，新闻是不能制造的，也不应该"炒作"的。有人认为新闻是"易碎品"，也就是说它的生命是短促的，随着时效的逝去而消失。许多新闻确是如此，至于制造出来或"炒作"出来的所谓新闻，其短命就更可想而知了。

　　新闻记者和文艺批评工作者都具有新闻敏感是件好事，但更难得的是新闻记者和文艺批评工作者都具备历史意识。在关注作品新闻性的同时，更应考虑一下它的历史价值。如果说新闻作品尚且考虑自己的历史价值，那么评论文章更应当注重是否经得起历史的考验。

　　批评的新闻化倾向，出现在现在不是偶然的。在我国社会体制向市场经济转化过程中出现的日益严重的批评的新闻化倾向，是文艺和新闻走向市场过程中，出现的浮躁和追求急功近利的短期行为。如果文艺作品和文艺批评也像普通商品一样不顾一切地走向市场，赤裸裸地将新闻当做广告推销自己，那么文艺作品和批评自身的内在属性将会丧失殆尽。这是对自身价值的亵渎，其最终结果是削弱或丧失自己在市场上的竞争力。

　　谈了以上看法，笔者对评论的新闻化倾向已经有了一个基本的评价。下面笔者想就此谈两个问题。

　　一是如何看待新闻记者参与文艺批评？

　　二是如何看待评论者注重批评的新闻效应？

　　先谈第一个问题。大概自从新闻产生之后，新闻记者就开始参与文艺批评了。只要报道某种新近发生的文艺现象，就避免不了对其有所褒贬。可以说对文艺现象的新闻报道，也是一种特殊的评论。新闻记者参与文艺批评，对于活跃文坛，尤其是加速创作者与读者或观众的交流，促进文艺的繁荣和发展，其益处是显而易见的。但眼下普遍存在的一个问题是，新闻记者参与的批评，多数是文艺评论者或是被评论作品作者的传声筒。新闻记者往往根本没有时间，其中许多人也没有能力对其所报道的作品认真研读并作出自己的判断。这样一来，新闻记者所参与的评论多数是人云亦云，在许多情况下，实际上成为一种"炒作"的参与者。

　　新闻记者参与文艺批评，实际上对记者的素质和职业道德提出了很高的要求。除了新闻业务素质之外，参与文艺批评的记者还应当对整个文艺史有基本的了解，对当今的文艺现状有一个基本的了解，有一定的文艺理论基础，对自己所报道的文艺现象（尤其是作家和作品）有较全面的了解。只有这样，新闻记者才有资格参与文艺批评，才能使自己的报道有真知灼见。可惜能这样要求自己和达到这种要求的记者太少了。所以我们至今还很少见到，由新闻记者写出的同时具有新闻价值和批评价值的报道或文艺新闻评论。

　　基于以上分析，笔者以为，当今的文艺新闻报道，在不具备对所报道的文艺现象做出准确把握的时候，还是尽量减少评论性语言，以报道事实为主或只报道事实为好。这样说，丝毫没有剥夺新闻记者参与文艺批评的想法。相反，倒是急切盼望有良好新闻职业素质，又真正具有文艺批评能力的"双料"人才出现在新闻队伍中。文艺新闻报道是文艺评论的重要一翼，它有文艺批评自身不能取代的重要作用。

再谈第二个问题。这个问题实际上在前面已经涉及。下面在已经论述的基础上引申一下。评论者注重批评的新闻效应无可厚非，而且是应该的。因为批评不单纯是为艺术而艺术，它应该关心批评的社会效应。关心社会效应，重要的一点就是要关心批评的新闻效应。因为产生了新闻效应的批评，就社会效应而言，是最有效的批评。所有的批评家，尤其是以当代文艺为批评对象的批评家，大概都希望自己的批评产生新闻效应。产生重大新闻效应的作品和评论就是我们过去常说的文艺的"轰动效应"。但是，能产生新闻效应的批评毕竟是少数。批评能否产生新闻效应，首先取决于被批评对象（主要是作品）本身是否具有新闻价值；同时，评论者能否从被评论对象中挖掘出这种新闻价值，并上升到理性高度，同样是批评产生新闻效应的不可缺少的条件。因此，有新闻效应的批评往往都是和有新闻效应的作品同时（当然是作品在前，批评在后，具有时间差）出现的。使批评家感到汗颜的是，有新闻效应甚至轰动效应的作品往往是普通读者们首先发现的，有时，批评家只是在已经点起的火堆上加了把干柴而已。

有新闻效应的作品往往有一个共同特点，那就是反映人们普遍关心的社会问题。批评要想产生新闻效应，首先就要关注这样的作品。但是仅有写了人们普遍关心的社会问题这一点，还不能成为文艺作品，尤其是成为优秀的文艺作品。因此关注批评的新闻效应，容易产生一个副作用，即忽略作品的艺术价值和对作品做出深入的艺术分析，忽略作品的文化底蕴和对作品做出深入的文化分析。忽略了艺术要素和文化要素，文艺批评就很容易变成社会问题评论，甚至成为庸俗的社会政治点拨。显然，这样的批评注定是短命的。

根据上面的分析，笔者以为，批评者应该关注批评的新闻效应，但这种效应应当建立在对评论对象的艺术价值和文化价值的准确把握基础之上。换句话说，应对所评对象的新闻价值，历史价值，艺术价值做出综合判断。

五　批评不是个人的事情

有些评论者经常遇到这样的问题：当他们将评论某些作家或艺术家的文章送到报纸、杂志或出版社的编辑手中，试图发表或出版的时候，常常听到这样的问话，"作者同意吗？"对于这种情况，稍有评论常识的人都会觉得纳闷：评论文章能否发表，为什么非得征得作者的同意？也许因为这种情况很普遍，许多人对它已是见怪不怪了。正因为有这种"见怪不怪"，我们就有必要来辨析一下了。

作品是作家或艺术家个人或与别人合作创作的，作者为它付出了艰苦的劳动。作者对该作品拥有著作权。而且作品的社会影响如何，直接关系到作家的声望。这只是问题的一个方面。问题的另一面是，任何作家、艺术家的作品一旦发表，它就不纯属于个人所拥有的"产品"或"财富"了，而是整个社会甚至是全人类共有的财富了。像文艺作品这样的精神产品，它主要是供人们阅读、观看和欣赏的，它具有审美娱乐作用、教育作用、认识作用等社会功用。

> 文学从来不是司汤达或列夫·托尔斯泰个人的事业，它永远是时代、国家、阶级的事业。①

因此作品的发表和评论绝不是纯属于作家、艺术家的个人行为，它属于一种社会行为。理解了这一点，作品评论如何写、能否发表，是否需要被评论的有关作家、艺术家的同意就不言而喻了。

本来这一在理论上并不难理解的问题，为什么在实践中却成为一个问题？编辑们为什么总是考虑作者同意不同意？评论者关注较多的当然是那些知名作家、艺术家，而那些知名作家、艺术家大都在社会上有一定地位。这种社会地位，使他们有能力在一定程度上干预别人对自己作品的评论。尤其是那些不能正确对待自己、不能正确对待别人对自己作品的评论的作家、艺术家，他们会利用自己的社会地位，去干预别人对自己作品的评论。在他们看来，作品写出和发表只是完成了一半任务，另一半任务就是找新闻单位发消息，找评论家写评论，然后获奖，最好是大奖。用现在流行的

---

① 高尔基：《论文学及其他》，见《论文学》，人民出版社，1978，第34页。

话说，就是"包装自己"，"制造轰动效应"。于是，一方面，他们会组织人马为自己的作品唱赞歌，现在有些由作家本人发起或授意组织的作品研讨会，一些报刊上发表的由作家、艺术家本人请人写的广告式的评论文章等即属此类；另一方面，他们还会对自己不满意的评论自己作品的文章或书稿，以各种方式进行干预。首先阻止其发表或出版，一旦发表或出版就会对发表或出版这些评论的报社、杂志社、出版社，对写出这些文章或书稿的评论者以各种方式施加"影响"。这些作家、艺术家的做法，不仅分散了自己的精力，干扰了正常的文艺批评，而且败坏了社会风气。作家是人类灵魂的工程师。知名作家尚且如此精于经营一己私利，我们还能指望整个民族有更高的道德修养吗？由于受上述种种干扰，就连曾写出许多有见地评论文章、扶植过不少文学新人的著名老作家孙犁也感到困惑、感到难于应付，"我不愿再写文学评论"了。① 一般编辑自然得考虑"作者同意吗"这样的问题。

我们曾经抱怨评论工作者没有很好履行自己的职责，使评论出现了疲软和滑坡。这里固然有评论者的责任，可是从"作者同意吗"这句问话中，我们不是可以看到被评论者——作家也负有不可推卸的责任吗？

当然，我们也应看到，有些评论者为了取悦于某些有名望、有权势的作家、艺术家，拿着写好的评论稿，主动去"征求"作家的意见。本来，征求作者本人的意见，目的是把文章写得更好。可是，这些评论者此举的主要用意在于求得作家的同意，求得作家的赏识。在这些评论者看来，写评论若不取得作家本人的同意，就有违自己的初衷，是出力不讨好。他们只愿意对自己的评论对象负责，而不考虑如何向读者负责和向整个文艺事业负责。一个严肃的文艺评论者应当认识到，评论和创作是文艺事业的两翼，缺一不可。创作和评论相互依存、相互促进，他们各自都有相对独立性。评论固然不能脱离创作而存在，但评论并不是创作的奴仆和附属物。评论要关注创作、研究创作，同时还负有指导创作的责任。评论不能跟着创作跑，评论者不能成为作家的"秘书"或仆从。评论者应当是作家、艺术家园林里的园丁，为花木浇水、施肥，同时还必须治疗花木身上的疾病和铲除杂草。评论者有必要加强自己的人格修养，增强自己的主体意识和独立意识。在某种意义上讲，有些作家之所以有那么强的得经过"我同意"

---

① 孙犁：《庚午文学杂记》，《孙犁全集》第 9 卷，人民文学出版社，2004，第 156 页。

的意识，是评论者姑息出来的。

作家、艺术家要求"我同意"、评论者和编辑乐于接受"作者同意"，这是一种文化事业上的短期行为。也许历史上曾经有过这种现象，但恐怕现在这种现象比历史上任何时代都更加突出。略有常识的人都会知道，历史最终接受的作品不是靠"自我"包装出来的，不是靠被评论者同意发表或出版的评论吹捧出来的。这种行为只能制造"泡沫文化"。经得起历史检验的好评论，并不需要被评论者的首肯。相反，写作时，总是考虑"作者同意吗"，是很难写好评论的。编辑在发稿时总是考虑"作者同意吗"是绝难发出好稿的，因而很难有所作为。但愿我们的作家、艺术家，评论者、编辑都能从这种短期行为中走出来。

六　批评家的胆识

当今文艺批评滑坡和疲软已是一个不争的事实。之所以说文艺批评滑坡和疲软是因为文坛缺乏有见识的、对作家艺术家和普通读者都有益处的、数量足够的批评文章或著作。缺少这样的文章或著作，是因为真正的批评家太少了。真正的批评家少并不是因为从事文艺批评的人少，而是这个圈子里的人的素质上有缺陷。素质上的缺陷是多种多样的，抛开社会环境因素，单就批评家个人的素质而言，我们今天的批评家最缺乏的是从事这种事业的胆识。

批评家的胆识，就是批评者从事文艺批评的胆量和见识。这种胆量和见识是批评家主体意识最集中的表现，是从事文艺批评事业的一个最重要的素质。恰恰在这最重要之处，我们的批评工作者表现出了明显的不足。比如，我们经常遇到这样的情况：评论家在写评论时几乎都要问这样写"作者同意吗？"

"同意"论，比较集中地表现出胆量小的一面，也表现出少见识的一面。它表明批评者主体意识的欠缺。主体意识的欠缺则是从事某种事业的人不成熟、不健全的标志，它标志着这种事业还没有找准自己在社会中的位置，因而不可能有大的建树。

先谈胆量。从事任何事业，创建越大所需要的胆量也就越大。文艺评论也是一种创作，是在作家、艺术家作品创作基础之上的再创作。这种创作需要指出艺术作品的优劣得失，更需要明确指出作品形象体系蕴涵的社会意义。如果说作家写的作品所暗含的社会意义，尤其是政治倾向等敏感题旨，在作品中没有必要特别提示出来，那么评论家在评论中就有必要也应该明确指出来。这就决定了文艺作品和文艺评论在社会得到的宽容度不同。同样思想倾向的作品和评论，作品可能得到社会的认可，评论就可能会受到排斥。在这个意义上说，评论家所担的风险可能比作家要大一些，因而所需要的胆量也要大一些。过去在"左"的风气占上风时，文艺批评成了政治上打棍子、扣帽子的代名词，许多批评工作者成为政治牺牲品。现在情况有了很大转变，但并不能说过去的遗迹已经完全消失。同时，作家、艺术家面对的是一般接受者，而批评家面对的除了一般接受者外，还要面对作家、艺术家这一特殊接受者。批评家除了社会政治风险之外，还要面临人情的考验。由此看来，批评家确实需要一定的胆量和勇气。

现在，批评家所面临的主要是人情和金钱两大考验。要克服"同意论"的影响，关键是评论家要拿出勇气和胆量来。没有牺牲个人利益的勇气和胆量，是很难过"同意"关的。

胆量和见识是相辅相成的。在许多领域，没有相应的胆量，很难达到一定的认识深度。同时，没有真知灼见，往往就没有勇气和信心去坚持。

对于文艺批评来说，批评家的见识主要表现在两个方面，一是要有开创新理论的追求和功力，二是对自己所评的作品，要发现其真正的美点和社会意义，要指出作者本人和一般读者不易发觉的缺陷或问题。

开创新理论确实不易，然而没有这种追求和功力就不能算一个有作为的批评家。正是在这一点上，我国的文艺批评工作者存在着明显的不足。用这把尺子去度量我们的文坛，可以说新中国成立后严格意义上的文艺批评家微乎其微。绝大多数人是在现有理论的圈子里转来转去，充其量不过是对现有理论的一种阐释。文艺批评需要一定的理论做指导，当然也有开创新理论的责任。没有深刻的理论的指导，批评不可能有深度、有见解。在这个意义上说，批评和理论有密切的连带关系。批评的繁荣，有赖于理论的繁荣，有赖于掌握了深刻的理论、甚至创造了深刻的理论的批评家。

当然，文艺批评的主要对象是作品，文艺批评不能脱离作品。发现作品的真正美点和社会意义，指出其缺陷或问题，是批评的基本任务。应当说我们的不少评论者在这方面做得不错；然而也确实有相当数量的批评文章，是"广告批评""拍马批评""随大流批评"。在有些批评者看来，批评不过是为作家扬名的工具，不过是作品的附属品，即"为人做嫁衣裳"。既然如此，评论文章就应当得到被评论者本人的同意。得不到被评论者的认可和赏识，不如不写。这种看法严重制约着批评的健康发展。一个严肃的文艺评论者应当认识到，评论和创作是文艺事业的两翼，它们相互依存、相互促进，各自都有相对的独立性。卓越的艺术评论同优秀作品一样可以流传千古。俄国批评家别林斯基、车尔尼雪夫斯基、杜勃罗留波夫的研究和评论就开创了伟业，他们的评论和他们所评论的优秀作品一样成为整个人类的宝贵财富。因此，评论者有必要加强自己的人格修养，增强自己的主体意识和独立意识，增强自己创一代伟业的意识和信念。

市场经济条件下的文坛，更需要有胆有识的批评家。

第九节　新闻与文学

一　简述新闻与文学的关系

实际上，关于新闻与文学的关系，在前边几章已经涉及。这里，只谈还没有提及的方面，或将已经谈过的再从别的角度说说。在接下来简述新闻与历史的关系、文学与历史的关系时，仍按这种方法来处理。

新闻比文学反映生活更迅速更直接。魏巍曾这样评价1953年以后几年的特写："在这两年间，我们的国家正在发生着激动人心的变化。这种变化的速度是惊人的，规模也是巨大的。这里，让我们留心一下，这种变化是否在我们的戏剧、长篇和中篇小说中都得到了比较广泛的表现呢？我看还不能这样说，可是在我们的散文和特写方面，却在一定程度上答复了人们的这种要求……从规模宏大的建筑工地到偏僻的山村，从戈壁滩、柴达木的生活到海南岛的风光，从保卫祖国的战斗到国际上保卫和平的斗争。可以说是在相当广阔的程度上给我们留下了许多动人的图画。也许把这些文章的某一篇孤立起来看，并没有什么了不起，但把它们合起来看，这就是祖国浩大声势前进的一大卷画幅。"[①] 这里所说的散文和特写，虽然不能都看作典型的新闻作品，但就其真实、迅速反映社会生活方面来说，把它们看作新闻类作品也没有什么不可（特写本身主要是一种新闻体裁）。

新闻报道可以成为文学创作的素材。司汤达写《红与黑》，是由于受了

---

① 魏巍：《散文特写选·序言》，《散文特写选》（1953.9~1955.12），人民文学出版社，1956，第1~2页。

当时《法院通报》中关于他的同乡人安东·贝尔特的案件报道的启发。安东是一个贫穷的乡下手艺匠的儿子，在当地一个神父的帮助下，进了一所神学校。由于阅读世俗书籍被开除后，就到米舒家做了家庭教师。他不久就成了米舒夫人的情人。后来就学于一所高等神学校，在德·卡尔东家任职时又追求主人的女儿。他狂热地要求和上流社会的人平起平坐，而上流社会却把他当一个仆从看待。受辱后，他决心进行报复。一次，他看见米舒夫人在教堂里祈祷，便向她开了一枪。法院判决他上断头台，他也就勇敢地死了。不难看出，这个案件的梗概的确构成了《红与黑》的基本轮廓。

新闻与文学可以相互借鉴写作方法。由于文学历史更为悠久，写作方法更为多样化，首先是新闻向文学借鉴写作方法。穆青说：

> 在严格遵守新闻必须真实这一原则的前提下，一切可用的表现形式和表现手法——文学的、政论的乃至电影艺术的某些表现手法，都可以适当地吸收到人物通讯的写作中来，为表现主题，刻画人物服务。[①]

随着新闻在生活中的影响越来越大，文学不可避免地要向新闻借鉴写作方法；这已经在有些文学作品中显示出来。

二 新闻与文学的边缘地带

(一) 把报告文学划归文学较好

每一时代产生了它的特性的文学。"报告"是我们这匆忙而多变的时代所产生的特性的文学样式。读者大众急不可耐地要求知道生活在昨天所起的变化，作家迫切地要将社会上最新发生的现象（而这是差不多天天有的）解剖给读者大众看，刊物要有敏锐的时代感，——这都是"报告"所产生而且风靡的原因。

好的"报告"须要具备小说所具有的艺术上的条件，——人物的

---

① 穆青：《谈谈人物通讯采写中的几个问题》，《穆青论新闻》，新华出版社，2003，第159页。

刻画，环境的描写，气氛的渲染等等。①

这是作家茅盾对报告文学的描述，他谈了报告文学产生和风靡的原因，也谈了优秀的报告文学应具备小说的某些条件。

报告文学，新闻界往往把它划为新闻类。《中国大百科全书·新闻出版》中"报告文学"条目中说它是"兼有新闻性与文学性的新闻体裁。"②而文学界往往把它划为文学类。"报告文学是一种在真人真事基础上塑造艺术形象，及时反映现实生活的文学体裁。"③在文学界。不少人把报告文学称之为"文学轻骑兵"。从事过新闻工作的作家孙犁也把报告文学划为文学类，他说："报告文学，在三十年代初兴起时，是一种革命的、现实的、短小的文学形式。战斗性很强，作者倾向性鲜明。这一形式，甚至为一些早已成名的作家所运用，如爱伦堡。"

但孙犁认为报告文学的特点和要求是："单纯、现实、客观"。因为，"一般读者，要看报告文学，也多是想从中知道一些历史事件的真相。像目前这样以大人物、大事件做幌子，真真假假、虚虚实实的既非文学，又非历史的所谓报告文学、纪实文学，实弊多而利少。"④孙犁还说，"把真人真事，变为文学作品，是很困难的。我主张，真人真事，最好用历史的手法来写。真真假假，真假参半，都是不好的。真人真事，如认真考察探索，自有很多材料，可写得生动。有些作者，既缺少识见，又不肯用功，常常借助描写，加上很多想当然，而美其名曰报告文学。这其实是避重就轻，图省力气的一种写法，不足为训。"⑤

确实，报告文学给新闻学和历史学带来了困扰。说它不是新闻吧，它确实包含现实中的某些新近的真实情况；说它是新闻吧，有不少作品有某些"合理"想象或虚构。这也使历史学家面对它时，对它的真实性，抱有疑虑。一些研究者感到文学作品与报告文学作品很难分得清。20世纪30年代，丘东平写了一些有影响的作品。"他的纪实小说和文学性通讯很难分得

---

① 茅盾：《关于"报告文学"》，见《报告文学论集》，新华出版社，1985，第5~6页。

② 《中国大百科全书·新闻出版》，中国大百科全书出版社，1990，第21页。

③ 童庆炳主编：《文学理论教程》，高等教育出版社，1998，第175页。

④ 孙犁：《关于报告文学和纪实文学》，《孙犁文集》续编二，百花文艺出版社，1992，第235页。

⑤ 孙犁：《耕堂读书记》，《孙犁文集》第5卷，百花文艺出版社，1982，第99页。

清"。① 洪子诚在论述 20 世纪 80 年代的报告文学时说:

> 报告文学常拥有大量读者。原因之一是,由于新闻报道所受到的限制,它承担了新闻报导的某些功能,以"文学"的形式来"报告"读者关心的社会新闻和现象。如何从文学批评和文学史的角度来处理这类社会问题和社会事件的"调查报告"性质的文字,是个令人困惑的问题。当代的许多"报告文学"作品,既难以用"文学"的标准来品评,也难以用新闻的特征来衡量。近年来,有的批评家将它们归入"亚文学"的范围,是一种处理的方法。②

以笔者之见,从报告文学这一偏正词组本身来看,它应属于文学范围。从实际情况来看,新闻中有长篇通讯,有人甚至把通讯与报告文学混为一谈;为了划清这个界限,把报告文学划归文学较好。早在 20 世纪 50 年代就有人指出:"为了维护新闻威信,发挥新闻特有的威力,必须把报告文学和新闻通讯区别开来,任何以虚构代替深入发掘材料和苦心组织材料的做法都必须坚决反对。"③ 事实上,报告文学经历了被新闻婉拒而被文学接受的过程。现在已有一些新闻学学者不再把报告文学列入新闻作品。例如,由武汉大学出版社 2000 年出版、汤世英主编的《中外新闻作品研究》一书所选新闻作品就没有选报告文学作品。再如,丁柏铨、胡冀青著的《通讯写作》一书指出:"报告文学从根本上讲不属于新闻文体的范畴。它是一种典型的介于新闻与文学之间的边缘文体。"④ 但应当指出,在文学界中报告文学作者和研究者对于报告文学与新闻的分界却不清晰。比如中国报告文学学会副会长李炳银就仍然把范长江的《中国的西北角》《县委书记的榜样——焦裕禄》等看作报告文学。而且他在提到《县委书记的榜样——焦裕禄》时,出现了常见的文学式表达《县委书记的好榜样——焦裕禄》。⑤ 这里还得提及,有一位叫侯军的作者,把孙犁的《冬天,战斗的外围》《唐

---

① 钱理群、温儒敏、吴福辉:《中国现代文学三十年》,北京大学出版社,1998,第 603 页。

② 洪子诚:《中国当代文学史》,北京大学出版社,1999,第 249～250 页。

③ 华山:《文学不能代替新闻——〈马特洛索夫式的英雄黄继光〉一稿讨论的结论》,《新闻业务》1953 年第 18 期。

④ 丁柏铨、胡冀青:《通讯写作》,中国广播电视出版社,2000,第 12 页。

⑤ 李炳银:《报告文学论》,《中国作家·纪实》2006 年第 2 期,第 217 页。

官屯光复之战》等新闻体裁的作品划归报告文学，① 不尽妥当。

在写作报告文学的作者中，也有不少以新闻的标准严肃对待这种文体样式的人。诗人卞之琳1938年8月访问太行山区，写了长篇报告《第七十二团在太行山一带》。作者在作品的《前言》中说："我在设法于叙述中使事实多少保留一点生气的时候，我并不曾利用小说家的自由，只顾文学的真实性。"② 这说明作家对新闻与文学的结合有着科学的理解。穆青把自己写作的"报告文学"，一概称之为"通讯"。这样称呼，只有一个用意，就是叫人们不要忘记这是一种报道文体，是写真人真事的，尽管这一文体在写作上要多用点文学笔法，但在真实性上却有与新闻通讯一样的严格要求。他说：

> 一篇人物通讯，哪怕只有很微小的一点虚构，其后果将是灾难性的。因为读者一旦知道有假，必然会对整个通讯产生怀疑。这将是一种可怕的"信任危机"。

"一篇优秀的人物通讯，其所以具有强烈的教育作用和感染力量，重要原因之一，也正是由于它写的是真人真事，是人们看得见、摸得着、学得到的榜样。"③

（二）关于报告文学的争论集中在真实问题上

力挺报告文学具有真实性的学者李炳银一方面说："事实的真实性要求，对于报告文学创作来说是一个原则，不能有任何的突破。"另一方面又说："可是，在强调报告文学事实真实性的时候，也要有文学的能动理解，而不应将这种真实性要求当成一种机械的、教条的约束，使它变成僵死的绳索……报告文学在强调真实客观地表现对象的时候，更多要求的是整体的、本质的、关键的真实，而不能要求作家对对象复制的真实。"④

既然对报告文学事实真实"也要有文学的能动理解"，那么文学的理解只能是文学真实或艺术真实，而文学真实不等于事实真实或新闻真实。对

① 侯军：《孙犁与报告文学》，《孙犁作品评论续编》，百花文艺出版社，1991，第334~352页。

② 卞之琳：《第七十二团在太行山一带·初版前言》，见《中国报告文学丛书》第二辑第六分册，长江文艺出版社，1981，第20页。

③ 穆青：《谈谈人物通讯采写中的几个问题》，《穆青论新闻》，新华出版社，2003，第154页。

④ 李炳银：《报告文学论》，《中国作家·纪实》2006年第2期，第211页。

于新闻来说，事实真实就是"一种机械的、教条的约束"，如果不做这种硬性的约束，事实真实就会被突破，新闻就会失去生命力，就会僵死。

既然报告文学"更多要求的是整体的、本质的、关键的真实"，那么局部的、非本质的、不关键的真实就可以松动了，就可以融通了，就可以允许用"文学"的、"能动"地表达了。即使新闻没有也不可能要求记者"对对象复制的真实"，但这并不意味着记者只要做到"整体的、本质的、关键的真实"就算达到新闻真实了，局部的、非本质的、不关键的方面就可以不尊重事实的本来面目了。

总之，李炳银主张的报告文学事实的真实性要求不能有任何的突破，与他所说的"也要有文学的能动理解"是存在矛盾的。

在实际操作中，报告文学正是在事实真实性上不能坚持到底，往往突破了事实真实。这是人们对报告文学产生非议的一个主要原因。

还要指出，正像我们前面已经分析过的"本质的"真实这样的说法，是一种有害的概念，这在学术界已经基本取得共识。

（三）新闻的散文化写作——难成主流

> 实际证明，像写焦裕禄等那样高水平的长篇通讯，是非常需要的，可惜少了。人物报道应当从文学作品中吸取营养，使自己的报道增加光彩和感染力。但是，总的说，记者笔下的人物，同作家笔下的人物，应当有些不同……在报道形式上，要提倡多品种、多风格。可以探索用散文笔法、政论笔法和杂文笔法写新闻。①

新闻写作在遵循新闻报道的基本规律前提下，不应有固定的、千篇一律的模式。正像李峰所说："在报道形式上，要提倡多品种、多风格"。新闻的散文化写作就是向多品种、多风格努力的一个方面。早在1963年穆青就著文《尝试用散文笔法写新闻》，并指出，"我不相信新闻就只能有一种写法"。②

新闻的散文化写作是指用优美的文字、轻松自由的笔调，形象生动地

---

① 李峰：《面向全国，放眼世界》，《新闻干部培训讲座选》，人民日报出版社，1983，第46~47页。

② 穆青：《新闻散论》，新华出版社，1996，第94页。

表达新闻内容的一种新闻写作方法。这是新闻写作借鉴文学技巧的一种表现。新闻的散文化写作与一般意义上的散文，最大的不同在于散文化新闻具有时新性，而一般散文不一定具有时新性。有人认为，散文式新闻与一般散文的"最大不同"之处在于"具有新闻的新鲜、真实等特性"。[①] 其实，一般散文也要求真实。"散文以纪实为本，当然可以剪裁，组织。但无论如何不能虚构，不能编造故事以求生动。"[②] 因此，区别散文式新闻与一般散文的主要之处在于时新性。

在新闻的散文化写作努力中，有不少成功之作。郭玲春在1982年写的消息《金山同志追悼会在京举行》，突破了"白色新闻"写作的固定模式，具有散文特点。此消息的开头这样写道：

> ［新华社北京1982年7月16日电］鲜花、翠柏丛中，安放着中国共产党党员金山同志的遗像。千余名群众今天默默地走进首都剧场，悼念这位人民艺术家。

这篇消息通篇采用了散文式结构。

有些消息，整体上看算不上散文，但有些部位，却很好地融进了散文手法。比如新华社在1957年2月12日发出的短消息《上海严寒》，其导语中就有散文式的景物描写：

> 这几天上海街头积雪不化，春寒料峭，最低温度下降到摄氏零下七点四度，上海人感到了有气象记载的八十多年来罕见的严寒。十日和十一日，这里出现了晴天下雪的现象。晴日高照，雪花在阳光中飞舞，行人纷纷伫足仰视这个瑰丽的奇景。

其中最明显的是"晴日高照，雪花在阳光中飞舞，行人纷纷伫足仰视这个瑰丽的奇景"这样的描写性词句，给人留下了上海严寒的具体、形象的感受。

新闻毕竟不是狭义的散文。新闻写作的某些基本原则是不能轻易突破

---

① 冯健总主编《中国新闻实用大辞典》，新华出版社，1996，第90页。
② 孙犁：《致梅梓祥》，《芸斋书简》下，山东画报出版社，1998，第424页。

的。"倒金字塔"结构等仍在消息写作中占据主流地位。想把所有新闻散文化的想法是不切实际的。而新闻写作从包括散文在内的文学体裁中吸取营养却是很有必要的。

（四）"体验新闻"与狭义的散文

1999 年 5 月 4 日起，《北京晚报》的第 2 版社会新闻版上推出一个专栏——"体验新闻"。在两个多月的时间里共发出 10 篇"体验新闻"：《当了一天养鸟人》《当了一天卖花姑娘》《迟到的售货员》《当了一天孩子王》《最后的化妆师》《迎接生命》《走进旧照片里的茶馆伙计》《体验急救》《体验临终关怀》《铁门里的世界》。"这些报道几乎全部采用了突出情趣、注重记者的亲身体验和亲身经历，以描写的方式去展现记者所经历的场景、事件、见闻及感受"。① 这里所引的话是"体验新闻"创办者自己说的。从这些描述中我们不难看出，"体验新闻"不是典型的新闻体裁。这些作品充其量不过是"准新闻"。过去我们看见过不少作家写过类似的东西。严格说来它应当属于散文，而且接近狭义的散文。现在记者写它就成为新闻了吗？上边提到的作品，有的仅从题目上就可知道它不应是新闻，像《当了一天养鸟人》《当了一天卖花姑娘》《当了一天孩子王》等，不过是记者自己在亲身从事这种行当短短的一天中的体验和观察罢了。

作家在生活中非常注重体验和感受。作家可以在自己的作品中集中甚至全部都写自己的体验和感受。新闻记者也需要对社会生活的体验和感受，并且可以在新闻稿中于适当的地方和恰当的方式表达出这种体验和感受，以增强现场感和感染力。作家、记者黄纲说："作为一个新闻工作者，我觉得有一条是必须注意的，必须要加强现场的观察和感受……要用你全副的身心，用你的五官，来加强你在现场的感受和观察，要力求用准确的、生动的形象，要用最经济的笔墨，来表达充分、浓厚的现场感觉。"② 比如，美国记者米尔顿·布莱克尔发表于 1945 年 4 月 30 日的报道《墨索里尼悬尸米兰街头》，其中就有记者的现场感受。"我们几个记者被一群热心的米兰人推到中间，这些米兰人从未见到过美国人。我们所见到的，是我们一生中所见到过的最令人厌憎的场面之一，然而，正是因为亲眼见到了，我们的报道才最有权威性。"这样写，对于增强现场感和对读者的感染力是有效

---

① 张明非：《关于体验新闻的思考》，《新闻与写作》1999 年第 8 期。
② 黄纲：《现场观察及其他》，《长江日报通讯》1978 年第 6 期。

果的。但新闻记者在新闻稿件中却不能以主要篇幅去写自己的感受和体验，因为这样做的结果就使体裁发生了质变，就不是新闻，而是散文了。新闻记者可以写散文，但不宜挂上"新闻"的旗号。新闻记者在新闻稿中可以以适当的方式写自己的感受和体验，但推出一种所谓"全新的新闻专栏"就有哗众取宠之嫌了。正像有学者指出的那样，体验式报道，可适当采用，但不宜普遍提倡。因为它会影响新闻的真实性，变客观报道为主观感受。

（五）"新闻文学"——一个不当的概念

楼榕娇编著《新闻文学概论》①，其书名就以"新闻文学"命名。楼氏所谓"新闻文学"实指一般意义上的新闻，与国内有人曾经提出的"新闻文学"的内涵不同。楼氏使用"新闻文学"这一术语，有混淆概念之嫌，实无必要。

现在社会上有"纪实文学"在写、在出版，也在被阅读。与"新闻文学"一样，"纪实文学"也是一个不当的提法。孙犁指出："今有所谓纪实文学一说。纪实则为历史；文学即为创作。过去有演义小说，然所据为历史著作，非现实材料。现在把历史与创作混在一起，责其不实，则诡称文学；责其不文，则托言纪实。实顾此失彼，自相矛盾，两不可能也。"② 有学者也描述了这种现象，如今，

> 最吸引读者的叙事形式不是小说，而是人们感兴趣的经过捉刀人加工的名人传记、新闻背景深度报道或新闻故事。后者是一种"新闻事实＋虚构"的文体，其基本事件是新闻的，但过程的描写、悬念的设计、心理的揭示，则有虚构。这比报刊文艺版的"小说连载"拥有更多读者。③

类似的还有"新闻小说"。"新闻小说"据说是为了"探索一条更迅捷地反映现实生活，更贴近读者的文学之路"，以新近发生的事实为原型创作的小说，力求"独树一帜"。

人们知道，真实是新闻的生命。小说可以大胆虚构，而新闻则万万不

---

① 楼榕娇编著《新闻文学概论》，台湾学生书局，1979。
② 孙犁：《读〈史记〉记》，《孙犁文集》续编三，百花文艺出版社，1992，第183页。
③ 徐亮：《泛文学时代的文艺学》，《浙江大学学报》2002年第1期。

能。从是否允许虚构这一点来说，新闻与小说、与电视剧简直是水火不相容。"新闻小说"的提法，容易混淆小说与新闻的界限，既坏了新闻的名声，又捆住了小说的手脚。以曾经播出的电视剧《九·一八大案纪实》为例，虽其纪实的风格让人耳目一新，但绝不能像所谓的"新闻小说"一样，称之为"新闻电视剧"而与电视新闻节目"东方时空""焦点访谈"相提并论。

"纪实电视剧"有时还会引起社会问题，并给创作者带来麻烦。1988年2月8日晚，河北电视台播出"纪实电视剧"《一条要闻》。3月28日，中共石家庄市委办公室发出第10号文件，向河北省委和省政府要求"审查""停播"此剧，并"严肃处理"责任者。文件说，《一条要闻》"以石家庄市为背景，用'纪实'的表现手法"，"无中生有地编造了一桩'火车站零号仓库失窃'的奇闻，直接影射、攻击石家庄市。"我们不去讨论这里的是非曲直，我们只是想指出"纪实电视剧"之类容易引起社会问题；最好不要使用这样的名称。

三　新闻与文学应当有明确的界线——谈世界新闻史上那个著名的媒介事件

1938年10月万圣节前夕，哥伦比亚广播公司将 H. G. 韦尔斯的一部科幻小说《星际战争》改编成广播剧后，以"重要新闻"的形式播出，原本想跟听众开个玩笑，谁知却引起了全美公众的恐慌，成为轰动全国的媒介事件。在那天晚上，收听哥伦比亚广播公司播放的"空中水星戏院"节目的 600 万听众中，起码有许多人信以为真。由于这个广播剧处理得如此逼真，就像一则新闻广播。成千上万没有听到广播开头的听众，不知道这只是一出广播剧，他们以为火星怪物正在占领美国。[1]

在相信这出广播剧是一篇真实新闻报道的听众中，成千上万人陷入极度的恐慌之中。他们把火星人入侵看成是对他们的价值、财产和生命的直接威胁和世界末日的来临。惊恐万状的人祈祷着、躲藏着、哭喊着、逃跑着。后来，一名女中学生这样记述道：

　　　　当时，我正在做一道历史题。楼上的女孩来找我，让我到她那儿

---

[1] 记者杰安·哈科尔·布恩斯把这件事的前因后果记录下来，写成了特写《火星人来了——19 世纪的小说 20 世纪的广播》（见本书附录）。

去。大家都非常激动。我感到我要发疯了，不住地说："我们怎么办呢？早晚还不是个死？"我们互相拥抱在死亡面前，一切似乎都无关紧要了。我怕死，一直听着广播。

在相信火星人正在毁灭一切、任何人也无法阻挡的人当中，许多人简直绝望了：

> 我害怕极了，一头钻进汽车，开着车去找牧师，以便在临死前和上帝讲和。接着我开始想，也许这是个故事。但是，我又否定了自己的想法，因为电台说，这是一则特别新闻广播。在我去找牧师的路上，我隐约看见一条曲线以每小时 75 英里到 80 英里的速度移动。我知道我躲不开它，虽然我现在记得，这东西对我关系不大。这样死或那样死，没有什么不同，反正是非死不可了。汽车打了两个滚后，停下不动了。我从汽车里爬了出来，看了看汽车，心里想：没关系，这不是我的车。这是一辆废车，车主不会再用它了。①

许多类似的记载表明，当时听众把广播剧当成了真事，许多人以为他们就要死去。

哥伦比亚广播公司、"空中水星戏院"节目和演员们都无意欺骗公众。剧本和节目是为庆祝万圣节，按"鬼怪故事"的传统编排的。在这出广播剧之前和之后，以及在报纸预告节目中都清楚地说明这是一出戏剧。② 然而，播送的风格、导演的高超和演员的杰出表现，使得这出广播剧显得十分逼真。结果，它成了历史上最著名的媒介事件之一。

不用说，公众、联邦通讯委员会和广播业都被这个事件搅得不得安宁。尽管在这次恐慌中无一人死亡，但当人们发现了事实真相之后，成千上万美国人觉得自己像傻瓜一样受到了愚弄。几周之内，哥伦比亚广播公司就受到了指控，人们要求它赔偿 75 万元，因为它播放的广播剧造成了伤害、流产和其他损失（法庭没有拒绝这些指控）。更重要的是，美国颁布了新法

---

① 以上两段引文均见哈德利·坎特里尔《火星人的入侵：恐惧心理研究》（*The Invasion from Mars：A Studying the Psychology of Panic*），Princeton University Press，第 96 页。

② 霍华德·科克：《引起恐慌的广播：一个事件的描述》（*The Panic Broadcast：Portrait of an E-vent*），波士顿：little. Brown，1970 年。

规：禁止广播电台播放虚构的新闻广播。然而，4 年之后，智利圣地亚哥的一家电台用西班牙语重播了这个节目。① 公众的反应跟美国人一样。后来，公众烧毁了这座令人愤怒的电台。②

人们对这次媒介事件做过多方面研究。我们从这次媒介事件中得出的结论是：当人们把文学作品当成新闻时，就会引起混乱。因此，应当严格区分新闻与文学的界线。

第十节　新闻与历史

一　中国古代杰出的史学成就

中国人杰出的史学成就，赢得了国外一些学术大师的称赞。

伏尔泰在 1765 年发表了他的《历史哲学》，即今所见《风俗论·导论》。在该书中，伏尔泰这样评论中国史学：

> 我们在谈论中国人时，不能不根据中国人自己的历史。他们的历史已由我们那些互相诘难的各个教派——多明我会、耶稣会、路德教派、加尔文教派、英国圣公会教派——的旅行者们所一致证实。不容置疑，中华帝国是在 4000 多年前建立的……
>
> 如果说有些历史具有确实可靠性，那就是中国人的历史。正如我们在另一个地方曾经说过的：中国人把天上的历史同地上的历史结合起来了。在所有民族中，只有他们始终以日蚀月蚀、行星会合来标志年代；我们的天文学家核对了他们的计算，惊奇地发现这些计算差不多都准确无误。其他民族虚构寓意神话，而中国人则手中拿着毛笔和测天仪撰写他们的历史，其朴实无华，在亚洲其他地方尚无先例。
>
> ……不像埃及人和希腊人，中国人的历史书中没有任何虚构，没有任何奇迹，没有任何得到神启的自称半神的人物。这个民族从一开始写历史，便写得合情合理。

---

① 《火星人》(The Men From Mars)，《新闻周刊》1944 年 11 月 27 日。
② 霍华德·科克：《引起恐慌的广播》，第 111 页。参阅〔美〕梅尔文·L. 德弗勒、埃弗雷特·E. 丹尼斯：《大众传播通论》，华夏出版社，1989，第 299~302 页。

　　他们与其他民族特别不同之处就在于，他们的史书中从未提到某个宗教团体曾经左右他们的法律。中国人的史书没有上溯到人类需要有人欺骗他们、以便驾驭他们的那种野蛮时代……他们的史书仅仅是有史时期的历史。

　　这里有一个对我们来说尤其重要的原则，即：如果一个民族最早的编年史证明确实存在过一个强大而文明的帝国，那么这个民族一定在多少个世纪以前早就集合成为一个实体。中国人就是这样一个民族，4000 多年来，每天都在写它的编年史。①

黑格尔讲过一句名言：

　　中国"历史作家"的层出不穷，继续不断，实在是任何民族所比不上的。②

　　确实，"就史官来说，唐代以前姑且不论，如果把唐太宗贞观三年（629）正式设立史馆以后直至清代的史馆中有史官职衔的人统计一下，那将是一个庞大的名单；如果把自孔子以下历朝历代那些没有史官职衔的史家统计一下，同样也将是一个庞大的名单。"③

　　李约瑟博士在《中国科学技术史》第一卷即《导论》中，在对中国作"历史概述"之前，以极大的兴趣简要叙述了"中国历史编纂法"的有关问题。他以赞叹的口气写道：

　　也许不用多说，中国所能提供的古代原始资料比任何其他东方国家、也确实比大多数西方国家都要丰富。譬如，印度便不同，它的年表至今还是很不确切的。中国则是全世界最伟大的有编纂历史传统的国家之一。关于某一事件是在什么时候发生的问题，中国往往不仅可以确定它的年份，而且还可以确定月份，甚至日期……尽管各个朝代的官职和名称不断变化（如 12 世纪郑樵所著的《通志略》，对此有丰

---

①　〔法〕伏尔泰：《风俗论》上册，商务印书馆，1995，第 73～75 页。
②　〔德〕黑格尔：《历史哲学》，生活·读书·新知三联书店，1957，第 161 页。
③　瞿林东：《中华文化通志·学术典》之《史学志》，上海人民出版社，1998，第 3 页。

富的记载），但都设有史官专门记载不久前发生的和当时发生的事件，最后编成完整的朝代史。这些史书所表现的客观性和不偏不倚的态度，最近曾有德效骞与修中诚加以赞扬和描述。

李约瑟在高度赞扬中国历史编纂学及其成就的时候，也透露出一位科学史大师的沉重心情，他说："到目前为止，实际上还没有一部中国史书被译成西文，这应该说是全世界学术界最大的憾事之一。"他这里所说的"中国史书"，应指《史记》《汉书》等历史名著。从这些话中，我们可以想见中国史学在李约瑟博士心目中的崇高的地位和沉重的分量。① 以上所引伏尔泰、黑格尔、李约瑟的有关论述，尽管褒扬有余，审视不足，但对中国史学成就的基本评价是符合实际情况的。

二 中国历史上的"故事现象"

中国人确实有杰出的史学成就，然而，也许是中国人如此重视历史，中国的历史又是如此完整和具有尊严，中国人产生了严重的依赖历史的心理。有学者所说的"故事现象"就折射出这种心理。

黄敏兰在《陕西师范大学学报》1992年第1期上撰文指出，在中国古代有个贯穿几千年的奇特的历史现象，即皇帝和官僚在政治、行政、法律及日常生活等各方面常常要引用故事（过去发生过的事或实行过的制度）作为行为的合法依据。这就是故事现象。

皇帝和官僚们在策划某项行动时常提问"有故事乎？"例如宋仁宗、明宣宗和清世祖等皇帝废皇后时都命令大臣寻找前代废后的故事。汉代霍光废昌邑王，依据的是商代伊尹放逐太甲的故事，并且成为晋代桓温、南陈陈顼等权臣废立皇帝所依据的故事。

人们既然可以将故事作为支持自己行动的合法依据，也可以用"无故事"作为反对别人行动的依据。如果被反对者无法找出与其行为类似的故事，则往往难以行动。

产生故事现象的基本条件是皇帝或官僚的行为需要公开化或需要纳入制度轨道。在此基础上，如有以下情况中的一种，便会产生故事现象：第

---

① 关于"中国古代杰出的史学成就"参阅了瞿林东撰《中华文化通志·学术典》之《史学志》，第1~4页。

一，当行为明显缺乏成文法和经典依据时；第二，需对成文法和经典变通时；第三，直接违反成文法时；第四，应用和解释儒家经典时。因为公开的行为比暗中进行的活动更易受到法律制约，制度化行为比个人行为受成文法和经典的控制更严。如果没有成文法或经典为依据，就要寻找和援引故事做为合法性的依据。由此可见故事现象的一般背景是法律的、制度的制约。同时，故事现象还都有文化的背景，即中国传统文化对人们心理和行为的制约。皇帝和官僚们正是因为对前朝代人的行为具有强烈的文化认同感，才产生了依照故事行事的现象。此外还有一些特殊故事现象，其特殊背景是皇帝官僚集团内部的政治斗争。权臣废立皇帝，汉、宋、明代皇帝尊本生，明张居正夺情风波等故事现象同时也都是重大政治事件。这种有着政治背景的故事现象，对于我们认识中国古代社会更具有重要意义。

这种"故事现象"固然表现出中国人对历史的高度重视，但它因循守旧的消极作用是很明显的。

三　简述新闻与历史的关系

楼榕娇编著《新闻文学概论》，在第一章有一节为"新闻文学与史学的关系"。这一节简述了新闻与史学的关系，认为新闻脱胎于史。并指出史学与新闻之间的五大不同，即取材不同：史不嫌其旧——新闻唯求新；体裁不同：史结论于末——新闻发于端；时间不同：史穷年累月——新闻成俄顷；作用不同：史为专家业——新闻兼营业；范围不同：史限于记载——新闻包罗广。大陆学者对新闻与历史的关系似乎注意不够。白寿彝主编的《史学概论》有一章专门谈"史学和其他学科的关系"，涉及史学与科学、哲学、民族学、地理学、天文学、地质学等，而没有涉及史学与新闻学的关系。

新闻强调对社会现实生活的观察、了解、体验，新闻所面对的是活生生的现实世界。其实，史学同样需要与现实的、活的生活相联系。德国历史学家德罗伊森（Droysen Johann Gustav）指出："历史研究是地地道道与现实相关的。就像自然科学宣称，它们要让大自然说话一样；历史学也要说，历史研究是直接跨过现实生活，到它的背后去分析它"。[①] 布洛赫指出：

———————

① 〔德〕德罗伊森：《历史知识理论》，北京大学出版社，2006，"序言"第4页。

只有通过现在，才能窥见广阔的远景，舍此别无他途……但是在历史学家审阅的所有画面中，只有最后一幅才是清晰可辨的。为了重构已消逝的景象，他就应该从已知的景象着手，由今及古地伸出掘土机的铲子。只有一门科学，它既要研究已死的历史，又要研究活的现实，这门学科该如何命名呢？……"历史"这个古老的名词是最为合适的……我建议将历史学的范围延伸到当代，但这并不是为了给自己的专业争地盘。①

体验、了解和理解现在，是了解和理解过去的一把钥匙。

李大钊在《史学要论》中说：

吾人自束发受书，一听见"历史"这个名词，便联想到二十四史，二十一史，十七史，史记，紫阳纲目，资治通鉴乃至 Herodotus, Grote 诸人作的希腊史等等。以为这些便是中国人的历史，希腊人的历史。我们如欲研究中国史，希腊史，便要在这些东西上去研究；这些东西以外，更没有中国史希腊史了。但是历史这样东西是人类生活的行程，是人类生活的联续，是人类生活的变迁，是人类生活的传演，是有生命的东西，是活的东西，是进步的东西，是发展的东西，是周流变动的东西；他不是些陈编，不是些故纸，不是僵石，不是枯骨，不是死的东西，不是印成呆板的东西。我们所研究的，应该是活的历史，不是死的历史；活的历史，只能在人的生活里去得，不能在故纸堆里去寻。

当今的史学学者也指出：

只有对今天经历的事情大彻大悟，才能以无比深邃的眼光对历史人物和历史事件作出深刻真实的描绘，才能取得富有价值的科研成果。②

---

① 〔法〕布洛赫：《历史学家的技艺》，上海社会科学院出版社，1992，第38页。
② 顾奎相：《繁荣新世纪史学四论》，《光明日报》2001年1月16日。

　　古人早就说过"采故实于前代，观通变于当今"。这些历史研究者的见解是一致的。

　　强调史学的时代现实意识绝不意味着任何研究层面都是如此。如某个人物的生卒年、出生地，某个事件的始末，某些章句的解读等，就不能套上现实意识。

　　在谈史学的现实意识时，我们想起了意大利克罗齐的那句名言，"一切历史都是当代史"。也就是说，人们面对过去的历史时，往往会以其所处时代的问题激发它、以现时代的思想观念去审视它。历史是古今之间持续不断的对话。"我们研究过去的内容取决于当前的问题。我们研究过去，是为了了解关于人类潜能与局限，了解人性的发展前景与存在的危险。"① 这里，我们把这一问题引申一步。柯林武德在《历史的观念》中指出：

　　　　自然的过程可以确切地被描述为单纯事件的序列，而历史的过程则不能。历史的过程不是单纯事件的过程而是行动的过程，它有一个由思想的过程所构成的内在方面；而历史学家所要寻求的正是这些思想过程。一切历史都是思想史。②

　　在柯林武德看来，自然界只有事件及其外表，历史的对象却不是单纯的现象，而是行动，人的行动背后还有内心思想。历史学家必须去理解事件内部的思想。这就是他得出"一切历史都是思想史"这一观点的分析过程。只有发现了历史行动背后的思想，才能说历史地解释了事件。强调人的历史行动与动物性活动的区别，是对的；但他有把历史研究变成人们心理活动分析的倾向。

　　克罗齐的"一切历史都是当代史"的观点，强调了历史研究与现代，尤其是与现代思想观念的关联。柯林武德的"一切历史都是思想史"的观点，则强调了历史过程与思想观念的关联。如果我们脱离开柯林武德谈这一命题的语境，就"一切历史都是思想史"这一说法的文字符号的含义来看，如果我们把这里的"历史"理解为历史学家笔下的历史，那么，我们发现"一切历史都是思想史"就与"一切历史都是当代史"有惊人的一致

---

① 〔波兰〕爱娃·多曼斯卡：《历史学的未来》，《北方论丛》2011 年第 3 期。
② 〔英〕柯林武德：《历史的观念》（增补版），北京大学出版社，2010，第 304 页。

之处。因为每一代历史学家用当时的"现代观念"观照下写出的历史，累聚起来，就成为一部思想史。可见，思想观念在历史研究中的重要地位。

虽然新闻面对的是现实，然而历史知识对于新闻写作的重要性人们早就认识到了。冯英子谈到范长江的采访时说：

> 就在长江同志的《中国的西北角》《塞上行》这两本通讯集中，我们看到他引用资料的丰富，对于资料考证的精密，非一知半解者所能解决。例如他的《成兰纪行》中，一开头即指出刘备当年如何进入四川，诸葛亮又如何进入四川，邓艾攻蜀，又沿着哪条道路等等。他的《北戴河海滨的夜话》中，对万里长城的历史和演变，如数家珍，足以与历史学家类比。他的《贺兰山的四边》通讯中，对西夏的历史发展，好像亲目所见，亲身所历，系统而又生动。我粗略的统计了一下，他所引用的，不仅有我国的历史地理，唐诗宋词，笔记小说，民间传说等等，而且连吉本（Edward Gibbon）、斯文·海定（Sven Anders Hedin）的著作，也为引用。正因为引用了不少资料，使得每一篇通讯，谈古说今，生动活泼，而且议论纵横，大气磅礴，一开头就抓住了读者。①

新闻中有历史，最突出的表现就是消息中的"新闻背景"。新闻背景是消息的重要组成部分，许多新闻背景介绍的就是与新闻事件有关的历史。比如，毛泽东为新华社写的《中原我军占领南阳》是脍炙人口的新闻名篇，其中为人称道的是那段介绍南阳的背景材料："南阳为古宛县，三国时，曹操与张绣曾于此城发生争夺战。后汉光武帝刘秀，曾于此地起兵，发动反对王莽王朝的战争，创立了后汉王朝。民间所传二十八宿，即刘秀的二十八个主要干部，多是出生于南阳一带。"这段貌似信手拈来的历史材料点明了南阳的重要军事地位，从而使我军占领南阳的意义突现出来。作者若没有丰富的历史、地理知识是绝写不出来的。

新闻写的是新近发生的事实，但新发现的或被封存已久的历史事实有时也可以成为新闻，比如考古新发现、解密文件等。

史学传统也对新闻工作者产生了影响。长久以来，中国史官形成了自

---

① 冯英子：《范长江是怎样采访的》，《编辑记者一百人》，学林出版社，1985，第55页。

己特有的工作方法和记史传统。就工作而言，史官的工作主要有两种，一是逐日记录当时发生的天下之事，以后又延及修史；二是访查考证史料真伪。司马迁的《史记》就具体记述了史官的第一种工作，逐日记录当时发生的天下大事：

> 秦王饮酒酣，曰："寡人窃闻赵王好音，请奏瑟。"赵王鼓瑟。秦御史前书曰："某年月日，秦王与赵王会饮，令赵王鼓瑟"。蔺相如前曰："赵王窃闻秦王善为秦声，请奏盆缻秦王，以相娱乐。"秦王怒，不许。于是相如前进缻，因跪请秦王。秦王不肯击缻。相如曰："五步之内，相如请得以颈血溅大王矣！"左右欲刃相如，相如张目叱之，左右皆靡。于是秦王不怿，为一击缻。相如顾召赵御史书曰："某年月日，秦王为赵王击缻"。秦之群臣曰："请以赵十五城为秦王寿。"蔺相如亦曰："请以秦之咸阳为赵王寿。"秦王竟酒，终不能加胜于赵。赵亦盛设兵以待秦，秦不敢动。

这里的"御史"即史官，战国时御史掌管图籍文书，记录国家大事。史官实际上承担了记者的部分工作。

史官最可歌颂与发扬之传统，就是不虚善不隐恶之直书精神，"宁为兰摧玉折，不作瓦砾长存"。史官的这种传统，被认为是当代新闻记者不可缺少的基本素质。因此，在中国新闻学研究刚刚起步的时候，人们就指出新闻记者和史官的工作是密不可分的，中国的历史记事传统可以滋润中国新闻事业。

第十一节 文学与史学

一 简述文学与史学的关系

关于这一问题，我们已经在第一章中就"优秀文学作品的史学价值"作过专门论述。请读者参看。

文学与史学的关系是人们早就注意到的一个话题。对于文学与史学关系的研究，比新闻与文学、新闻与史学关系的探讨要深入一些。19世纪以来，在欧洲史学史上曾发生过长期的史学是不是艺术的争论。史学当然不能等同于文学艺术。但是，这绝不排除历史学在其认识过程中包含着形象思维的若干特征，不然就难于将历史过程描述得真切动人。德国历史学家利奥波德·冯·兰克在 1831 年撰写的《世界史观念》序言中指出："历史学与其他学问的区别在于，历史学同时也是艺术。"

中国史学与文学工作者也对文学与史学的关系作过某些探讨。比如，白寿彝主编的《史学概论》有一节叫做"历史和文学"，主要谈了两个内容：历史和文学的分合；历史和文学的各种关系。安徽教育出版社 1985 年出版的吴泽主编的《史学概论》，有一节叫做"史学和文学"，论述了两个内容：一是史学和文学的区别和联系；二是历史研究必须借助文学。三秦出版社 1986 年出版的赵吉惠著《历史学概论》，其中也有一节叫做"历史学与文学"，主要谈了两个问题：一是文中见史，史中见文；二是学习古人"寓史于文"的写作方法。

人们经常说"文史不分家"。事实上，追寻诗意本是一切真正史学的题中应有之意，布洛赫说得好：

> 历史自有其独特的美感。历史学以人类的活动为特定的对象，它思接千载，视通万里，千姿百态，令人销魂，因此它比其他学科更能激发人们的想象力……不要让历史学失去诗意……某些人一听到历史要具有诗意便惶惑不安，如果有人以为历史诉诸感情会有损于理智，那真是太荒唐了。①

他具有将史学与文学贯通的开放意识，在史学中追求诗意，那是史学大家应具有的一种风范。

孙犁对历史作品与文学作品的关系也有相当精当的论述，他在相当程度上把文学与史学贯通，然而又非常严格地划清了它们之间的界限。他说：

> 历史作品，有时可以当作文学，但文学作品，却不能当作历史。历史注重的是真实，任何夸张、传闻不经之言，对它都会是损害。②

---

① 〔法〕布洛赫：《历史学家的技艺·导言》，上海社会科学院出版社，1992。
② 孙犁：《谈读书记》，《孙犁文集》续编二，百花文艺出版社，1992，第 221～222 页。

传记是属于历史范畴，它可以成为文学作品，但不能当作文学作品来写。可以说有传记文学，但不能说有文学传记。史笔和文学之笔，应该分别开。[①]

孙犁首先划分了历史作品与文学作品的一个重要界限，即有些历史性和文学性皆佳的历史作品可以当作文学作品来读。比如梁启超《中国历史研究法》说司马迁是我国"史界太祖"，而司马迁的《史记》，被鲁迅称为"史家之绝唱，无韵之《离骚》"。《史记》不仅是前无古人，后无来者的史学巨著，而且其中的许多篇章也是难得的文学佳作。但有一点必须认清，《史记》首先是出色的历史著作，然后才成为文学作品。它的首要价值还在于它的史学地位。历史作品可以当作文学作品来读，但不能反过来，说文学作品也可以当作历史作品来读。文学作品有许多是虚构出来的，而"历史注重的是真实，任何夸张、传闻不经之言，对它都会是损害"。当然，许多优秀的文学作品，对于了解和认识其所描写的社会状况以至人情世态是很有帮助的。像毛泽东所说的《红楼梦》是封建社会的一部百科全书，从这个意义上理解才是比较准确的。要了解和认识封建社会，读《红楼梦》不能代替读相应的史书。

孙犁不仅看到了优秀的史学篇章可以转化成为文学作品，而且也注意到了一些优秀的新闻作品同样可以转化成为文学作品。"通讯、特写，其优秀者，也必然会成为文学作品、文学读物。"[②] 孙犁不仅强调历史、新闻不能与文学混同，而且从一个角度打通了历史、新闻与文学的界限。这种研究视野是相当宽阔的。这得利于他曾经从事新闻工作，又是一位著名的小说家和散文家，同时又有几十年的人生经历和对中国历史典籍的广泛而较深入的阅读和研习。

接着，孙犁还针对现实生活中写传记存在的问题指出：

传记一体，与其繁而不实，不如质而有据。历史作品要避免文艺化。现在，有很多老同志，在那里写回忆录。有些人多年不执笔，写起来有时文采差一些，常常希望有人给润色润色，或是请别人代写。

① 孙犁：《与友人论传记》，《孙犁全集》第6卷，人民文学出版社，2004，第54页。
② 孙犁：《田流散文特写集·序》，《孙犁文集》续编二，百花文艺出版社，1992，第192页。

遇到能分别历史和文艺的人手还好，遇到把文学历史合而为一的人，就很麻烦。他总嫌原有的材料不生动，不感人，于是添油加醋，或添枝加叶，或节外生枝，或无中生有，这样就成了既非历史，也非文学的东西。而有的出版社编辑，也鼓励作者这样去做。遇到文中有男女授受的地方，就叫他发展一下，成为一个恋爱的情节。遇有盗窃丢失的地方，就建议演义成一个侦探案件。遇有路途相遇，打抱不平的地方，自然就要来一场"功夫"了。

现在有一种"传记小说"的说法，这真是不只在实践上，而且要在理论上，把历史和文学混为一谈了。这种写法和主张，正如有人主张报告文学，允许想象和虚构一样，已经常常引起读者，甚至当事人或其家属的不满。因为凡是稍知廉耻，稍有识见的人，谁也不愿意在自己身上，添加一些没踪没影的事迹的。①

这段文字除了它的现实意义外，作家对"传记小说"说法的批评，也是有见地的。但"传记小说""传记文学"确实时有所见。如果这些东西真的被社会所接受，我们只好把它们从历史中排除出去，把它们看作小说，看作文学。同样，对于"纪实小说""纪实文学"之类的东西，我们也只好把它们看作小说，看作文学，把它们从新闻中排除出去。

孙犁对"传记文学"这一术语作了辨析：

司马迁的《荆轲传》，现在通称为"传记文学"，然其本质仍为历史。所谓传记文学，只是标明：司马迁的历史著作，同时具有文学的价值与功能。②

如果把《史记》的有些篇章称为传记文学，只是在这个意义上才是行得通的，即司马迁的历史著作，由于写得生动传神，同时具有了文学的价值与功能。但它本质上仍然为历史。

后来，孙犁在一封《关于传记文学的通信》中，又谈到许多人对《史

---

① 孙犁：《谈读书记》，《孙犁文集》续编二，百花文艺出版社，1992，第 222 ~ 223 页。
② 孙犁：《读〈燕丹子〉——兼论小说与传记文学之异同》，《孙犁全集》第 8 卷，人民文学出版社，2004，第 391 页。

记》的误解，误认为它是加有虚拟手法的报告文学。

> 目前有许多人，认为司马迁的著作，是加有虚拟手法的报告文学，这真是误解。司马迁文章所以写得好，首先因为他写的是历史，历史真实性强，令人信服，才成了文学作品。并不是有了文学的"生动"，才成了历史家。如果是那样，他的著作就会一钱不值，更不用说流传千古，奉为经典了。

这里，孙犁捍卫的是历史真实性原则。他还对某些以文学手法写出的传记做出评析：

> 外国还有一些传记作品，出自大文豪的手笔，如罗曼·罗兰和巴比塞所写的名人传记。这种传记，是作家的创作，是以作家的意志见解，去和人物的心理思想交融。这是一种非常带有灵感的写法，作为文学作品，当然是无可非议的，但作为传记，就令人有些玄妙之感。这是天才的传记，平凡的笔墨不能追步后尘。①

他虽然没有彻底否定这些名家写出的传记，但也明确指出，"作为文学作品，当然是无可非议的，但作为传记，就令人有些玄妙之感"。这种捍卫历史真实的精神贯穿在孙犁所有的论述中。

关于历史类书籍的文学化写法，或者"文学化的历史"古人也有论述。刘知几《史通·叙事》认为汉魏以后的有些历史文字，"大抵编字不只，捶句皆双，修短取均，奇偶相配"，"弥漫重沓，不知所裁"；"或虚加练饰，轻事雕彩；或体兼赋颂，词类俳优"。刘知几说这是"文不文，史不史"。

历史、人物传记，都可以转化为小说、戏曲。《三国演义》是最著名的了，开了"七分史实，三分演义"的先河。《三国演义》能在同类小说中领先，是因为它得天独厚：一、三国的历史形势，济济人才，鼎足与纷争，都有利于结构小说；二、裴松之的注，材料丰富，人物方面，不只有行，而且有言有貌，易于摹画。《三国演义》产生之前，社会上已经有三国故事和三国戏曲，人物的形象、性格已初步具备。其他历史演义，就因为没有

---

① 孙犁：《与友人论传记》，《孙犁文集》第4卷，百花文艺出版社，1982，第592页。

这样好的基础，所以写不好。如《隋唐演义》，还有些人物形象，如《五代史平话》，则太显粗糙，没能从历史中脱胎出来。

史学家当然会从文学名著中汲取营养。我们已经提到过的汤因比的"挑战"与"应战"的说法，是从何而来呢？汤因比说他这种灵感是在读歌德的名著《浮士德》时得到的。《浮士德》的开篇是《天堂序曲》，一开头就是众"天使"齐声赞美"上帝"所创造的宇宙万物十全十美，"上帝"的创造力便无用武之地，不能再"从光荣走向光荣"了。这时如果不是"魔鬼"密菲斯托菲尔向"上帝"提出"挑战"，请放手让他去进行破坏，那么"上帝"的创造活动就会停止了。幸而"上帝"接受了密菲斯托菲尔的"挑战"，于是就有机会继续进行其创造活动，使宇宙万物更加完美。汤因比推想道：正因为有"魔鬼"的破坏，才有"上帝"进一步的创造活动；正因为世界上摆着这么许多重大而又复杂的问题，那些"富于创造性的少数人"才努力设法来解决这些问题。"挑战"与"应战"，恍如打火石与铁片，由于这两者之间的撞击而爆发出生命的火花。就是由于这样一种神话的启示，汤因比提出了"挑战"与"应战"的理论。①

在探讨文学与史学关系时，还有一点要提及。史学的繁荣与社会政治稳定、经济繁荣有较密切的关系，历来有"盛世修史"的说法。而文学的繁荣却与政治稳定和经济繁荣往往不一定成正比例关系，这被研究者称为文学发展与社会政治、经济发展的不平衡现象。

二　文学与历史的边缘地带

(一) 历史小说

对历史小说持严谨态度的研究者这样看待历史小说：

> 历史小说仿佛是一个点，作为科学看的历史，在这个点上和艺术融合为一了；它是历史的补充，是历史的另外一个方面。当我们阅读华特·司各特的历史小说的时候，我们就感觉到自己也变成了小说事件在完成着的那个时代的当代人，那个国家的公民，在生动的直观形

---

① 参见郭圣铭编著《西方史学史概要》，上海人民出版社，1983，第250～251页。

式里，对那时代和国家获得了比任何历史可能给我们的更为正确的理解。①

然而，包括一些有成就的作家在内的不少人对历史小说中的"历史"，采取了为我所用的态度：

"什么是历史？"大仲马说，"那不过是挂小说的一颗钉子。"②

这是大仲马对历史小说中历史的态度。

但无论如何，历史小说属于文学。"《三国演义》虽有史家眼光，但文学的审美总是把他（指罗贯中）的兴趣放在表现历史的魂魄上，从而传出特有的光彩和神采。可以说，史里寻诗，已经明确了文学与非文学的关系，文学就是文学，不是史学，同时又使文学具有了质的规定性，即深刻的文学发现和浓郁的诗情，必须到历史的深处去找。"③ 歌德说得好："如果诗人只复述历史家的记载，那还要诗人干什么呢？诗人必须比历史家走得远些，写得更好些。"④

作家在描写巨大历史事件时，有时把历史文献资料引入自己的叙述当中，从而增加了作品的历史真实感，使作品具有编年史的特点。《静静的顿河》中关于1916年10月至1918年晚春的历史事件的叙述，鲜明地表现了这一特点，历史前进的铿锵的步伐以其真实的力量感染着我们，历史的本来面貌十分清晰地展现在读者眼前。不过，有时由于作家让历史事件中的真实人物纷纷出场，又拘泥于历史真实事实的描写，从而显露出史料堆砌的痕迹，妨碍了艺术形象的塑造，减弱了作品的艺术性。1937年肖洛霍夫本人在谈话中也承认了他的这方面的弱点。他说："编年史的部分是不合我心意的。这里可能表现了我的局限性。我不得不抑制自己的想象力。"⑤

---

① 〔俄〕别林斯基：《诗歌的分类和分科》，《别林斯基选集》第3卷，上海译文出版社，1980，第52页。

② 〔法〕亨利·克鲁阿尔：《文学巨匠大仲马》，湖南人民出版社，1985，第117页。

③ 宁宗一：《史里寻诗到俗世咀味——明代小说审美意识的演变》，《天津师范大学学报》2001年第6期。

④ 〔德〕爱克曼辑录《歌德谈话录》，人民文学出版社，1978，第114页。

⑤ 孙美玲：《肖洛霍夫》，辽宁人民出版社，1985，第164页。

（二）历史剧与"戏说历史"

1. 历史剧对传播历史知识的不容忽视的影响

有些优秀的诗文，由于被史书记载下来才流传下来或产生了更广泛的影响。而不少历史人物和历史事件，由于被用作文学题材，进入文学作品，为普通民众所熟知。如果不是《三国演义》等文学艺术作品，我们很难想象曹操、刘备、关羽等历史人物，直到现在民众对他们还是如此熟悉。《水浒传》中的人物宋江也是这样。

> 文艺作品（戏剧、小说）的阐释由于充满戏剧色彩，符合民族的审美需求，反而为多数百姓所认可。从这个意义上讲，"文学"对历史的阐释有时会大大超过"历史"对历史的阐释。"真实的历史""记录的历史"不一定会为人信服，"传播的历史"反倒大受追捧，某些曲意"传播的历史"甚至可以成为"接受的历史"的唯一模式！特别是当下，利用大众传媒的工具，电影、电视剧对历史的传播力量更为强大。①

然而，文学艺术作品在使历史事件和人物为广大民众熟知的同时，也传播了一些虚构的东西，使真实的历史事件和人物在民众头脑中被某些虚构冲淡和混淆。有时，这些虚构的事件和人物在民众心目中占了上风，以为这就是历史本身。

著名演员李默然说：现在40%～70%的青年的历史知识是从那些戏说的电视剧里学来的，这是一件多么可怕的事情啊！我觉得要拍一部反映历史的影视剧，首要条件是忠于历史，在历史的发展趋向上，不能有太大的改动和变化，否则就失真了。② 而武汉第26中学教导处金主任说："我们曾进行过一个关于青少年历史知识现状的调查，调查结果显示武汉学生对中国历史知识的了解程度非常低，其中仅有1.5%的青少年能及格。更值得注意的是其中40%～80%的学生历史知识来源于历史影视剧。"③

历史学家侯外庐在其由生活·读书·新知三联书店1985年出版的回忆录《韧的追求》中，谈到20世纪40年代他与郭沫若在对屈原评价上的一

---

① 王立群：《历史建构与文学阐释——以〈史记·司马相如列传〉为中心》，《文学评论》2011年第6期，第154页。

② 李默然等：《文艺家谈"戏说"》，《光明日报》2001年4月25日，B2版。

③ 周灏：《观众呼唤健康的荧屏消费》，《光明日报》2001年5月2日，A4版。

场辩论：

> 分歧的本质在于我们对儒家思想的评价差别很大。郭老认为，儒家思想是进步的。屈原的悲剧在于他怀有先进的儒家思想，他的理想与楚国当时的现实相隔太远。我认为屈原的思想有进步的内容，他想改造楚国。但他的理想是在旧的奴隶社会所依据的氏族制度的废墟上，恢复美政。关于屈原思想的辩论，演进为对儒家思想的评价。

> 对于历史剧《屈原》，我也有不同的意见。不过这场评价屈原的辩论，当时没有涉及历史剧的真实性问题。

> 这场辩论可以说是文学和艺术战胜了史学和哲学。今天，已经抹不去中国人心目中郭沫若所加工的屈原的形象。史学和哲学严肃的面孔，显然不及艺术的魅力容易让人们接受。有人曾和我开玩笑说："你何不也写一个屈原剧本？"我只有苦笑，我一点艺术气质也不具备，一句台词也编不出来的。我所认识的屈原只能长眠于高阁，含恨于汨罗，而艺术的屈原将一代接一代地被人们请进剧场。作为一部诗剧，《屈原》是理想主义的作品，它的艺术成就不容置疑，是十分光辉的。

人们对历史剧甚至"戏说历史"的历史剧传播的"历史知识"之忧虑并非杞人忧天，它是一个需要认真研究和对待的理论问题和实践课题。

2. 关于历史剧

关于历史剧的创作，人们有许多讨论。这里，我想引用近年来学者们的某些看法，这些言论都是针对历史剧创作的现实状况而发的，很值得认真思考。

陈墨说："历史剧要以历史为依托，而不仅仅是借用历史时代和历史人物，首先是要有真实的历史人物、历史事件及其历史观点。说实在的，从《海瑞罢官》到现在，历史剧的创作并没有真正走上正轨，我们总是希望历史剧能借古喻今、古为今用，这样的期待太过功利，太不尊重历史剧创作的原则。历史剧要受到历史和戏剧双重制约。""不违背常理，不违背常识，这是历史剧创作的两条底线。让族群记忆存在于历史的教科书之中，而让个人记忆在艺术天地中自由驰骋。"① "历史剧要受到历史和戏剧的双重制

① 单三娅：《影视历史剧离历史有多远》，《光明日报》2001年4月25日，B2版。

约"，以及关于历史剧创作的"两条底线"都是很好的见解。另外，关于历史的"族群记忆"和"个人记忆"的思考也能对我们有启发。

固然，对于历史剧人们不能"总是希望""借古喻今、古为今用"，太过功利。但对历史的叙述，是不可能与现实生活完全脱钩的。"如当代生活中的包二奶、行贿受贿、绑票、假货、盗版等较为普遍、严重危害社会、为大众关心的这些社会现象，被电视剧制作者加以历史化的演绎，成为历史剧中与当代生活发生联系、产生共鸣的收视热点。《大宅门》中白景琦纳妾娶小，《铁齿铜牙纪晓岚》中书商陈渭源从《红楼梦》一书中谋取暴利，等等，都与现实社会中某些现象相对应。当然，并不是说这些现象在历史中不存在，而是现实社会中的这些现象暗示了电视剧制作者书写历史的一种可能和方法，并刺激了观众的收看欲望。"① 反映古代清官于成龙仕途生活的19集电视连续剧之所以让人看了感动，发人深省，其原因也要从当今社会的内在矛盾、危机及价值需求中去寻找。这里关键的问题在于能否达到历史真实与现实镜鉴的统一。

追求历史真实依然是严肃作家的要求。粉碎"四人帮"后上演了歌剧《杨开慧》，受到欢迎和称赞。茅盾说，当年在广州，国共合作时期，他曾在毛泽东同志身边工作，并且住在一栋楼里的楼上楼下，和杨开慧自然也有较多接触。他印象中的杨开慧是一个好学上进、追求进步的青年，是一位十分恬静贤淑的女性。她帮助毛泽东同志并为革命默默无闻地工作，是一位了不起的伟大女性！文学作品对历史和历史人物的描写都必须注重真实性。②

第十二节　新闻与广告

一　简述新闻与广告的关系

现代广告与新闻有难分难解的关系。新闻和广告研究者已经充分注意到了广告与新闻媒体的关系，而对广告与新闻的关系还关注不够。这和广告与新闻本来就存在的密切联系不相适应，也落后于广告与新闻交会发展

---

① 隋岩：《电视文化对历史的想象》，《中国电视》2002 年第 1 期，第 20 页。
② 周明：《茅盾是如何"实事求是"的》，《解放日报》2012 年 2 月 15 日。

的实践。

广告与新闻确有一些重要属性很相近。广义地讲它们都属于信息，都属于信息学和传播学研究的范围。从各自的特性看，首先，新闻与广告的第一要义都是真实，真实是广告与新闻的生命。但广告所说的真实与新闻所要求的真实有所不同，广告中可以说，"车到山前必有路，有路必有丰田车"。而新闻报道中却不能出现，"所有的路上都有丰田车"一类的说法。其次，广告与新闻都有时效性。新闻界经常说，今天的新闻比昨天的新闻更重要。广告的时效性虽然没有新闻那样突出，但也是显而易见的。一则广告短则一两天，多则一周或几个月，超过一年的就少了。这一点与艺术作品和学术著作形成鲜明对比，优秀的艺术作品和学术著作的生命力可以延续几代甚至永世流传。再次，广告与新闻传播的主要途径都是报纸、杂志、广播、电视、网络、手机等媒体。最后，广告与新闻传播的对象都是社会公众。

从广告与新闻的内容看，有时有的广告所述的内容可以是新闻。比如，中国为外国发射卫星，有些先进企业改革或管理的先进经验，有些企业成功开发的具有国际或国内领先水平的新产品等。这些东西在新闻媒体上首次披露出来时就是新闻。精明的广告主是绝不会放过机会，让这些有新闻价值的东西首先出现在新闻里，而不是首先出现在广告里。因为道理很简单，一般情况下，新闻要比广告的传播范围广得多，要是能进入中央电视台的新闻联播或《人民日报》的头版甚至头版头条，那更是一般广告的有效传播范围所望尘莫及的。新闻要比广告的效果好得多，大众的心理更相信新闻而不是相反。因为新闻是第三者（记者等）写出的，而广告是广告主花钱为自己做的。还有一点，新闻不用掏钱，而广告的费用并不是个小数目。

二　"有偿新闻"

新闻比广告具备如此大的优势，就使许多广告主挖空心思使自己的广告变为新闻。花钱买新闻比花钱做广告要合算。这就是"有偿新闻"得以产生的重要内在原因。但这只是一厢情愿。真正的新闻不是用钱买出来的。新闻有特定的要求，不具备这些要求而强行进入新闻疆域就是越界行为。邵飘萍早就指出："所谓广告性质者，不仅在商品上用之，医生律师之名誉，文学家艺术家之作品，军人之战功，官僚之治绩，是皆广告而已……凡报告新闻之外另含其他目的者，即系广告的性质。外交记者如遇半含新闻半含广告之材料，可削去其广告（有作用）之部分，若系全有作用者，则直弃之如遗，绝勿受人愚弄转以愚弄读者，否则即大损害新闻之价值。"① "有偿新闻"不仅毁坏新闻界的声誉，而且还会引起广告界的混乱。

三　把广告做得像新闻

"有偿新闻"是越轨行为，新闻界和广告界都应坚决抵制和制止。但广告主和广告人利用新闻的优势和特征，力求把广告做得像新闻，以获得更好的宣传和说服效应的努力一直没有停止。有些广告主做广告时，反复引用自己的企业或产品曾经在新闻中被报道的词句；或不厌其烦地列举被新闻媒体报道过的事迹，当然这些媒体的规格越高就越有说服力。比如，赛福奥生命蛋在《光明日报》上做广告时，就列举了《人民日报》等24家报纸对其所进行的宣传报道。这样的广告往往容易收到预期的效果。有些广告在形式上力求像新闻体裁，比如，有的广告用整版或半版的篇幅以通讯或报告文学的形式写一个企业或企业的主要领导人，如果不看报纸最上方标明的"广告版"，简直就跟新闻体裁一样。有的广告在用语上善于捕捉新闻热点，使广告与人们关注的事情连在一起，从而引起公众的注意。"谁能惩治腐败？新飞冰箱"就是一例。它把新闻热点与冰箱的性能作了想象性联结，达到了吸引受众的目的。有不少广告主和广告商很愿意把自己的广告与新闻摆在一起，比如中央电视台的午间新闻就插播一些简短的广告。把广告插播在新闻之间，除了新闻的收视率高，使广告传播广之外，还有一个因素应该考虑到，这就是新闻的可信度高，可能使与其连接的广告产生连带效应。

有些企业还善于搞"新闻发布会"。什么商场开业、试制新产品成功或产值达到××万元等都要举行"新闻发布会"。严格说来，这些所谓"新闻发布会"名不符实。新闻发布会是重要新闻的来源之一，并不是所有的新闻都可以和有必要开新闻发布会。更何况上述所谓"新闻发布会"的内容大多数连新闻价值都没有，更不要说是重要新闻了。

---

① 邵飘萍：《实际应用新闻学》，见《新闻文存》，中国新闻出版社，1987，第458～459页。

四　"制造新闻"

一些具有社会责任感的或聪明的企业家，往往有意或无意地"制造新闻"。"制造新闻"一般比做广告的效果要好，甚至要好得多，有时还会收到意想不到的奇妙效果。正如日本广告学家八卷俊雄所说，这种"被制造的新闻"，其结果是广告表现出一种"既不真实又不虚伪的魅力"。向灾区捐救济款、向"希望工程"捐款、为抢救重要历史文物捐款等都具有引导社会风气的作用，因而也就是有新闻价值的善举。出资者主观上也许并没有要"制造新闻"，从而达到为自己做广告的目的。但客观上此种善举对于扩大自己的知名度，树立自己在公众面前的形象往往具有比广告更好的效果。

随着企业家广告意识的逐渐增强，无意识"制造新闻"的情况会越来越少。有意"制造新闻"会成为广告策划者和企业家越来越自觉的行为。"制造新闻"欲获得良好的广告效应，除了要有一定的经济实力外，"新闻"制造者最好要具有类似于优秀新闻记者那样的新闻敏感。具有新闻敏感素质的企业家，就能够选择恰当的时机、恰当的事物来"制造新闻"，从而使"制造新闻"超出一般广告的效应。比如，据美国《时代》周刊载，随着海湾危机的酝酿至战争的爆发，电视新闻万人注目。可口可乐和埃温公司抓住这个机会将自己的饮料送到了驻沙特美军的嘴边，士兵豪饮可口可乐饮料的镜头便频繁地出现在重要的新闻节目中。这种不是广告胜似广告的举动，充分体现了美国商界英才的新闻敏感，它所带来的社会效应和经济效应绝非普通广告所能比。"不是广告的广告才是最好的广告"这种说法，在这里再一次应验了。

自然存在的新闻与"制造"出的新闻之间有着微妙的联系与区别。"制造新闻"需要很高的才智，稍有疏漏就会"赔了夫人又折兵"。而"制造假新闻"更应引以为戒。假新闻一经被揭破，制造者就会声名狼藉。1993年闻名全国的"龙都豪门宴"就是制造出的假新闻。这起假新闻将每席14050元港币说到了188888元港币，并把请客的东道主内地一家集团公司说成是港方某总经理。结果"龙都豪门宴"臭名远扬。

五　新闻和广告双管齐下

对于新闻来说，它所青睐的往往是那些特别好或特别不好的企业，占多数的一般企业，它是很少问津的。曾经有某些改革风云式人物的企业家，由于他们和他们的企业在新闻中出现的频率很高，他们不做或很少做广告，仍然能使企业的知名度很高，产品畅销。这是新闻起了广告的作用。可是有这种幸运的企业和企业家毕竟是少数。多数企业还是离不开广告，用广告来宣传产品，树立企业形象。一般情况下，新闻和广告双管齐下会收到更好的效果。新闻的可信度高，但不能重复，不能停留。广告却可以重复，可以停留，正好弥补了新闻的不足。那种单靠新闻来树立企业形象和宣传产品的想法，多是不现实的，也是不实际的。因为能成为新闻的广告毕竟是少数。这一方面是由于大多数广告不具备新闻价值，另一方面是即使具备新闻价值的广告也只能在新闻中出现一两次或一两天。

六　从理论上划清广告与新闻的界限

说到这里，有必要澄清一个理论问题。在广告理论界对广告与新闻的界限存在一种模糊认识。我们先看几个例子：八卷俊雄等人说，"所谓广告，就是收费使用媒介物的报导活动。"N.H.博登说"广告是给群众服务和让群众购买商品……是使人们能够看得到，听得见的通讯。"丹尼斯·托马斯说"广告是新闻的一种类型"。[①] 这些说法固然都有其合理的一面，但它们的不准确性也是明显的。它们的共同点是把广告与新闻的界限弄模糊了。

广告与新闻的区别不仅在于收费和不收费，也不仅在于是否让人购买商品。广告与新闻最重要的分界线是有无新闻价值，即媒体所载事实本身是否具有时新性、重要性、接近性、显著性、人情味等。在一定程度上具备这些特性的事实，才能叫做新闻。否则，即使出现在报刊的新闻版或电台、电视台的新闻节目中，也不能叫做新闻。从有无新闻价值的角度去衡量，广告与新闻有着明显的界限。铺天盖地而来的广告绝大多数不能成为新闻。即使具有新闻价值的某些广告，一旦成为广告它很快就会失去自己的新闻价值。新闻有严格的时间限定，而且也不能重复；多数广告需要重复或一定时间的停留（墙壁、标牌广告等）。所以严格地说，广告并不能成为一种新闻类型。在理论上没有把广告与新闻的界限分清，是出现"有偿

---

① 上述引文均见杨红艳、豫人主编《广告大师说广告》，河南人民出版社，1994，第8、9、108页。

新闻"等不良现象的一个重要原因。

广告与新闻的不同，表现在多方面。广告具有依附性，而新闻没有依附性。这是它们一个重要的不同之处。广告依附于企业及其产品，它是为宣传某一企业或产品而存在的。某一企业或产品消失了，为宣传这一企业或产品而制作的广告也会随之消失。而新闻拒绝这种依附，一旦这种依附出现，新闻就会丧失自我。广告与新闻的不同还表现在它们各自的目的不同。广告的主要目的就是帮助销售产品和树立企业形象；而新闻一般没有直接、具体的目的，它的广义目的就是把新近发生的有社会意义的重要事件及时传播给受众，以推动社会的发展。广告与新闻还有一点不同。广告机构一般是以盈利为目的的企业，而新闻机构，尤其是国家及其各级政府、党派所属的新闻机构是不能把盈利放在第一位的。这一点也是造成广告与新闻在社会性质上不同的一个重要原因。

七　多数新闻单位的主要经济来源是广告收入

广告在读者或公众面前似乎不如新闻那样有地位，也不如新闻那样有较高的可信度。然而，在现代社会中广告却是新闻单位的经济支柱，多数新闻单位的主要经济来源是广告收入。许多报纸、电台、电视台的广告部都是所在单位的财神爷。在某种意义上讲，现代新闻业在很大程度上是由广告业来支撑其运转的。没有广告的新闻业是不可想象的。《华盛顿邮报》的出版商唐纳德·格雷厄姆曾说：我们之所以出得起成本如此高的报纸正是因为有了广告。否则，《华盛顿邮报》的售价就不会是现在的每份25美分，而是1.5～2美元。① 经营广告的收入使美国传播媒介的经营者实力和独立性大大增强，从而在相当大的程度上摆脱了特殊利益集团、超级实业财团的控制以及来自政府的影响。新闻业和广告业确实有着一种相互依存，兴衰与共的关系。"一般来看，报纸75%的收入来自广告，一般杂志的收入50%来自广告，广播电台和电视台则几乎100%的收入来自广告。"② 也正因为如此，广告在有些情况下也会影响和制约某些媒体的新闻质量。某些媒体可能会由于自己的生存和经济利益，而迎合那些财大气粗的广告主的嗜好，从而使新闻在真实性方面打折扣或大打折扣。

---

① 转引自田颖慧《消亡或繁荣：未来广告业面临选择》，《中国广告》1995年第1期。
② 刘华蓉：《大众传媒与政治》，北京大学出版社，2001，第37页。

八　其他

广告作为一种重要的社会现象，当然也是新闻报道的内容之一。在商品经济日益发展的今天，广告业越来越引起社会的关注，它多次成为新闻的热点也就不奇怪了。而广告业的日益繁荣甚至使新闻用语都受到了广告语的影响。诸如，"味道好极了""献给母亲的爱""用了都说好"等广告语，也成了新闻记者喜欢使用的语言，这些广告语出现在新闻中的频率还不低。

另外，广告在促进经济发展，沟通生产与消费，活跃和繁荣市场，树立企业形象等方面都有新闻所不能代替的地位和作用。

以上所述广告与新闻的关系只是初步的探索。对于广告与新闻关系的探索具有实用的和理论的双重价值，值得广告理论界和新闻理论界等来做这个工作。

第十三节　新闻、文学、历史相互关系小结

这个小结不是对新闻、文学、历史交汇地带与相互关系简单的归纳和综合，而是在已有论述基础上的进一步引申。

无论新闻、文学、历史若想成为社会的焦点或热点，其必备条件就是强烈的现实感，或现实意义。这是它们的共同点。新闻具有天然的现实感或现实意义；但捕捉人们最关心的问题，拨响人们心中最能与媒体产生共鸣的那根琴弦，始终是有追求的记者不停寻索的目标。

但仅有现实感或现实意义还不够，无论新闻、文学、史学若想使自己内涵厚重和深刻就必须有历史意识。现实感或现实意义像一条横线，历史意识像一条纵线。当一部作品呈现出纵横交织的浑厚气象时，它才会显示出强大的现实活力和久远的张力和穿透力。

在新闻、历史与文学之间，除了真实原则不可动摇，必须有界限外，其他方面几乎没有不可逾越的鸿沟。真正的大学问家会找到它们之间的多种连接点，以宽广的学术视野，把它们置于一个统一系统里，同时还会把它们与其他系统联系起来看待。真正的艺术大家，绝不会把它们人为地分裂开来，在他们的创作中没有现实与历史、艺术与生活的截然界限。在他

们的作品中现实与历史、生活与艺术，浑然一体，你中有我，我中有你。史学巨匠与新闻巨匠之间也并无严格的界限。马克思的《路易·波拿巴的雾月十八日》写于1851年12月至1852年3月，而它描述和研究的对象是1851年12月到1852年3月这个时期的事件。人们一般把它看作历史著作——当然属于当代史著作。其实，你说它是历史著作还是新闻巨制？即使按严格的新闻眼光，我们也不能把它排除在新闻之外。正如马克思自己所说："本书是根据对于事变的直接观感写成的，其中所研究的历史材料只是截至1852年2月止。"① 恩格斯也指出："的确，这是一部天才的著作。紧接着一个事变之后……他对当前的活的历史的这种卓越的理解，他在事变刚刚发生时就对事变有这种透彻的洞察，的确是无与伦比。""马克思不仅特别偏好地研究了法国过去的历史，而且还考察了法国当前历史的一切细节"。②《法兰西内战》③ 也具有这种特征。巴黎公社一成立，马克思就开始细心搜集和研究所有关于公社活动的消息，并建议国际工人协会总委员会发表一篇告全体会员的宣言。他先后写了初稿和二稿，1871年5月30日，即巴黎最后一个街垒陷落的两天后，总委员会一致批准了马克思宣读的《法兰西内战》定稿文本。它们是历史，更是新闻——这就是大师风范。

---

① 马克思：《路易·波拿巴的雾月十八日》第2版序言，《马克思恩格斯选集》第1卷，人民出版社，1972，第598页。

② 恩格斯为《路易·波拿巴的雾月十八日》第3版写的序言，《马克思恩格斯选集》第1卷，人民出版社，1972，第601～602页。

③ 见《马克思恩格斯选集》第2卷，人民出版社，1972，第324～439页。

第五章

记者、作家、史学家

新闻、文学、历史作为社会文化领域，需要无数个体参与其中；尽管记者、作家、史学家往往从属于某一团体，但他们所从事的事业却多需要个人独立完成。也许现代自然科学、科学技术的某些大型研究项目、科技工程需要团体协作，但人文学科、社会科学研究依然表现出强烈的个人特征和个性色彩。

李振宏教授指出："中国自古以来就有官修史书的传统，甚至官修史书成为传延史学统绪和文化血脉的重要途径。但是，官修史书特别是隋唐以后的史馆修史和近世以来的集体编书，比起私人修史来说，仍是暴露出许多弊端，并且是无法克服的弊端，是由学术的规律所决定的弊端。因此，古往今来，在史学发展史上，我们所看到的真正的史学名著，基本上都是个人作品，如果从最顶端的角度说，没有哪一种出于众人之手的官修史书或近世的集体著作，能够和个人名作相媲美。这也可以看作是一个规律性的史学现象。"他还列出中国古代史学的十大名著《左传》《史记》《汉书》《后汉书》《三国志》《通典》《资治通鉴》《文献通考》《史通》《文史通义》，"这十大名著，无例外的都是个人著述。其中只有《资治通鉴》在编撰的形式上，是集体编书，有一个写作班子，而实际上也还是体现了司马光个人的历史观和史学思想，是应该作为个人著作去看待的。"① 李振宏说的是史学研究规律，文学和新闻在这方面绝不亚于史学，只能是有过之无不及。

---

① 李振宏、刘克辉：《历史学的理论与方法》，河南大学出版社，2008，第116~118页。

文学创作是充满个性的领域，几乎所有的文学名著都出自个人之手，甚至单从语言本身，单从作品中的几句话就能准确判断出谁是鲁迅，谁是郭沫若。"文革"中曾出现过"集体创作"现象，但现在已基本上销声匿迹，更难见优秀之作。

相比较而言，从事新闻报道的记者在数量上要多于历史工作者和作家，但成就和长远影响却逊于史学家和文学家。新闻记者中能称得上"家"的人不多，这是一种值得注意和研究的现象。难道新闻这一行不养"家"？新闻采访写作有一点与史学家和文学家的工作方式是相同的，那就是主要以个体方式进行采访写作，集体采访写作少。新闻名篇也基本上是由单个记者独立完成的。

判断某一时期新闻、文学、历史这三大领域是否兴盛繁荣，最重要的标志之一，就是看真正的名记者、名作家、名史学家有多少，尤其是他们写出的传世名作有多少，是寥若晨星，还是群星灿烂？

第一节　"第四权力"、"人类灵魂的工程师"、历史的"法官"

本节谈的是记者、作家、史学家的社会地位和其独特的社会作用。显然，这部分内容与已经谈过的新闻的社会作用、文学的社会作用、史学的社会作用密切相关，请读者把这两部分联系起来看待。

一　"第四等级""第四权力""无冕之王"

18世纪，英国记者经过多年奋斗，终于获得议会旁听权，被允许公开报道议员的发言和辩论，在社会上开始有了较高的地位。英国政治家爱德蒙·伯克在一次议会发言中称，坐在议会旁听席上的记者为"第四等级"，并说这个阶级比那三个阶级（指贵族、僧侣、平民）都重要。

1859年美国记者、政治活动家道·凯特在他的著作《政府的第四个部门》一书中宣称，报业是僧侣、贵族、平民以外的第四阶级（The Fourth Estate），是与行政、立法、司法三大部门并存的"政府的第四个部门"。松本君平认同此说，并进而提出新闻记者"以明敏之才干，灵秀之神经，握区区一管，以指挥三大种族之趋向"。梁启超认为，报纸在社会政治中是

"第四种族"：报馆"此殆于贵族、教会、平民三大种族之外，而更为一绝大势力之第四种族也"。"报馆者国家之耳目也，喉舌也，人群之镜也，文坛之王也，将来之灯也，现在之粮也。"① 看得出，这些论述，明显地留有西方新闻学的浓重影响。

美国开国元勋之一托马斯·杰弗逊认为三权分立还不够，应将报刊的舆论监督功能作为第四权力，他认为，自由报刊应成为对行政、立法、司法三权起制衡作用的第四权力。

19 世纪，被誉为"大力神"的《泰晤士报》在英国舆论界有很高威望。它不接受官方的资助，声言"独立于党派之外"，大量刊登国内外重要新闻，经常发表一些抨击政府的文章，在社会上影响很大。该报派驻欧洲各国的首席记者有"第二大使"之称，其主笔辞职后常被内阁吸收为阁员，拥有很高的社会地位，所以被称为"无冕之王"。可见，"无冕之王"是西方对新闻记者社会地位和作用的一种夸张性喻词。

法国的拿破仑曾说过，"记者之笔，胜过三千支毛瑟枪。""报馆一间，犹联军一队。""三份不友善的报纸比一千把刺刀更可怕。"

联合国前秘书长加利在 1996 年首届世界电视论坛会议上说：电视，由于它对公众的舆论所具有的巨大影响力，已经在很大程度上对联合国的工作和决策起着决定性的作用，因此，电视可以被视为"联合国安理会的第六个成员"。

"第四等级""第四权力"也好，"无冕之王""联合国安理会的第六个成员"也罢，都是极言新闻记者在社会生活中的地位和作用。我们在承认新闻工作者在社会生活中的重要地位和作用的前提下，千万不要按着所谓"第四等级""无冕之王"字面的意思去理解，否则的话，就会弄出笑话来。自从新闻事业在社会上站稳脚跟之后，新闻记者在社会中就一直处于一种比较特殊的地位。如果一定要指出记者这种职业在社会中究竟处于什么层级，我们只能大致说，他们在政治、经济方面处于中上层。但到目前为止，新闻记者从来都不是一个独立的政治势力，相反，他们往往从属于不同的党派、阶级或阶层。

不过，"第四权力"之说，值得探讨。上边提到杰弗逊的观点，即三权

---

① 梁启超：《清议报一百册祝辞并论报馆之责任及本馆之经历》，《中国新闻事业史文选》，中国人民大学出版社，1999，第 37～38 页。

分立还不够，应将报刊的舆论监督功能作为第四权力，自由报刊应成为对行政、立法、司法三权起制衡作用的第四权力，对于更好地发挥新闻舆论监督功能是有启发意义的。它强调了新闻舆论监督功能，在一定程度上与现代社会的实际进程相吻合。"现代人已经越来越清楚地认识到权力重心的一部分转向舆论的这一重要变化，媒介对舆论生成的影响越来越大，媒介已经具有了控制舆论的权力。"① "权力重心的一部分转向舆论"，以及 "媒介对舆论生成的影响越来越大"，这些观点都可以接受。而 "媒介已经有了控制舆论的权力" 则有些过头。即使媒介真的能够控制舆论，也是代经济势力和政治权力控制舆论，也是经济势力和政治权力赋予新闻媒介的权力。当然，新闻舆论在制约权力的同时，自己本身也成为一种权力。不过这种权力是一种不具备法律约束力也不具备行政能力的权力。即使如此，我们还是希望这种不具备法律约束力和行政能力的 "第四权力" 有更大的威力。

杰弗逊的观点中还有一个闪光点，就是 "第四权力" 的独立性。因为相对独立性是新闻舆论发挥监督功能的先决条件。关于相对独立性问题本书已在第一章谈舆论监督部分时有过叙述，此处不赘述。

二　"人类灵魂的工程师"

1932 年 10 月 26 日，斯大林在高尔基寓所与一部分作家谈话中称作家为 "人类灵魂的工程师"。② 别林斯基认为，"文学有巨大的意义：它是社会的家庭教师。"③

"人类灵魂的工程师" 很好地点明了作家写出的作品作用于人们的特征。新闻、历史对塑造人的灵魂也有其作用，但文学在这方面的作用最为突出。文学家的任务是塑造或重塑人的灵魂。文学作品作用于人的内心世界，这种作用一般不直接见效，往往也不解决具体问题，而是以潜移默化、不知不觉的方式塑造着人的心灵。这种作用又是别的方式取代不了的。

三　历史的 "法官"

优秀的历史学家，由于其卓越的胆识，对历史事件或人物的评判，往

---

① 李岩：《大众传播过程的异化现象》，《中国广播电视学刊》1997 年第 10 期。
② 转引自北京师范大学中文系文艺理论教研室编《文学理论学习参考资料》下，春风文艺出版社，1982，第 1027 页。
③ 〔俄〕别列金娜选辑《别林斯基论文学》，新文艺出版社，1958，第 40 页。

往有一言九鼎的效力。在这个意义上说，史学家是历史的评判者，也是历史的"法官"。这是史学工作者的骄傲。北齐魏收就曾以握有"举之则使上天，按之则使入地"（《北史·魏收传》）的史笔而自豪。但是我们也不要忘记布洛赫在这个问题上是有保留的，他说：

千言万语，归根结底，"理解"才是历史研究的指路明灯。①

评判历史和历史人物相对容易，真正理解历史和历史人物确实是困难的。

正因为史学家对历史事件和人物具有评判作用——这是他们的"史权"，古代社会中的"圣君贤臣"在内心也会对他们有所"畏惧"。据《唐会要·史馆杂录上》记载，唐太宗就曾经为了让"史官不书吾恶"而"每日兢惧""勤行三事：一则远鉴前代败事，以为元龟；二则进用善人，共成政道；三则斥弃群小，不听谗言。"而《新唐书·朱敬则传》记载，唐朝宰相韦安石说："世人不知史官权重宰相，宰相但能制生人，史官兼制生死，古之圣君贤臣所以畏惧者也。"

然而，正像刘少奇所说：好在历史是人民写的。在这个意义上，对历史的评判是由史学家和人民共同做出的。我们这样说，丝毫没有否认优秀史学家在评价历史人物和历史事件中所起的重大作用。

第二节　新闻敏感、创作灵感、历史意识

一　新闻敏感及其重要性

（一）新闻敏感

西方有关新闻学著作，曾讲过这样一个类似新闻启蒙的故事：某报社总编辑给一位年轻记者布置了一次任务："明天有一人举行婚礼，你去采访，写篇报道。"这位记者第二天按时前往，他到了举行婚礼的那个人的家，结果守门人告诉他婚礼不能举行了，因为新郎偷偷逃跑了。年轻记者听了之后，大为扫兴，他为自己丧失了一次大显身手的机会而遗憾。他回

---

① 〔法〕布洛赫：《历史学家的技艺》，上海社会科学院出版社，1992，第105页。

到编辑室向总编辑报告自己未能完成任务的原因，言犹未了，总编辑一拍桌子："你怎么这样糊涂，新郎逃跑了，比起如期举行婚礼，不是更大的新闻吗？你怎么把这个有价值的新闻线索白白放过去了呢？"

年轻记者之所以放过了碰到的新闻线索，关键就在于他没有"新闻感"或"新闻敏感"。

"新闻敏感"，是指记者敏锐感知新闻线索、迅速判断新闻价值的直觉能力。在采访中，具有新闻敏感的记者，几乎用不着想，凭直觉就能在纷繁复杂、浩如烟海的事物中发现新闻线索，判断新闻价值。因此，西方新闻界称"新闻敏感"为"新闻嗅觉""新闻鼻"。

（二）新闻敏感的重要性

美国新闻学家卡斯柏·约斯特在他写的《新闻学原理》中说：

> 一个不善于辨别色彩的人，不能成为一个画家。一个不懂和谐的人，不能成为一个音乐家。一个没有"新闻感"的人，也不能成为一个新闻记者。

新闻敏感的作用，主要表现在：第一，能敏锐地发现新闻线索；第二，能迅速判断遇到的事情有没有新闻价值，有多大新闻价值；第三，能不断地挖掘事物的新鲜意义，使报道向纵深发展；第四，能对某些重大新闻事件的出现，作出科学的预见；第五，能在同一类型的诸多事物中，迅速判断出最有价值的新闻事物；第六，能透过一般现象挖掘出新闻事实隐含着的价值。

我们就新闻敏感的第四点作用举例说明：1982 年 11 月 10 日早晨 8 时 30 分，勃列日涅夫猝然逝世，当天消息没有宣布。可路透社驻莫斯科记者注意到这个情况：莫斯科市电视台预定 10 日晚上要播映的一场冰球赛，在没做任何解释的情况下突然取消了，被演奏贝多芬的古典钢琴乐曲的音乐会所代替。而通常只有在苏联的首要政治人物去世时才做这样的变动。记者察觉到这非比寻常，他打电话问苏共中央委员会问讯处：是否勃列日涅夫主席或领导集团中某一名成员去世。记者并就这些情况于当晚发出消息。美联社记者也注意到了 10 日莫斯科电视节目变动的情况，还注意到 11 日苏联在给安哥拉的贺电中勃列日涅夫的名字消失的情况。这位记者发的消息全文如下：

〔美联社莫斯科 11 月 11 日电〕苏联主席勃列日涅夫的名字今天从给安哥拉的贺电中消失，引起了对这位七十五岁的克里姆林宫领导人的地位的猜测。

勃列日涅夫 1980 年和 1981 年都在致安哥拉的贺电中签了名。

苏联新闻机构星期四早晨没有报道苏联领导机构中任何人去世的消息，但是在电视节目中有了未作解释的改变。星期三夜里的广播中间霍地播送严肃的音乐。过去，在宣布重要人物去世消息之前，要播送哀乐。

美联社和路透社的记者根据种种迹象所做的判断和猜测，很快就被证实了。11 日莫斯科时间上午 11 时（格林威治时间 8 时），由塔斯社的英、俄文广播，苏联电台、电视台和莫斯科电台英语广播同时播发了苏共中央、苏联最高苏维埃主席团、苏联部长会议关于勃列日涅夫逝世的公告。当然，西方记者也有猜测、判断错的时候，然而他们见微知著，善于透过一些蛛丝马迹看出一些值得注意的政治动向，从而发现重要新闻的能力，不能不使人赞叹。

成功的采访，往往基于记者的新闻敏感。例如轰动全国的关于蒋筑英模范事迹的报道，最初是由"一句话"引出来的。1982 年 6 月末的一天，中国科学院长春光学精密机械研究所党委书记李光，匆匆来到《光明日报》驻吉林记者站，他对记者肖玉华说："这几天忙着给蒋筑英同志料理后事，今天到组织部给他办理追认党员的事。"记者立即追问："蒋筑英是做什么的？"李光回答："我们新提的副研究员，很能干，这月 15 日到成都检测光学设备，因患化脓性胆囊炎、败血症病死在那里了。"临走时，李光惋惜地说，"唉，正是做贡献的时候，却过早地去世了！"这句话，引起了记者的重视，他立刻到长春光学精密机械研究所采访，并看了蒋筑英同志追悼会所收到的挽联、挽幛的复印件，后来就写成了人物通讯《对革命无限忠诚，为四化忘我工作——副研究员蒋筑英为我国光学事业奋斗终生》，发表在《光明日报》头版头条上。之后，全国许多报纸、电台相继发表了大量关于蒋筑英的通讯、故事、文章，一个学习、宣传蒋筑英的活动，在全国范围内迅速开展起来了。

又如，闻名全国的典型人物张海迪的事迹，也是记者凭敏感发现的。1981 年 11 月 27 日，山东引黄济津启闸典礼在东阿县举行，在前往采访的途中，新华社山东分社记者宋熙文听到同车的《山东画报》摄影记者李霞谈到张海迪的事迹，内心立刻被震动了。等引黄济津启闸放水典礼一完毕，他把报道启闸典礼的稿子托山东电台的记者捎回分社，自己便一头扎到聊城，去采访有关"玲玲"的故事了。一个月后，他写的《瘫痪姑娘玲玲的心像一团火》，便在《人民日报》头版头条发了出来。

有了"新闻敏感"，即便在最平常的日常生活中，也能发现有价值的新闻事实。没有新闻敏感，或新闻敏感不强，有时即便身入宝山，也空手而归。例如，1972年，美国前总统尼克松访华前夕，举行了专门的记者招待会。作为美国总统，他在会上第一次使用了"中华人民共和国"的提法，这意味着美国第一次公开承认中华人民共和国，中美关系将有重大转折。在场的多数外国记者，都感到了这一提法的重要意义，抢奔出去发新闻。而在场的某些记者，却未能及时捕捉这一重大的新闻事实。

1982年3月25日《新民晚报》第一版发了《十五斤牛肉干成了难题》这样一条头条新闻：

> ［本报讯］3月13日，南市区老西门工商行政管理所里来了一个操四川口音的外地人，要求把他随身带来的十五斤牛肉干收购处理。
>
> 原来，他是四川省奉节县机械厂干部，名叫向友府。他这次来上海出差，联系业务，本来以为"圆图章不及熟面孔，不送礼办不成事。"为了让工作进展顺利，他特地买了十五斤牛肉干，作为联系工作时拉关系之用。可是他到上海两个星期来，去了化工局、农机公司等五六个单位，都拒绝收礼，十五斤牛肉干一斤也没有送掉。向友府在要求收购的申请书上写着："我已圆满地完成了任务，所带的牛肉干只得请你们协助，按照上海规定牌价处理。"南市区工商局按市价收购后，交给老西门中华食品店按牌价出售。

这条新闻，乍看起来是"鸡毛蒜皮"的小事，但它刊登之后，却受到了读者的好评。第二天《解放日报》转载，并发表了评论。《人民日报》跟着也转载了。它被评为1982年全国好新闻。据有关人士介绍，这条新闻线索首先是通讯员从一份"申请收购牛肉干的收购单上发现的"。一位通讯员能在一张收购单上发现并判断其新闻价值，这是了不起的新闻敏感。通讯员及时采写成稿寄给《新民晚报》之后，"编辑同志认为有新意，决定采用，准备登本市新闻（第四版）"，说明编辑能"沙里淘金"，新闻"眼"甚佳。"次日总编辑看了这篇小样，主张上第一版"，说明总编辑"慧眼"选拔新闻，让小新闻得以放异彩。由于这条新闻"搅动"了编辑部，"大家讨论开了，都说是条好新闻"。好在哪里呢？"好在一'短'一'长'。'短'是新闻写得扼要生动，只有二百七八十个字；'长'是指这条新闻意味深长，它透露出一个信息，社会风气在变……"最后，这条新闻登上第一版头条，并配上一篇题为《一分钟新闻》的小评论。这件事说明，新闻敏感不只是记者、通讯员采访、写作时需要，它还贯穿在编辑和刊出的整个过程中。

新闻敏感固然是记者的看家本领，但作家和史学家如果也能拥有这种直觉能力将会对自己所从事的专业有莫大的帮助。新闻敏感也是一种对现实的迅捷感受和把握的能力，要想使自己的文学艺术作品或历史论文、著作获得现实感和现实意义，新闻敏感可以帮上大忙，大概没有哪一个大作家、大史学家不关注新闻吧？

作为记者的吴思写出了《潜规则：中国历史中的真实游戏》，他说："记者管的是兴趣，新闻价值就是读者的兴趣，从这里出发，即使做的是同一个东西，你揪的也是离读者更近的东西，表达的也是读者市场的角度，这是一个优势。""于是你用这个方法（记者采访的方法）去读史、写史，你也知道，你写这些专家的话，写出来，你不也跟专家似的？你就用这种心态去采访历史，采访历史人物，那一个个不都是人吗？他说他这辈子怎么过的，你事先就有了一个问题，有了一个采访的话题，有了一个读者肯定感兴趣的、想看的新闻，然后你去采访谁谁谁，然后写出来，特好看。"① 新闻敏感帮助吴思寻找社会和读者关注和感兴趣的历史话题。

二 如何培养新闻敏感

有些人把"新闻嗅觉"（新闻敏感）看成是天生的，说它是记者的"第六天性"，"这种嗅觉对于某些有天才的人几乎成为一种天性"。这是不全面的。新闻敏感有天赋的成分，但主要是在后天的新闻实践中培养起来的。穆青说："新闻敏感应该说是记者政治水平、业务水平的集中表现。"② 我们

---

① 吴思：《潜规则：中国历史中的真实游戏》，复旦大学出版社，2009，第255~256页。
② 穆青：《新闻散论》，新华出版社，1996，第145页。

刚学新闻写作，反应往往比较迟钝。因为还不懂规矩、不懂"行情"，缺乏训练。如果在以后的工作中，潜心钻研，自觉训练，"鼻子"自然就灵了，"眼睛"自然就"尖"了。

新闻敏感对新闻采访和写作来说，是如此重要。那么，怎样培养我们的新闻敏感呢？概要言之，有以下几点：第一，把握时代大势，关心人类前途命运；第二，熟悉社会实际情况；第三，积累各方面的丰富知识；第四，学会从全局看问题；第五，具有高度的事业心、责任感；第六，随时随地处于采访状态之中。

关心人类的前途命运，你就不会对日益严重的环境污染无动于衷。你就会对遭到破坏的自然生态痛心疾首，你就会对乱砍滥伐林木马上报道，从而有效地制止这种短期行为；你就会对养林护林的人物和事迹格外看重，尽快把他们的事迹传播出去；等等。把握住了时代大势，你的兴奋点就会始终围绕着这个大势起落。比如，抗日战争时期的时代大势就是全民族的抗日救亡。把握住了这个大势，才有了范长江对"西安事变"等的一系列报道。在对时代大势的把握中，政治敏感是一个十分重要的方面。如果一点政治敏感也没有，就只能跟在别人后头转。别人写了一篇《考考奶奶》，你接着写《考考爷爷》；别人写了一篇《市委书记到工厂》，你接着又写《市长到车间》。

从某种意义上说，新闻敏感就是政治敏感在新闻问题上的反应。出色的新闻记者应该具有政治活动家的某些素质。记者的政治思想水平和新闻敏感有密切关系。一个记者的政治思想水平越高，他的新闻敏感性就越强，这是为许多记者的经验所证明了的。因此，要不断提高政治思想水平。让我们来看看大家比较熟悉的一条新闻产生的过程，这条新闻的题目是《天安门事件完全是革命行动》：

[新华社1978年11月15日讯] 中共北京市委在最近举行的常委扩大会议上宣布：1976年清明节广大群众到天安门广场沉痛悼念敬爱的周总理，愤怒声讨"四人帮"，完全是革命行动。

会上宣布：1976年清明节，广大群众到天安门广场悼念我们敬爱的周总理，完全是出于对周总理的无限爱戴、无限怀念和深切哀悼的心情；完全是出于对"四人帮"祸国殃民的滔天罪行深切痛恨，它反映了全国亿万人民的心愿。广大群众沉痛悼念敬爱的周总理，愤怒声讨"四人帮",完全是革命行动。对于因悼念周总理、反对"四人帮"而受到迫害的同志要一律平反,恢复名誉。

这条200多字的短新闻,原来湮没在一条约2400字的长消息中。长消息报道的是中共北京市委举行常委扩大会议,讨论首都加快现代化建设的许多重要问题。1978年11月15日《北京日报》在头版报道这次会议消息时并没有突出为"天安门事件"平反的内容。新华总社接到北京分社发来的这条消息后,有关同志敏锐地感到别的问题同为天安门事件的彻底昭雪平反相比,都是次要的。因为给天安门事件平反,宣布它是革命行动,体现了党中央的正确领导,反映出在粉碎"四人帮"后党的实事求是的作风得到恢复。怎能让这样举世瞩目的重大新闻,湮没在一大堆比较次要的材料之中呢?于是,他们果断地决定,把它从几千字的长新闻中抽出来单独发表,并加上明确的标题。《人民日报》用这条消息时,放在一版头条地位,并加花边予以突出。外国人对此也很关切。日本民社党委员长佐佐木良在访问中国时,就向当时国务院副总理邓小平提到有关天安门事件的问题。新华社北京1978年11月27日电报道了此事。邓小平说:

> 过去对天安门事件性质作出的决定是错误的。最近,中共北京市委对天安门事件作出了决定,肯定了广大群众悼念周总理、反对"四人帮"的行动是革命的。这是经过党中央批准同意的。这就是党中央的决定。也可以说,这是全党全军全国人民的共同愿望,是共同一致作出的决定。(载《人民日报》1978年11月28日。)

这说明,关于《天安门事件完全是革命行动》这篇报道,完全符合党中央意图,完全体现了全党全军全国人民的共同愿望。要不是编辑们有较高的政治思想水平,有全局意识,这条重要新闻就险些被湮没了,就起不到像后来那样大的作用。

除了吃透"上头",还要密切联系群众,了解和熟悉人民群众的生活,吃透"下头"。在群众生活中、工作中,存在着什么矛盾,什么问题?哪个最突出?哪个次之?各个问题、矛盾之间有什么联系?已报道到哪一步?群众有何反映?记者只有熟悉、了解这些情况,才能在一个新闻事实发生时,迅速与政府的政策、精神和全局情况联系起来,从而敏锐地对该事物作出判断。

　　一个记者，知识广博与否，也影响到他的新闻敏感。若是知识广博，就能在采访中及时、敏锐地从对方的叙述中判断出哪些是有价值的材料，哪些没有价值，并能根据对方的谈话，触类旁通，把采访引向深入。若是知识贫乏，人家说这个，你不懂，说那个，你又摇头，就算遇到有价值的新闻，也会失之交臂。

　　对情况和资料的积累与研究也与新闻敏感有关。据黎信《谈西方记者的基本功》介绍，1970 年 9 月 13 日，林彪仓皇出逃。这一震惊中外的政治事件，首先由法新社驻北京记者于 9 月 15 日向全世界报道。据《林彪的兴起与垮台》一书和其他材料介绍，这位法新社记者事先用了几年的时间，搜集了关于林彪的大量资料，精心研究，在 1969 年中国共产党"九大"召开的时候，他就判断出林彪并不是忠于毛泽东主席的。1970 年 8 月，毛泽东主席接见某国领导人，林彪是在场的。但是《人民日报》却一反常规，在头版的上方发表了一张毛泽东主席单独同贵宾握手的照片。在同一版的下方，发表了林彪单独会见外宾的照片。根据这一情况，还有中国报刊发表的"批修整风"〔内部叫"批陈（伯达）整风"〕的报道，法新社记者判断中国共产党内要出大事了。"9·13"事件发生后，这位法新社记者根据平日积累的大量情况，加上他对北京市的一些"反常现象"的敏锐观察，终于判断出挑起危机的是林彪。

　　立足全局，眼力才能强。记者只有立足全局，把具体事实置于全局范围内进行考察、比较，才能把有价值的新闻事实鉴别出来。否则，虽然自己手中掌握的材料不少，却总觉得没有什么可报道的。

　　新闻敏感还与事业心、责任感紧密相关。事业心强了，酷爱新闻工作，才能时时处处做有心人，使捕捉新闻事实的"雷达"一刻不停地运转。责任心强了，记者才能做到"三贴近"，像潜水员一样，深潜于生活之中，不辞辛劳，以苦为乐，发现写不完的新闻。如果对工作没有责任感，"做一天和尚撞一天钟"，很难有什么新闻敏感。

　　对于一个称职的记者，新闻界许多人总结出必须具备"五勤"：腿勤：多跑、多接触实际；眼勤：多看，多观察；嘴勤：遇事多问，打破砂锅问到底；脑勤：勤分析、多思考，遇事多问为什么；手勤：勤记、勤写，把看到的和听到的各种材料，记录和积累起来。

　　有这么一个事例：新华社对外部有位同志有一次陪同一名美联社记者从哈尔滨坐飞机到北京，那天飞机刚降落到北京机场的跑道上，正在滑行，美国记者就对陪同的新华社记者说："美国有个要人正在北京，请你帮我打听一下是谁？"两人一起坐飞机回北京，事先又没有得到任何消息，他怎么知道有美国要人在中国访问？原来，这位美联社记者在飞机滑行的片刻之间，发现机场跑道旁边停着一架白宫专用的"波音707"飞机。这引起了记者的注意，因为白宫的专机是只供重要人物使用的。下飞机一打听，果然不错，原来是美国总统卡特的科学技术顾问在北京访问。这位美联社记者只在中国采访一个月，就写了25篇关于中国的报道，这当然和他的不辞劳苦，孜孜不倦地追根溯源的精神分不开。正如著名的普立策所说："懒人是当不了记者的"。美国普利策新闻奖获得者、美联社记者哈尔·博伊尔以自己27年的记者生涯的亲身感受，对记者的辛苦程度作了绘声绘色的描述："在20多年的岁月里，我在战争与和平的条件下从事专栏写作，往往不得不在白天或夜间的任何一段时间里，在非洲大沙漠的耀眼阳光下，在蜡烛旁，在手电筒的光亮下，在法国小旅店里黯然无光的电灯泡下，用铅笔、钢笔或老掉牙的、色带已布满窟窿眼的打字机写稿。有时，我是在这样一种情况下写稿的，如坐在战壕里，躺在平板床上，挤在漏水的帐篷里，坐在古老的飞机上。"尽管采访和写作如此辛苦，他却豪迈地说："新闻工作是很有意义的，虽然它要付出代价"。这种精神，很值得我们学习。

随时随地处于采访之中，无论是街巷漫步，还是亲友闲谈，每遇到一件事，都想一想它有没有新闻价值，长此以往，也有助于培养新闻敏感。

有两位记者去广西兴安县采访，住在秦代开凿的古灵渠边的县招待所里，入夜蛙声一片，不绝于耳。刚入夏，青蛙怎么这样多呢？记者没有轻易放过这个现象，便向县农业办公室的负责同志请教，得到的回答是，不光青蛙多，燕子、泥鳅、绒茧蜂……这些农业害虫的天敌也多了。经过一番采访，于是写出了《古灵渠畔蛙声一片》，发表于1982年6月6日的《人民日报》上。这篇通讯令人开窍，它说明了这样一个问题：兴安县以前过量使用化学农药，害虫的天敌青蛙等大量减少，害虫越来越多；近几年实行药物防治和生物防治相结合，注意保护和利用害虫的天敌，又给青蛙等创造了繁衍的良好条件。它告诉人们，生态平衡不可破坏，破坏了就会受到自然规律的惩罚。

三 创作灵感

（一）灵感与创作灵感

灵感是指在文艺和科学创造过程中由于思想高度集中、情绪高涨、思虑成熟而突发出来的创造能力。创造者在丰富实践的基础上进入酝酿思考的紧张阶段，由于有关事物的启发，促使创造活动中所探索的重要环节豁然开朗乃至得到明确的解决，一般叫作获得灵感。发生在文学创作过程中的这种现象就是创作灵感。

灵感从哲学角度说，是创造思维过程中的认识飞跃的奇特心理现象，从生理学和心理学角度说，它是暂时神经联系的突然接通。

灵感是创造力的爆发，有创造欲望的人对它都梦寐以求。但灵感来去无踪，很难捕捉，可遇而不可求。我们只能大致描述它出现时多少带有规律的情况。

一是长期积累，偶然得之。无论科学发现、技术发明还是文艺创作，没有长期的积累、长期的思索，是不可能出现灵感的。灵感的光环只降临在勤奋的脑际。为王国维所称道的成大事业、大学问的三种境界的最后一个境界就是，"众里寻他千百度，蓦然回首，那人却在，灯火阑珊处。"辛弃疾的这段著名词句形象地描绘出，经过长期艰苦搜寻、探询之后，不经意间，"踏破铁鞋无觅处"的目标突然撞进了寻找者的视线。

长期积累，偶然得之，有大量的事实根据。但理论上如何解释呢？德国近代著名心理学家赫尔巴特的"意识阈"之说，比较好地解释了这种现象。赫尔巴特认为，由于观念具有引力和斥力的关系，人们只能意识到一定的对象或注意有限的范围。一个观念若要由一个完全被抑制的状态进入一个现实观念的状态，便须跨过一道界线，这界线就是意识阈。阈，即门坎儿。在他看来，有些观念虽然被逐出意识，降落在阈限之下，但它们并没有消失，只是强度减弱了，一有机会就争取升入阈限之上，占据意识的领地。"意识阈"之说，较好地揭示了人脑中潜在观念、信息、知识的来源及显知和潜知之间的相互转化。这种学说也给我们揭示出大脑原有的信息存储是诱发灵感产生的先决条件。信息存储多，灵感被诱发的机会也会多些。从"意识阈"之说来看，可以说，灵感有时就是潜信息和潜能的激发。

二是亢奋的激情、愉悦的心境等积极情绪状态有助于灵感的出现。灵感到来之时常常伴随着高涨的情绪或特别惬意的心境。紧张之后的放松，也可能使灵感突然来临。苏联著名记者西蒙诺夫写的通讯《水面下的桥梁》，真实地记录下工程师邵斯诺伏金在设计水面下的桥梁时，灵感来临的情况：

邵斯诺伏金要求让他在 24 小时以内想出一种办法来解决这种似乎无法解决的问题。这位师部工程师是有丰富经验的人，但是在他所有工程的业务上从来没有遇到过这样困难的事。在这 24 小时当中，有极多幻想的可能情形在他的心头飞过，但是他不能不把它们一一抛弃，因为它们是过于幻想了。最后，在第二天一清早，当他麻木的手指卷着大概是第一百支纸烟的时候，他突然想到一个办法，这个办法是他一刹那之间所想到的——啊，说起来是太简单了，简单得简直令人难以置信。

当向将军提出报告时，邵斯诺伏金宣布他已经想出一种办法，他将要建造一座桥梁，这座桥梁无论从哪方面看都是一座极普通的桥梁，但是有两个——仅仅两个——特点。第一，他的桥梁将不是连结在一起的，而是中间有很多空隙；第二，他的桥梁将不是架在河的水面上，而是架在水面下。他所设计的这座桥在各桥柱之间都隔着三英尺的空隙。虽然步兵在这上面不能通过，但是坦克在上面通过却并不困难。而且这种桥梁的存在将只有我们自己人知道，德国人将要为之吃惊。它是看不见的，因为桥桩的顶端低于水平面有半码。

三是灵感转瞬即逝，因此，不要让灵感溜掉——及时把它记录下来。美籍德国人奥托·罗伟是 1936 年诺贝尔生理学和医学奖获得者。他曾猜想是神经末梢释放某种化学物质，并通过这种化学物质的作用而控制肌肉活动。多年来他一直在苦苦思索，如何设计实验去检验自己的猜想。一天深夜，他在床上突然想到一个检验自己猜想的简单而又很说明问题的实验方法。但他并没有爬起来及时将这种想法记下来；以为实验如此简单，等明天再做也不迟。可是，到第二天他整整坐了一天也没有想起昨晚那个漂亮的实验设想是什么样子。他后悔极了。直到这一天的三更时分，脑海里才重新出现了昨晚那个实验设想。这回他不敢再懈怠，立即起床，迅速用文字把这个实验设想记录下来，并立即到实验室根据这个设想做了实验。结果他发现了神经兴奋的化学传输机制。如果罗伟的灵感在第二天晚上不能重复出现，他就要与这个重要发现失之交臂，与诺贝尔奖失之交臂了。所以，当灵感来临时，一定要及时把它捕捉住，把它及时记录下来。

人们谈灵感时较少涉及新闻采访与写作。其实，新闻采访与写作中，某件事情的触及，或对新闻事实的选择与联系中，或对新闻事实与社会价值的连接中思路突然打通，对某件事实的新闻价值一下子有了清晰的判断，这也是一种灵感。这种灵感唤起的实际上是新闻敏感。

（二）"属于文学的东西"和美感

创作灵感的主要作用在于发现女作家铁凝所说的"属于文学的东西"，或者说发现有文学价值的东西。铁凝所说的"属于文学的东西"在本书第四章第一节已介绍过。但"属于文学的东西"并不都由创作灵感来发现，因为创作灵感并不时时存在。创作灵感解决的主要是关键的、不易解决的问题。创作的过程就是对"属于文学的东西"整理和结构的过程。屠格涅夫指出：

> 简单地说，我主要是一个现实主义者，最感兴趣的是人的面貌的生动活泼的真实……就我所能做出的判断而言——我容易感受诗意。①

诗意也是"属于文学的东西"。容易感受诗意，也是优秀文学家的一个重要职业素质。

正像新闻界在许多情况下往往把新闻敏感等同于政治敏感一样，在中国文艺界，作家、艺术家、文艺理论家往往把政治意识看得很重。但对于真正的艺术家而言，"政治意识对艺术来说，是一种似高实低的东西。"② 过于浓重的政治意识往往会冲淡、偏离艺术境界。政治的东西只有同时"属于文学的东西"和具有美感，才能进入作家、艺术家的视野。

与新闻敏感和历史意识相对应的除了创作灵感之外，还有美感。作为一个美学术语，美感需要作许多解释。这里我们不想去过多地谈论它。只想把有关理论直接借用过来。美感，是一种精神愉悦的特殊感觉，是感性与理性相统一的审美悟性。理性直观性、情绪愉悦性与暗含功利的超功利性是美感的重要特征。美感是人类的高级情感之一。人类的高级情感有道德感、理智感和美感。"艺术家以美感为前提"。③ 若没有对美的敏锐感受和对美的出色表现能力就很难成为一个艺术家。美感和对"属于文学的东西"的感受和把握能力，就是作家最重要的职业素质。所谓作家的创作灵感，

---

① 转引自龙协涛编著《艺苑趣谈录》，北京大学出版社，1984，第120页。
② 余秋雨：《断裂的爱》，《美文》2011年第9期。
③ 〔德〕费尔巴哈：《费尔巴哈哲学著作选读》上卷，生活·读书·新知三联书店，1959，第55页。

在很大程度上就是对具有美学价值的东西和对"属于文学的东西"的骤然领悟。

正像前边在谈新闻价值时所说，对事实是否是新闻的判断标准是新闻价值，新闻敏感实质上就是对事实是否具有新闻价值及其所具有新闻价值大小的直觉式的判断能力。创作灵感实际上就是对被描写对象有无文学价值及其文学价值大小，有无美学价值及其美学价值大小的带有直感式的感受和顿悟。

新闻敏感是对新闻的感受能力，美感是对自然美、艺术美、社会美的感受能力，历史意识是对人类历史的感受和把握能力。这三种能力在各自的领域都具有主导、统摄的重要作用。

四　历史意识

（一）历史意识的含义

我们来看李辉关于批判历史剧《海瑞罢官》的一段回忆。1965 年 11 月 10 日，姚文元发表了《评新编历史剧〈海瑞罢官〉》，在人们挥手与 1965 年告别的那一天，《文汇报》举行座谈会，邀请上海史学界、文艺界部分人士谈论吴晗刚在北京发表的《关于〈海瑞罢官〉的自我批评》。李辉分别介绍了史学家周予同的困惑、周谷城的"委婉朦胧"、谭其骧的见解。"这些与众不同的言论，却成了珍贵的历史记录"。

> 在图书馆翻阅当年刊发这些座谈会议记录的报纸时，一位研究哲学的朋友很认真地询问我的感受。在我说完之后，这位比我年轻的朋友，轻轻"唉"了一声，发出这样一句感慨：其实所有参加座谈会的学者都很可悲可笑！
>
> 我有点发呆。我没想到他会这样看待如此沉重的历史话题。
>
> ……
>
> 我相信他所说的"可悲可笑"，绝不是针对任何一个个人，而是在试图进行另外一层的思考。他比我站在更高的山坡上俯瞰当年，他把事件发生的时刻和场景，拉入了更为广袤的历史天地里加以审视。这样，前前后后一些年间发生的许许多多似乎没有直接关联的人与事，就变成了一个有机的整体。我愿意顺着他的思路去看曾经发生的一切。

由这种思路去考察当年对《海瑞罢官》的批判，人们就会发出感慨，

当文人们郑重其事地把《海瑞罢官》批判作为文化范畴予以讨论时，他们就已经处在可悲而可笑的境地。不管各自态度有何区别，不管各自意见是否正确或者错误，其实都是历史舞台上被调动出来的演员，为他们自己无法知道的悲剧的开场而出演一个个并不重要的角色。①

这段叙述中所透露出的那种观念或意识就是一种历史意识。有了这种意识，我们就可以比历史当事人更清楚地理解当时的现状和社会关系。

瞿林东认为："所谓历史意识，从一般意义上说，它是人类在文明发展过程中产生出来的对自身历史的记忆和描述，并在求真求实的基础上从中总结经验、汲取智慧，进而以其用于现实生活的一种观念和要求。"他还认为，中华民族历史意识突出表现为，首先是认识到历史、现实、未来的联系，如司马迁作为一个伟大史学家的愿望，"述往事，思来者"②。其次是认识到历史是变化的，因此，"通古今之变"成为司马迁以后不少史学家追求的目标之一。第三是肯定历史在变化中的进步。第四是历史可以为现实提供借鉴的思想，如司马光所说"鉴前世之兴衰，考当今之得失，嘉善矜恶，取是舍非"③。历史意识并不止步于过去，它包括"过去时"，更不可缺少"现在进行时"。

笔者以为，历史意识有丰富的内涵。比如，历史意识还有一个内涵，即"在分析任何一个社会问题时，马克思主义理论的绝对要求，就是要把问题提到一定的历史范围之内"④。谈论社会问题如果脱离开具体的历史环境，就是没有历史意识的表现。脱离开具体的历史环境谈社会问题无异于痴人说梦，为研究社会问题最大的忌讳之一。

同样，这也是一种历史意识："判断历史的功绩，不是根据历史活动家

① 李辉：《碑石——关于吴晗的随想》，《收获》1996 年第 1 期。
② 班固：《汉书·司马迁传》。
③ 司马光：《进〈资治通鉴〉表》。本自然段参阅瞿林东《中华文化通志·学术典》之《史学志》，第 285～287 页。
④ 列宁：《论民族自决权》，《列宁选集》第 2 卷，人民出版社，1972，第 512 页。

没有提供现代所要求的东西，而是根据他们比他们的前辈提供了新的东西。"① 这就是我们所说的历史地看问题、历史地评价历史人物。

历史意识是长期研习历史所形成的感觉、感悟和观念。它只有在后天的对历史的学习、观察、体验中形成。没有对人类历史的长期研习，没有对人类历史的详尽了解，历史意识就培养不起来。历史意识和历史感是人的本质属性之一。人之外的其他生物，由自然为它们做历史记录，唯有人类由自己来记载自己的历史。在新闻敏感、创作灵感和历史意识这三者当中，历史意识最需要后天培养。没有对历史过程的详尽了解，没有对历史的长期研习，历史意识是无从谈起的。

（二）历史意识的重要意义

固然，历史意识对历史学家至关重要。但几乎所有的人文学科和社会科学都需要这种意识。有无历史意识，是衡量一个人文学科或社会科学学者学术见解水平高低的非常重要的尺度。恩格斯指出："黑格尔的思维方式不同于所有其他哲学家的地方，就是他的思维方式有巨大的历史感作基础。形式尽管是那么抽象和唯心，他的思想发展却总是与世界历史的发展紧紧地平行着"②。黑格尔哲学之所以有重要贡献，一个重要原因就是"他的思维方式有巨大的历史感作基础"，这种巨大的历史感表现在他的思想发展"总是与世界历史的发展紧紧地平行着"。

历史以及在历史研习过程中形成的历史意识的一个重要作用在于，

> 正是在历史学的领域中，才有能力将现在"置于"相互关联之中，从而防止了使经济学家、政治学家以及唯历史论的历史学家感到困扰的"缺乏远见"的"近视病"，这才是历史学家对社会科学做出的真正贡献。③

只有历史和历史意识才能使人看得远、具有穿透力。

历史意识对新闻记者同样重要。原日本共同社编辑局局长原寿雄指出：

---

① 列宁：《评经济浪漫主义》，《列宁全集》第 2 卷，人民出版社，1984，第 154 页。

② 恩格斯：《卡尔·马克思〈政治经济学批判〉》，《马克思恩格斯选集》第 2 卷，人民出版社，1972，第 121 页。

③ 〔英〕杰弗里·巴勒克拉夫：《当代史学主要趋势》，上海译文出版社，1987，第 65 页。

对于打算成为历史记录者的新闻记者来说，历史意识是不可缺少的条件。这一点怎样强调也不为过分。①

这位日本新闻人说得非常深刻，他领会到了新闻与历史意识的内在关联。不少新闻记者写出的东西肤浅，最重要的原因之一就是缺乏历史知识，尤其是缺乏历史意识。不少新闻记者总是跟风跑，写出的东西经不起时间的考验，重要原因之一也是缺乏历史意识。

经常徜徉在文学苑地的人们，对文学需要历史意识肯定不会怀疑；如果有怀疑，那他肯定是对文学一知半解。

其实，文学是最富有历史感的艺术类型，甚至可以说，文学本身就是一种历史，是一个民族的精神追寻史。对于历史的反思永远是走向未来的人们的自觉追求。而所谓历史感或历史意识，就是指对过去的回忆与将来的展望中体现出来的某种自觉意识和反思，其中蕴含着一种深刻的领悟。文学家与史学家都是凭借内心世界深深介入种种冲突，从而激起无限波澜来打发日子、寻觅理性、诠释人生的，都是通过搜索历史与现实在心灵中碰撞的回声，表现他们对于人生命运的深情关注，体味跋涉在人生旅途中的独特感悟。因此，它们在人生内外两界的萍踪浪迹上，可以和谐地结合在一起。就是说，实现史学与文学在现实床第上的拥抱，不仅是必要的，而且是可能的。②

那些优秀的文学作品多渗透着浓浓的历史意识或历史感。刘禹锡的《乌衣巷》写道：

朱雀桥边野草花，乌衣巷口夕阳斜。
旧时王谢堂前燕，飞入寻常百姓家。

这首怀古诗具有强烈的历史沧桑感，正因为"旧时王谢堂前燕，飞入

---

① 〔日〕原寿雄：《新闻记者》，东洋经济新报社，1979，第11页。
② 小山：《文学应当激活历史——王充闾答本报记者问》，《北京日报》2002年1月20日，第5版。

寻常百姓家"形象地表现了诗人的这种历史变迁的慨叹而成为传诵久远的名句。

历史小说名著《三国演义》开篇就是：

> 词曰：
>
> 滚滚长江东逝水，浪花淘尽英雄。是非成败转头空：青山依旧在，几度夕阳红。
>
> 白发渔樵江渚上，惯看秋月春风。一壶浊酒喜相逢：古今多少事，都付笑谈中。

以历史的眼光看三国这段历史，"是非成败转头空"，物是人非，青山依旧，夕阳照样染红天边。数不尽的往事，转化为渔樵的笑谈。它表现出深沉而负重若轻的历史意识。它使读者在广袤的历史时空内慨叹和思索。

五 文才与史才的关系

刘知几认为："史才须有三长，世无其人，故史才少也。三长：谓才也，学也，识也"。[①] 后来章学诚《文史通义·史德》也认为："才、学、识，三者得一不易，而兼三尤难，千古多文人而少良史，职是故也"。《文史通义》与刘知几的《史通》一直被视作中国古代史学理论的双璧。在他们看来，历史上文人多而优秀的史学家少，是因为史才难得。

也许是受上述史学前辈的影响，孙犁也曾探讨了文才与史才之关系，以及史才之难得。

> 文才不难得，代代有之。史才则甚难得。自班马以后，所谓正史，已有廿余种，越来部头越大，而其史学价值，则越来越低。这些著述多据朝廷实录，实录非可全信，所需者为笔削之才。自异代修史，成为通例以来，诸史之领衔者，官高爵显；修撰者，济济多士，然能称为史才者，则甚寥寥。因多层编制，多人负责，实已无人负责。褒贬一出于皇命，哪里还谈得上史德、史才！
>
> 我以为史才之基础为史德，即史学之良心。良心一词甚抽象，然

---

① 刘昫等：《旧唐书·刘子玄传》，中华书局，1975，第3173页。

正如艺术家的良心一词之于艺术，只有它，才能表示出那种认真负责的精神。

……

史学道德的第一条，就是求实。第二就是忘我。

写历史，是为了后人，也是为了前人，前人和后人，需要的都是真实两个字。前人，不只好人愿意留下真实的记载和形象；坏人，也希望留下真实的记载和形象。夸大或缩小，都是对历史人物的污蔑，都是作者本身的耻辱。慎哉，不可不察也。

史才的表现，非同文才的表现。它第一要求内容的真实；第二要求文字的简练。史学著作，能否吸引人，是否能传世。高低之分全在这两点。

他解释说，"所谓忘我，就是忘记名利，忘记利害，忘记好恶，忘记私情。客观表现历史，对人对己，都采取：'死后是非乃定'的态度。"① 孙犁强调了史学道德。

德、识、才、学缺一不可，史才确实难得。

文才与史才的确有不同的要求。史学家，更接近于社会科学家，当然，也有文才方面的要求。文才，要求比较宽泛。有丰富的经历，有对生活的深切体验和对生活的观察能力，再有一定的文字表达能力，就可以说有一定的文才了。当然，高标准要求，作家同时也应是思想家，并具备很好的历史意识。

第三节　记者、作家、历史学家的最高境界之一就是具有独立的思想体系

一　人格独立与报格独立

无论是文学家、历史学家还是新闻家，要想真正有出息，就应当保持自己人格的独立。一般说来，经济独立是具有人格独立的重要前提。但经济独立并不能保证就具有独立的人格。

---

① 孙犁：《读〈史记〉记》，《孙犁文集》第9卷，百花文艺出版社，2004，第214~216页。

新闻家人格的独立，表现在工作中，就是邹韬奋所说的报格的独立。邹韬奋主持报刊工作，始终坚持崇高的报格。他说：

> 记者所始终认为绝对不容侵犯的是本刊在言论上的独立精神，也就是所谓报格。倘须屈服于干涉言论的附带条件，无论出于何种方式，记者为自己人格计，为本刊报格计，都抱有宁为玉碎不为瓦全的决心。①

作为非政党报纸的商业报纸经营者史量才，对于独立自主的办报方针有较多的论述。在史量才看来，报业在经济上要独立。他说，《申报》"现在营业收入可以供用，故可自信不受任何方面津贴，虽十年来的政潮澎湃，敝馆宗旨，迄未偶迁"②。他已经看到，独立的办报方针需要经济上的独立来支撑。史量才认为，报纸应持论公正，言论独立。史氏办报，主张"不偏不倚"，他说，自己办报，"非为私，而为社会国家树一较有历史之言论机关"，他把"持论主张公正，新闻主张翔实"作为《申报》的口号。③ 史量才的"史家办报"思想和"独立办报"方针，大致反映出中国传统仕人学者风范，也折射出西方早期商业报业思想对中国 20 世纪报人的影响。据记载，1921 年美国新闻学者格拉仕访问中国，史量才在欢迎会上致词说，孟子所谓，贫贱不能移、富贵不能淫、威武不能屈，与顷者格拉仕君所谓"报馆应有独立之精神"一语，敝馆宗旨似亦隐相符合，"且鄙人誓守此志，办报一年，即实行此志一年也。"④

报格的独立有赖于经济来源的独立；就是史学研究，如果在经济上过于依赖于某种来源，也很难保持其学术独立。正如巴特菲尔德在《历史与人际关系》（*History and Human Relations*）中所说：

> 很难期望政府（或这方面的私人基金会）会选中那些被认为有悖于本国利益的研究项目，对于那些也许不能明显促进本国利益的研究项目也不可能拨给经费。巴特菲尔德用充分的事实论证了"官方历史

---

① 邹韬奋：《与读者诸君告别》，《生活》周刊第 8 卷第 50 期（1933 年 12 月 16 日）。
② 张蕴和：《办报梁罪孽耶》，《申报月刊》3 卷 12 期。
③ 霍绍伊：《史先生办报之志》，《申报月刊》3 卷 12 期。
④ 史量才 1921 年 12 月 23 日在申报欢迎格拉仕莅馆时的致词。

学"的"潜在危险性"。①

对新闻家精神独立的另一个十分重大的考验来自于政治权势压力。任英国《泰晤士报》主编长达 36 年之久的著名报人约翰·德莱恩说:"新闻事业应以独立的精神执行其任务,以社会利益为前提,不与政治人物勾结,更不可牺牲其永恒的利益,而向任何政权低头。"②

对于中国人来说,更应注意独立人格的持守。庞朴说:用西方的观点看中国,可以说中国人没有形成一种独立的人格(韦伯);用中国的观点看西方,可以说西方人没有形成一种社会的人格。③ 中国文化传统更重视群体价值,对个人的价值和独立精神重视不够,许多情况下,群体价值取代了个体价值及其独立性。

二 精神独立与独立的思想体系

人格独立是建立独立思想体系的重要前提。人格独立固然要求人体不依附于他人或某种组织,而精神或思想意识的独立才是人格独立最核心的内涵。因此,精神独立是建立独立思想体系的先决条件。

建立独立的思想体系是一种理想的境界,是一种极难达到的苛求。但是,舍此追求你便不能在你所从事的文化、科学事业中登峰造极。

相比较而言,历史上文学家和史学家都有建立了自己独立思想体系的顶尖人物。萨特建立了自己独立的思想体系,他的存在哲学,他的"存在先于本质"的著名命题就是重要标志。中国著名史学家司马迁"究天人之际,通古今之变,成一家之言",巨著《史记》凝结了他独特的思想体系。

也许是由于新闻家过于忙于永不停息的现实运转;也许是由于新闻与政治的关系过于密切,难于独立地思索问题;也许是由于新闻学者中还缺乏哲学大师,严格说来,到目前为止,在新闻家(包括新闻记者和新闻理论家)中还没有能找得出一位建立了自己独立思想体系的顶级人物。

传播学开始于 20 世纪 20 年代,勃兴于同一世纪的 50 年代。也就是说,传播学的历史要比新闻学的历史短得多。传播学的蓬勃发展使传播学家中

---

① 转引自〔英〕杰弗里·巴勒克拉夫《当代史学主要趋势》,上海译文出版社,1987,第 336 ~ 337 页。

② 转引自童兵主编《中西新闻比较论纲》,新华出版社,1999,第 313 页。

③ 庞朴:《中国文化的人文精神》,《光明日报》1986 年 1 月 6 日。

已经或开始出现大师级人物。传播学的发展势头强劲。传播学在 20 世纪 80 年代初期传入中国。1997 年新闻传播学被正式确立为一级学科。

提起传播学人们往往把它与新闻传播或政治宣传联系在一起，其实传播学研究的对象几乎囊括了社会生活的各个方面。有人的地方就有传播。所有学科都有一个传播问题。因此，传播学是一门辐射力极强，几乎各门学科都需要面对的学科。1982 年施拉姆在访问中国期间对传播学的发展作出预测："在未来的一百年中，分门别类的社会科学——心理学、政治学、人类学等等——都会成为综合之后的一门科学。在这门科学里面，传播的研究会成为所有这些科学里面的基础……综合之后的社会科学会非常看重对传播的研究，它将成为综合之后的新的科学的一个基本学科。"① 现在，他的预言部分地得到证实。当今社会使用频率最高的词汇（也就是对当今社会产生重大影响的事物），如信息、媒体、因特网等，都与传播学有不解之缘。就连大家熟知的名词"科普"也随着人们对它认识的深化而改变了自己的名称。科学普及（popularization of science）事业经历了一个广义化和系统化的过程，由"公众理解科学运动"（public understanding of science）阶段，进入到了一个新的形态："科学传播"（science communication）。目前，国内外权威的科普机构都把过去的"科普"改称"科学传播"。西方发达国家在进入信息化时代以后，为了适应社会和经济的发展，应对传播国际化的挑战，传播学逐渐成为大学文科的主流学科。我们不用怀疑，传播学在 21 世纪会成为热门学科。

面对传播学，新闻学家多少要感到内疚。有学者在分析新闻传播学体系时说：

> 严格说来，我们至今尚无一个比较完善的新闻传播学的科学体系。中国和外国大体上都如此。这主要因为，一是新闻传播学这门学科过于年轻，发展又过于迅速，研究者们还无法深刻认识和驾驭它的演进过程中的种种规律，研究资料的积累也过于稀少。二是新闻从业者以至新闻研究者过于重"术"而过于轻"学"，对于技巧改进和媒介功能的功利主义追求往往大于对基本规律的研讨与基本理念的完

---

① 见中国社会科学院新闻研究所世界新闻研究室编《传播学》，人民日报出版社，1983，第 124 页。

善。媒介的有意与无意的错位运作与短期效应，常常压抑了媒介的有机发展，给人以理念的误导与规律的漠视。是故近百年来，新闻传播学科的发展与同时代的其他学科相比，常常显得有气无力与有声无色。三是新闻传播学的研究缺少自己的学科语言、学科体系与学科方法，常常由于过多地借用其他学科的语言、体系与方法，而损减了自己学科的独立性与自主性，个别阶段曾经被其他学科所替代，或成为其他学科的附庸。①

新闻传播学学科体系的真正建立，固然不一定要建立独立的思想体系；然而，新闻传播学学科体系若由具有独立思想体系的学术大家来建立，将会大大提升新闻传播学的学科学术水平。目前，比较现实的途径是借用传播学已有的学术成果，来充实新闻传播学的学术根基，为新闻传播学学科体系的建立创造条件。建立新闻传播学学科体系的先决条件是新闻传播学学者精神的独立，以及新闻传播学学科具有独立性的意识。

不仅是作为学科的新闻传播学，即使作为新闻媒体、新闻记者或新闻节目主持人，理想的素质，也应当是具有精神独立的意识或独立思考的能力。基于对报纸巨大作用的认识，梁启超早就提出报纸言论独立的思想，他为"言论独立"的辩护是这样展开的：

> 夫极之所以有益于人国者，谓其持论之能适应乎时势也；谓其能独立而不倚也；谓其能指陈利害，先乎多数人所未及察者而警告之也；谓其能矫正偏颇之俗论而纳诸轨物也；谓其能补多数人常识所未逮，而为之馈贫粮也；谓其能窥社会心理之微，针对发药而使之相说以解也；谓其对于政治上能为公平透亮之批评，使当局有所严惮也；谓其建一议发一策，能使本国为重于世界，四邻咸知吾国论所在而莫敢余侮也。②

作为新闻人的个体也是这样，"（作为主持人）只有当你一直以自己的观念和思考面对公众时，你才有发言的价值，而如果你只是一个别人观念

---

① 童兵：《理论新闻传播学导论》，中国人民大学出版社，2011，第6页。
② 梁启超：《京报增刊国文祝辞》，《饮冰室合集》文集第12册，中华书局，1936。

的传声筒和组合器，那么，时间一长，你的面孔便会在公众的评判中变得苍白。"① 白岩松作为电视新闻节目主持人的成功，大概与他以自己的观念和思考面对公众，不当别人观念的传声筒和组合器这种追求不无关系。中国电视著名栏目《东方时空》的缔造者之一陈虻于 2008 年 12 月 23 日因胃癌逝世。为纪念陈虻去世一周年，央视新闻人柴静在 2009 年 12 月 23 日的新浪博客上发了题为《我以为失去了他，但是没有》的文章，其中有这样一段文字：

> 他最后说的一句话，十年后仍然拷问我："你有自己认识事物的坐标系吗？有几个？"

"自己认识事物的坐标系"，就是强调独立思考，独立判断。

由于新闻是"喉舌"和"工具"的观念根深蒂固。人们较少提及新闻记者的精神独立。粉碎"四人帮"后，有一种说法，认为记者是"天然风派"。这种说法确实概括了当时我国新闻记者的某种特征。这种现象主要是由体制造成的。但真正的记者如美国著名新闻人普利策和美国著名评论家李普曼所说，"倘若一个国家是一条航行在大海上的船，新闻记者是站在船头上的瞭望者。他要在一望无际的海面上观察一切，审视海上的不测风云和浅滩暗礁，及时发出警告。"② "新闻记者像站在船头上的瞭望者，他绝不只注意目前的表象，而是洞察气候变化，预测航行安危。"③ 要做到"预测航行安危"和"及时发出警告"，"天然风派"绝对不行，具有精神独立性的记者才有可能。

历史学家同样需要精神的独立。陈寅恪在《顺宗实录与续玄怪录》中说史料中的"私家纂述易流于诬妄，而官修之书，其病又在多所讳饰"。官修史书之所以难以避免"多所讳饰"，一个显而易见的原因就是史官作为官府的成员，经济和人身都难以独立，自然精神独立就不好谈了。"讳饰"的出现也就不难理解了。中国史学史中很多名著不属于"官修史书"，也在一定程度上说明了精神独立对于史书撰述的重要。"还有一种情况，即具有史

---

① 白岩松：《我们生活在什么样的时代——试论主持人的生存背景》，《现代传播》（北京广播学院学报）1998 年第 5 期。

② 转引自赵浩生《漫话美国新闻事业》，北京出版社，1980，第 18 页。

③ 转引自赵浩生《倘若斯诺今天写中国》，《人民日报》（海外版）1988 年 6 月 29 日。

官身份的史家，其著述并非都是官修史书。例如《史记》《汉书》《三国志》《史通》《贞观政要》《资治通鉴》《通鉴纪事本末》《续资治通鉴长编》《三朝北盟会编》《建炎以来系年要录》等名作，仍属于史家私人撰述。"① 刘知几在《史通》自叙中谈到了自己撰《史通》的原因，是"任当其职，而吾道不行；见用于时，而美志不遂"，"故退而私撰《史通》，以见其志"。在他看来，优秀的史书，"古之国史，皆出自一家"，而非"群儒"之"众功"②。此处可以看出，刘知几精神的独立性。《史通》的成就不能说与此无关。

中国史学家在这方面有深刻教训。比如在当代史学家中，"吴晗已经习惯了在研究历史、解说历史时，贯穿领袖的思想，他已经被公认为是富有造诣的马克思主义史学家，习惯于以领导者的身份发表着指导性的报告。"他在1962年发表的两篇重要文章《论历史人物评价》和《论历史知识的普及》，"第一篇文章中，所引用的经典人物的语录多达十五处，字数达到将近一千五百字；第二篇文章中，引用了七处，字数也达到了将近一千三百字。"③

文学家需要精神独立同样是不言而喻的。丹麦文学批评家勃兰兑斯在谈到法国和英国文学时指出："使法国和英国文学发展起来的人们，大都具有自由的眼光和广博的见识，具有独立性"。④ 我们不能想象在精神上不独立的托尔斯泰、曹雪芹、鲁迅这样的文学大师会是什么样子。新中国还没有出现像鲁迅这样的文学大师，我们可以找出种种原因；但作家缺乏精神的独立是最重要的原因之一。

当下，我国一些学者已经开始认识到精神独立对于学术研究的重要性。北京大学钟子诚著的《中国当代文学史》，就显现出某种程度的精神独立品格。钟著《中国当代文学史》"后记"中说："当代文学史的个人编写，有可能使某种观点、某种处理方式得到彰显。"并不是说"个人编写"就必然带来精神独立，而是这本当代文学史的叙述方式、史观和文学史观、价值观念、对作家作品的评价等方面，表现出某种独立意识。比如，他以"第

① 瞿林东：《中华文化通志·学术典》之《史学志》，上海人民出版社，1998，第109页。
② 刘昫等：《旧唐书·刘子玄传》，中华书局，1975，第3168～3169页。
③ 李辉：《碑石（关于吴晗的随想）》，《收获》1996年第1期。
④ 〔丹麦〕勃兰兑斯：《十九世纪文学主潮·序言》，见《西方文论选》下卷，上海译文出版社，1979，第476页。

三者"的角度来看中国当代文学，不像过去的叙述语言以"我们""我国"等方式行文，叙述者与被叙述的对象拉开了距离，对被评论的对象尽量持一种客观的态度。

第四节　作家的记者生涯对创作的影响和记者的
　　　　文学生涯对新闻写作的影响

曾经从事新闻工作，并成为作家的人有相当数量。著名的，外国有笛福、杰克·伦敦、海明威、爱伦堡、波列伏依等，中国有萧乾、周立波、孙犁、魏巍等。许多记者同时又是作家。这种现象的出现不是偶然的。作家的最重要资质之一就是对社会生活的深刻、具体地了解和体验。记者必须经常进行的采访活动，正好可以满足这种要求。

不少记者最初的梦想是想当作家。曾经有位研究者问穆青，你为什么选择了当新闻记者这一行，他笑了笑说："我当初做梦也没想到会当上新闻记者，倒是很想成为作家哩。"① 也有一些人是想通过做记者进而成为作家。萧乾在《一个乐观主义者的独白》中谈道：

> 30 年代初期还没走出校门，我就为自己设计了生活道路：通过记者这个职业，走上文学创作。五十年后回顾起来，我基本上是按照这一蓝图生活过来的。每当我以"老报人"自称时，我总是带着无限自豪和感激的心情。②

记者生涯也成就了他的作家梦。

一　记者生涯对创作的积极影响

从文学创作角度考察，新闻工作对创作会产生何种影响呢？

当有人问萧乾为什么从年轻时就从专攻文学改为兼攻新闻与文学，他回答说："现在我还觉得这个道路我没选错。第一，你能找到什么职业（指新闻

---

① 刘淮：《穆青和他的报告文学》，河南人民出版社，1985，第 10 页。
② 《萧乾选集》第 1 卷，四川人民出版社，1983，第 11 页。

记者以外的职业）可以这么广泛地接触生活？第二，新闻文字要求笔头写得快，新闻工作能训练一个人写得快；第三，新闻工作者心目中得有读者，一般不至于脱离群众；第四，新闻工作者是和现实生活密切联系的……"① 他在《一个乐观主义者的独白》中说："这一行当曾经使我在国内外跑了许多地方，在三教九流中间结交了许多朋友；使我看到人民在旧社会遭遇的苦难，看到国内外法西斯的残暴以及他们那可耻的下场。"② 萧乾从几个角度回答了选择新闻工作的好处，其中包括对文学创作的好处。这些好处是存在的。

刘白羽的见解与萧乾既有相同之处也有不同之处，但都是从肯定的方面看问题。"我认为做记者是一个很好的不断研究社会、深入生活的道路。做记者对于从事文学创作的人来说，可以扩大政治生活的视野，锻炼辩证分析事物的能力，使你不完全停留在文学境界之中，而时常瞩目于斗争形势之上。"③

近代巴西现实主义文学的代表作家库尼亚（1866～1909），以《圣保罗州报》特派记者身份随军到卡努杜斯采访，在那里他目睹了政府军对起义农民的大规模屠杀。这一次血的经历，使库尼亚受到深刻的教育。从此，他就不再是一个浪漫的民主主义者，而变成了一个坚定的现实主义者。长篇报告文学作品《腹地》作为一部文学名著，最明显的艺术特点是它的真实性。巴西人民称它为"我们最优秀的书"，"巴西民族主义的《圣经》"。作者记述的题材是巴西历史上发生的历史悲剧；在写作之前，他作为一个战地记者，对所描写的事件作了全面而客观的观察，搜集了丰富的材料，对腹地的景物和居民、群众的生活和斗争，事件的过程和细节的描写，无不是作者悉心研究的结果。④

海明威说："新闻工作不会损害一位年轻的作家，如果他及时把它摆脱，这对他是有帮助的。""可是过了一个特定的时刻，新闻工作对于一位严肃的有创造力的作家会是一种日常的自我毁灭。"⑤ 这位曾经当过记者的著名作家认为，年轻的作家可以当一段记者，但应及时把它摆脱掉。如果一位有创造力的作家，当他或她已经有了足够的社会经历，需要集中精力

① 杜渐：《访问记》，香港《开卷》第 2 卷第 7 期。
② 《萧乾选集》第 1 卷，四川人民出版社，1983，第 11 页。
③ 刘白羽：《记者生活漫谈》，《新闻战线》1979 年第 1 期。
④ 参阅《外国名作家传》上，中国社会科学出版社，1979，第 586～588 页。
⑤ 〔美〕海明威：《"冰山"理论：对话与潜对话》，工人出版社，1987，第 67 页。

创作时，仍继续从事新闻工作，那"会是一种日常的自我毁灭"。海明威的口气是严重的，但确有道理。然而，达到需要摆脱新闻工作专门进行创作的作家，毕竟是少数。只有那些确有创作才华的作家才可以考虑扔掉新闻饭碗，进入专业的文学创作。

与社会生活保持密切的、活的联系，这是记者生涯带给文学创作的明显益处。新闻是与社会生活保持最密切联系的一个领域。它每时每刻都对不断变动的社会生活作出及时反应。因此，关注社会生活的最新动向，就成为记者神经的重要兴奋点。当记者进入文学创作状态后，这种素养还会继续发挥作用。有做记者经历的作家，其创作多与正在进行的社会生活有关。这种倾向，多数情况下所起的作用是积极的。

但是，如果过于注重创作与现实生活的连带关系，有时可能表现出两种弊病，一是要求自己的作品对生活做出迅速、及时反应，使写作过于仓促，有"赶任务"、浮躁之嫌。二是反应过于迅速、及时，表现在艺术上，往往缺乏远距离观照，缺乏沉淀和净化，美感不足；表现在思想内涵上，往往缺乏历史意识，缺乏历史的纵深感和审视力。这样，有些创作必然像多数新闻品一样匆匆产生，匆匆消失，成为"易碎品"，成为"短命儿"。

记者生涯带给文学创作的一个益处就是使文辞简练。写新闻，尤其是写典型的新闻文体——消息，其要求之一就是语言简练。比如，合众国际社曾提供一个图示：

句子用词的平均长度

最易读的句子	8 个词以下
易读的句子	11 个词
较为易读的句子	14 个词
标准句子	17 个词
较难读的句子	21 个词
难读的句子	25 个词
很难读的句子	29 个词以上

这个表格提示记者，尽可能用最少的词，构成最易读的句子。

正因为新闻写作注重文辞简练，就使多数记者练就了文字简练的功夫，这在不少有过记者经历的作家身上可以体现出来。站着写作的作家海明威，就以"电报体"著称。海明威曾把文学创作形象地比喻成漂浮在大洋上的冰山，形之于文字的东西是作品看得见的"八分之一"，而作品隐藏的内容则如同冰山在水下的"八分之七"。他说过："应该把一切可以抛弃的东西，全部抛掉。凡是抛掉的东西，都进入水下。这样才能使我们的冰山坚实牢固。"他的短篇小说有的只有三四页的篇幅。他甚至还写过几十行、十几行的小品。像著名的《老人与海》这样容量很大的作品，他也只是写成一个中篇，总共也只有五六十页的篇幅。他说过，这个题材假若由别的作家来写，恐怕要扩展到一千页以上。比如小说主人公桑提亚哥的身世经历，似乎要大加追叙，他的社会交往和家庭生活，似乎也应该交代，还有渔村的居民及其生活情况，似乎也有必要描述一番，等等。而这些，他都没有写进作品中去，而是统统"抛到水下"，留给读者自己去想象补充。①

记者生涯，使孙犁练就了写"新闻体"文章的硬功夫，如果我们读一读他的报告《唐官屯光复之战》，你就会发现，那几乎可以称作"电报文体"了。②

顺便提及，中国史书也有尚简的传统。近人郑天挺（1899～1981）对中国历史家尚简的传统作了这样的总结：

　　他们提倡简要，反对文字的烦富，希望"文约而事丰"，所以他们主要尚简。有时候已经叙述了一个人的才行，就不再罗列事迹；有时候已经用事迹衬托出一个人的才行，就不必再用抽象的话笼统地赞美；有时候对于才行事迹全不说，而把当时的言语记出来，因为言语有关涉所以事实也就显露了。他们绝不同时并写，以免虚费文字。假如说一个人尽夜读书，又何必再说他笃志学习？已经说了下笔千言，又何必再说文章敏速？既然已把一件事情发生时有关系的对话记下来了，又何必再把这件事情的经过重说一遍？这是历史家他们尚简的理由。因为尚简，所以他们更主张省字省句，不妄加，不烦复，但是却要简要合理。他们要做到"骈枝尽去，尘垢都捐，华逝实存，滓去沈在"③。

①　参阅龙协涛编著《艺苑趣谈录》，北京大学出版社，1984，第209页。
②　侯军：《孙犁与报告文学》，《孙犁作品评论续编》，百花文艺出版社，1991，第346页。
③　郑天挺：《中国的传记文》，见《探微集》，中华书局，1980，第269页。

在史文繁简上，我国史家主要倾向是尚简，但也不是愈简愈好。这一点，刘知几已经说到。宋人洪迈进而提出："文贵于达而已，烦与省各有当也"。① 不论烦与省，都应写得明白、全面，不可失当。顾炎武也认为："辞主乎达，不论其烦与简也"。②

二 新闻工作给创作带来的负面影响

新闻工作带给文学创作的不完全是积极影响，也有负面影响。

新闻报道要求敏捷快速，习惯了敏捷快速的记者，当他（她）进行文学创作时继续按照这种惯性行事的话，可能就会出问题。爱伦堡在第一次世界大战期间，担任几家莫斯科报纸的战地记者。在德国入侵俄国期间，他的记者生涯和他的影响达到了顶峰。有学者在谈到爱伦堡时说：

> 正是他的敏捷阻碍了他的创作：他以惊人的速度一部接一部地写作，有点像文学速记，虽然他常常触及一些深刻而重大的问题，但内容总是肤浅的，尽管有鞭挞之词和警句妙语，但还是相当的平淡。这一缺点的根本原因归咎于他的机会主义思想。

把这一缺点归因于"机会主义"至少是不全面的，"敏捷""惊人的速度""文学速记""常常触及一些深刻而重大的问题"等，正表明了新闻生涯在创作上带给他的影响。

然而，这种敏捷对创作的影响是复杂和多侧面的，有时不能用"积极""消极"来概括。"当然，他（指爱伦堡）的社会主义现实主义作品是紧紧配合时事问题的"。"然而，当旧小说形式重新风行于苏联时，爱伦堡凭着他那高度敏感的文学晴雨表觉察到这种气候的变化，于是，在新经济政策时期和新经济政策以后的年代里，写了更合乎传统的小说。"③

三 文学创作对新闻写作的影响

有文学创作的经历，对记者从事写作无疑有其有利的一面。茅盾在

---

① 洪迈：《容斋随笔》卷一"文烦简有当"条。
② 顾炎武：《日知录》卷一九"文章烦简"条。
③ 〔美〕马克·斯洛宁：《苏维埃俄罗斯文学》，上海译文出版社，1983，第224、225、222页。

1925 年 5 月 30 日夜写作了《五月三十日的下午》，接着又写了《暴风雨》，报道"五卅"运动的情景；叶圣陶写了《五月卅一日急雨中》，发表在 1925 年 6 月 28 日出版的《文学周报》第 179 期上；郑振铎写了《六月一日》，刊登在该年《文学周报》第 181 期上；陆定一写了《五卅节的上海》，发表在 1926 年《洪水》第 2 卷 20 期上；朱自清写了《执政府大屠杀记》，发表在 1926 年 3 月 29 日出版的《语丝》第 72 期上。这些作家写出的报道性文字，具有文学色彩。

新中国成立前，中国出现过两次作家进入新闻报道界兼当记者的热潮：一次是抗战初期和中期，一次是解放战争时期。在抗战时期，作家当记者，从事采访调查活动，写作通讯报告作品，已经成为一种风尚。作家型记者的采访活动，与一般记者的采访活动有明显的不同，关注现实重大斗争和突出事件，考察形势，研究动向，剖析典型事情和人物，从一定的广度和深度上把握现实和认识社会，是这些作家型记者采访考察活动的突出特点。

中国当代著名人物专访作家柏生在《记者工作漫谈》一文中说："文学作品要有感情，要有文采，新闻作品要不要这样呢？要。新闻作品也应该情文并茂……无论是写人物通讯，或者事件通讯，都要注意形象性；写出现场情景，有人物思想感情的细节，才能以情动人，有强烈的感染力。"[1] 美国学者诺曼·西姆斯说："文艺型记者遵循着他们自己的一套规则。与一般的新闻写作不同，文艺化新闻写作要求记者对于各种复杂而困难的题材进行深入观察。文艺型记者给读者所报道的事物，从头到尾都显示出这个记者是一个内行，甚至是这方面的权威。无论报道的主题是手术室里的一个外科医生，还是某家竞争力很强的公司的一个电脑设计小组，能写出这些戏剧性细节的，只能是那些锲而不舍、能力高强和满腔热忱的记者。那些善于深入报道的文艺型记者已成为家喻户晓的人物。"[2]

1902 年，美国著名作家杰克·伦敦按照一个合同，从美国出发去非洲执行一项特约的采访任务，但刚到伦敦，却突然接到一封废约的电报。原因是他要采访的南非波尔共和国反对英帝国主义的民族独立战争已告结束。于是，他就深入伦敦著名的东区贫民窟，去调查那里的情况。为了消除可

---

① 中国社会科学院研究生院新闻系选编《新闻采访与写作》，人民日报出版社，1981，第 157 页。

② 〔美〕诺曼·西姆斯：《文艺型记者》，《交流》1986 年第 1 期。

能产生的隔阂,与社会底层的劳动人民打成一片,他特地到旧货店买了一套平常的衣服,并在贫民窟最拥挤的地方租了一个房间。贫民窟里的人们把他当成一个流落港口的美国水手,接待他,信任他,和他交朋友,同他无话不谈。他在工人家庭、贫民收容所里了解到许多新情况,对资本主义社会里下层劳动人民的生活和命运有了更深的体会和认识。不久,他把调查的结果写成一部著名的特写集《深渊中的人们》。这个集子忠实记录了许多骇人听闻的事实,控诉了英国资产阶级对工人阶级的残酷剥削。他在"结论"中尖锐指出:"文明有没有改善普通人的命运?"英国社会生产力大大提高,为什么"八百万贫民大军经常在饥饿边缘上挣扎?"他认为,原因就在于"政府的制度","它衰败无力",因此"必须重新组织社会"。《深渊中的人们》成为描写被压迫者悲惨生活的世界名著之一。它在《威尔夏氏》杂志上连载时,影响很大,作者的声誉也因此而激增。① 可以看出,作家深入生活的做法影响了杰克·伦敦采访和调查的方式。

由于萧乾是一位作家,他在写作新闻报道时,必然要运用文学笔法,因此兼有新闻性与文学性的特写,就成了他专攻的文体。这个转变,表面上看是作家写作文体的变化,而从实质上说,则是创作思想和道路的变化。萧乾同时代的旅美记者赵浩生教授说:"世界上大多数新闻记者的作品,生命力不足一天,有些特定地区特定时代的新闻作品寿命更短。现在有些记者不会跑新闻,或者会跑而不会写新闻。萧乾不同于一般记者,他的作品不仅有新闻的时效,而且有文学的艺术、历史学的严谨。他把文学技法,把对历史的严肃感情写进新闻,所以他作品的寿命不是一天,而是永远。萧乾是一个成功的人。"②

然而,文学创作有时会干扰新闻类作品的写作。"二战"期间,肖洛霍夫作为战地记者写了不少特写。"有一回在前线,肖洛霍夫接受一个任务,要他写一篇关于一个英勇牺牲的军官的下葬的报道,他用抒情的笔调和豪迈的气魄去写它,结果写的不像特写了,因此也就没有发表。这样,作家再次尖锐地感到自己不能成为一个优秀的记者和特写作家,他的才能不在这方面。"③ 类似这样的情况并不少见。

---

① 参阅龙协涛编著《艺苑趣谈录》,北京大学出版社,1984,第101~102页。

② 唐师曾:《我师萧乾》,《北京文学·原创版》2006年第9期。

③ 孙美玲:《肖洛霍夫》,辽宁人民出版社,1985,第43页。

第五节 记者、作家、史学家三种职业的优长与短处

本书有关章节对记者、作家、史家的优长之处不时涉及，但没有专门谈过。不过尽管本节标题是"优长与不足"，但我们重点谈的还是不足。

对于新闻记者的短处，前人和今人都曾涉及。恩格斯在 1889 年 12 月 9 日致康拉德·施米特的信中说：

> 新闻事业，特别是对于我们这些天性不那么灵活的德国人（因此犹太人在这方面也"胜过"我们）来说，是一个非常有益的学校，通过这个工作，你会在各方面变得更加机智，会更好地了解和估计自己的力量，更主要的是会习惯于在一定期限内做一定的工作。但是，从另一方面看，新闻事业使人浮光掠影，因为时间不足，就会习惯于匆忙地解决那些自己都知道还没有完全掌握的问题。[1]

恩格斯准确地指出了新闻事业给新闻从业者带来的益处是使人更加"机智"和"在一定期限内做一定的工作"。但新闻事业也使人容易"浮光掠影"和"匆忙地解决那些自己都知道还没有完全掌握的问题"。只要从事过新闻工作的人，对恩格斯的这些分析和判断会有同感。

近代英国历史学家约翰·布瑞，在《古希腊历史学家》一书中评论古希腊史学家色诺芬道："色诺芬在史学领域中和在哲学领域中一样，都是一个浅尝者……他略有文采，写过多种多样的著作。把那些著作加在一起，才使他在希腊文苑中有一席之地。不过他的才智实际上是平庸的，不能深入地观察到事物的本质。如果他生活在现代，他可能是一名第一流的新闻记者……就史学方面来说，他真正的贡献是写了一些回忆录。"[2] 这位英国历史学家无意中谈到了新闻记者：色诺芬的缺点，如果按照一个新闻记者要求，也许就不足以影响他成为"第一流"的人才。不难看出，这里暗含

---

[1] 恩格斯：《致康拉德·施米特》，《马克思恩格斯全集》第 37 卷，人民出版社，1971，第 318～319 页。

[2] 转引自郭圣铭编著《西方史学史概要》，上海人民出版社，1983，第 32 页。

的新闻记者职业的短处，如"浅尝辄止"，"不能深入地观察到事物的本质"，与恩格斯所指出的大致类似。

中国当代著名新闻学学者童兵也注意到了新闻职业给从业人员带来的短处，

> 新闻传播者的职业特征中的短处，最主要的是，由于不直接参加人民群众的社会实践，却要在极短的时间内迅速、准确地反映领域极其广泛的群众社会实践，并且作出判断、分析和评价，这就非常容易产生片面性和表面性。

这里对新闻职业短处的分析是有道理的。引用了童兵的这段文字后，笔者想谈及与此有关的一个问题。童兵在谈新闻文化时认为，新闻文化的突出特点之一是"深刻的哲学思辨"。① 笔者以为，新闻文化应当有"深刻的哲学思辨"，但由于新闻报道要求快速及时，又由于它有强烈的政治性，所以，往往表现出的倒是我们所期望的反面，迎合政治需要，迎合时尚价值观念，缺乏"深刻的哲学思辨"，这为许多事实所证实。童兵所说的新闻职业短处"非常容易产生片面性和表面性"，不是正与"深刻的哲学思辨"相矛盾吗？

另外，由于新闻记者可以广泛接触社会各界，尤其是可与社会上层及知名人士接触和交往，有较高的社会地位，经济收入也比较好，如果不注意修养就容易滋生"骄""横"二字。

作家的弱点也比较明显。也许作家的精神空间最为宽广。然而也正是几乎无限自由的思维空间，也使不少作家表现出过于幻想，不切实际的弱点。在这三种职业中，作家可能是最容易脱离实际的群体。

史学工作者的弱点在何处？沉重的历史积淀使历史学家的创新精神可能会有所削弱，凡事总要想老祖宗干过没有，干过又是怎么干的，等等。每当国外出现一个新的或先进的东西，一些搞历史的人总要站出来说，"中国老辈就有"。在这三种职业中，搞历史的可能是最容易墨守成规的了。

在多数社会条件下，史学工作者，较之于新闻工作者和作家，可能要清贫一些。史学工作者能进入社会热点圈或者成为社会关注对象的时候不

---

① 童兵：《理论新闻传播学导论》，中国人民大学出版社，2011，第29、106页。

多。这也许是史学职业的弱势之处吧。

以上不是全面谈这三种职业带给从业人员的短处或弱点，仅是就较明显的地方谈了一些。从事这三种职业的人，相互学习和沟通，是很有益处的。搞新闻的需要尽可能多懂一些历史知识，尽管他们面对的是现实，而且是最鲜活的现实；因为没有历史，他们所面对的现实只能是一维的、平面的现实。搞历史的却应尽可能多地关心现实，尽管他们的对象是过去，甚至是遥远的过去；因为他们不关心现实，历史就显得没有意义和显得苍白。搞文学的既要尽可能多懂一些历史，更要关注现实；因为没有历史就缺乏厚重，冷漠现实就失去活力和显得空泛。从事新闻工作或历史研究要具备文学素养，尽管他们不能像文学家一样想象和虚构；因为文学艺术可以滋润新闻和历史作品，使它们更加多彩多姿和富有感染力。

主要参考文献

《马克思恩格斯选集》，人民出版社，1972。

吴肇荣：《中国现代作家型记者》，武汉大学出版社，1987。

李良荣：《新闻学概论》，复旦大学出版社，2011。

童兵：《理论新闻传播学导论》，中国人民大学出版社，2011。

童兵、林涵：《20 世纪中国新闻学与传播学·理论新闻学卷》，复旦大学出版社，2001。

单波：《20 世纪中国新闻学与传播学·应用新闻学卷》，复旦大学出版社，2001。

刘华蓉：《大众传媒与政治》，北京大学出版社，2001。

陈果安编著《现代实用新闻写作》，中南工业大学出版社，1997（本书关于新闻采访与新闻敏感的部分论述，参阅了陈书的有关内容）。

《中国大百科全书·新闻出版》，中国大百科全书出版社，1990。

《中国新闻实用大辞典》，新华出版社，1996。

张之华主编《中国新闻事业史文选》，中国人民大学出版社，1999。

《西方文论选》，上海译文出版社，1979。

《孙犁文集》（一～五卷，续编一～三卷），百花文艺出版社，1982～1992。

童庆炳主编《文学理论教程》，高等教育出版社，1998。

龙协涛编著《艺苑趣谈录》，北京大学出版社，1984。

〔英〕杰弗里·巴勒克拉夫：《当代史学主要趋势》，上海译文出版社，1987。

〔英〕爱德华·霍列特·卡尔：《历史是什么》，商务印书馆，1981。

〔英〕柯林武德：《历史的观念》（增补版），北京大学出版社，2010。

郭圣铭编著《西方史学史概要》，上海人民出版社，1983。

白寿彝主编《史学概论》，宁夏人民出版社，1983。

瞿林东:《中华文化通志·学术典》之《史学志》,上海人民出版社,1998。

李振宏、刘克辉:《历史学的理论与方法》,河南大学出版社,2008。

附 录

《火星人来了——19 世纪的小说 20 世纪的广播》

〔美〕杰安·哈科尔·布恩斯

密苏里公路上几乎没有人影，东北方满天通红，看来可怕。是森林起火吗？大概是的。

这时公路上正有一家人经过，他们本已发觉收音机不时停下音乐节目，播出重要新闻，至少在他们看来，这片红光恰好证明那些新闻千真万确。驾车的人紧张地找另外一个电台，希望多收听一点消息。

华盛顿康克里小城的灯光全熄。是电力发生小故障吗？是的。可是康克里许多居民却愣愣地坐在无声无息的收音机旁边，深信灯光熄灭跟电台刚才紧急播出的可怕新闻有关系。

德克萨斯州休斯敦市长方维尔家里的电话响了，一个神经紧张的人在电话里哀求："不好了。赶紧动员警察、消防队和国民兵吧。"

的确，全美国真好像发生了可怕的事情。原来这是 1938 年 10 月 30 日万圣节前夕，广播电台跟听众开玩笑——有史以来最大的一次恶作剧。

科幻小说家韦尔斯写过一本小说《星际战争》，哥伦比亚广播公司改编后，在"空中水星戏院"播出。原著的想象力丰富，加上广播剧活灵活现，于是许许多多听众都信以为真："火星人进攻地球了！"

信不信这吓人的广播，要看碰巧不碰巧。一开头就听广播的人，当然晓得这是一出安排得很巧妙的戏，迟一步才收听或者只听了当中一段的人，不免中计而恐慌不已。

要了解其中原因，很容易。晚上 8 点钟（美国东部时间），广播电台的"空中水星戏院"节目开始，照例先说几句开场白，然后播出当时最流行的娱乐节目——大旅馆与舞厅里演奏的舞曲，这正是大家闲谈或看书时最喜欢收听的节目。可是，听众突然呆住了，因为音乐蓦地转弱而终至消失，跟着是一个如假包换的"播音员"的报告：

"诸位听众，我们临时中断音乐节目，向诸位报告'洲际无线电新闻社'的重要新闻。今晚7点50分的时候，芝加哥秦宁山天文台的法勒尔教授发现火星上每隔一段时间，就有一次白热气体爆炸，据分光镜观察，这种气体是氢，现时正以极高的速度向地球移动。新泽西州普林斯顿天文台的皮尔逊教授已经证实了法勒尔教授的观察，并且形容这种现象有如'枪筒里射出来的一股火焰'。"

此后音乐节目一再被新闻报告打断：政府已请各天文台继续注意火星；加拿大的一位天文学家已证实火星的爆炸；普林斯顿附近发生了"地震似的猛烈震动"。美国的报纸杂志后来记载这年万圣节前夕的事件时，虽然没有明确指出全国各地开始恐慌的时刻，但显然是在听到这些最初的新闻报告时开始的。许多听众的反应，不久也就跟新闻本身同样出乎意料：

虚构的故事 新闻报告："据报告，新泽西州格洛佛斯密尔附近的农场上，掉下一块喷火的巨大物体，相信是一颗陨石。当时周围几百里都见到空中一道亮光，坠地的时候，连远在北面的伊丽莎白市都听到了轰然一声。"

事实 在距离普林斯顿三里半的格洛佛斯密尔地方，有许多人坐汽车寻找陨石坠落的地点。《新闻周刊》后来报道，普林斯顿大学地质学系主任布丁顿当时也带着仪器，到那里去找寻陨石。

虚构的故事 皮尔逊教授和记者费利浦斯从格洛佛斯密尔发表目击报告，他们说从天上掉下来的那个喷火物体，并不是一颗陨石，而是一个"巨大的圆筒，直径30码，坠落的地方成了一个坑，筒身有一半埋在坑里"。皮尔逊教授说这个圆筒"绝对是地球以外的物体"。

事实 许多城市的警察局和报社接到许多电话，打电话的人神经紧张地问："可是真的？"光是《纽约时报》就接到875个电话。

虚构的故事 记者费利浦斯（声音愈来愈高，表示惊疑）："圆筒的顶端像螺丝一样开始旋转了……有一个人，也许是一个什么东西，爬出来了。我看见两个发光的圆碟从那个黑洞里向外窥望。难道是眼睛吗？也许是脸，也许是……"（人群惊喊的声音）"哎呀，有一样东西爬出来了，像一条灰蛇。又爬出一条了，还有一条。看上去好像是触角。呀，我见到那个怪物的身躯了。大小像一头熊，全身发亮，好像是浸湿了的皮。那张脸……实在难以形容。嘴巴像叉子，嘴唇没有边，但是好像在抖动，口水嘀嘀嗒嗒地滴下来。"

事实 "我到哪里去报到？"一个男人打电话向旧金山警察局大声询问，"这个怪物非抓住不可！"这样打电话的人总有好几千，他只是其中一个而已。美联社肯萨斯市分社接到的电话，有从洛杉矶、盐湖城和德克萨斯州倍蒙特打来的。

虚构的故事 费利浦斯："坑里有东西出来了。我看见一道细细的光，从一面镜子里射出来……"接着，他几乎上气不接下气地报告火星人用热光攻击在格洛佛斯密尔围观的人群。"火焰向人群直射……向四面射……射到我这一面来了……在我右边大约20码……"寂静。（听众明白费利浦斯已被热光消灭了）

事实 波士顿一个女人自称看到火焰，跑到左邻右舍劝别人赶紧逃。密苏里州乡下一个身穿睡衣的老头子跑到邻家大喊："我不愿意孤单地死！"

虚构的故事 格洛佛斯密尔美国陆军通讯队的蓝辛上尉起初对听众说，情况已经控制住了，突然却又激动地说："有东西在动……从圆筒里钻出来了……两条腿站起来了……比树还高，探照灯一齐照着它。"

寂静。又换了一个人的声音："今天晚上我们败得惨……总共有7千人被怪物的铁蹄踏成肉酱，或者被热光烧成了灰。怪物已经占据了新泽西的中部地区……惊慌的人群向南北西三个方向逃，公路挤得水泄不通。"

事实 纽约市许多市民六神无主，纷纷开汽车逃难。通往市郊的公路寸步难行。匹兹堡一个女人大哭："我宁可这样死了拉倒，也总比那样受罪强。"她要服毒自尽，她的丈夫连忙夺掉她手里的毒药。

虚构的故事 一个据说是内政部长的人在电台呼吁全国团结应付威胁，因为火星来的"机器"有好几个了。

接着，奉命出击火星机器的八架轰炸机从新泽西州沼泽地带上空报告："火星的怪物向我们喷火焰。现在只剩下一个办法……连人带机向它们冲。我们现在对准第一个机器俯冲……"

寂静。最后，又换了一个声音："这是纽瓦市。请注意！新泽西州沼泽地带的黑色毒烟，正朝我们这个方向吹。"

事实 数十名纽瓦市居民跑到街上，个个拿毛巾手帕包住脑袋预防黑烟。泽西市警察局接到许多电话，市民打听消息，甚至要求发给防毒面具。

　　虚构的故事　汽车喇叭声，轮船汽笛声，一位新闻记者有气无力地说：
"我在纽约广播大厦阳台上向诸位报告。各位听到钟声吗，这是敦促居民赶
紧疏散……没法防守了……我们的军队已经被全部消灭……记者要在这里
坚守岗位到底……下面的教堂里有许多人在祈祷。"

　　事实　阿拉巴马州伯明翰市有人聚在一起祷告。各地的医生和护士纷
纷报到。医院里来了许多休克的病人，纽瓦市一家医院就有 15 名。

　　虚构的故事　"看见敌人来了……五个大机器……第一个正在渡
河……涉过赫德逊河，跟一个人涉过小溪的情形很像。已经上岸了。他就
站在那里望……跟摩天大厦一样高……喷出烟来了……许多人死了，死得
像苍蝇。黑烟现在飘到第六街了，第五街（咳声），离我们只有一百码了。"
寂静（听众明白这位记者已被毒烟熏死了）。

　　事实　明尼亚玻利市一位妇女名流冲入教堂，向正在祈祷的公众大叫：
"世界末日到了，纽约已经没有了！"

　　以上所述，就是广播剧引起的人间传奇——尽管在广播中有过四次声
明（以后又有过五次），说火星人入侵的消息完全是虚构的故事，许多人还
是信以为真。对于听众的反应最感惊异的人，也许正是演出这出广播剧的
人。他们原来只想知道：用 1898 年出版的一本小说在 1938 年做广播题材，
会不会引起听众的兴趣？

　　听众的兴趣确实被引起了，不但是广播的那个时刻，甚至今天，大家
还常常谈到那年万圣节的前夕火星怪物侵略地球的故事。

　　　　　　　　　　　　　　　（美国《读者文摘》1969 年 12 月号）

后 记

与新闻、文学、历史有关的书籍和报刊等资料读不完，而且这三个领域都在不停地向前发展，关于新闻、文学、历史相互关系的话题也写不尽。本书是作者已出版的著作中字数最多的了。但任何一个研究都不可能无限期地持续下去，本研究也是如此，尽管持续时间已经达 11 年之久，现在只能暂时先画一个句号。

本书作者大学本科所学专业是汉语言文学，在 1983～1993 年从事高校文学专业研究和教学 10 年，有多篇文学研究论文发表。论文《电视剧：最大限度地接近生活》《果戈理的〈鼻子〉和冯骥才的〈三寸金莲〉》《新时期抗战题材电影的现代观念》《铁凝文学创作二十年》等被中国人民大学书报资料中心报刊复印资料全文转载。1996～2002 年在省级社会科学院从事新闻学研究 6 年，后来一直从事新闻学与传播学研究与教学，也时常回到文学领域"探亲"。1988～1993 年还有 5 年左右时间在新闻媒体做兼职编辑和记者的经历，这使笔者对新闻工作有了切身的感受。至于历史学，那是任何从事社会科学和人文学科学习和研究的人都必须具备的基础，笔者当然常常走进历史，在中外某一段时间内徜徉。但坦白地说，在笔者的这三大学科知识构成中，历史学方面最薄弱，因此，在本书中涉及历史方面的内容，更多地使用历史学家所提供的资料和研究成果。本书所做的工作主要是把历史学与新闻学、文学联系起来做交叉考察。捎带说一句，因为涉及学科、领域多，为了表明所论述的是这三大学科或领域的行家里手的观点，笔者不厌其烦地写出了引文出处。

还有，在笔者的知识结构中，哲学占有重要位置。在上大学之前，笔者就通读了四卷本的《马克思恩格斯选集》《列宁选集》和《毛泽东选集》，还有当时能找到的其他哲学著作，如普列汉诺夫的《没有地址的信》等。尽管这种阅读缺乏名师指导，属于"囫囵吞枣"，走过弯路，但毕竟初步培养了自己的哲学思维，它对笔者之后的思想和学术研究产生了很大影响。本书的研究写作也在很多地方得益于哲学思维。笔者的哲学启蒙老师是特级教师石家庄市第十中学（笔者的母校）的宋新合先生，他上大学学的是历史专业，自然笔者也从他身上获得了历史意识的滋养。

本书第四章第十节和第十一节为许俊峰老师撰写。

感谢河南大学新闻与传播学院张举玺院长和王鹏飞副院长的支持和帮助。责任编辑孙燕生先生的认真编校使本书避免了不少错讹之处，特致谢意和敬意。

在本书正式出版之前，本书作者对全书（包括引文）做过校对，之后，研究生金秀菊、高彩、李小昆、付丹宇再次对引文进行核对、校改，她们确实发现了不少作者没有发现的问题。

图书在版编目(CIP)数据

新闻文学历史的交汇地带/赵建国著 . — 北京：社会
科学文献出版社，2014.6
ISBN 978 - 7 - 5097 - 5832 - 8

Ⅰ. ①新…　Ⅱ. ①赵…　Ⅲ. ①新闻学 - 研究②文学研
究③史学 - 研究　Ⅳ. ①G210②I0③K0

中国版本图书馆 CIP 数据核字 （2014） 第 059797 号

新闻文学历史的交汇地带

著　　者 / 赵建国

出 版 人 / 谢寿光
出 版 者 / 社会科学文献出版社
地　　址 / 北京市西城区北三环中路甲 29 号院 3 号楼华龙大厦
邮政编码 / 100029

责任部门 / 社会政法分社 （010） 59367156　　责任编辑 / 孙燕生
电子信箱 / shekebu@ ssap. cn　　　　　　　　责任校对 / 张　曲
项目统筹 / 王　绯　　　　　　　　　　　　　责任印制 / 岳　阳
经　　销 / 社会科学文献出版社市场营销中心 （010） 59367081　 59367089
读者服务 / 读者服务中心 （010） 59367028

印　　装 / 三河市尚艺印装有限公司
开　　本 / 787mm×1092mm　1/16　　　　　印　　张 / 20.5
版　　次 / 2014 年 6 月第 1 版　　　　　　 字　　数 / 344 千字
印　　次 / 2014 年 6 月第 1 次印刷
书　　号 / ISBN 978 - 7 - 5097 - 5832 - 8
定　　价 / 79.00 元